Mehr als Gärtnern

Beiträge zur Volkskultur in Nordwestdeutschland

Herausgegeben von der
Volkskundlichen Kommission für Westfalen
Landschaftsverband Westfalen-Lippe

Band 126

Evelyn Hammes,
Christiane Cantauw

Mehr als Gärtnern

Gemeinschaftsgärten in Westfalen

Waxmann 2016
Münster • New York

Bibliografische Information der Deutschen Nationalbibliothek
Die Deutsche Nationalbibliothek verzeichnet diese Publikation
in der Deutschen Nationalbibliografie; detaillierte bibliografische
Daten sind im Internet über http://dnb.dnb.de abrufbar.

ISSN 0724-4096
Print-ISBN 978-3-8309-3412-7
E-Book-ISBN 978-3-8309-8412-2

© 2016 Waxmann Verlag GmbH
Steinfurter Straße 555, 48159 Münster

www.waxmann.com
info@waxmann.com

Umschlaggestaltung: Pleßmann Design, Ascheberg
Vorderes Umschlagbild: Kokopelli-Garten in Bielefeld, Juni 2012.
Hinteres Umschlagbild: Internationaler Mehrgenerationengarten Lippstadt
mit dem Initiator Pietro Basile, Mai 2011.
Alle Abbildungen des Bandes: Evelyn Hammes
Satz: Stoddart Satz- und Layoutservice, Münster
Druck: Hubert & Co., Göttingen

Gedruckt auf alterungsbeständigem Papier,
säurefrei gemäß ISO 9706

Printed in Germany

Alle Rechte vorbehalten.
Nachdruck, auch auszugsweise, verboten.
Kein Teil dieses Werkes darf ohne schriftliche Genehmigung des
Verlages in irgendeiner Form reproduziert oder unter Verwendung
elektronischer Systeme verarbeitet, vervielfältigt oder verbreitet werden.

Inhalt

Vorwort 7

1. Einleitung 9
1.1 Ziele des Buches 9
1.2 Gärten als Forschungsfeld 13

2. Genese und Entwicklung relevanter Gartentypen 16
2.1 Urban Gardening – ein erster Überblick 16
2.2 Das Kleingartenwesen 18
2.3 Kleingärten versus Gemeinschaftsgärten: Unterschiede
    und Gemeinsamkeiten 21
2.4 Gemeinschaftsgärten weltweit 23
2.4.1 Community Gardens in Nordamerika 23
2.4.2 Gemeinschaftsgärten in Kuba 27
2.5 Gemeinschaftsgärten in Deutschland 28
2.5.1 Internationale Gärten, Göttingen 30
2.5.2 Prinzessinnengärten, Berlin 31
2.5.3 Allmende-Kontor, Berlin 32

3. Gartenprojekte in Westfalen 33
3.1 Der Kokopelli-Garten in Bielefeld 33
3.2 Der Transition-Town-Permakulturgarten in Bielefeld 40
3.3 Der Internationale Mehrgenerationengarten Lippstadt 47
3.4 Die UrbanOase in Dortmund 55
3.5 Der Interkulturelle Garten in Dülmen 62
3.6 Der Nachbarschaftsgarten „Paradeiser" in Münster 70
3.7 Der Internationale Mädchengarten in Gelsenkirchen 80
3.8 Der Interkulturelle Garten in Minden-Bärenkämpen 93
3.9 Der mobile Gemeinschaftsgarten „Wurm und Beere" in Münster 105
3.10 Die urbane Gärtnervernetzung in Münster 115

4. Mehr als Gärtnern 126
4.1 Do It Yourself – Kulturen des Selbermachens 126
4.2 Orte des informellen Wissenstransfers 134
4.3 Experimentierfelder für eine nachhaltige Gesellschaft 142
4.4 Vergemeinschaftung, Inklusion und Interkultur 152
4.5 Stadt und Land 174
4.6 Fazit 183

5. Literatur 187

Ein- und Ausblicke 195

Vorwort

Auf die Frage, was Volkskundler tun, antwortete eine Kollegin einmal: „Volkskundler sehen Menschen beim Leben zu!" Das hört sich zunächst einmal einfach an. Zuschauerinnen und Zuschauer sind wir alle schon in vielen verschiedenen Situationen gewesen. „Beim Leben zuzusehen" impliziert aber mehr: Es bedeutet, dass jemand die Studierstube verlässt, auf Menschen zugeht, sie und ihre Sicht auf die Dinge ernst nimmt und das von ihnen in Erfahrung Gebrachte durchdenkt und niederschreibt. Die Menschen, denen auf solche Weise beim Leben zugesehen wird, werden nicht auf eine Rolle als Datenlieferanten reduziert; sie sind und bleiben Individuen, deren Verschiedenheit und Eigenart nicht durch die Datenanalyse eingeebnet werden darf. So verstanden ist Feldforschung ein Abenteuer, das seitens der Forscherinnen und Forscher Flexibilität, Neugier und einen langen Atem voraussetzt.

> „Jede Gesellschaft besteht aus einer Vielzahl von Nischen, in die sich Menschen zurückziehen, die gemeinsame Interessen, Probleme, Freuden und Ärger haben, sie alle schaffen eine jeweils eigene Kultur mit speziellen Symbolen und Ritualen".[1]

Dieses Zitat von Roland Girtler handelt davon, was das sogenannte Forschungsfeld zu bieten hat. Ethnologinnen und Ethnologen werden hier mit Informationen, aber zugleich auch mit Emotionen konfrontiert. Ihre vordringlichste Aufgabe ist es, sich einzulassen auf das, was Irene, Carlos, Renate, Kira, Martin, Pietro und viele weitere Menschen erzählen möchten. Dies setzt eine gewisse Demut und einen freien Geist voraus, wie Girtler betont; es setzt aber auch voraus, dass es der Forscherin bzw. dem Forscher gelingt, eine Vertrauensbasis zu schaffen, ohne die ein Zugang zum Forschungsfeld nahezu unmöglich ist.

Die vorliegende Publikation wagt den Blick auf ein Forschungsfeld, welches viele schon für überforscht halten. Gemeinschaftsgärten, also gemeinschaftlich bewirtschaftete Allmenden, sind in den vergangenen Jahren aus unterschiedlichen Fachrichtungen mit verschiedenen Fragestellungen untersucht worden. Auf der anderen Seite steht eine größer angelegte Studie, die den Blick auf die kulturhistorischen Implikationen des Phänomens weitet, seitens der Volkskunde noch aus. Insofern ist diese Publikation gleich in zweifacher Hinsicht ein Gewinn für die Reihe „Beiträge zur Volkskultur in Nordwestdeutschland": Sie verbindet die Exploration eines regional begrenzten Forschungsfeldes mit der Annäherung an ein aktuelles Thema, das gesellschaftlich von erstaunlicher Relevanz ist.

Abschließend möchten wir uns bei all denen bedanken, die mit ihren Äußerungen, ihrer Kritik, ihrer Offenheit und ihrer Ehrlichkeit zu dieser Publikation beigetragen haben. Sie haben eine spannende Feldforschung und ihre Auswertung erst möglich gemacht und überdies in dem langwierigen Entstehungsprozess nicht den Glauben an die Drucklegung dieser Arbeit verloren.

Zugrunde liegt dieser Studie eine zweijährige Feldforschung von Evelyn Hammes in den Jahren 2011 bis 2013. Ziel dieser Exploration, im Rahmen derer Intensivinterviews mit zahlreichen Gärtnerinnen und Gärtnern, Experteninterviews

---

1 GIRTLER, Methoden (2001), S. 185.

mit Personen aus dem Umfeld der Gartenprojekte geführt sowie teilnehmende Beobachtungen in den Gärten und zahlreiche Fotografien gemacht wurden, war die Dokumentation verschiedener Gemeinschaftsgartenprojekte in Westfalen. Die Interviews, die Transkriptionen und die Fotografien werden im Archiv für Volkskunde in Westfalen aufgehoben und sind dort einsehbar.

Evelyn Hammes hat während ihres Volontariates und einer zeitlich begrenzten Anstellung im Anschluss an das Volontariat ein 170 Manuskriptseiten umfassendes Dokument erstellt, welches aufgrund anderweitiger beruflicher Verpflichtungen leider nicht abgeschlossen werden konnte. Nachdem lange Zeit über verschiedene Möglichkeiten zur Veröffentlichung nachgedacht worden war, hat es Christiane Cantauw übernommen, die fehlenden Teile und Unterkapitel zu ergänzen,[2] das Geschriebene zu überarbeiten sowie eine Einleitung und einen Schluss zu schreiben.

In gegenseitiger Abstimmung ist letztlich ein Manuskript entstanden, das die westfälischen Projekte, ihre Protagonisten und die den Projekten zugrunde liegenden Ideen dokumentiert und einen regional begrenzten Überblick über die Thematik gewährt.

Bereits bei einer oberflächlichen Lektüre fällt auf, dass die Gemeinschaftsgärtnerinnen und -gärtner, Expertinnen und Experten teils mit ihren Vornamen, teils auch mit ihren vollständigen Namen genannt werden. Diese Uneinheitlichkeit beruht auf der Tatsache, dass während der Feldaufenthalte vielfach Personen in den Gärten angetroffen wurden, die sich den Konventionen in dem jeweiligen Garten entsprechend mit ihrem Vornamen vorstellten und ihren vollständigen Namen teils auch nicht preisgeben wollten. Auf der anderen Seite gab es im Verlauf der Feldforschung auch viele Menschen, die sich persönlich stark mit den Projekten identifizieren und deshalb mit Vor- und Nachnamen genannt werden wollten. Nach längeren Diskussionen sind wir übereingekommen, die Namensnennung nicht zu vereinheitlichen und den Individuen das Recht zuzugestehen, selbst zu entscheiden, wie sie genannt werden wollen.

Eine Ausnahme bilden die minderjährigen Gärtnerinnen aus dem Mädchengarten in Gelsenkirchen. Sie werden nicht namentlich genannt, weil etwaige Namensnennungen nicht mit den Erziehungsberechtigten abgesprochen worden waren.

Münster, im Januar 2016   Evelyn Hammes, Christiane Cantauw

---

[2] Dies betrifft vor allem das Kapitel 4.5.

1. Einleitung

1.1 Ziele des Buches

Im Archiv für Volkskunde in Westfalen lagern handschriftliche Berichte von Gewährspersonen aus allen Teilen Westfalens, die diese in den 1950er bis 1980er Jahren verfasst haben. Eines der Themen, zu denen jeweils ein längerer Bericht aus eigener Erinnerung verfasst wurde, sind Hausgärten und die eigene Gartenpraxis. Viele dieser Berichte schildern das Gärtnern auf dem Land in der Retrospektive als alltägliche Praxis:

> „In den Bauernschaften hatte jeder einen Garten, gleich ob Bauer, Kötter oder Tagelöhner. Auch in unserem kleinen Dorf war es genauso, ob Arbeiter, Handwerker, Geschäftsleute, Beamte – einen Garten hatte jeder. [...] Oft fehlte auch der Platz, dann wurde ein Stückchen Land am Dorfrand gepachtet. Der Garten diente bei allen in der Hauptsache zur Versorgung des eigenen Haushalts mit Gartenfrüchten. Sonntags und abends wurde ein kleiner Gartenbummel gemacht, und so kamen alle Familienmitglieder ins Gespräch. Das fand ich am schönsten."[3]

In ähnlicher Form berichteten auch andere Gewährspersonen über den eigenen oder den elterlichen Garten. Grundtenor der Berichte, die sich auf die erste Hälfte des 20. Jahrhunderts beziehen, war die Feststellung, dass der Anbau von Obst und Gemüse im eigenen Garten damals eine Selbstverständlichkeit darstellte:

> „Es wäre wohl kaum jemand in Friedewalde auf den Gedanken gekommen, sein Gemüse in Minden zu kaufen. Was man zu verzehren gedachte, mußte man selbst erzeugen. [...] Ob sich der Gartenbau ‚lohnte', war kein Gesichtspunkt. Ein Gemüsegarten war eine Notwendigkeit."[4]

Ganz anders lesen sich die Presseberichte über die gärtnerischen Aktivitäten der amerikanischen Präsidentengattin Michelle Obama, die 2010 mit Grundschulkindern zusammen im Garten des Weißen Hauses einen Gemüsegarten angelegt hatte. Bereits das enorme Medienecho, das diese Aktion auch in Deutschland begleitete, deutet darauf hin, dass sich seit den 1950er Jahren Wesentliches verändert hat: Von Selbstverständlichkeit ist keine Rede mehr. Es bedarf offenbar ausgefeilter Begründungen (Beitrag zu gesunder und diätetisch sinnvoller Ernährung, Nachhaltigkeit), um die Sinnhaftigkeit gärtnerischen Arbeitens nachvollziehbar zu machen.[5]

Die Freie Gartenakademie des münsterschen Künstlers Wilm Weppelmann spielt mit diesem zwischen Faszination und Stirnrunzeln angesiedelten modernen

---

[3] Archiv für Volkskunde in Westfalen, Ms. 6282; der Bericht bezieht sich auf Herbern und Datteln, 1930–1982.
[4] Archiv für Volkskunde in Westfalen, Ms. 6563; der Bericht bezieht sich auf den Ort Friedewalde, heute ein Stadtteil von Petershagen, Berichtszeit: 1930er Jahre.
[5] Vgl. http://www.welt.de/vermischtes/article3419125/Hier-buddelt-die-First-Lady-noch-selbst.html (Stand 3.7.2015).

Einleitung

Verhältnis zum Garten. Im Kleingarten Weppelmanns finden seit 2006 Jahr für Jahr Kulturveranstaltungen statt, die verschiedene Facetten des Themas Garten ausloten wollen: Zwischen „Kant und Kürbis" (Welt am Sonntag)[6] werden den Besucherinnen und Besuchern der Freien Gartenakademie „ungewöhnliche Einsichten zum Garten- und Naturthema" geboten. „Der Spielraum des urbanen Gartens ist noch lange nicht erschöpft", wird Weppelmann zitiert,[7] und in der Tat scheint sich die Freie Gartenakademie im Einklang mit einer Bewegung zu befinden, die neue Bezüge für Garten und Gärtnern schafft.

Urbane Gärten, Gemeinschaftsgärten, Internationale oder Generationengärten gehören mittlerweile ganz selbstverständlich zu einer urbanen Kultur, die auch touristisch durchaus verwertbar sein kann: So fehlt auf der Website des Stadtmarketings von Berlin, „Visit Berlin", selbstverständlich nicht der Hinweis auf den Prinzessinnengarten,[8] und die Freie Gartenakademie Weppelmanns hat es bereits in den Polyglott-Reiseführer „Abenteuerurlaub in Deutschland" geschafft. Gärten sind „in", aber sie scheinen im 21. Jahrhundert anderes zu bedeuten und zu bedienen als noch vor 60 Jahren.

Bernd Graff bezeichnet das urbane Gärtnern in der Süddeutschen Zeitung als „gutgewissiges Lohas-Ding also: natürlich, nahrhaft, nachhaltig". Und witzelt darüber, dass „blasse Akademiker plötzlich mit erdschwarzen Fingernägeln an Konferenztischen sitzen und ihnen die schwere Krume vom Absatz auf den Vorstandsflor bröckelt".[9]

Handelt es sich bei der urbanen Gartenbewegung also um eine Modeerscheinung, die bald von einer anderen abgelöst wird? Diese scheinbar einfache Erklärung für ein aktuelles Phänomen ist nicht befriedigend: Es bleibt zu fragen, was eigentlich neu und anders ist am „Anders gärtnern in der Stadt".[10] Wie ist die Selbstwahrnehmung dieser neuen Gartenbewegung und ihrer Akteure zu beschreiben? Worin besteht die über das Gärtnern hinausgehende Sinngebung, die uns zu dem Titel „Mehr als Gärtnern" inspiriert hat?

Diese und viele weitere Fragen dienten der Annäherung an ein Forschungsfeld, das – so zumindest das Ergebnis der Literaturrecherche – für das Thema „Urban Gardening" eigentlich ungeeignet ist: Mit nur wenigen größeren Städten ist Westfalen nach wie vor eher ländlich geprägt. Einzig das nördliche Ruhrgebiet kann als städtischer Ballungsraum angesprochen werden. In den übrigen Landesteilen (Münsterland, Ostwestfalen-Lippe, Paderborner Land, Sauerland und Siegerland) herrschen Klein- und Mittelstädte sowie dörfliche Strukturen vor. Würde es hier überhaupt eine ausreichende Anzahl von Garteninitiativen geben, bei denen teilnehmende Beobachtungen und Intensivinterviews durchgeführt werden könnten?

Kurz gesagt: In Westfalen gibt es eine erstaunlich große Bandbreite an verschiedenen Gemeinschaftsgarteninitiativen und -projekten. Und nicht nur das: Die Akteure

---

6 http://www.welt.de/welt_print/vermischtes/article8113462/Zwischen-Kant-und-Kuerbis.html (Stand 3.7.2015).
7 Vgl. http://www.gartenakademie.org/ (Stand 3.7.2015).
8 http://www.visitberlin.de/de/ort/prinzessinnengaerten (Stand 3.7.2015).
9 http://www.sueddeutsche.de/leben/michelle-obama-wird-gaertnerin-auf-die-schippe-genommen-1.405787 (Stand 3.7.2015). – „Lohas" ist ein Akronym für „Lifestyles of Health and Sustainability".
10 Untertitel von Nomadisch grün, Prinzessinnengärten (2012).

Einleitung

zeigten sich der Forschung gegenüber ausgesprochen aufgeschlossen. In zahlreichen Interviews[11] standen sie Rede und Antwort, berichteten über die Anfänge und den Fortgang ihres Projektes, äußerten sich freimütig über Probleme oder über das Scheitern von Anstrengungen, luden zu den verschiedenen Treffen und Aktivitäten ein – teilweise sogar in ihre Privatwohnungen.

Dafür möchten wir uns bei allen befragten Gemeinschaftsgärtnerinnen und -gärtnern herzlich bedanken. Ohne ihre Bereitschaft, an dem Forschungsprojekt mitzuwirken, wäre diese Veröffentlichung nicht möglich gewesen.

Die für diese empirische Studie genutzte, in der Volkskunde gängige Methode der Feldforschung mit teilnehmender Beobachtung und Intensivinterviews erwies sich grundsätzlich als ein sensibles Instrumentarium, welches einen nicht allzu gravierenden Eingriff in das Forschungsfeld darstellte. Durch wiederholte Besuche in den einzelnen Gärten stellte sich eine gewisse Vertrautheit ein, die mit einer größeren Unbefangenheit der Aktiven korrespondierte, so dass die Teilnahme an Aktionen und Treffen immer weniger als Störfaktor wahrgenommen wurde.

Das Buch „Mehr als Gärtnern. Gemeinschaftsgärten in Westfalen" stellt die Aktiven der Gartenprojekte in den Mittelpunkt und verleiht ihnen eine Stimme. Dazu werden ihre Aussagen so oft wie möglich in ausführlichen Interviewpassagen abgedruckt. Es versteht sich von selbst, dass hier wörtliche Rede verschriftlicht wurde. Kleinere oder größere sprachliche Unebenheiten stellen kein Unvermögen der Interviewpartner, sondern mündlich gegebene Erklärungen dar, die sich auch durch das Suchen nach treffenden Formulierungen oder durch nicht beendete Sätze oder mehrmaliges Ansetzen zu Erklärungen auszeichnen können. Um sie nicht ihrer Authentizität zu berauben, haben wir die Interviewaussagen nicht der Schriftsprache angepasst. Betonungen sind *kursiv* vom Text abgesetzt.

Ein Manuskript abzufassen und für die Drucklegung vorzubereiten benötigt Zeit. Dieser Umstand hat dazu geführt, dass einige der im Folgenden aufgeführten Gartenprojekte heute nicht bzw. nicht mehr in der geschilderten Form existieren. Das Forschungsfeld erwies sich als derart fluide, dass – sowohl während als auch nach den Feldaufenthalten zwischen Sommer 2011 und Herbst 2012 – ständig neue Projekte hinzukamen. Aus unterschiedlichen Gründen sind drei der untersuchten Gartenprojekte heute nicht mehr existent. Die Erkenntnis, dass sich nicht alle Gartenprojekte über Jahre hinweg behaupten können, ist Teil der Untersuchung und hat zu einem tiefergehenden Verständnis des untersuchten Kulturphänomens beigetragen. Die ständig wechselnde Anzahl der Gemeinschaftsgarteninitiativen und -projekte brachte es mit sich, dass in dieser Publikation nur ein Teil von ihnen vorgestellt werden kann. Es ist aber darauf geachtet worden, eine möglichst große Bandbreite an unterschiedlichen Projekten widerzuspiegeln. Dies fiel vor allem deshalb leicht, weil die Zielsetzungen der einzelnen Initiativen große Unterschiede aufweisen. Diese enormen Unterschiede setzen sich in den Personen der Aktiven fort, deren Individualität und unterschiedlichen Voraus- und Zielsetzungen in den einzelnen Projekten viel Raum gegeben wird.

Die vorliegende Veröffentlichung ist so strukturiert, dass nach einer historischen Einordnung des Themas, bei der auch die Gemeinsamkeiten und Unterschiede

---

11 Insgesamt wurden zwischen Juli 1011 und Oktober 2012 42 leitfadengestützte Intensivinterviews geführt.

Einleitung

zu Kleingärten thematisiert werden, die einzelnen Gartenprojekte und ihre Genese ausführlich vorgestellt werden. In den Kapiteln 4.1 bis 4.5 werden übergeordnete Aspekte angesprochen, die sich als Verbindungsglieder erwiesen haben. Zum einen ist dies die „Do-it-yourself"-Bewegung, die derzeit als Kulturphänomen nicht zu übersehen ist. Kulturen des Selbermachens stellen Konsumpraktiken ebenso in Frage wie überkommene Raumorientierungen. Sie fragen nach neuen sozialen, kulturellen und wirtschaftlichen Bezugssystemen, für welche sich in den Gemeinschaftsgärten ein geeignetes Feld zu bieten scheint.

Vielfach haben die Gesprächspartner den Anspruch erhoben, dass die Gemeinschaftsgärten Orte des informellen Wissenstransfers sein sollen und wollen. In Kapitel 4.2 wird dementsprechend danach gefragt, wie die verschiedenen Initiativen mit diesem Anspruch umgehen. Welche Wissensbestände sollen überhaupt weitergegeben werden, und warum wird dies als wichtig erachtet? Informeller Wissenstransfer beruht auf Kulturtechniken und -praktiken, auf deren Funktionieren man sich in der westlichen Welt gegenwärtig nur wenig verlassen mag. Wissenserwerb jenseits von ausgeklügelten Lehr- und Lernmethoden stößt in der Regel auf Skepsis. Deshalb soll auch danach gefragt werden, warum sich die Akteure gerade dieser Praktiken bedienen.

Nachhaltigkeit ist mittlerweile ein derartiger Modebegriff geworden, dass kaum eine politische Rede, ein Leitartikel oder eine Werbebotschaft ohne den Verweis auf Beständigkeit und Dauerhaftigkeit auskommt. In Kapitel 4.3 soll deshalb der Frage nachgegangen werden, wie Nachhaltigkeit als Anspruch und Ziel in den Gemeinschaftsgärten kommuniziert und umgesetzt wird. Ist sie der kleinste gemeinsame Nenner, der die Akteure zusammenschweißt und ihrem Tun einen Sinnhorizont verleiht?

In Kapitel 4.4 geht es schließlich um die Bereiche Vergemeinschaftung, Inklusion und Interkultur, die allein schon mit Blick auf die Namensgebung für viele Garteninitiativen essentiell zu sein scheinen. Hier wird dargelegt, welcher Praktiken man sich bedient, um dem Anspruch auf „Gemeinschaft" gerecht zu werden. Warum spielen diese Ziele für die Akteure eine so wichtige Rolle? Sind die Gärten ein Mikrokosmos, in dem soziale Formen und Praktiken spielerisch ausprobiert werden können?

Letztlich ging es auch um die urbane Komponente, die in der Sekundärliteratur häufig so stark betont wird. Sind die Gemeinschaftsgärten ein Modell, welches nur im (groß-)städtischen Kontext funktioniert, oder haben sie etwas zu bieten, das auch in kleinstädtischen Zusammenhängen von Interesse sein kann? Welche Bezüge zwischen lokaler Kultur und Gemeinschaftsgarten lassen sich ausmachen?

Abschließend noch eine Erläuterung allgemeiner Art: Wenn im Folgenden von Natur die Rede ist, so ist dies selbstverständlich „Natur aus zweiter Hand", also von Menschen gemachte und beeinflusste Natur. Obst und Gemüsepflanzen sind Kulturpflanzen, deren Nutzwert erst durch Züchtung und Veredelung gegeben ist. Der umgangssprachliche Gebrauch des Wortes Natur, der sich durch die folgenden Ausführungen und auch durch die Interviews und Interviewaussagen zieht, entspricht letztlich der Restkategorie einer zum Objekt technischer Verfügbarkeit gemachten Natur.[12]

---

12 Vgl. dazu z. B. GROH, Weltbild (1991).

1.2 Gärten als Forschungsfeld

Gärten als Forschungsfeld wurden in der Volkskunde lange Zeit nur am Rande wahrgenommen.[13]

In den 1970er Jahren gewann schließlich zumindest das Thema Kleingärten an Relevanz. Hier erwies sich die Hinwendung der Volkskunde zur empirischen Kulturforschung als förderlich, weil Vereine und somit auch Kleingartenvereine nun zunehmend als Forschungsfeld identifiziert wurden.[14] Auch aus freizeitforscherischer Perspektive wurde der Kleingarten untersucht.[15]

Neue Gartenbewegungen wie Internationale Gärten, Guerilla Gardening oder Generationengärten, um nur einige der wichtigsten Ausprägungen zu nennen, blieben in der Volkskunde hingegen lange Zeit unbeachtet. Bei ihrer Untersuchung kommt der Soziologie, speziell der soziologischen Raumforschung, eine Vorreiterrolle zu. Neben und um Christa Müller, die im Auftrag der Stiftung *anstiftung* die Internationalen Gärten Göttingen auf ihre sozialintegrative Wirkung hin untersuchte, hat sich hier ein höchst aktiver und internationaler Kreis von Forscherinnen und Forschern gebildet, die die Entstehung, Entwicklung und soziokulturelle Wirkung der neuen Gartenformen unter die Lupe nehmen.[16]

Ein Blick auf die Abschlussarbeiten in der Volkskunde/Europäischen Ethnologie und verwandten Fächern zeigt aber, dass das Gartenthema mittlerweile auch dort mehr Aufmerksamkeit erfährt. Seit 1999 wurden immerhin 17 Arbeiten zum Thema „Garten" angemeldet und teilweise auch bereits abgeschlossen. Ein Blick auf die Titel der einzelnen Arbeiten zeigt, dass sich vor allem die neuen Gartenbewegungen bei den Absolventinnen und Absolventen zunehmenden Interesses erfreuen.[17]

Die Bandbreite an Forschungsansätzen und -fragen, die in den verschiedenen, nicht nur kulturwissenschaftlichen Veröffentlichungen zum Thema „urbanes Gärtnern" eine Rolle spielen, reicht von der Selbstdarstellung der Akteure über die Frage nach alternativen politischen oder sozialen Kulturen bis hin zum weiten Feld der Ökonomie und Ökologie. Ein roter Faden – wenn überhaupt davon gesprochen werden kann – ist ein deutlich wahrnehmbarer gesellschaftskritischer Grundtenor. Gärten werden nicht als „Dekoration etablierten städtischen Wohlstands"[18], sondern als Antworten auf spezifische politische, ökonomische, ökologische und/oder soziale Missstände diskutiert.

---

13 Vgl. Harald Schimmeck: Der Großstadtmensch als Schreber. Staatsexamensarbeit, Dresden o.J. Die Arbeit entstand vermutlich in den 1930er Jahren unter der Betreuung Adolf Spamers; vgl. VERK, Laubenleben (1994); BROCKPÄHLER, Bauerngärten (1985).
14 Vgl. z.B. KÖSTLIN, Praktikum (1971); SCHMIDT, Schrebergarten (1975); MATTHÄI, Inseln (1989); MÜLLER, Kleingärten (1991); VERK, Laubenleben (1994).
15 Vgl. HOFMANN, Zaun (1994).
16 Vgl. z.B. auch die Arbeitsgruppe „Kleinstlandwirtschaft und Gärten in Stadt und Land" an der Humboldt-Universität zu Berlin.
17 Vgl. z.B. Ursula Drenckham: Urbane Gärten, Berlin (B.A.) 2011; Sandra Hüttmann: Interkulturelle Gärten – Dimensionen des gemeinschaftlichen Gärtnerns am Beispiel zweier Projekte im Großraum Stuttgart, Tübingen (B.A.) 2011; Friederike Steen: Gärten als Vision selbstgeschaffener Integrationsorte im urbanen Raum, Marburg 2011; Bettina Kletzer: Kulturwissenschaftliche Überlegungen zum Garten. Ein Gemeinschaftsgarten im Portrait, Jena (Dipl.) 2008; Isolde Metz: Die neue Lust am Garten, Tübingen (M.A.) 1999.
18 MEYER-RENSCHHAUSEN, Kleinlandwirtschaft (2002), S. 1.

Die Geographin Marit Rosol hat sich in ihrer Dissertation der Fragestellung gewidmet, welchen Beitrag Gemeinschaftsgärten zur Lösung der Krise des öffentlichen Grüns leisten können. In ihrer qualitativen Untersuchung „Gemeinschaftsgärten in Berlin"[19] hat sie den wichtigen Schritt gewagt, Gemeinschaftsgärten als eigenen Freiraumtyp zu charakterisieren. Neben räumlichen, flächenbezogenen und projektbezogenen Merkmalen hat Marit Rosol insbesondere die Motive der Akteure analysiert. Aus den vorgefundenen Beweggründen ihrer Interviewpartner hat sie in einer abduktiven Vorgehensweise Motivationstypen gebildet. In ihrer interdisziplinären Studie zeigt Marit Rosol auf, dass Gemeinschaftsgärten keinen Ersatz, wohl aber eine zeitgemäße Ergänzung zu öffentlichen Grünanlagen darstellen. Dabei verharrt die Autorin nicht in der Analyse, sondern leitet aus den gewonnenen Erkenntnissen auch Risiken und Handlungsempfehlungen ab.

Auch die Pädagogin Nadja Madlener nähert sich dem Thema in Form qualitativer Interviews. In ihrer Studie über „Grüne Lernorte" fragt sie nach den Orientierungen, die einer Beteiligung an den neuen Gartenprojekten zugrunde liegen. Anhand der Aussagen von Aktiven der vier untersuchten Gemeinschaftsgärten in Berlin generiert Nadja Madlener mit Hilfe der Methode der Grounded Theory drei Zugangstypen: den subjektiv-motivierten, den sozial-motivierten und den sachlich-motivierten Typ. Vor dem Hintergrund des Diskurses um lebenslanges Lernen und informelles Lernen wird aufgezeigt, wie Lernprozesse „in den Gärten zumeist über eine körperliche Beschäftigung" erfolgen, „denn nur zu einem kleinen Teil wird Wissen durch eine theoretische Beschäftigung mit einem Sachverhalt angeeignet".[20] Darüber hinaus stellt Nadja Madlener diesen Gartentyp als einen Sozialraum dar, der es vermag, gleichzeitig die scheinbar gegenteiligen Bedürfnisse nach sozialer Eingebundenheit und nach Individualität bzw. urbanem Lebensgefühl abzudecken.[21]

Die wohl am stärksten rezipierten Abhandlungen über die neue Gartenbewegung stammen von der Soziologin Christa Müller. Im Mittelpunkt ihrer Forschungen stehen Konzepte zu nachhaltigen Lebensstilen und postmateriellen Wohlstandsmodellen. Als Geschäftsführende Gesellschafterin der Stiftungsgemeinschaft *anstiftung & ertomis* ist sie zudem nicht nur Forscherin, sondern auch Förderin von Gemeinschaftsgartenprojekten. Überdies versteht sich die Stiftungsgemeinschaft als Anlaufstelle und Netzwerk der Forschungsarbeiten zum Thema der urbanen Landwirtschaft. Neben unzähligen Aufsätzen und der Monographie „Wurzeln schlagen in der Fremde"[22] über die Interkulturellen Gärten in Göttingen hat Christa Müller als Herausgeberin des interdisziplinären Sammelwerks „Urban Gardening"[23] starke Beachtung gefunden. Das Aufkommen neuer Gartentypen wird in diesem Werk aus unterschiedlichsten Sichtweisen gedeutet: Ökologische, gesellschaftspolitische, stadträumliche wie auch pädagogische Gesichtspunkte werden hier anhand internationaler Beispiele erörtert. Auffällig ist die Auseinandersetzung mit dem Topos Stadt/Stadtbewohner; für das Auftreten von Gemeinschaftsgärten im ländlichen Umfeld vermag der Sammelband allerdings wenig Antworten zu liefern, was gemäß Buchtitel jedoch auch nicht zu erwarten ist.

---

19 ROSOL, Gemeinschaftsgärten (2006).
20 MADLENER, Grüne Lernorte (2009), S. 248.
21 MADLENER, Grüne Lernorte (2009).
22 MÜLLER, Wurzeln schlagen (2002).
23 MÜLLER, Urban Gardening (2011).

Einleitung

Mit dem Blick in die bisher erschienenen Veröffentlichungen ist das Phänomen urbanes Gärtnern allerdings nur zu einem kleinen Teil erfassbar. Um die Selbstwahrnehmung der Akteure zu beschreiben, wurden zahlreiche Gespräche mit den Aktiven geführt und teilnehmende Beobachtungen in den Gärten gemacht. Ein zu Beginn der Explorationsphase entworfener Fragebogen erwies sich im Feld allerdings als nur bedingt nutzbar, weil dieses Forschungsinstrument die Unterschiedlichkeit der einzelnen Gruppen und Initiativen und ihrer Aktivitäten nur unzureichend abbildete. Die zahlreichen Themen und Aktivitäten, die im Rahmen der Explorationsphase von Belang waren, erwiesen sich als ausgesprochen disparat und häufig auch spontan. Deshalb ist der Fragebogen auf wenige grundlegende Fragen reduziert worden, so dass im Feld eine flexible Reaktion auf die jeweils vorgefundene Situation möglich war. Die Gespräche mit den Aktiven wurden teils bei einem Rundgang durch den Garten, teils bei speziellen Aktivitäten oder auch in Ruhepausen geführt. Außerdem erwies es sich als sinnvoll, an Zusammenkünften einzelner Initiativen außerhalb des Gartens teilzunehmen und Experteninterviews mit städtischen Funktionsträgern zu führen.

Für die Selbstwahrnehmung der Akteure, ihre Interaktion und ihre Diskurse spielen die digitalen und sozialen Medien eine bedeutende Rolle, wenngleich dies nicht für alle Gemeinschaftsgärtner gleichermaßen gilt. Viele der Garteninitiativen sind gut vernetzt und nutzen elektronische Medien und soziale Netzwerke, die nicht nur bei praktischen Fragen (wie gewinne ich Terra Preta?) und für Verabredungen im Garten, sondern auch für Hintergrundinformationen (was geschieht, wenn keine fossile Energie mehr zur Verfügung steht?) zu Rate gezogen werden.

Für die vorliegende Veröffentlichung wurden folgerichtig nicht nur die einschlägige Literatur, Interviews und Feldbeobachtungen, sondern auch die verschiedenen Websites, Foren, Blogs und Sozialen Medien im Internet herangezogen. Nach und nach hat sich aus diesen unterschiedlichen Quellen ein Bild ergeben, welches keinesfalls vollständig ist und an vielen Stellen auch unscharf bleibt. Immerhin vermag es aber einen Eindruck davon zu vermitteln, was Gemeinschaftsgärten in Westfalen sein wollen und sein können und warum es sich lohnt, sich kulturwissenschaftlich (und persönlich) auf sie einzulassen.

2. Genese und Entwicklung relevanter Gartentypen

2.1 Urban Gardening – ein erster Überblick

Seit einigen Jahren kursiert in Deutschland ein Modewort, von dem auch das vorliegende Buch handelt. *Urban Gardening* ist in aller Munde; zahllose Zeitungsartikel, Dokumentationen und Fernsehsendungen befassen sich mit dem urbanen Gärtnern, wie es in Deutschland auch genannt wird. Nicht zu vergessen diejenigen, die es praktizieren, neue Gärten gründen und damit ihre Stadt mit jedem Spatenstich ein wenig grüner und lebenswerter machen. So präsent der Begriff in den vergangenen Jahren geworden ist, so schwammig ist er auch. Es stellt sich die Frage, was daran eigentlich so neu sein soll. Genaugenommen ist das Gärtnern in der Stadt doch so alt wie die Stadt selbst.

Ein Blick über den Tellerrand Deutschlands zeigt, dass es sich beim *Urban Gardening* um ein globales Phänomen handelt. Die Gartentypen, die unter dem Schlagwort *Urban Gardening* in Deutschland während der vergangenen Jahre neu entstanden sind, haben internationale Vorbilder oder sehen sich als Teil einer internationalen Gartenbewegung. Aus diesem Grund erscheint die englische Bezeichnung angebracht, wenngleich sie irreführend bleibt.

Kleingärten, die aufgrund ihrer Historie zutiefst in und mit der Stadt verwurzelt sind, müssten eigentlich ebenso zur Oberkategorie *Urban Gardening* zählen. Da sich der Begriff jedoch in erster Linie dazu eignet, neue Formen des Gärtnerns in der Stadt von den altbewährten und somit auch von den Kleingärten abzugrenzen, wird *Urban Gardening* im Folgenden als Sammelbegriff für das Auftauchen neuer Gartentypen und deren neuartiger Auseinandersetzung mit dem Topos Stadt Verwendung finden.

Um die Begriffsverwirrung abzuschließen und sich dem eigentlichen Anliegen, den Gemeinschaftsgärtnern, ihren Motiven und Hintergründen zu nähern, eignet sich ein äußerst treffendes Zitat von einem Gemeinschaftsgärtner aus Dortmund:

> „Aber unabhängig davon, ob das jetzt ein Trend ist oder nicht, es wird halt irgendwie gepusht. Aber im Prinzip, das, was passiert, ist das, was wichtig ist. Und nicht, ob's Urban Gardening oder Gärtnern oder Urban Farming oder sonst irgendwas heißt. Das ist mir persönlich völlig wurscht." [24]

Gärten in der Stadt gab es also schon immer. Neu ist, dass es dem Gros der Akteure ausdrücklich um Dinge geht, die über das reine Gärtnern hinausweisen. Unter dem Schlagwort *Urban Gardening* wird das Gärtnern zu einer Aussage.

Neue Formen städtischen Gärtnerns sind:
  Selbsterntebeete,
– Guerilla Gardening,
– Dachgärten,
– Gemeinschaftsgärten.

---

[24] Interview Carlos Tobisch, Dortmund, 4.7.2012.

Selbsterntebeete sind ein kommerzielles Angebot, das es inzwischen in fast jeder Großstadt gibt. Das Prinzip ist einfach: Privatpersonen mieten von einem Ökobauern für eine Saison ein Stück Ackerland in direkter Stadtnähe. Der Bauer übernimmt die Aussaat der Gemüsepflanzen und stellt die Geräte zur Verfügung. Die Pflege der Gemüsepflanzen übernimmt der Pächter selbst und die Ernte natürlich auch. In vielen Fällen wird der Kontakt zwischen den Beetmietern und den Landwirten über Unternehmen wie z. B. „Meine Ernte" hergestellt. Die Bauern stehen den Gemüsegärtnern beratend zur Seite, so dass sich das Angebot auch optimal für Gartenneulinge eignet.

Das *Guerilla Gardening* stellt eine Intervention in den öffentlichen Raum dar. Mehr oder weniger heimlich werden urbane Räume, z. B. Baumscheiben, von Privatpersonen bepflanzt, um ein Zeichen des zivilen Ungehorsams und politischen Protests zu setzen oder um einfach nur die Stadt zu verschönern. Meist kommen dafür die sogenannten *seed bombs*, also Samenbomben, zum Einsatz. Grundlegende Erläuterungen zum Guerilla Gardening liefert der Brite Richard Reynolds mit seiner Publikation „Guerilla Gardening – Ein botanisches Manifest". Auch der Künstler Wilm Weppelmann aus Münster zählt sich zu den bekennenden Guerilla-Gärtnern.

In Großstädten wie New York, Chicago, Singapur, Beirut oder London ist das Ausweichen in die Vertikale in Form von *Dachgärten* eine Möglichkeit, in dem eng besiedelten Stadtraum gärtnerisch tätig zu werden. In Deutschland setzt sich u. a. die Initiative „DachgärtenfürAlle"[25] für die Anlage von Gärten auf Flachdächern ein, die für alle Bewohner des jeweiligen Hauses gleichermaßen nutzbar sein sollen. Dachgärten sind in erster Linie eine Reaktion auf städtische Verdichtungen und soziale Vereinzelung. Ob die Gärten zum Anbau von Gemüse oder als Ziergärten genutzt werden, ist hier nachrangig.

Zur Beschreibung von *Gemeinschaftsgärten* hat sich die Definition der Geographin Marit Rosol als hilfreich erwiesen: „Gemeinschaftsgärten sind gemeinschaftlich und durch freiwilliges Engagement geschaffene und betriebene Gärten, Grünanlagen und Parks mit Ausrichtung auf eine allgemeine Öffentlichkeit."[26]

Wie wir noch sehen werden, müsste man das Zitat leicht modifizieren, weil es inzwischen auch Gemeinschaftsgärten gibt, die zwar durch freiwilliges Engagement betrieben werden, deren Entstehung jedoch von Seiten der Verwaltung in die Wege geleitet wurde. Hinzu kommen zwei Merkmale, die unseres Erachtens charakteristisch für Gemeinschaftsgärten sind:
1. Auffällig ist eine Tendenz weg vom Ziergarten hin zum Nutzgarten. In diesen Stadtgärten werden größtenteils Lebensmittel angebaut; das Thema Nahrung spielt eine ganz elementare Rolle.
2. Biologisches Gärtnern. Verbunden damit, dass man gesunde Lebensmittel haben möchte, aber auch aus Gründen des Umwelt- und Ressourcenschutzes werden in den untersuchten Gemeinschaftsgärten keine chemischen Düngemittel, Pestizide oder Herbizide verwendet. Es wird ökologisch gegärtnert, teilweise sogar nach permakulturellen Prinzipien.[27]

---

25 http://dachgaertenfueralle.de (Stand 25.3.2015).
26 Rosol, Gemeinschaftsgärten (2006), S. 7.
27 Zum Begriff Permakultur siehe z. B. RASPER, Gärtnern (2012), S. 174: „Bei der Permakultur geht es darum, die Eigenschaften natürlicher Systeme möglichst effizient auszunutzen. Es

2.2 Das Kleingartenwesen

Ein Blick auf die jahrhundertealte Geschichte des Kleingartenwesens verdeutlicht, dass urbanes Gärtnern an sich keineswegs ein neues Phänomen darstellt, denn gerade die Genese der Kleingärten ist aufs Engste mit dem Urbanisierungsprozess verbunden. Außerdem zeigt sich bei den Kleingärten ebenso wie bei den Gemeinschaftsgärten, dass sie stets vor dem Hintergrund gesamtgesellschaftlicher Entwicklungen und Umbrüche zu verstehen und zu deuten sind. Wenn es auch zwischen Kleingärten und Gemeinschaftsgärten durchaus Parallelen gibt, so scheint doch von beiden Seiten das Bedürfnis nach Abgrenzung zu überwiegen.[28]

§ 1 des Bundeskleingartengesetzes von 2006 definiert einen Kleingarten wie folgt: „Ein Kleingarten ist ein Garten, der 1. dem Nutzer (Kleingärtner) zur nichterwerbsmäßigen gärtnerischen Nutzung, insbesondere zur Gewinnung von Gartenbauerzeugnissen für den Eigenbedarf, und zur Erholung dient (kleingärtnerische Nutzung) und 2. in einer Anlage liegt, in der mehrere Einzelgärten mit gemeinschaftlichen Einrichtungen, zum Beispiel Wegen, Spielflächen und Vereinshäusern, zusammengefaßt sind (Kleingartenanlage)."[29]

Ein Blick in die Geschichte des Kleingartenwesens verdeutlicht die enge Beziehung zwischen Kleingartengründungswellen und sozioökonomischen Umbrüchen. Wie Sabine Verk in ihrer Dissertation unter dem Titel „Laubenleben" aufzeigt, fungiert das Kleingartenwesen häufig als umgekehrter Spiegel der Zeit: „Dies insofern, als es in Krisenzeiten bzw. Phasen wirtschaftlicher Not einen sprunghaften Anstieg erlebte, während in Zeiten wirtschaftlicher Stabilisierung oder sogar Aufschwungs die Zahl der Kleingärten merklich zurückging bzw. stagnierte."[30]

Die Entwicklung des Kleingartenwesens geht keineswegs auf einen einzigen Gründer oder Vorläufer zurück. Als wichtigste Ursprünge des deutschen Kleingartenwesens sind die Armengärten und die Schrebergärten zu nennen. Aber auch die Eisenbahnergärten, die Gärten des Roten Kreuzes, die Berliner Laubenkolonisten (auch Laubenpieper genannt), die Fabrikgärten und die Gärten der Naturheilkundebewegung (der Lebensreform) sowie die Vision der Gartenstadt sind an dieser Stelle relevant.

Die ersten Armengärten entstanden in England auf obrigkeitliche Initiative hin: 1819 wurde ein Gesetz zur Verpachtung von Land an Arme und Erwerbslose erlassen. In Deutschland nahmen die Armengärten von den damals noch unter dänischer Verwaltung stehenden Orten Kappeln an der Schlei, Kiel und Flensburg ihren Anfang. Als sozialfürsorgliche Maßnahme zur Linderung des Armutsproblems verbreitete sich das Prinzip der Armengärten dann in der ersten Hälfte des 19. Jahrhunderts über Städte wie Leipzig, Berlin und Frankfurt am Main. Die Verpachtung von Land sollte den mittellosen Bevölkerungsschichten die Möglichkeit der Selbstversorgung bieten. Neben einem Beitrag zur Lösung drängender sozialer

---

ist im Grunde eine Kombination aus einer bestimmten Sichtweise und einem methodischen Werkzeugkasten, der je nach Situation eingesetzt wird."
28 Vgl. Kap. 2.3.
29 Bundeskleingartengesetz vom 28. Februar 1983 (BGBl. I S. 210), das zuletzt durch Artikel 11 des Gesetzes vom 19. September 2006 (BGBl. I S. 2146) geändert worden ist, § 1, URL: http://www.gesetze-im-internet.de/bkleingg/BJNR002100983.html.
30 Vgl. VERK, Laubenleben (1994), S. 27.

Probleme ging es von Seiten der Obrigkeit aber auch um die Disziplinierung der Pächter dieser Gärten, denen im Falle einer Vernachlässigung des Gartens das Land entzogen wurde. Sie sollten sich, so das Kalkül der Obrigkeit, über den Anbau von Obst und Gemüse hinaus in Tugenden wie Fleiß, Disziplin und Ordnung üben.[31] Infolge eines sich rasant entwickelnden Bodenmarktes erwies sich die Bereitstellung von Grabeland für Bedürftige für die Städte im Laufe der Zeit aber als zu teuer, so dass die Armengärten im 19. Jahrhundert überwiegend aufgegeben wurden.[32]

Mehr denn je galt es aber, der Verelendung der Massen sowie der zunehmenden Verstädterung und ihren Folgen etwas entgegenzusetzen. Jenseits politischer Lösungen wurden auch kompensatorische und utopistische Vorschläge gemacht, die auf eine Verbesserung der Lebensqualität und des Lebensumfeldes abzielten.[33] So schlug der Leipziger Schuldirektor Ernst Innocenz Hausschild im Jahr 1865 die Gründung eines *Schrebervereins* vor, welcher den durch das Stadtleben verursachten, körperlichen „Zivilisationsschäden"[34] durch die Anlage von Spiel- und Turnplätzen für Kinder und Jugendliche entgegenwirken sollte. Urheber dieser Idee war der Arzt Dr. Daniel Gottlieb Moritz Schreber (1808–1861),[35] dessen Reformvorschlag aber erst nach seinem Tod umgesetzt wurde. Auf einer gärtnerischen Nutzung eines solchen 1865 in Leipzig erstmals angelegten Spielplatzes lag anfangs noch kein Augenmerk, vielmehr ging es Hausschild – angelehnt an Schrebers Vorstellungen – um körperliche Ertüchtigung und Erziehungsfragen. Erst drei Jahre später wurden auf Initiative des pensionierten Oberlehrers Karl Gesell rund um den *Schreberplatz* Kinderbeete angelegt, aus denen sich 1869 Familienbeete und schließlich die *Schrebergärten* entwickelten, die mit Lauben versehen und eingefriedet wurden. 1870 soll die erste Anlage bereits auf 100 Parzellen angewachsen sein. In den Folgejahren entstanden weitere Schrebervereine (noch immer mit Fokus auf dem Thema Erziehung), die sich 1891 zum *Verband Leipziger Schrebervereine* zusammenschlossen.[36] „Leipzig wurde damit zum Zentrum und Ausgangspunkt einer Bewegung, die weit über Sachsen und Deutschland hinaus aufgegriffen und in die Tat umgesetzt wurde".[37]

Von anderer Seite her näherte sich die Mitte des 19. Jahrhunderts aufkeimende Lebensreformbewegung dem Gartenthema. Ihre Anhänger wollten den als bedrohlich empfundenen sozialen und wirtschaftlichen Veränderungen eine „persönliche Selbstreform" entgegensetzen, um „einen weltimmanenten Heilszustand für Individuum und Gesellschaft"[38] zu erreichen. Der Rückzug in die Einfachheit der Natur entsprach aus ihrer Warte keiner antimodernen Haltung, sondern galt ihnen als

---

31 STEIN, Oasen (2010), S. 122.
32 Vgl. VERK, Laubenleben (1994), S. 28.
33 Ebd., S. 30.
34 Ebd., S. 31.
35 Überdies gilt Schreber als Vertreter der sogenannten Schwarzen Pädagogik; vgl. dazu MÜLLER-MÜNCH, Generation (2012), S. 64.
36 Vgl. Sächsische Landesstelle (Hg.), Kleingärtnermuseum (2001), S. 29–32.
37 KNAUSS, Kleingärten (2001), S. 67; dort heißt es weiter: „Die Idee der Kleingartenbewegung ergriff ganz Europa. Wie europäisch sie war/ist, zeigt die Tatsache, daß 1926 [...] die Vertreter von sieben nationalen Kleingartenorganisationen aus Belgien, Deutschland, England, Frankreich, Luxemburg, Österreich und der Schweiz den internationalen Verband ‚Office International des Jardins Ouvriers' gründeten, der bis heute besteht".
38 LINSE, Propheten (1983), S. 29.

zukunftsweisende Vision.³⁹ Obgleich die Lebensreformbewegung harsche Kritik an der großstädtischen Lebensweise übte, blieb sie eine durchweg städtische Bewegung. Ihre Anhänger setzten sich beispielsweise „für eine intensivere Durchgrünung der industriell geprägten Stadtlandschaft" ein.⁴⁰

Letztlich sind die mitunter parallel entstandenen Gärten der Naturheilvereine, der Lebensreformbewegung und der Schrebervereine ebenso wie die Armengärten, die Eisenbahnergärten, die Arbeitergärten des Roten Kreuzes sowie die Berliner Laubenkolonien als jeweils unterschiedlich nuancierte Reaktionen auf die zunehmende Industrialisierung und Urbanisierung zu verstehen.⁴¹

Jenseits der mit ihrer Entstehung zusammenhängenden Intentionen zeigt die historische Entwicklung des Kleingartenwesens, wie eng diese Initiativen mit der sozialen und wirtschaftlichen Entwicklung in Deutschland verknüpft waren. So erfuhr die Bedeutung der Kleingärten als Mittel zur Ernährungssicherung zu Kriegszeiten während des Zweiten Weltkrieges noch eine Ergänzung durch die Nutzung der Lauben als Notunterkünfte. Mit den Wirtschaftswunderjahren deutete sich etwa ab den 1960er Jahren dann eine Bedeutungsverschiebung größeren Ausmaßes an: „Mit dem ‚Wirtschaftswunder' im Westen verlor die Ernährungssicherung immer mehr an Bedeutung, wohingegen der Freizeit- und Erholungswert beständig anstieg".⁴² In der 1994 veröffentlichten empirischen Studie von Sabine Verk über Kleingärten in Münster wurde folgerichtig an erster Stelle das Bedürfnis nach Erholung und Entspannung als Pachtmotiv genannt. Direkt danach rangiert das Bedürfnis der Kleingärtner nach einem Aufenthalt in der Natur, der Sabine Verk zufolge jedoch eng an den Anspruch auf eigenen, privaten Raum gekoppelt ist:

> „Auffallend im Rahmen der Interviews ist die Verknüpfung des Aspekts Naturerlebnis/-genuß mit dem Begriff des ‚Besitzes' und damit der Möglichkeit zu Selbstbestimmung und Rückzug in die Privatsphäre."⁴³

Werner Nohl deutet dieses Bedürfnis nach Privatheit als zu den „unverzichtbaren Werten einer demokratischen Gesellschaft" gehörend: Nur „in funktionierender Privatheit" können wir, so Nohl, „selbst entscheiden, wann, wie und bis zu welchem Grade Informationen über uns selbst an andere weitergegeben werden sollen".⁴⁴ Infolge der Industriemoderne wähnt auch Nohl diese Funktion der (Klein-)Gärten in Gefahr: Allzu übermächtig seien die „ungerechtfertigte[n] Eingriffe des Staates, des Kommerzes und anderer mächtiger Kräfte der Gesellschaft in die Privatsphäre des Menschen".⁴⁵ Die Austauschbarkeit der Warenwelt der Industriemoderne und das Streben nach Perfektion und Professionalität seien in den Gärten an die Stelle einer Ästhetik getreten, die sich noch in der unmittelbaren Nachkriegszeit durch den Charme der Bricolage, den individuell ästhetisch umgesetzten „Wunsch nach

---

39 Vgl. BARLÖSIUS, Lebensführung (1997), S. 19.
40 LINSE, Landkommunen (1983), S. 33; vgl. auch HAMMES, Ratgeber (2010), S. 16.
41 Vgl. VERK, Laubenleben (1994), S. 30f.
42 KNAUSS, Kleingärten (2001), S. 68.
43 VERK, Laubenleben (1994), S. 204.
44 NOHL, Kleingärten (2003), S. 190.
45 Ebd., S. 212.

Transzendierung einer unvollkommenen Gegenwart in eine bessere Zeit" und die „Sehnsucht nach dem guten Leben" auszeichnete.[46]

2.3 Kleingärten versus Gemeinschaftsgärten: Unterschiede und Gemeinsamkeiten

Der kurze Abriss zur Entstehungsgeschichte der Kleingärten zeigt, dass Kleingärten nicht rein zufällig bevorzugt in Städten angesiedelt sind, sondern als Reaktion auf den Urbanisierungsprozess des 19. Jahrhunderts entstanden. Bezüglich des Wunsches nach grünen Orten inmitten der Stadt zeigen sich deutliche Parallelen zur Genese der Gemeinschaftsgärten.

Letztlich nähern wir uns damit der Frage, inwiefern bei den neuen Gartentypen, die unter dem Begriff des Urban Gardening subsumiert werden, ein anderes Verhältnis zur Stadt propagiert wird. Handelt es sich bei den Urban-Gardening-Initiativen wirklich um etwas „Neues" oder lediglich um Bekanntes unter einem neuen Label?

Die Soziologin Cordula Kropp greift Ulrich Becks Konzept der Reflexiven Modernisierung auf, um die Unterschiede zwischen Kleingärten und Urban-Gardening-Initiativen zu untermauern. In Anlehnung an Beck differenziert sie zwischen Erster und Zweiter Moderne,[47] indem sie den Kleingärten als „Städtische Gärten in der Industriemoderne"[48] die Gemeinschaftsgärten als „Städtische Gärten der Reflexiven Moderne"[49] gegenüberstellt. Kropp zufolge wiederholen sich in den Kleingärten noch immer die Leitunterscheidungen der Industriemoderne, so dass die Dualismen Stadt vs. Land, Natur vs. Kultur, Ökonomie vs. Lebenswelt zementiert werden:

> „Die Natur erscheint aus utilitaristischer Perspektive als zu gestaltender Steinbruch, der Mensch untersteht einer harten Produktionslogik, die Belohnung winkt im privaten Reich des familiären Rückzugs, das kontinuierlich vor allem Äußeren und Fremden geschützt werden muss; Ambivalenz hat keinen Platz."[50]

Im Regelwerk der Kleingartenanlagen und in den normierten Verhaltensvorstellungen der Gartenpächter sieht sie den Beweis dafür, dass klare Grenzen zwischen „Blume und Unkraut, zugehörig und fremd, meins und deins" gezogen werden.[51]

In den neuen Gartentypen, die unter dem Begriff des Urban Gardening firmieren, sieht Cordula Kropp eine Unterwanderung dieser Abgrenzungslogiken, da in den Gemeinschaftsgärten die Dichotomien der Industriemoderne aufgebrochen werden.

Kropps Ansatz weist auf eine spannende Hypothese hin: So wie die Herausbildung des Gartentyps Kleingarten vor dem Hintergrund der Industriemoderne zu denken und zu deuten ist, erscheinen die „neuen" Gärten als Antwort auf das post-

---

46   Ebd., S. 190f.
47   Vgl. hierzu BECK, Risikogesellschaft (2007).
48   KROPP, Gärtner(n) (2011).
49   Ebd., S. 81.
50   Ebd., S. 79.
51   Ebd., S. 79f., Zitat S. 80.

industrielle Zeitalter. An dieser Stelle setzt auch die vorliegende Studie an: Die empirische Untersuchung soll der Frage nachgehen, wie die Interdependenz von gesellschaftlichen Veränderungsprozessen und Urban-Gardening-Bewegung beschrieben werden kann.

Bei der Betrachtung der Unterschiede zwischen Kleingärten und Gemeinschaftsgärten läuft man schnell Gefahr, überspitzte Aussagen hinsichtlich des normierten Verhaltens der Kleingärtner und eines präzisen Regelwerks der Kleingärten auf der einen Seite und der Offenheit der Gemeinschaftsgärtner auf der anderen Seite zu treffen. Hier lohnt es sich, genauer hinzusehen, anstatt immer gleiche Vorurteile zu kolportieren. Auch im Kleingärten haben in den vergangenen Jahrzehnten Veränderungsprozesse Einzug gehalten: Während in den 2000er Jahren noch vor einer Überalterung der Kleingärtner gewarnt wurde, hat sich diese Prognose durch den vermehrten Zulauf junger Paare mit Kindern gewandelt. Auch die interkulturelle Öffnung der Kleingärten ist wahrnehmbar.[52] Darüber hinaus ist der bereits erwähnte Trend zum Verzicht auf Kunstdünger und Unkrautvertilgungsmittel auch in den Kleingärten angekommen.

Wie sehr die Kleingartenkultur bereits einen tiefgreifenden Wandlungsprozess durchlaufen hat, zeigt auch die Sommerkulturveranstaltungsreihe „Freie Gartenakademie", die der münstersche Künstler und Kleingärtner Wilm Weppelmann seit 2006 in seinem Kleingarten organisiert. Dazu heißt es auf der Website „Freie Gartenakademie":

> „Die Freie Gartenakademie versteht sich als Experimentierfeld und führt deshalb das Wort ‚frei' sehr selbstbewusst und mit einem Hauch von Verwegenheit. Sie verschanzt sich nicht hinter dem Gartentor, sondern nimmt sich das Recht, auch weit über den Beetrand hinaus, Themen und Kulturaspekte zu klimatisieren, zu diskutieren und sie in und aus dem Garten zu holen."[53]

Auch wenn die eher konservativen Kleingartenvereine und Kleingärtner keineswegs völlig von der Bildfläche verschwunden sind, so ist die Welt der sogenannten Schrebergärten heute durchaus facettenreich: In den Kleingartenanlagen begegnet man auch Menschen, die so gar nicht in das Klischee des konservativen Kleingärtners passen wollen. So ist etwa in einem Zeitungsartikel der Westfälischen Nachrichten vom Mai 2013 unter dem Titel „Coole Spießer" von einem jungen Gartenpächter aus Münster zu lesen, der „kaum dem Bild eines gängigen Kleingärtners entspricht. Der 30-Jährige hört Psychobilly – eine Mischung aus Rockabilly und Punk – und dementsprechend stylt und kleidet er sich."[54] Um die Umkehrung des Rollenbildes zu verdeutlichen, wird er mit dem Satz zitiert: „Für mich ist unser Schrebergarten purer Rock'n'Roll."[55] Dass diese Einsicht allerdings noch so neu ist, dass sie eines Zeitungsartikels gewürdigt wird, beweist wiederum die Hartnäckigkeit des Bildes vom Kleingärtner als Spießbürger – ein Klischee, das auch in den Augen

---

52 Vgl. WOLF, Gärten (2008).
53 http://www.gartenakademie.org/?page_id=72 (Stand 24.4.2014).
54 „Coole Spießer. Bananen und weiße Erdbeeren im Schrebergarten". In: Westfälische Nachrichten, 24.5.2013, URL: http://www.wn.de/Muenster/2013/05/Moderne-Spiesser-Psycho-Bananen-und-weisse-Erdbeeren-im-Schrebergarten (Stand 4.11.2013).
55 Ebd.

einiger Gemeinschaftsgärtner des Forschungssamples nach wie vor präsent ist und mit Blick auf das genaue Regelwerk der Kleingartenanlagen vielleicht in Teilen berechtigt erscheint.

Auch die Tatsache, dass es, wie etwa in Essen-Katernberg, Gemeinschaftsgärten gibt, die sich innerhalb einer Kleingartenanlage ansiedeln, revidiert den Ausschließlichkeitscharakter, der eine schematische Gegenüberstellung der beiden Gartentypen vereinfachen würde.

Dennoch wird sich in den folgenden Kapiteln zeigen, dass Gemeinschaftsgärten in der Lage sind, Erwartungen und Bedürfnisse zu befriedigen, die durch die strukturellen Rahmenbedingungen und Verhaltensnormen in Kleingartenanlagen nicht abgedeckt werden (können). Die bislang kaum institutionalisierte Form der Gemeinschaftsgärten entspringt zum einen dem Desiderat einer größeren Offenheit; sie ist jedoch auch auf die noch junge Historie der Gemeinschaftsgärten in Deutschland zurückzuführen. Erst in der Zukunft wird sich zeigen, welche rechtlichen Rahmenbedingungen und Interessenvertretungen zur Etablierung des Gartentyps Gemeinschaftsgarten nötig und wünschenswert sind und welchen Einfluss dies auf Art und Gestalt dieser Gärten nehmen wird.

2.4 Gemeinschaftsgärten weltweit

Mittlerweile gibt es weltweit eine kaum zu überblickende Anzahl von Gemeinschaftsgartenprojekten, wobei die Bandbreite der Zielsetzungen von Nachbarschafts- oder Stadtteilgärten über internationale Gärten bis hin zu Generationengärten oder Schulgärten reicht. Nicht selten vermischen sich auch die unterschiedlichen Zielsetzungen, weil die Gruppe der Akteure sich erweitert.

Richtet man das Augenmerk auf die noch verhältnismäßig junge Geschichte der Gemeinschaftsgärten, so kristallisieren sich dennoch einige Projekte heraus, die eine gewisse Vorreiterrolle innehaben. Diese sollen im Folgenden kurz vorgestellt werden.

2.4.1 Community Gardens in Nordamerika

Frühe Beispiele für gemeinschaftliches Gärtnern in der Stadt finden sich im Norden der Vereinigten Staaten. Hier entstanden seit den späten 1960er, 1970er Jahren inmitten von Häuserschluchten Community Gardens, also Gärten, die von den Bewohnern eines Stadtviertels gemeinschaftlich bewirtschaftet werden. Der wahrscheinlich erste Community Garden New Yorks wurde 1973 von Liz Christy in der Lower East Side in Manhattan gegründet und existiert noch immer. Um zu verstehen, wie besonders in den ärmeren Vierteln New Yorks in kürzester Zeit Hunderte von Community Gardens folgen konnten, lohnt ein kurzer Blick auf die städtebauliche und finanzpolitische Situation jener Zeit.

Carolin Mees zufolge wurde die Grundsteuer im Zuge der damaligen Finanzmisere auf ein Niveau angehoben, das die Vermietung von Mehrfamilienhäusern in ärmeren Stadtteilen New Yorks nicht mehr rentabel machte: Die gestiegenen Betriebskosten ließen sich nicht weiter auf die Miete umlegen, da die einkommensstärkeren Bevölkerungsteile in die Vororte abgewandert waren und die einkommensschwächeren Bewohner nicht in der Lage waren, für weitere Mieterhöhungen aufzukommen. Im Jahr 1975 stand New York kurz vor der Insolvenz, so dass Sozialausgaben und städtische Dienstleistungen zusammengestrichen wurden. Der Verfall ganzer Stadtviertel war die Folge. Viele vernachlässigte Häuser wurden abgerissen, oder die Besitzer steckten ihre Gebäude in Brand, um wenigstens die Versicherungsprämie zu kassieren. So ist es zu erklären, dass 1975 im Gebiet der Bronx inmitten dieser dichtbesiedelten Metropole plötzlich bis zu 25 Prozent des Bezirks brachfielen.[56]

Um dieser Verwahrlosung ihrer Wohnviertel entgegenzuwirken, fingen die verbliebenen Bürger an, die entstandenen Brachflächen vom Müll zu befreien und dort Gärten anzulegen. Diese Community Gardens erfüllten mehrere Zwecke: Neben der optischen Aufwertung der Quartiere boten sie die Gelegenheit zur Versorgung mit frischem Gemüse und Obst. Überdies stärkten die gemeinsamen Aktivitäten den nachbarschaftlichen Zusammenhalt; die Community Gardens entwickelten sich zu sozialen Treffpunkten. Als positiver Nebeneffekt sank in vielen Fällen auch die Kriminalitätsrate im direkten Umfeld der Gärten enorm,[57] da nun die Bewohner die Kontrolle über die Straße übernommen hatten. Diese Beispiele zivilgesellschaftlichen Engagements wurden von den Medien wohlwollend rezipiert und auch in anderen Stadtteilen übernommen. Der paradoxen Gentrifizierungslogik entsprechend stellt diese durch die Community Gardens angestoßene Aufwertung der heruntergekommenen Quartiere gleichzeitig eine Bedrohung für deren Fortbestehen dar, da diese nun wieder als Bebauungsflächen interessant werden.[58] Im Zuge einer Privatisierungswelle unter Bürgermeister Giuliani sollten in den 1990er Jahren hunderte Community Gardens einer erneuten Bebauung mit Wohnhäusern weichen. Dieses Vorhaben stieß bei den Gemeinschaftsgärtnern und deren Unterstützern auf massive Proteste. Sie reichten Klagen ein, organisierten Kundgebungen, Sit-Ins und kreative Formen des friedlichen Protests und machten somit die Öffentlichkeit auf die Problematik aufmerksam.[59]

Prominente Unterstützerinnen wie Bette Midler setzen sich für den Erhalt der urbanen Freiräume ein, so dass mit Hilfe von Geldspenden ein Teil der Grundstücke aufgekauft werden konnte.[60] Auch wenn bei weitem nicht alle Gärten gerettet werden konnten, hat sich der Widerstand dennoch ausgezahlt: Mit einer Klage auf Bundesgerichtsebene setzten die Gartenaktivisten 1999 durch, dass Community Gardens als Parklandschaft anerkannt und ihnen somit mehr Rechte eingeräumt wurden. Die Auseinandersetzung mit den städtischen Behörden hatte auch Auswirkungen auf die Selbstwahrnehmung der größtenteils aus unterprivilegierten Schichten stammenden Nachbarschaftsgärtner als *Gartenaktivisten*, die sich der Relevanz ihres Schaffens bewusst wurden und ihren Platz in der Gesellschaft und im Stadtraum beanspruchten.[61] Es erfolgte eine „Politisierung der Community Garden-Bewegung",[62] die sich in der Folge stärker vernetzte und institutionalisierte.

---

56 MEES, Urban Agriculture (2010).
57 Vgl. MEYER-RENSCHHAUSEN, Müll (2004), S. 67.
58 Vgl. STONE, Community Gardening (2002), S. 170.
59 Vgl. ebd., S. 159ff.
60 Vgl. ebd., S. 164.
61 Vgl. ebd., S. 175.
62 Vgl. MÜLLER, Intercultural Gardens (2007), S. 3.

Mit den Gärten haben sich diverse Nichtregierungs-Organisationen (NGOs) gegründet, die sich um die Vernetzung, Koordination und Sicherstellung der Gärten bemühen und diese mit Equipment und Fachwissen unterstützen, allen voran die bereits 1973 gegründeten *Green Guerillas* sowie *Green Thumb*, das seit 1995 als Unterabteilung der New Yorker Behörde für Parks und Erholung der Stadtbehörde angegliedert ist.

Zudem fungiert die *American Community Gardening Association* (ACGA) als landesweite Dachorganisation, die auch durch die First Lady Michelle Obama öffentlichkeitswirksamen Zuspruch erfährt.[63]

Die Community Gardens befinden sich auf öffentlichen oder privaten Grundstücken, sind meist eingezäunt, allerdings zu bestimmten Öffnungszeiten auch für Passanten zugänglich, so dass eine parkähnliche Nutzung gewährleistet ist.[64] Teilweise bestehen die Gärten nur aus einem schmalen Streifen zwischen zwei Häusern. Auch wenn es Gärten gibt, in denen ausschließlich Ziersträucher und Blumen angepflanzt werden, so dominiert in den Community Gardens eindeutig der Anbau von Lebensmitteln zur Selbstversorgung. Inmitten der Betonwüste Stadt kann diese intensive Form des Gemüseanbaus durchaus bizarr anmuten.

Gert Gröning macht darauf aufmerksam, dass es sich bei den Communities, die einen Garten betreiben, nicht um eine „statistische Größe" handelt:

> „Vielmehr handelt es sich dabei um zunächst nur wenige Personen, die in der Regel in der unmittelbaren Umgebung eines seit längerem vernachlässigten Grundstücks leben. Oft ist die Initiative einer Person ausschlaggebend. Wenn sie begonnen hat, aus einem verwahrlosten Grundstück eine Gartenanlage zu machen, schließen sich andere an und treten dann gegenüber anderen als ‚community', als Gemeinschaft, als ‚community gardeners' auf."[65]

Auch wenn diese Graswurzelbewegung von unterschiedlichsten Schichten und Herkunftskulturen getragen wird, handelt es sich durch die Segregation in den Nachbarschaften oft um relativ homogene Gruppen.[66] Mit anderen Worten: Die Gemeinschaft der Community Gardeners entspricht in etwa der Bevölkerungsstruktur des direkten Umfelds des jeweiligen Gartens. Elisabeth Meyer-Renschhausen spricht in ihrer Sozialreportage über die Community Gardens in New York von einer „weiblich dominierte[n] Bewegung",[67] die zu etwa zwei Dritteln aus Frauen besteht. Etwa 85 Prozent der Gärten werden von *people of colour* betrieben.[68]

Die Bewässerung erfolgt in der Regel mit Erlaubnis der Stadt über die öffentlichen Hydranten. Die (Zwischen-)Nutzung der privaten oder öffentlichen Flächen ist meist über einen Pachtvertrag geregelt.

Da manche Gegenden als sogenannte *food deserts* von der Verfügbarkeit frischen Gemüses abgeschnitten sind, leistet die urbane Gartenwirtschaft einen wich-

---

63 Vgl. https://communitygarden.org.
64 SPITTHÖVER, Gemeinschaftsgärten (2009).
65 GRÖNING, Gemeinschaftsgärten (2002).
66 MEYER-RENSCHHAUSEN, Müll (2004), S. 47.
67 Ebd., S. 15.
68 Ebd., S. 18.

tigen Beitrag zur Ernährungssicherung. Was Christa Müller mit Verweis auf eine Studie über Community Gardens in Kanada beschreibt,[69] trifft gleichermaßen auf die Vereinigten Staaten zu:

> „the cause of hunger in Canada is not any scarcity of food but a lack of money among the growing number of the economically underprivileged. Low wages, high rents, and massive cutbacks in social security benefits mean that more and more people are going hungry in one of the richest countries in the world."[70]

Die in den Gärten gewonnenen Lebensmittel bereichern nicht nur den Speiseplan der aktiven Gärtner, sondern werden größtenteils auch auf den sogenannten *farmers' markets* angeboten. Initiiert und unterstützt durch gemeinnützige Organisationen wie *Just Food* existieren allein in der Stadt New York zahlreiche Märkte,[71] auf denen sowohl Bauern aus dem Umland als auch *community gardeners* ihre Erträge verkaufen oder gegen Lebensmittelmarken eintauschen. Diese informellen Märkte haben sich als hilfreiches Instrument erwiesen, um insbesondere einkommensschwache Bevölkerungsteile mit gesunden, frischen und bezahlbaren Lebensmitteln zu versorgen und gleichzeitig den sozialen Austausch der Nachbarschaften zu fördern.[72]

Daher verwundert es kaum, dass das Entstehen neuer Hochburgen des urbanen Gartenbaus in vielen Fällen ein Indiz für eine länger andauernde wirtschaftliche Rezession ist, wie Carolin Mees darlegt:

> „Denn das Thema gewinnt immer wieder dann an Bedeutung, wenn steigende städtische Armut und abnehmender wirtschaftlicher Druck eine Zwischennutzung von Brachflächen für den Anbau von Gemüse und Obst zur Selbstversorgung sinnvoll erscheinen lassen."[73]

Am Beispiel von Detroit ist dieser Zusammenhang zwischen wirtschaftlichem Niedergang und dem Entstehen neuer Formen der informellen Ökonomie offensichtlich. Der Zusammenbruch der Automobilindustrie führte 2013 zum Bankrott der Stadt. Hohe Arbeitslosenzahlen und Kriminalitätsquoten kennzeichnen die ehemalige „Motor City", die innerhalb von 50 Jahren eine Million Einwohner verloren hat. Nun steht rund ein Drittel des Stadtgebiets leer. Angesichts der desolaten Lage werden in Detroit seit etwa zehn Jahren neue Wege beschritten, um die schrumpfende Stadt mit Nutzung zu füllen. Auf das Stadtgebiet von Detroit verteilen sich nunmehr über 1200 Anbauflächen, die als Community Gardens, Familien- und Schulgärten oder als urbane Farmen zur Nahrungssicherung der Bevölkerung beitragen und dabei ein deutliches Signal setzen. Sie zeigen, dass jeder zur Veränderung und Gestaltung der Stadt beitragen kann und dass die Stadt eine Perspektive darstellen kann. Unterstützt durch städtische Behörden, Non-Profit-Organisationen, kirchliche Einrichtungen und Schulen werden Interessierte jeden Alters im Anbau von Gemüse und Obst geschult. Etwa 50 Marktgärten schließen die Versorgungslücke,

---

69 Gemeint ist ROSOL/WEISS, Community Gardens (2005).
70 MÜLLER, Intercultural Gardens (2007).
71 Vgl. http://justfood.org/urban-agriculture-and-markets/city-farms-markets/market-schedules (Stand 1.9.2015)
72 http://nyfarmersmarket.com/images/documents/NYS-Farmers-Markets.pdf (Stand 25.1.2014).
73 MEES, Nahrungsmittelproduktion (2010), S. 136.

die aufgrund der Abwanderung der großen Supermarktketten entstanden ist. Statt im Supermarkt kaufen die Menschen ihr Gemüse nun auf dem Frischemarkt. Wo ehemals die Automobilindustrie boomte, sieht man nun Gewächshäuser, Gemüsebeete und Tiere.[74] Dies hat letztlich auch eine positive Wirkung auf die Stadt: Obwohl die wirtschaftliche Lage in Detroit weiterhin miserabel ist, zieht es zunehmend Künstler und Kreative in die Stadt, die die entstandene Leerstelle als Chance begreifen.

2.4.2 Gemeinschaftsgärten in Kuba

Ein grundlegendes Merkmal der Gemeinschaftsgartenidee ist ihre globale Verankerung: Projekte überall auf der Welt können als Vorbilder wahrgenommen werden, und Aktivitäten in weit voneinander entfernten Ländern beziehen sich aufeinander. So verweist beispielsweise Robert Shaw, einer der Gründer des Prinzessinnengartens in Berlin, auf die vorbildgebende Wirkung des gemeinschaftlichen Gemüseanbaus in Kuba für das Berliner Gartenprojekt.[75]

In Kuba hat das Entstehen der innerstädtischen Gemüseproduktion einen ganz konkreten Hintergrund: Die Bevölkerung musste in den 1990er Jahren nach neuen Wegen suchen, um an frische Lebensmittel zu gelangen. Grund dafür war eine Versorgungskrise des sozialistischen Staates, ausgelöst durch den Zusammenbruch der Sowjetunion und das US-amerikanische Handelsembargo. Vor allem die Notwendigkeit von Erdölimport zu Weltmarktpreisen machte der kubanischen Wirtschaft sehr zu schaffen.

Der Zusammenhang zwischen Erdölknappheit und Engpässen in der Lebensmittelversorgung ist viel größer als gemeinhin bekannt: Ohne Öl ist konventionelle Landwirtschaft im Grunde nicht möglich, da keine chemischen Düngemittel und Pestizide hergestellt werden können und auch der Betrieb landwirtschaftlicher Großmaschinen und der Transport der Lebensmittel vom Land in die Stadt aus Öl gewonnenen Treibstoff erfordern.

Ohne Öl war ein Verharren in der konventionellen Landwirtschaft in Kuba nicht möglich. Um die Ernährungssicherheit, die zu Beginn der 1990er Jahre durchaus gefährdet war, wiederherzustellen, stellte die Regierung den Städtern stadtnahe und innerstädtische Flächen zum Zweck des Nahrungsmittelanbaus und für die (Klein-) Tierhaltung zur Verfügung. Begünstigend wirkte sich in diesem Zusammenhang aus, dass der „kleinparzellige Anbau in der Geschichte des Landes verwurzelt ist",[76] wie Daniela Kälber nachweist. Bereits während des 18. Jahrhunderts hatte es Formen städtischer Subsistenzwirtschaft gegeben, die vor allem für die städtischen Sklaven eine große Rolle spielten. Nach Abschaffung der Sklaverei blieben die Hütten und Gärten vielfach im Besitz der Familien, weshalb sich die dort betriebene Form der Kleinstlandwirtschaft teilweise bis in die erste Hälfte des 20. Jahrhunderts hinein behaupten konnte. Erst infolge der kubanischen Revolution ist sie durch eine agrar-

---

74 SPITTHÖVER, Gemeinschaftsgärten (2009), S. 25.
75 Vgl. Nomadisch grün (Hg.), Prinzessinnengärten (2012), S. 16f. Sein Aufenthalt in Kuba hat Robert Shaw eigenen Angaben zufolge zur Gründung der Prinzessinnengärten im Berliner Gleisdreieck inspiriert. Vgl. hierzu auch RASPER, Gärtnern (2012), S. 27.
76 KÄLBER, Landwirtschaft (2011), S. 279.

industrielle Produktion abgelöst worden.[77] Bei einem kleinen Teil der Bevölkerung war also noch Wissen über den Anbau von Obst und Gemüse vorhanden. Der weitaus größere Teil der Einwohner in den Städten musste aber erst einmal mit dem ökologischen Anbau von Grundnahrungsmitteln vertraut gemacht werden. Auch in anderer Hinsicht erwies sich die sogenannte Revolución Verde als tiefgreifender Umdenkprozess: „Mitten im staatlich gelenkten Sozialismus übergab der Staat den Bewohnern die Verantwortung für die Deckung der Grundbedürfnisse ihrer Nachbarn."[78] Neben der Deckung des Bedarfs an frischen Nahrungsmitteln aus der unmittelbaren Umgebung zeitigten die Parcelas und Huertos Populares auch soziokulturell positive Effekte: Sie förderten die Integration der in die Städte abgewanderten ländlichen Bevölkerung und trugen zur ästhetischen und kulturellen Aufwertung der Städte bei, was letztlich auch dem Tourismus zugute kam. Auf einer anderen Ebene entwickelte sich auch eine tiefergehende „Einsicht in die tatsächliche wirtschaftliche Struktur des Landes",[79] dessen industriell erstellte Produkte auf dem Weltmarkt nicht wettbewerbsfähig waren und für das sich auf der Basis einer ökologischen Landwirtschaft eher wirtschaftliche Nischen (Anbau von seltenen Pflanzen, medizinische Kräuter und Gewürze) fanden.[80]

Was in Kuba aufgrund wirtschaftlicher Abhängigkeiten schon in den 1990er Jahren notwendig wurde, wird von Postwachstumsökonomen wie Niko Paech als wegweisendes Exempel für die gesamte Weltbevölkerung diskutiert. Vor dem Hintergrund der Endlichkeit der fossilen Ressourcen, die Paech zufolge in einem „Peak Oil, Peak Soil, Peak Everything" kulminieren, sieht der Umweltökonom in der urbanen Landwirtschaft ein „nahe liegendes Handlungsfeld [...], das leichte Übergänge zur Postwachstumsökonomie ermöglicht".[81]

In der Bezugnahme eines Berliner Gartenprojekts auf die urbane Landwirtschaft Kubas deutet sich bereits die globale Verortung und Vernetzung der lokalen Handlungsfelder an. Wie sich auch in den folgenden Kapiteln zeigen wird, haftet dem Begriff Urban Gardening zu Recht das Attribut eines globalen Phänomens an.

2.5 Gemeinschaftsgärten in Deutschland

Die Datenbank der Stiftung Interkultur wies Ende 2015 für die Bundesrepublik Deutschland insgesamt 465 Gemeinschafts- und Interkulturelle Gärten aus.[82] Die genaue Verortung all dieser Unternehmungen (es sind auch Projekte in Planung darunter) ist einer Karte zu entnehmen, die allein für den Großraum Berlin 60 Gemeinschaftsgarteninitiativen aufführt, von denen sich 2010 ein Teil im Allmende-Kontor zusammengeschlossen hat.

In Deutschland breitet sich die Idee gemeinschaftlichen Gärtnerns in der (Groß-) Stadt seit Mitte der 1990er Jahre rasant aus. Die enorme Bandbreite der Projekte ist

---

77 Vgl. ebd., S. 281.
78 Ebd., S. 284.
79 Ebd., S. 287.
80 Vgl. ebd.
81 PAECH, Perspektiven (2012), S. 101.
82 Karte in http://anstiftung.de/urbane-gaerten/gaerten-im-ueberblick?view=map (Stand 30.12. 2015).

dabei genauso bemerkenswert wie das Prosperieren der Bewegung insgesamt, deren Anziehungskraft für Aktive und Medien gleichermaßen ungebrochen zu sein scheint. Eine Kategorisierung der verschiedenen Gartenprojekte fällt schwer, weil viele Initiativen mehrere Zielsetzungen verfolgen: Da ist der Nachbarschaftsgarten, der gleichzeitig interkulturelle Ziele verfolgt, oder der Generationengarten, der außerdem auch Lerngarten sein will. Mobilität, Interkulturalität, Nachbarschaftsarbeit, politische und ökologische Arbeit oder das Bedürfnis nach frischem Obst und Gemüse aus eigenem Anbau müssen keine Gegensätze bzw. sich gegenseitig ausschließende Kriterien sein. Die Landkarte der Gemeinschaftsgärten ist ebenso bunt wie die Zusammensetzung der Aktiven und die Beweggründe für ihr Engagement.

Gleichwohl gibt es seit 2003 organisatorische Strukturen, die sich für eine Vielzahl der Initiativen als hilfreich erwiesen und immer noch erweisen. So ist die 2003 gegründete Stiftung Interkultur eine bundesweite Service- und Koordinierungsstelle für das Netzwerk der Interkulturellen Gärten. Seit 2008 ist sie Teil der Stiftungsgemeinschaft *anstiftung & ertomis*, die wiederum 2008 aus der Zusammenlegung der ehemals selbständigen Stiftungen *anstiftung* gemeinnützige GmbH[83] und ERTOMIS Stiftung gemeinnützige GmbH[84] hervorgegangen ist und sich der „Erforschung, Förderung und Entwicklung nachhaltiger Lebensstile"[85] und damit auch den verschiedenen gemeinschaftsgärtnerischen Initiativen widmet. Neben anderen Dachorganisationen und Einzelinitiativen[86] zeichnet *anstiftung* verantwortlich für ein politisches Manifest, das 2014 im Rahmen der Netzwerktagung Interkulturelle Gärten in Göttingen verabschiedet wurde. Als Ziel dieses Manifestes, das bis Herbst 2015 gut 130 Initiativen unterschrieben haben, formulieren die Autorinnen und Autoren:

> „Die Autorinnen und Autoren des Manifests wünschen sich einen gesellschaftlichen Diskurs über die Bedeutung von Gemeinschaftsgärten im öffentlichen Raum und über die Bedeutung von Stadtnatur für eine lebenswerte und fair handelnde Stadt in der Welt. Sie fordern Entscheidungsträger*innen in Politik, Planung und Verwaltung zur Unterstützung auf, um der Bedeutung von Gemeinschaftsgärten durch verbindliche Regelungen nachhaltig gerecht zu werden."[87]

---

83 „Die Forschungsgesellschaft *anstiftung* wurde 1982 von Jens Mittelsten Scheid gegründet. Ihr Zweck war u. a. die Schaffung von Einrichtungen, die handwerkliche, kulturelle und soziale Eigenarbeit ermöglichen, unterstützen und dazu anleiten." (http://anstiftung.de/die-stiftung/historie, Stand 25.11.2015).

84 „Die ERTOMIS Stiftung wurde 1973 von dem Wuppertaler Unternehmer Erich Mittelsten Scheid und seiner Frau Totti Mittelsten Scheid gegründet. Ihre zentrale Aufgabe bestand zunächst darin, Methoden zur Integration von Behinderten in die Arbeitswelt zu entwickeln. Im Laufe der Zeit kamen weitere Förderbereiche hinzu: Historische Forschung, insbesondere Forschung zum Nationalsozialismus, Ökologie, die Förderung von Eigenarbeit und Interkulturellen Gärten, sowie die Bildende Kunst. Nach dem Tod von Erich Mittelsten Scheid 1993 wurde die Stiftung von seiner Frau und ihren Kindern Etta und Jens weitergeführt." (http://anstiftung.de/die-stiftung/historie, Stand 25.11.2015).

85 Ebd.

86 Im Einzelnen sind dies: Allmende-Kontor, Prinzessinnengarten, Kiezgarten, Neuland Köln und „Eine andere Welt ist pflanzbar"; vgl. http://www.urbangardeningmanifest.de/hintergrund (Stand 6.5.2015).

87 Für Oktober 2015 führt die Seite 131 Initiativen auf: http://www.urbangardeningmanifest.de/hintergrund (Stand 29.12.2015).

Seit 2002 organisiert *anstiftung* in wechselnden Städten jährlich stattfindende Netzwerktreffen der Interkulturellen Gärten, die zur Vernetzung und zum Ideen- und Informationsaustausch der verschiedenen Initiativen und Akteure beitragen sollen. Außerdem finden seit 2012 jährlich Sommercamps für Stadtgärtnerinnen und Stadtgärtner statt, auf denen u.a. vielfältige Workshops zu Stadtgartenthemen angeboten werden.[88]

2.5.1 Internationale Gärten, Göttingen

Eines der ersten Gemeinschaftsgartenprojekte in Deutschland sind die „Internationalen Gärten" in Göttingen. Die Idee zur ihrer Gründung ist im Austausch mit bosnischen Flüchtlingsfrauen entstanden, die ihre Sehnsucht nach produktiver Arbeit im Garten in einem Flüchtlingscafe zur Sprache brachten.[89] Das 1996 durch den Caritas-Verband und die Kirchengemeinde St. Jakobus initiierte internationale Gartenprojekt, welches sich an Flüchtlingsfrauen und ihre Familien wandte, erwies sich sehr schnell als Erfolg. Noch im selben Jahr konnten die multinationalen Gartennutzerinnen und -nutzer eine erste Ernte einfahren. Die Arbeit des Gartenprojektes beschränkte sich aber von Anfang an nicht auf das gemeinsame Gärtnern, sondern inkludierte auch Sprach- und Kochkurse sowie vielfältige handwerkliche, kulturelle und kreative Angebote. Gerade die Vielfalt an niedrigschwelligen Angeboten war ein Faktor, der den Bekanntheitsgrad des Gartenprojektes enorm gesteigert hat. Als besonderer Erfolg ist aber vor allem hervorzuheben, dass es gelungen ist, die Gärten im Selbstverständnis der Akteure zu selbstbestimmten Räumen zu machen:

> „Das Projekt ist in ständiger Bewegung. Es wächst an Akteuren – und seine Akteure wachsen an immer neuen Herausforderungen. Sie bauen neue Gärten auf, geben Zeitungsinterviews, kooperieren mit der wissenschaftlichen Begleitforschung, präsentieren ihr Projekt in anderen Städten, üben sich in Konfliktmanagement, lernen die deutsche Umweltgesetzgebung und das Vereinsrecht kennen, beraten andere Projekte im Aufbau und generieren und erproben permanent neue Ideen."[90]

Als Gewinner mehrerer Förderpreise[91] gelten die Internationalen Gärten Göttingen deutschlandweit als Musterbeispiel, welches in zahlreichen Städten Nachahmer gefunden hat.[92]

---

88 Vgl. http://www.allmende-kontor.de/index.php?id_12:vernetzung&catid=2uncategorised (Stand 6.5.2015).
89 Der Caritas-Verband und die St. Jakobi-Kirchengemeinde pachteten 1996 ein Grundstück an, welches von persischen, deutschen, irakischen, äthiopischen, afghanischen und kurdischen Familien gärtnerisch genutzt wird; vgl. MÜLLER, Wurzeln (2002), S. 22.
90 Ebd., S. 17.
91 Die Internationalen Gärten Göttingen sind Gewinner der Ausschreibung „Der Boden lebt. Neue Umweltbildungskonzepte" des Bundesumweltministeriums (2000), Bundessieger des Förderpreises Aktive Bürgerschaft (2001) und des Förderpreises „Aktion Bürger machen Staat" des Landes Niedersachsen; vgl. MÜLLER, Wurzeln (2002), S. 164.
92 Vgl. http://anstiftung.de/ (Stand 28.4.2015). Auf der Website der Stitungsgemeinschaft findet sich auch eine Überblickskarte, auf der im April 2015 439 interkulturelle und Gemeinschaftsgärten verzeichnet waren.

2.5.2 Prinzessinnengärten, Berlin

Angesichts des großen Bekanntheitsgrades der Prinzessinnengärten Berlin mag es verwundern, dass diese Initiative erst wenige Jahre alt ist. Im Mai 2009 begannen die ersten Arbeiten auf dem Grundstück am Moritzplatz, das wie so viele andere von Gemeinschaftsgartenprojekten übernommene Grundstücke erst einmal von Müll befreit werden musste. Auf einen in den Printmedien veröffentlichten Aufruf zweier Künstler[93] hin fanden sich insgesamt 150 Akteure auf dem Grundstück ein, die bereit waren, sich in dem Projekt zu engagieren. Besonderes Merkmal der Prinzessinnengärten ist die Anlage als mobiler Garten:

> „Alle Beete, Pflanzbehälter und selbst die Bauten sollten in kürzester Zeit und mit überschaubarem Aufwand transportiert werden können. Um dies möglich zu machen, griffen wir auf die zur Verfügung stehende Transportlogistik mit ihren standardisierten Einheiten zurück. So wurden Überseecontainer, DIN-genormte Stapelbehälter und Europaletten zu den wichtigen Bausteinen des Prinzessinnengartens und gaben ihm sein charakteristisches Aussehen."[94]

Grundsätzlich war der Prinzessinnengarten als Nachbarschaftsgarten geplant. Die enorme Aufmerksamkeit, die gerade diesem Gemeinschaftsgartenprojekt seitens der Medien nach wie vor zuteil wird, und die breite Palette an Angeboten haben aber schnell dazu geführt, dass der enge Kreis der Interessierten aus der Nachbarschaft gesprengt wurde und sich auf Personen aus anderen Stadtteilen, auf Journalisten, auf Menschen, die für ihren Ort ein ähnliches Projekt planen, und auf Touristen erweitert hat. Je mehr Menschen den Prinzessinnengarten kennenlernen, desto wahrscheinlicher ist es natürlich, dass diese Garteninitiative Vorbildfunktionen entfaltet. Diese Wirkung beschreibt auch Marco Clausen, einer der Initiatoren:

> „Wir bekommen Bilder von Menschen, die sich vom Prinzessinnengarten haben inspirieren lassen und auf Brachen in Bern oder Kopenhagen, auf einem ausrangierten Bahnhofsgelände in Stockholm oder auf Hochhausdächern in New York mithilfe von Industriekörben Gemüse anbauen."[95]

Die Prinzessinnengärten kommen ohne regelmäßige Zuwendungen aus öffentlichen Mitteln aus. Es gab gerade am Anfang Anschubfinanzierungen und Projektgelder, und es gibt bis heute ein gewisses Aufkommen an Spenden. Grundsätzlich ist das Gartenprojekt aber finanziell unabhängig. Mitarbeiter, soweit sie nicht ehrenamtlich tätig sind, können über die Einnahmen bezahlt werden, die durch den Verkauf von Gemüse und vorgezogenen Pflanzen, durch Beratungsdienstleistungen, Gartenbauaufträge, Bar und Küche sowie Bildungs- und Kulturangebote erzielt werden. Auch

---

93 Es handelt sich um Marco Clausen und Robert Shaw; vgl. Nomadisch grün, Prinzessinnengärten (2012), S. 25.
94 Ebd., S. 26.
95 Ebd., S. 27.

Bilder, Vorträge und Führungen durch den Garten sind wichtige Einnahmequellen[96] und unterstreichen gleichzeitig die Bedeutung des Gartens als Lernort.

Der Prinzessinnengarten versteht sich als Ergebnis der Auseinandersetzung mit dem städtischen Umfeld und nicht als Gegenentwurf zur Stadt. Er ist „nicht aus einer Sehnsucht nach dem Land heraus entstanden. Vielmehr war es umgekehrt eher eine Sehnsucht nach der Stadt, die diesen Garten hervorgebracht hat. Es ist kein Ort, um sich aus Gegenwart, Technik und Hektik der Großstadt in die Einfachheit des Landlebens zu flüchten."[97]

Optisch verbinden sich mit dem Prinzessinnengarten die Reissäcke, Bäckerkisten und aufgeschlitzten Tetra-Paks, in denen Gemüse und Stecklinge herangezüchtet werden. Wegen der Belastung des Bodens konnte dieser nicht für gärtnerische Zwecke genutzt werden. Die Initiatoren machten aus der Not eine Tugend und schufen den mobilen Garten, der auch als solcher Vorbildfunktion hat.[98]

2.5.3 Allmende-Kontor, Berlin

Die exponierte Stellung Berlins für das Gemeinschaftsgarten-Thema unterstreicht auch das Allmende-Kontor, das sich als Anlauf- und Vernetzungsstelle für Berliner Gemeinschaftsgärten versteht. Wie eng die Gemeinschaftsgarten-Community auf der Strukturebene verflochten ist, zeigt sich daran, dass *anstiftung* zu den prominenten Unterstützern des Allmende-Kontors gehört.

Der Gemeinschaftsgarten auf dem Tempelhofer Feld, einem ehemaligen Berliner Flughafen, ist das Ergebnis einer Initiative des Allmende-Kontors: „Was im April 2011 mit 10 Beeten begann, ist inzwischen eine blühende und selbstorganisierte Gartengemeinschaft mit 300 Beeten und 900 Gärtner*innen geworden",[99] heißt es zu diesem europaweit größten Gemeinschaftsgarten auf der Website des Allmende-Kontors.[100] Die „Stadt beackern" lautet die erklärtermaßen auch politische Zielsetzung des Allmende-Kontors: „Wir wollen nicht nur Flächen ‚beackern', sondern auch Denkweisen und Handeln für eine zukunftsfähige, soziale Stadtentwicklung."[101] Durch eine intensive Netzwerk-, Bildungs- und Öffentlichkeitsarbeit und nicht zuletzt auch durch ihre Beratungstätigkeit wollen die 13 „langjährig erfahrene[n] und gut vernetzte[n] Gemeinschaftsgartenaktivist*innen, Forscher*innen und Freund*innen des urbanen Gärtnerns und der Landwirtschaft in der Stadt", die das Allmende-Kontor gegründet haben, andere bei der Gründung von Gemeinschaftsgärten unterstützen und die praktische und theoretische Auseinandersetzung mit Gärtnern in der Stadt fördern. Eine Gartenkarte auf der Website des Allmende-Kontors informiert über die Gemeinschaftsgärten und Projekte der urbanen Landwirtschaft in Berlin.

---

96 Vgl. ebd., S. 30f. Um Spenden akquirieren zu können, wurde das gemeinnützige, nicht profitorientierte Unternehmen Nomadisch Grün GmbH gegründet. Jegliche überschüssige Mittel kommen den gemeinnützigen Zwecken der GmbH zugute.
97 Ebd., S. 53.
98 MÜLLER, Urban Gardening (2011), S. 38.
99 http://www.allmende-kontor.de/index.php/stadt-beackern (Stand 6.5.2015).
100 Vgl. RASPER, Gärtnern (2012), S. 21.
101 http://www.allmende-kontor.de/index.php/stadt-beackern (Stand 6.5.2015).

3. Gartenprojekte in Westfalen

Wie eingangs bereits ausgeführt, ist die Gemeinschaftsgartenszene ausgesprochen fluide. Gartenprojekte verschwinden nahezu spurlos von der städtischen Landkarte, an anderer Stelle tauchen dafür neue Initiativen auf. Dies hängt zum einen damit zusammen, dass z. B. Pachtverträge für die entsprechenden Grundstücke auslaufen oder gekündigt werden; zum anderen gibt es aber auch Fluktuationen unter den Mitgliedern der einzelnen Gruppen, die im schlimmsten Fall den Fortbestand einer Gruppe gefährden.

Die im Folgenden vorgestellten Gartenprojekte stellen eine Auswahl aus den 2011/12 in Westfalen existierenden Gemeinschaftsgartenprojekten dar. Um die Bandbreite des urbanen Gärtnerns in Westfalen einigermaßen widerspiegeln zu können, sollten für die empirische Untersuchung möglichst unterschiedliche Gartenprojekte in verschiedenen Teilen Westfalens herangezogen werden. Durch die folgende ausführliche Vorstellung der einzelnen Projekte wird deutlich, dass sich die Initiativen durch unterschiedliche Zielsetzungen, Mitgliederstrukturen, Gartenpraktiken sowie auch in Hinblick auf Alter und Größe des jeweiligen Projektes deutlich unterscheiden. Dieser Unterschiedlichkeit wurde in der Beschreibung durch den Verzicht auf eine allzu starke Normierung der Beschreibungen Rechnung getragen. Das einzige bei allen folgenden Unterkapiteln gleichbleibende Element ist ein der Vorstellung des jeweiligen Gartenprojekts vorangestelltes Zitat, das sich im Rahmen der Feldforschung als bezeichnend erwiesen hat.

Die Akteure werden im Folgenden teils mit Vor- und Familiennamen, teils aber auch nur mit ihren Vornamen vorgestellt (vgl. Vorwort). Diese Uneinheitlichkeit entspricht einerseits den Wünschen der Gemeinschaftsgärtnerinnen und -gärtner, denen aufgrund einer hohen Identifikation mit dem jeweiligen Gartenprojekt an einer vollständigen Namensnennung gelegen war. Auf der anderen Seite wurden während der teilnehmenden Beobachtungen und auch bei den Interviews immer wieder auch weitere Personen in den Gärten angetroffen, die sich wie selbstverständlich mit dem Vornamen vorstellten. Insofern ist es wohl nicht abwegig zu behaupten, dass die Beschränkung auf die Nennung von Vornamen die Kommunikationskultur in vielen der untersuchten Gartenprojekte widerspiegelte.

3.1 Der Kokopelli-Garten in Bielefeld

> „Manche Ideen haben einfach ihre richtige Zeit, dann ist es so reif dafür, hab' ich das Gefühl."[102]

Dieser mobile Gemeinschaftsgarten befand sich auf dem Neumarkt in Bielefeld, einem zentral gelegenen, asphaltierten Platz in fußläufiger Entfernung zum Hauptbahnhof. Mit einer Fläche von nur 20 Quadratmetern war der Kokopelli-Garten der kleinste Garten des Forschungssamples. In ihrem ursprünglichen Konzept hatten die Initiatoren für den Garten eine Fläche von 100 Quadratmetern veranschlagt. Dieser

---

102 Interview Annabelle Mayntz, Bielefeld, 24.5.2012.

hohe Flächenbedarf ließ sich an zentraler Stelle in Bielefeld aber nicht realisieren, weshalb man sich zunächst mit einer wesentlich kleineren Fläche und der Option auf eine Ausweitung zufriedengab, sobald der zu dieser Zeit auf dem Neumarkt stattfindende Wochenmarkt wieder zu seinem ursprünglichen Standort „Am Kesselbrink" zurückgekehrt sein würde.

Die Initiatoren des Gartens, Annabelle Mayntz und Pip Cozens, verstehen sich als Künstlerinitiative zur Förderung von Kultur und Jugendhilfe, die unter dem Namen ART at WORK agiert. Der gemeinnützige Verein ART at WORK e.V. war gleichzeitig Träger dieses im Mai 2012 entstandenen Gartenprojekts.

Vom Zeitpunkt der Entwicklung der Projektidee bis zur Anlage des Gartens vergingen eineinhalb Jahre. Der Standort am Neumarkt wurde von den Initiatoren bewusst ausgewählt, da er aufgrund seiner zentralen Lage gut erreichbar ist und gleichzeitig einer Aufwertung bedurfte:

> „Da ist schon eine ziemliche Betonwüste, der ist energetisch wirklich schrecklich. Und wie gesagt, es ist mittendrin! Alle, die Spaß dran hätten, sind aber interessanterweise drum rum. Und es geht bei ART at WORK ja auch immer darum, Atmosphären zu kreieren oder Dinge zu verändern. Und das ist halt ein Platz, der *schreit* danach einfach, verändert zu werden. [...] Und das musste ja auch weit genug weg von der Straße sein, um jetzt nicht die ganzen Abgase zum Beispiel zu haben, deswegen konnten wir jetzt nicht irgendwo Möhren auf die Verkehrsinsel pflanzen, sag' ich mal."[103]

Die Wahl des Standorts inmitten einer urbanen Umgebung war ausschlaggebend dafür, dass der Garten als mobiler Garten nach dem Prinzip des Prinzessinnengartens angelegt wurde. Durch den Umzug der Stadtbibliothek auf den Neumarkt und die baldige Eröffnung eines zugehörigen Cafés war eine zusätzliche Belebung des Platzes durch Passanten zu erwarten. Das Kulturamt der Stadt Bielefeld befand sich ebenfalls in direkter Nachbarschaft. Um den Zuschlag für die Nutzung der städtischen Fläche zu erhalten, hatten Annabelle Mayntz und Pip Cozens zunächst das Einverständnis der benachbarten Institutionen, Verbände und der Marktmeisterei eingeholt; in einem zweiten Schritt wurden schließlich die behördlichen Genehmigungen beantragt; darauf folgte die Vorstellung des Konzepts vor politischen Gremien. Die Zusammenarbeit mit der Stadt wird von Annabelle Mayntz durchaus positiv bewertet. Der für die Verwaltung der Fläche zuständige Immobilien-Service Bielefeld (ISB) gewährleistete die Weiterleitung der Anträge durch die entsprechenden Zuständigkeiten. Die aufwendige Strategie der Miteinbeziehung sämtlicher Privatpersonen und Politiker, Behörden, Institutionen, Gremien und Verbände hatte sich in diesem Fall bewährt. Ein glücklicher Zufall ermöglichte der Gartengemeinschaft den Zugang zu Wasser und sanitären Anlagen: In direkter Nähe zum Standort des Gartens lag ein Haus des Immobilien-Service Bielefeld (ISB), zu dem die Gartengemeinschaft Zutritt hatte. Die Stadt behielt sich jedoch das Recht einer Kündigungsfrist von einem Monat vor; außerdem musste eine Haftpflichtversicherung abgeschlossen werden.

---

103 Ebd.

Der Garten befand sich vor einer mit Graffiti besprühten Betonmauer und war mit orangefarbenen, lebensmittelechten Bäckerkisten, Reissäcken sowie mit Hochbeeten aus Holzpaletten ausgestattet. Da die 20-Quadratmeter-Fläche von drei Seiten durch einen Bauzaun abgeriegelt war, konnte der mobile Gemeinschaftsgarten nur in Anwesenheit der involvierten Akteure betreten werden. Diese Einschränkung des öffentlichen Zugangs ging auf eine Maßgabe der Stadt Bielefeld zurück und war ursprünglich nicht von den Initiatoren beabsichtigt. Da im Verlauf der ersten Gartensaison jedoch jene Pflanzen, die durch den Bauzaun hindurch zu erreichen waren, gestohlen bzw. abgeerntet wurden, waren bald auch die Gemeinschaftsgärtner von der Sinnhaftigkeit einer Absperrung überzeugt. Abgesehen davon nutzten die Aktionskünstler das Absperrgitter als eine Art Ausstellungswand, an der sie Plakate, die über die Hintergründe dieses Gartenprojekts informierten, befestigten.

Bereits in der ersten Gartensaison konnte eine Vielzahl an mitunter alten und seltenen Obst- und Gemüsesorten aus Biosaatgut angebaut und geerntet werden: Zucchini, Gurken, Tomaten, diverse alte Kartoffelsorten, Salate und Kräuter, ein Kürbis, Paprika, Erdbeeren, Himbeeren, Erdmandeln, Frühlingszwiebeln, Radieschen, Kohlrabi, Sellerie und Möhren. Da die Anlage des Gartens erst Ende Mai erfolgte, wurden einige der Pflanzen im eigenen Zuhause vorgezogen.

Die Initiatoren des Gartens konnten lediglich auf rudimentäre gärtnerische Vorerfahrungen zurückgreifen; eine professionelle Gärtnerin beteiligte sich aktiv am Gartenprojekt und gab ihr hortikulturelles Wissen an die übrigen Gemeinschaftsgärtner weiter. Gleichzeitig funktionierte die Wissensaneignung nach dem Prinzip „Learning by Doing",[104] wie Annabelle Mayntz betont.

Laut der Initiatoren hatte sich innerhalb der ersten Gartensaison im Jahr 2012 eine Gartengemeinschaft aus etwa 15 Erwachsenen unterschiedlichster Herkunftsnationen und etwa fünf Kindern zusammengefunden. Grundsätzlich richtete sich das Projekt an alle interessierten Bielefelder. Im Unterschied zur meist in Interkulturellen Gärten anzutreffenden Aufteilung der Fläche in Einzel- und Gemeinschaftsbeete stand in diesem mobilen Garten alles gleichermaßen der Gartengemeinschaft zur Verfügung. Dies betraf nicht nur die Aufteilung der Ernte, sondern auch die Organisation der Arbeitsabläufe, weshalb vielfältige Abstimmungs- und Aushandlungsprozesse bezüglich des Anbaus und der Pflege der Pflanzen erforderlich waren. Die beiden Initiatoren übernahmen bei der Organisation des Gartenprojekts eine leitende Rolle. Zur Koordination der Treffen wurde der Internetdienst „doodle", ein Online-Werkzeug zur Terminfindung, verwendet. Zur Absprache der anfallenden Arbeiten wurde auf E-Mails zurückgegriffen. Darüber hinaus wurden im Garten erledigte Arbeiten auf einer Tafel vermerkt. Es wurde versucht, feste Öffnungszeiten zu etablieren, um den Garten auch für potentielle neue Mitgärtner zugänglicher zu machen. Während des Untersuchungszeitraums hatte die Gartengemeinschaft damit begonnen, sich vorwiegend samstags während des (derzeit auf dem Neumarkt stattfindenden) Wochenmarktes zu treffen. Auf diese Weise konnten Alltagskontakte mit den Marktbetreibern und den Marktbesuchern geknüpft und auf informellem Weg über das Gartenprojekt und die Mitmachmöglichkeiten informiert werden.

---

104 Ebd.

Auf ihrer Website präsentiert sich das Künstlerkollektiv wie folgt:

> „*ART at WORK* inszeniert seine Projekte im alltäglichen Raum. Dabei machen die Menschen beispielsweise konkrete, spürbare Erfahrungen in Bezug auf ihre Umwelt in brisanten Spannungsfeldern wie Lebensqualität im heutigen Alltag oder das ‚Miteinander' in einer Gesellschaft voller Herausforderungen und Kontraste.
>
> Die Begegnung mit *ART at WORK* sensibilisiert für menschheitsbedrohende Themen, bewegt zu Veränderungen und bestärkt die Menschen in ihren Möglichkeiten, Einfluss zu nehmen."[105]

Die beiden Initiatoren verfolgen ein Kunstverständnis jenseits von Kunst als Selbstzweck: Ihre Kunst dient dem übergeordneten Zweck, die Menschen für komplexe Themen der Umweltschutz- und Menschenrechtspolitik zu sensibilisieren. Der glokale Ansatz „Think globally, act locally" wird konsequent verfolgt, indem Themen von globaler Tragweite in Form von lokal situierten, praxisorientierten (Kunst-)Projekten greifbar und eigene Einflussmöglichkeiten nachvollziehbar gemacht werden. In ihrer Arbeit wenden sie sich hauptsächlich an Kinder und Jugendliche.

Als freischaffende Künstler finanzieren sich die beiden Initiatoren, indem sie sich für ihre Projekte von Umwelt- und Bildungsinstitutionen bezahlen lassen oder Teilnahmegebühren auf Ferienprogramme erheben. In den von ART at WORK durchgeführten Projekten namens „Zu viel Zeug – Die andere Seite des Konsums"[106] oder „BRANDNEU! Wenn Kleidung schmerzt"[107] setzen sich die Teilnehmer in teils multimedial vermittelten Workshops kritisch mit globalen Themen wie Konsum oder der Textilindustrie auseinander. In gemeinsam erarbeiteten Formen von Aktionskunst wird in einem zweiten Schritt die Öffentlichkeit mit der jeweiligen Thematik und denkbaren Lösungsansätzen konfrontiert. In diesen Rahmen der „Hands-On-Umsetzung" war auch das ehrenamtliche Gartenprojekt eingebettet, das sich über Spenden finanzierte.[108] Im Interview erklärt die Initiatorin Annabelle Mayntz, wie es im November 2010 im Rahmen einer Konferenz von Transition Town zur Idee des urbanen Gartens gekommen war:[109]

> „Wir suchen eigentlich für all unsere Projekte immer eine Hands-On-Umsetzung, ja, wie kann man wirklich dann was machen, also für all unsere Themen. Wir haben zum Beispiel fürs Thema Klamotten einen eigenen Sweat-Shop aufgebaut und mit den Kids dann halt so getan, als würden sie jetzt in einer T-Shirt-Fabrik arbeiten, ne, um so fairen Handel mal ein bisschen darzustellen. Und wir wollten immer das Thema Ernährung irgendwie bearbeiten, aber wussten nicht so richtig, wie. Und dann so: ‚Ja super! Wir machen einen Garten, klar! Einfach Gemüse pflanzen!' Und dann können die Kids richtig da säen, ernten, mitmachen, weiterverarbei-

---

105 http://www.art-at-work.org/artatwork.html (Stand 14.1.2013).
106 http://www.art-at-work.org/zuvielzeug.html (Stand 15.1.2013).
107 http://www.art-at-work.org/brandneu.html (Stand 15.1.2013).
108 Eine Anschubfinanzierung erfolgte über die Stiftung Interkultur mit Sitz in München.
109 Die Initiatoren sympathisieren mit der Transition-Town-Initiative, ohne aktive Mitglieder einer Arbeitsgruppe zu sein.

> ten, was halt irgendwie geht, um so die Verbindung zu unserer Nahrung wiederherzustellen. [...] Und teilweise auch bei den Kleineren schon, die können Kohlrabi nicht mehr vom Apfel unterscheiden und einfach, um da wieder hinzukommen und denen ein bisschen Spaß dran zu vermitteln, was echtes Gemüse eigentlich ist. [...] Und wir wollen das dann kombinieren, auch mit einer Ausstellung, haben wir uns so in unserer Dragon-Dreaming-Phase dann gedacht, um auch zu zeigen, was ist so Kinder-Lebensmittelindustrie. Was wird da angeboten tatsächlich, was machen unsere Nahrungsmittelkonzerne so für ja nicht so ganz gesunde Dinge, Globalisierung überhaupt, dann haben wir ein bisschen Monsanto, so diese Themen da mit reingebracht."[110]

Die Gartengründung diente in erster Linie dem konkreten Zweck, dem geplanten Projektthema Ernährung einen Praxisbezug zu geben. Erst daraufhin erfolgte eine Einbettung der Gartenidee in den Kontext des Urban Gardening, das die Akteurin aus ihrem Aufenthalt in New York bereits kannte. Deutschlands prominentester mobiler Garten, der Prinzessinnengarten in Berlin, wurde als Vorbild erkannt und von den Initiatoren besucht.

> Also ich kannte das so aus New York ein bisschen schon, aber weiß nicht, ich fand das cool, es hat mir gefallen, und auch so ein bisschen dieser zivile Ungehorsam irgendwie mit, ja, einmal Seed Bombing oder solche Sachen zu machen, das fand ich ganz spannend, oder einfach auch nur mal da ein paar Tomatenpflanzen hinzupacken, wenn da ein Abbruchgelände ist oder sowas. Also so, aber so direkt damit beschäftigt hab' ich mich vorher nicht, das war wirklich in dieser Verbindung mit: Wie können wir Ernährung darstellen? Und dann kam: ja! Ah, diese Stadtgärten! Ich hab' ja früher in Berlin gewohnt, aber da gab's die Prinzessinnengärten noch nicht. Ja, aber dann waren wir natürlich direkt da und haben uns das angeguckt."[111]

Ebenso wie die Berliner Prinzessinnengärten war der Bielefelder Kokopelli-Garten aufs Engste mit einer urbanen Umgebung verknüpft. Die knallorangen, bepflanzten Bäckerkisten forderten die Blicke der Passanten heraus; inmitten der „Betonwüste" Neumarkt wirkten die Gemüse- und Obstpflanzen seltsam deplatziert und verliehen damit einer eigentlich so alltäglichen Sache wie dem Gärtnern eine subversive, künstlerische Note. Dem Trend in Richtung Upcycling und Umnutzung von Objekten wurde im Kokopelli-Garten bewusst Rechnung getragen: Die Umfunktionierung von Clogs zu Pflanzenbehältnissen geschah nur scheinbar provisorisch, bedenkt man das konsequente Festhalten an einem Arrangement in der orangen Leitfarbe von ART at WORK. Dass die Gartengründer mit dem Effekt der Bricolage spielten,[112] ließ sich nicht zuletzt daran erkennen, dass sie den mobilen Garten als eine Form der Aktionskunst verstanden.

Hinzu kamen die Infotafeln entlang des Bauzauns, die zu einem kritischen Hinterfragen der heutigen Lebenswirklichkeit anregen sollten. Auf diesem Weg

---

110 Interview Annabelle Mayntz, Bielefeld, 24.5.2012.
111 Ebd.
112 Zum Begriff der Bricolage vgl. LÉVI-STRAUSS, Denken (1968).

wollten die Gartengründer auch Menschen erreichen, die sich sonst nicht mit Themen wie der weltweiten Verschwendung von Lebensmitteln, dem Angebot der Kinder-Nahrungsmittelindustrie im Vergleich zur empfohlenen kindgerechten Ernährung, Statistiken von foodwatch, Spekulationen mit Nahrungsmitteln an den Finanzmärkten, den Global Players der Lebensmittelindustrie oder den Auswirkungen der Patentierung von Saatgut beschäftigten.

> „Und der Gedanke hat uns einfach schon gereizt, in der Stadt zu bleiben. Und es war ja auch die Überlegung, jetzt Grabeland da weiter zu machen, aber irgendwie war das noch nicht das Richtige. Weil wir natürlich auch mit unserer Aktionskunst dann auch immer mitten in die Stadt gehen. Wenn's um Konsum geht, dann stehen wir auch in der Einkaufsstraße [...] und wollen halt die Leute direkt da erreichen, wo sie sind. Und auch immer gerne Leute, die *nicht* freiwillig, sag' ich jetzt mal, zu Veranstaltungen kommen würden, zum Beispiel. [...] So planen wir unsere Aktion ja auch. Dass wir nicht sagen, wir machen Kunst für die Galerie und sitzen da und hoffen, jemand kommt, sondern nee, wir machen Kunst und nehmen die einfach mit raus und gehen dahin, wo die Leute sind, und erzählen einfach. Und das hat sich auch als Prinzip wirklich gut bewährt über die Jahre. Ne, weil man eben ganz andere Menschen auch erreicht damit."[113]

Die Hauptmotivation der Gartengründer speiste sich demnach ex ante aus der Verweiskraft des urbanen Gärtnerns, nicht aus der Tätigkeit des Gärtnerns an sich. Primäres Ziel von ART at WORK war es, die Menschen dazu zu bewegen, dass sie sich kritisch mit ihrer Rolle als Konsumenten der globalisierten Nahrungsmittelindustrie auseinandersetzen. Der Garten sollte als Lernort fungieren, um die verloren geglaubte Verbindung zur Nahrung wiederherzustellen. Der Initiatorin Annabelle Mayntz war bewusst, dass angesichts der Gartengröße nur mit einem minimalen Ertrag an Lebensmitteln zu rechnen war. Dennoch stellte sie das eigene Gartenprojekt in einen direkten Zusammenhang zu den kubanischen Organiponicos sowie zu umweltpolitischen Makrothemen wie Peak Oil:

> „Einfach auch geschichtlich. So dieses, dass es aus Kuba übernommen worden ist und weil die einfach *mussten*, gibt keinen Dünger, gibt kein Benzin, ist alles nicht da, und dann ja: Wie ernähren wir die Leute, wie transportieren wir das? Und ja aus der Not geboren, aber ja eigentlich ein tolles Konzept. Und heute reisen Leute von überallher dahin und lassen sich das erklären, weil's halt chic ist, bio anzupflanzen und, ja, dieser Notgedanke ist da bei uns natürlich nicht vorhanden, aber es geht da auch in die Transition-Town-Richtung: ja, wie verändern sich die Städte? Was ist mit Peak Oil, was ist mit Transport? Realistisch gesehen können wir uns ja so jetzt nicht ernähren, nur durch urbanes Gärtnern, aber es kann halt doch einen prozentualen Anteil abdecken. Und für uns ist es natürlich primär erst mal ein Lehrgarten."[114]

---

113 Interview Annabelle, Bielefeld, 24.5.2012.
114 Ebd.

Obwohl es sich um *einen* Garten handelte, verwendete das deutsch-englische Künstlerduo den Plural „Kokopelli-*Gärten*", um auf ihre Intention aufmerksam zu machen, dass die Idee Nachahmer finden soll. Kokopelli ist der Name eines indianischen Fruchtbarkeitsgottes, nach dem sich ein französischer Verein zum Erhalt alter und seltener Obst- und Gemüsesorten benannt hat.[115] Die Gründer der Kokopelli-Gärten bezogen sich in ihrer Namensgebung nach eigener Aussage sowohl auf den Fruchtbarkeitsgott als auch auf den französischen Verein, der gegen die Monopolisierung und Patentierung von Saatgut kämpft.[116] Dass dieses Bielefelder Gartenprojekt bereits mit der Namensgebung ein – wenn auch subtiles – politisches Statement setzte, nämlich das der Sympathiebekundung für die Gegner der agrarischen Großkonzerne, kann als weiteres Indiz für die gesellschaftspolitische Dimension dieses Gartens angesehen werden.

Mit dem Anbau von Bantam-Mais, einer Aktion, zu der im Rahmen der europaweiten Initiative „Save Our Seeds" aufgerufen wurde, setzten sich die Akteure aktiv gegen die Verwendung von Gentechnik und gegen die Monopolisierung des Saatguthandels ein.[117] Im Gegensatz zu Hybridsorten erzeugt diese Maissorte Saatgut, das zum Nachbau geeignet ist und somit nicht erst von Konzernen gekauft werden muss. Wer diese gentechnisch unveränderte, samenfeste Maissorte Golden Bantam anpflanzt, hat laut Gesetz ein Recht auf Schutz vor gentechnisch veränderten Pollen. Mit anderen Worten: In der (Pollenflug-)Nähe einer Bantam-Pflanze darf kein genmanipulierter Mais angepflanzt werden.[118] Auch wenn der Anbau von transgenem Mais seit 2009 in Deutschland ohnehin verboten ist, geht die Aktion Bantam-Mais weiter.[119]

Für die Zukunft arbeiten die Aktionskünstler daran, neben dem „normalen" Gartenbetrieb die bereits erwähnten Workshops zum Thema Ernährung in die Tat umzusetzen. Für die anvisierte Zusammenarbeit mit Kindergartengruppen und Schulklassen werden altersgerechte Konzepte entwickelt, den Kindern und Jugendlichen mit Mitteln der Kunst die komplexen Hintergründe des Topos Ernährung begreifbar zu machen. Als informeller Lernort spielte der Kokopelli-Garten dabei die zentrale Rolle.

Noch 2013 standen die Chancen für einen Fortbestand der Kokopelli-Gärten recht gut. Den Aktiven war sogar eine Ausweitung der Fläche in Aussicht gestellt worden, sobald der Wochenmarkt zum Kesselbrink zurückgekehrt sei.

Die zuständige Bezirksvertretung Mitte hatte die Meinungen der anliegenden Einrichtungen Umweltamt, Feuerwehr, Kulturamt und Stadtbibliothek zum Gemeinschaftsgarten eingeholt. Alle Einrichtungen standen dem Gartenprojekt positiv gegenüber, lediglich die Vertreter der Stadtbibliothek gaben zu bedenken, dass der Bauzaun des Gartenprojektes eine Störung der Ästhetik des Platzes darstellen

---

115 Vgl. http://www.zeit.de/wirtschaft/2012-07/saatgut-eugh-urteil (Stand 15.1.2013)
116 Interview Annabelle, Bielefeld, 24.5.2012: Die Initiatoren wurden über den 2010 erschienenen, französischen Dokumentarfilm „Good Food, Bad Food – Anleitung für eine bessere Landwirtschaft" auf die Saatgutinitiative Kokopelli aufmerksam und ließen sich davon zur Namensgebung inspirieren.
117 http://www.saveourseeds.org/ueber-uns/projekte.html (Stand 22.1.2013).
118 http://www.bantam-mais.de/warum-bantam.html (Stand 22.1.2013).
119 http://www.saveourseeds.org/ueber-uns/projekte.html (Stand 22.1.2013).

könnte.[120] 2014 musste der Neumarkt jedoch kurzfristig für einen Hotelneubau geräumt werden. Dies bedeutete das Ende der Kokopelli-Gärten, aber nicht das Ende jeglicher Gemeinschaftsgartenprojekte in Bielefeld. An zwei Standorten, nämlich im Transition-Town-Garten im Grünen Band (s. Kap. 3.2) und im Innenhof des Künstlerhauses Artists Unlimited wird weitergegärtnert.

3.2 Der Transition-Town-Permakulturgarten in Bielefeld

„Ich find's halt auch wichtig, dieses Wissen wieder so in die Stadt zurückzubringen, weil, wenn man so normal als junger Mensch bei uns in unserer Gesellschaft aufwächst, dann hat man jetzt davon eigentlich überhaupt keine Ahnung! Aber mit dem Computer kann man super umgehen, aber mit dem Kompost halt überhaupt nicht!"[121]

Der Gemeinschaftsgarten der Transition-Town-Initiative in Bielefeld[122] befand sich auf einer 600 Quadratmeter großen Grabelandparzelle, welche die Initiative im Frühjahr 2011 von der Stadt Bielefeld gepachtet hatte. Dieses städtische Grabeland lag an der Bleichstraße, ca. drei Kilometer östlich des Stadtzentrums, an der Grenze zwischen Bielefeld-Mitte und dem Stadtteil Sieker.

Grabeland stellt eine kostengünstige Alternative zu Kleingärten dar und ist zudem weniger stark reglementiert, allerdings gilt die Bewirtschaftung von Grabeland als zeitliche Zwischennutzung. Die Stadt Bielefeld behielt sich das Recht vor, die Grundstücke zur Bebauung freizugeben. Im Rahmen des Pachtvertrags war somit keine zeitliche Garantie über ein Jahr hinaus gewährleistet. Die Grabelandparzellen in Bielefeld verfügten weder über einen Strom- noch über einen Wasseranschluss, waren jedoch mit einer Pachtgebühr von rund 100 Euro jährlich grundsätzlich auch für einkommensschwächere Personen und Gruppen bezahlbar.[123] 2013 wurde der Vertrag seitens der Stadt Bielefeld gekündigt; gleichzeitig wurde der Initiative aber eine Ausweichfläche am „Grünen Band", ganz in der Nähe der Bleichstraße, angeboten. Von Juli 2013 bis Ende 2014 konnten beiden Gärten parallel genutzt werden.

Sowohl der alte als auch der neue Transition-Town-Garten wurden von den Initiatoren nach den Prinzipien der Permakultur angelegt.[124] Träger und Pächter des Gemeinschaftsgartens ist Transition Town Bielefeld e.V.[125]

Während der Feldforschungsphase befand sich der Transition-Town-Permakulturgarten noch an der Bleichstraße; daher beziehen sich die folgenden Ausführungen auf diesen mittlerweile aufgegebenen Standort. Beim Betreten der Grabelandparzelle

---

120 https://wiki.piratenpartei.de/2012-12-06_-_Protokoll_vom_Stammtisch_Bielefeld (Stand 21.1. 2013).
121 Interview Iris, Bielefeld, 8.9.2012.
122 Vgl. http://www.ttbielefeld.de/node/27 (Stand 25.8.2015).
123 Quelle: http://www.bielefeld.de/de/rv/ds_stadtverwaltung/isb/vgr/ (Stand 14.9.2012).
124 „Bei der Permakultur geht es darum, die Eigenschaften natürlicher Systeme möglichst effizient auszunutzen. Es ist im Grunde eine Kombination aus einer bestimmten Sichtweise und einem methodischen Werkzeugkasten, der je nach Situation eingesetzt wird. Zu den wichtigsten Grundprinzipien gehören das Denken in Kreisläufen und das Ausnutzen der Beziehungen innerhalb des Systems": RASPER, Gärtnern (2012), S. 174.
125 Vgl. http://www.ttbielefeld.de/node/27 (Stand 25.8.2015).

fiel zunächst das grüne Plakat ins Auge, das am stets unverriegelten Holztor befestigt war: „Give Peas a Chance" steht in großen, weißen Lettern darauf. Der Hintergrund zeigt passenderweise eine Erbsenpflanze. Und weiter: „Regionale Selbstversorgung / Urbane Gärten / Gardensharing / Permakultur".[126] Bei genauerer Betrachtung erkannte man in einem gelben Kreis noch die Schlagworte „Peak Oil",[127] „Klimawandel", „Fair Share".[128] Auch der Urheber gab sich auf dem Plakat zu erkennen: „Transition Town Bielefeld. Stadt im Klima- und Energiewandel". Neben dem lustigen Wortspiel wurde dem aufmerksamen Besucher mit dem Poster verdeutlicht, in welchen Kontexten die Akteure ihren Gemeinschaftsgarten verorteten. Damals wie heute ging es um weit mehr als Gärtnern:

> „Für mich ist dieses Thema Gesellschaftswandel ein ganz großes. Und ich leb' das auch, also ich hab' mich schon ein Leben lang damit beschäftigt: Was ist hier eigentlich los? Und warum? Und wie komme ich da raus? Oder wir kommen *wir* da raus? Und deswegen ist das für mich also sowohl dieser Überbau oder dieser Ansatz von TT ist extrem wichtig [...]. Gärtnern ist für mich ein Mittel zur Eigenmacht, ein Weg zu Eigenmacht, ja."[129]

Der Transition-Town-Permakulturgarten an der Bleichstraße folgte dem Prinzip der Allmende; die gesamte Gartenfläche fungierte als Gemeinschaftsfläche. Auf Menschen, die es gewohnt sind, beim Gärtnern zentimetergenaue Abstände einzuhalten und symmetrische Gestaltungsprinzipien anzuwenden, mag dieser Gemeinschaftsgarten wild und chaotisch gewirkt, bei anderen wiederum dürfte er paradiesische Assoziationen geweckt haben. Auch wenn dies vielleicht nicht auf den ersten Blick ersichtlich war, entsprachen die verschiedenen Bereiche dieses Gemeinschaftsgartens wohlüberlegten, permakulturellen Gestaltungsprinzipien. Hügelbeete wurden aus Astschnitt, Rasensoden, Laub, Kompost und Erde angelegt. Auch die Anlage des Spiralbeets und des Schlüssellochbeets erfolgte nach der arbeitssparenden und bodenschonenden Methode „Urbarmachen ohne Umgraben".[130] In diesem Gemeinschaftsgarten befanden sich außerdem einige Bäume (Apfel, Hasel, Pflaume, Birke), weitere rechteckige Beete, ein Tümpel, eine Komposttoilette (das sogenannte Pipi-Tipi),[131] ein Bohnenkarussell, ein Insektenhotel, Sitzgelegenheiten, eine Weidenlaube mit Feuerstelle, Regentonnen mit Regenablaufsystem, ein Kom-

---

126 Siehe auch das Foto des Plakates (Abb. 16).
127 „Allgemein wird als Peak Oil das Allzeit-Fördermaximum an Erdöl, also die maximal pro Jahr jemals geförderte Menge an Rohöl verstanden. Beim konventionellen Erdöl datieren die Szenarien Peak Oil zwischen 2007 und 2034" (http://www.bpb.de/nachschlagen/zahlen-und-fakten/globalisierung/52761/peak-oil, Stand 25.8.2015).
128 Vgl. http://www.fairshare.at/ (Stand 25.8.2015).
129 Interview Iris, Bielefeld, 8.9.2012.
130 http://www.ttbielefeld.de/content/gartenaktion-spiralbeet-anlegen-etc (Stand 7.2.2013).
131 Im neuen Garten im Grünen Band gibt es stattdessen eine Trenn-Toilette, da dieser Garten besser einsehbar ist. Außerdem wurden ein Weidendom, eine Kräuterspirale und Paletten-Hochbeete gebaut und eine essbare Hecke gepflanzt. Nach Auskunft von Reinhard Poier werden derzeit verschiedene Pflanzenarten, darunter 50 wiederentdeckte alte Gemüsesorten, angebaut. Der angrenzende Bahndamm konnte zum Wein-, Obst- und Fruchtgarten umgewidmet werden (E-Mail von Reinhold Poier, 18.4.2016).

posthaufen, Terra-Preta-Erde[132] und seit dem Sommer 2012 ein selbstgebauter Lehmbackofen, dessen Bestandteile 2014 in den Garten im Grünen Band übernommen und für den Bau eines neuen Ofens verwendet werden konnten.

Obgleich sich der Gemeinschaftsgarten in Trägerschaft der Transition-Town-Bewegung befand, war für die Teilhabe am Gartenprojekt keine Mitgliedschaft bei Transition Town e.V. erforderlich. Die Beobachtung, dass eine Gemeinschaftsgärtnerin erst während eines Interviews von den Hintergründen der Transition-Town-Bewegung erfuhr, bestätigt diese „nichts muss, alles kann"-Einstellung. Aber auch wenn der „Überbau",[133] für den die Transition-Town-Bewegung steht,[134] nicht für alle Aktiven eine Rolle spielte – teils auch nicht allen überhaupt bekannt war – so bieten sich hier doch Möglichkeiten der Information[135] und Vernetzung,[136] die bei Bedarf in Anspruch genommen werden konnten. Die verschiedenen Angebote blieben aber stets unverbindlich und zwanglos, so dass diejenigen Akteure, die mehr Austausch und Information über ökologische Themen wünschten, diese erhalten konnten, andere, die nur zum Gärtnern kommen wollten, aber nicht abgeschreckt wurden.

Für einen nicht unerheblichen Teil der Protagonisten in diesem Gemeinschaftsgarten waren eine enge Verbindung zu den Zielen der sozial-ökologischen Bewegung und alltagspraktische Formen ihrer Umsetzung jedoch ausgesprochen wichtig. Das ökologische Gärtnern und die Missstände einer globalisierten, vom Erdöl abhängigen Landwirtschaft und Nahrungsmittelindustrie sieht beispielsweise Iris in einem engen Zusammenhang. Lebensmittelproduktion in der Region nach ökologischen Kriterien ist für sie ein zukunftsfähiger Lösungsansatz, der allerdings auch ein anderes Konsumverhalten erfordert:

> „Also es ist halt so, auch so ein Verbraucherverhalten, also ich bin das gewohnt, bei mir ist der Supermarkt um die Ecke, da kann ich *jederzeit* hingehen, der hat von morgens sieben bis abends um zehn offen, und da kann ich kaufen, *was* ich will, alles, jederzeit, in der Menge, in der ich's verbrauchen kann, und *hier* das ist schon ein anderer Rhythmus, ist ein anderer Verbraucherrhythmus auch. [...] Und das, was hier ist, das kommt halt direkt vom Busen von Mutter Natur, sag' ich jetzt mal, und das muss man dann halt dementsprechend ja lagern, weiterverarbeiten, wie auch immer."[137]

Auch für Martin Roth, den Mitbegründer des Transition-Town-Gartens, ist die ökologische Krise ein wichtiger Beweggrund für sein Engagement im Transition-

---

132 S. unten Kap. 4.1.
133 S. unten Kap. 4.2.
134 Transition Town ist eine „Energie- und Kulturwende"-Initiative, die ihre Mitglieder auf den Übergang in ein postfossiles Zeitalter vorbereiten möchte. Dies soll vor allem durch stärkere Regionalisierung und eine verbesserte Resilienz der Gemeinden gegenüber globalen Veränderungen erfolgen; vgl. http://www.ttbielefeld.de/node/27 (Stand 25.8.2015).
135 Es gibt regelmäßige Vorträge, zwei Filme und auch einen Infobrief. Außerdem gibt es eine Website, die vielfältige Informationsmöglichkeiten enthält. Vgl. ebd. (Stand 25.8.2015).
136 Weil „Transition Town sich auch so versteht, dass sie genau die bestehenden Organisationen, die es schon länger gibt, die so auf diesem Feld arbeiten, also Umweltinitiativen und so weiter, dass sie die eigentlich vernetzen will" (Interview Edith, Bielefeld, 8.9.2012).
137 Interview Iris, Bielefeld, 8.9.2012.

Town-Garten. Er sieht beispielsweise in der Pyrolyse-Technologie ein „wahnsinniges Potential [...], vielleicht doch noch die Kurve zu kriegen vor dem großen Klimawandel".[138] Martin Roth hofft, dass die Ideen, die von diesem und ähnlichen kleineren Projekten ausgehen, Kreise ziehen werden. Gerade der gemeinschaftliche und praktische Ansatz, den die Gärten verfolgen, scheint ihm in besonderer Weise dazu geeignet zu sein, ökologisches Bewusstsein in breitere Bevölkerungsschichten hineinzutragen: Weil „es eigentlich für jeden irgendwo ne, einen Ansatz oder 'ne Arbeitsmöglichkeit gibt, oder 'ne Mitwirkungsmöglichkeit. Und ja eben auf, niedrigem aber eben gemeinschaftlichem Niveau da zu handeln."[139]

Martin Roth nutzte den Garten als Experimentierfeld für nachhaltige, ressourcenschonende Lösungsansätze:

> „Die Idee, sich von den globalen Problemen nicht deprimieren zu lassen, sondern zu versuchen, lokal gemeinsam kleine Projekte zu machen und sich ja also mit Spaß an der Sache eben den Herausforderungen anzunehmen, das hat mich am meisten angesprochen."[140]

Eines der großen, globalen Probleme, das sich die Transition-Town-Initiativen weltweit auf die Agenda gesetzt haben, ist das Thema Peak Oil, eine Auseinandersetzung mit der drohenden Erdölverknappung:

> „Vor diesem Hintergrund eben halt auch als ein kleiner Ansatz auszuprobieren, [...] wo kann ich tatsächlich auf Erdöl verzichten, und welche Techniken kann ich anwenden, um meine Energie zu gewinnen und meine Nahrungsversorgung irgendwie sicherzustellen."[141]

Die Prämisse der Ressourcenschonung wurde in diesem Garten tatsächlich gelebt. Auf jegliche Art von Pestiziden oder Kunstdünger wurde verzichtet. Bei der Einrichtung und Gestaltung des Gartens achteten die Akteure darauf, so wenig wie möglich neu einzukaufen; anstelle eines Konsum- und Besitzdenkens wurde hier selbstgemacht, wiederverwendet, umgenutzt, geteilt und getauscht. Eine alte Wäschespinne aus Holz wurde zu einem Bohnenkarussell umfunktioniert, lebende Weiden wurden so angepflanzt und verschnürt, dass daraus eine Laube entstand, ein Lehmbackofen wurde kurzerhand selbstgebaut, zur Verbesserung der Bodenfruchtbarkeit wurde Terra-Preta-Erde hergestellt und von dem türkischen Nachbarn konnte ein Wassertank gegen Pflanzen eingetauscht werden. Die Experimente von Martin Roth basierten auf Do-It-Yourself-Techniken, einer großen Portion Neugier und Vertrauen in die eigenen Fähigkeiten:

> „Die Richtung lokale Selbstversorgung interessiert mich sehr und eben halt auch das Ausprobieren von Permakulturtechniken, also einen Garten dann halt so zu gestalten, dass er langfristig mit sehr wenig Arbeit sehr produktiv ist, und der dritte Aspekt eben auch, konkret die Terra-Preta-Technik auszuprobieren. Nebenbei halt auch baue ich gerne irgendwelche Dinge und so diese Sache mit lebenden Bauwerken, die also auch weiter-

---

138 Interview Martin Roth, Bielefeld, 17.8.2011.
139 Ebd.
140 Ebd.
141 Ebd.

wachsen und Kohlendioxyd sammeln, und Material für Weiden, da kann man dann Körbe draus flechten oder Zäune oder andere Dinge herstellen damit. In der Richtung halt was zu entwickeln. Bisschen ja wirklich Verfahren auszuprobieren und dann halt auch weiterzugeben das Wissen darüber, und alte Techniken auch wieder zu erlernen, was es früher gab alles, z.B. mit einer Sense umzugehen, anstatt einem Rasenmäher, oder ja, was mich auch interessiert, ist so Windenergie, also dahinten ist so ein kleines Savonius-Windrad, steht da, dieses blaue Ding da, das ich aus einem alten Plattenspieler gebaut habe und einem Fass. Also um die Technik zu demonstrieren, und dann ja hier, das Material, was da liegt, das werden dann noch mal, sollen dann so Solarkollektoren werden für Heißwasser, also diese Plexiglasscheiben da, und ja, ein Gewächshaus zu bauen. Diese ganzen Dinge."[142]

Das Ausprobieren und Experimentieren waren elementare Gestaltungsprinzipien im Garten. Die Akteure erhielten hier die Möglichkeit, eigene ökologische Ideen und Projekte allein oder in Zusammenarbeit mit anderen umzusetzen. Bestes Beispiel für das Gelingen solcher Vorhaben ist der Lehmbackofen: Im Transition-Town-Infobrief wurde diese Aktion groß angekündigt, und es fanden sich letztlich 25 Personen im Garten ein, um beim Bau des Backofens mitzuhelfen. Der mit viel Enthusiasmus und Engagement gebaute Lehmbackofen ist letztlich ein Sinnbild für den Erfolg einer Gemeinschaftsaktion. Insofern ist es nachvollziehbar, wenn mit großem Stolz davon berichtet wird. Hinzu kommt, dass der Bau des Lehmbackofens zu einem für den Gemeinschaftsgarten wichtigen Zeitpunkt stattfand. Nachdem die Stadt im Januar 2012 verkündete, dass Bebauungspläne für das Grabeland an der Bleichstraße auslägen, dachten manche Akteure, damit sei das Ende dieser Flächennutzung eingeläutet, und verließen die Gartengruppe, um sich einem anderen Gartenprojekt von Transition Town Bielefeld, dem Garten am Wickenkamp, anzuschließen. Kurz zuvor hatte sich auch der Mitinitiator Martin Roth aufgrund eines Wohnortwechsels aus dem Gartenprojekt zurückgezogen.[143] Der Bau des Lehmbackofens wurde in dieser Situation als Zeichen des Vertrauens in den Fortbestand des Gartens verstanden und vermochte das erlahmende Interesse wieder anzufachen: „Dieser Lehmbackofen, der hat jetzt, das war so ein richtiger Publicity-Effekt, da waren dann auf einmal, wie gesagt, 20, 25 Leute hier im Garten. Das war mir schon zu viel [schmunzelt]. Und sonst waren wir eigentlich immer nur so drei bis fünf Leute".[144]

Der gute Kontakt zum türkischen Nachbarn zeigt, dass die Gartengemeinschaft durchaus über den Zaun hinausreichte. Allerdings wurde der Permakulturgarten nicht von allen Gartennachbarn geschätzt. Das grundlegend andere Verständnis vom Gärtnern stößt bei manchen Nachbarn eher auf eine misstrauische, ablehnende Haltung.[145]

Die Zusammensetzung der Gartengruppe war nicht statisch, sondern äußerst flexibel. Es war jederzeit möglich, in das Projekt Gemeinschaftsgarten einzusteigen

---

142 Ebd.
143 Martin Roth bewohnt nun einen Kotten mit eigenem Permakulturgarten und Biomeiler.
144 Interview Iris, Bielefeld, 8.9.2012.
145 „Ich denke, für die Leute sind wir ein bisschen komisch." (Interview Edith, Bielefeld, 8.9.2012).

oder die Tätigkeit im Garten zu beenden. Dieser Vorteil der Unverbindlichkeit des Engagements barg auf der anderen Seite den Nachteil einer gewissen Fragilität des Gemeinschaftsgefüges. Dass im Frühjahr 2012 zwei überaus engagierte Mitstreiter neu dazustießen, stellte insofern einen besonderen Glücksfall für den Erhalt des nach wie vor durch Bebauungspläne bedrohten Gemeinschaftsgartens dar.

Der unsicheren Zukunft des Gartengeländes begegneten die Interviewpartner mit einer gewissen Gelassenheit. Dass die „grünen Lungen innerhalb der Stadt"[146] bebaut werden sollten, wurde von einem Gros der Gruppe kritisiert, gleichwohl rechnen die Akteure damit, dass bis zur Realisierung der Bebauungspläne noch Jahre vergehen würden. Dementsprechend lautete ihr Credo: „Wir machen hier einfach weiter."[147]

Einige Gemeinschaftsgärtner kamen in Begleitung ihrer Kinder. Während der teilnehmenden Beobachtung fiel auf, dass die Kinder sich ausgesprochen frei im Garten bewegten und sich durchaus auch den anderen Gemeinschaftsgärtnern anschlossen, etwa um Feuer zu machen, reifes Gemüse und Obst zu ernten oder zu werkeln. Ein Kind erzählte stolz vom Bau des Lehmofens: Die Kinder halfen beim Lehmstampfen im Garten, bauten einen eigenen Miniatur-Lehmbackofen und konnten zum Abschluss am Lagerfeuer Stockbrot backen und essen. Seit Ende 2012 stand das jeweils letzte Gartentreffen im Monat speziell im Zeichen der Kinder der Gartengemeinschaft, eine Neuerung, die auf Wunsch der Gartenkinder eingeführt wurde.

Wie bei vielen anderen Gemeinschaftsgärten fällt es auch im Bielefelder Permakulturgarten schwer, die Anzahl der Beteiligten zu beziffern. Zu den samstäglichen Gartentreffs erschienen in der Regel drei bis fünf Erwachsene, diejenigen, die sich am besten unter dem Begriff „Kerngruppe" subsumieren ließen. Seit den Kindern im Garten ein besonderer Stellenwert eingeräumt wurde, hat sich die Zahl zumindest an den „Gartenkinder-Tagen" leicht erhöht. Zu speziellen Aktionen im Garten wie dem Bau des Lehmbackofens oder zu Festen konnte die Kerngruppe über ihr Transition-Town-Netzwerk wesentlich mehr Leute mobilisieren. Außerdem haben die Gemeinschaftsgärtner festgestellt, dass ihr Garten auch beliebtes Ziel von Menschen war, die sich den Garten nur anschauen wollten, ohne sich aktiv am Gärtnern zu beteiligen, wie Reinhold Poier berichtet:

> „Ich hab' mich gefreut und gewundert, dass jedes Mal immer irgendwie ein, zwei, drei Leute kamen plötzlich in den Garten rein und also vollkommen außerhalb des Timings oder von Absprachen, einfach nur mal, um zu gucken [...] weil sie gerade den Bus verpasst hatten oder aus irgendeinem Grund, und dann plötzlich tut sich hier eine Welt auf, die sie überhaupt nicht erwartet hatten, und die finden das dann meistens spontan ‚schön' und fragen dann auch ganz viel und halten einen von der Arbeit ab [lacht], was man sich da vorgenommen hatte. Da ist man dann nur noch am Erzählen und Fragen-Beantworten. Aber das hat mich schon überrascht, wie viele Einzelpersonen dann mal so durch den Garten schwirren. Oder irgendwelche Lehrer, die davon irgendwann mal gehört haben, dann haben sie durch unsere Internetseite gefunden, haben da irgendwie die Beschreibung, wie man hier in den Garten kommt, und dann

---

146 Ebd.
147 Ebd.

> plötzlich stehen sie da mit drei, vier Leuten. [...] Also so hab' ich den Eindruck, der Garten scheint also keinen Tag irgendwie einsam zu bleiben. Der ist immer irgendwie besucht. Aber es heißt nicht, dass das dann irgendwelche Mitgärtner sind, die dann auch fleißig Unkraut zupfen, sondern einfach nur Interessierte."[148]

Dass der Garten von Passanten und Interessierten zu beliebigen Zeiten frequentiert wurde, zeigte zum einen, dass er als ein öffentlich zugänglicher Raum bekannt war, der sich von den benachbarten Grabelandparzellen abhob. Zum anderen sagte dieser Umstand etwas über die verschiedenen Nutzungsformen bzw. Funktionen dieses Gemeinschaftsgartens aus: Aufgrund seines uneingeschränkten Zugangs erfuhr er eine parkähnliche Nutzung als Freiraum mit hoher Aufenthaltsqualität und kam somit einem potenziell größeren Personenkreis zugute.

Aus Sicht der Aktiven bediente der Garten viele unterschiedliche Bedürfnisse. Er bot Raum zum Ausprobieren von Ideen und Experimentieren mit Naturmaterialien. Außerdem spielte aber auch der Gemeinschaftsaspekt eine wichtige Rolle. Martin Roth bringt dies auf die einfache Formel: „Wer allein arbeitet, addiert; wer gemeinsam arbeitet, multipliziert."[149] Wie Iris, die sich dem Projekt im zweiten Gartenjahr angeschlossen hat, sehen auch andere den Vorteil des neuen Gartentyps im Teilen der Arbeit und Verantwortung:

> „Ich meine, ein Stückweit ist ein Garten natürlich so, dass, der fordert auch, aber ich finde, je mehr Leute dabei sind und je mehr unterschiedliche Leute dabei sind, desto mehr kann man sich diese Aufgaben teilen. Und das find' ich das Tolle da dran. [...] Gerade dieses Gemeinschaftsgartenprojekt, das zieht mich mehr an, als einen Garten alleine zu bewirtschaften, weil, ich hab' schon auch so gewohnt, dass ich einen eigenen Garten hatte, aber ich hab' gemerkt, ich schaff' das alleine gar nicht, so neben der Arbeit. Und dann auch das Wissen, was man haben muss, und die Erfahrung und die Ausdauer und Wetter, und was dann alles so mit reinspielt, und Gerätschaften, die man alle haben muss, angefangen vom Rasenmäher bis hin zu was weiß ich, Saat kaufen und so."[150]

Die gemeinschaftliche Bewirtschaftung stellte für die Akteurin eine Erleichterung der Gartenarbeit dar, wie sie es aus ihrer Kindheit im familiären Privatgarten nicht gekannt hatte.[151] Das Konzept des Gemeinschaftsgartens ermöglichte eine Aufgabenteilung entsprechend den eigenen Vorlieben, ein Teilen des Wissens, aber auch der Arbeitsgeräte. Beispielsweise mochte Iris lieber die Filigranarbeiten am Spiralbeet und am Bohnenkarussell als die Verrichtung gröberer Arbeiten. Prinzipiell gab es keine strikte Organisation. Da aber jeder seine speziellen „Herzverbindungen zu den Beeten" hatte,[152] ergab sich automatisch eine Form der Kontinuität. Für die Pflanzen, die Iris selbst gesät hatte, fühlte sie sich am ehesten verantwortlich. Die

---

148 Interview Reinhold Poier, Bielefeld, 8.9.2012.
149 Interview Martin Roth, Bielefeld, 17.8.2011.
150 Interview Iris, Bielefeld, 8.9.2012.
151 „Bei uns zu Hause war's früher immer so, dass meine Eltern sich gegenseitig den Schwarzen Peter zugeschoben haben, wer jetzt dran ist mit Unkraut Jäten" (ebd.).
152 Ebd.

Gartengemeinschaft erlebte sie als nichthierarchisches, antiautoritäres Konzept, das es „besser als bei den Hippies" verstehe,[153] freiheitsliebende, individualistische Tendenzen mit dem Bedürfnis nach Vergemeinschaftung zu vereinen:

> „Edith koordiniert das Ganze so ein bisschen und Reinhold auch, ich mach organisatorisch nix, weil ich halt die Energiegruppe habe. Ich komme einfach nur her zum Gärtnern und mach' dann halt das, was ich sehe, oder wir stimmen uns halt vor Ort so ab, so wie heute auch. Sagt jeder so: Ich mach das und das, und ich will das und das machen, und Leute bringen halt was mit, ja es ist eigentlich sehr organisch so von der Organisation her, und sehr antiautoritär oder anders, als man das aus Abteilungen oder Firmen oder sonstwas kennt. Also ist halt ja – besser als bei den Hippies, würd ich sagen! [schmunzelt] weiterentwickelter so! Es ist kein Guru da, keiner, der irgendeinen anschiebt".[154]

Preise oder finanzielle Förderung stellten für die Akteure im Transition-Town-Garten in Bielefeld keinen Anreiz dar. Da die laufenden Kosten denkbar gering waren und auch die Projekte im Garten keine finanzielle Belastung darstellten,[155] spielten Förderanträge und ähnliches im Alltag dieser Gartengruppe keine Rolle. Dies wirkte insofern entlastend, als auf diese Weise die Gratwanderung zwischen der notwendigen aktiven Mitarbeit im Garten, der eigenen Berufstätigkeit und dem Bedürfnis nach nicht verplanter Freizeit gelang.

3.3 Der Internationale Mehrgenerationengarten Lippstadt

> „Hier im Garten sind alle gleich, und alle haben eine gewisse Erfahrung, haben gewisse Kenntnisse, die sie anderen zur Verfügung stellen."[156]

In der wissenschaftlichen Auseinandersetzung mit Gemeinschaftsgärten finden eher die großstädtischen Beispiele aus Metropolen wie Berlin, München, New York oder Detroit Beachtung. Dass vergleichsweise früh ein Interkultureller Garten in einer Kleinstadt wie Lippstadt mit ihren 67 000 Einwohnern[157] entstand, zeigt aber, dass sich der Bedarf nach diesem Gartentyp nicht auf Großstädte beschränkt. An dieser Stelle sei auch an die Interkulturellen Gärten in den westfälischen Kleinstädten Dülmen und Minden erinnert, die ebenfalls zum Forschungssample dieser Untersuchung gehören. Es stellt sich erstens die Frage, welche Aussagen sich über Unterschiede zwischen den großstädtischen Beispielen und ihren kleinstädtischen Entsprechungen treffen lassen, und zweitens, ob das Konzept des gemeinschaftlichen

---
153 Ebd.
154 Ebd.
155 Falls Kosten anfallen, werden die Projekte umlagefinanziert. Meistens gelingt es jedoch, die benötigten Materialien zu ertauschen, oder sie werden geschenkt (Interview Martin Roth, Bielefeld, 17.8.2011).
156 Interview Pietro Basile, Lippstadt, 17.5.2011.
157 Amtliche Bevölkerungszahlen Information und Technik NRW vom 30. Juni 2012: http://www.it.nrw.de/statistik/a/daten/amtlichebevoelkerungszahlen/rp9_juni12.html (Stand 4.1.2013).

Gärtnerns auch vor dem Hintergrund einer Kleinstadt seine positive Wirkmacht entfalten kann.

Der Internationale Mehrgenerationengarten befindet sich in Lippstadt Südwest, einem Stadtteil, der als sozialer Brennpunkt wahrgenommen wird. In diesem Stadtteil leben etwa 1500 Ausländer; zum prozentualen Anteil der Menschen mit Migrationsgeschichte an der Gesamtbevölkerung liegen keine Daten vor. Die im Zuge der Gastarbeiteranwerbung zugezogenen Italiener stellen die größte Zuwanderergruppe in Lippstadt Südwest, zudem wurden etwa 2500 russlanddeutsche Spätaussiedler hier ansässig. Viele Bewohner des Stadtteils waren überdies aus dem Stadtteil „In den Fichten" hierher umgesiedelt worden. Bei den sogenannten Lippstädter Fichten handelt es sich um eine städtische Sozialsiedlung, die wegen massiver Verunreinigungen der öffentlichen Flächen und wegen immenser baulicher Mängel der Gebäude in den 1980er Jahren abgerissen wurde.[158] Diese Sozialsiedlung, in der man städtischerseits vor allem Obdachlose untergebracht hatte, genoss in Lippstadt einen denkbar schlechten Ruf.[159]

Nach der Wende übergesiedelte Deutsche aus der früheren DDR bilden eine weitere Bevölkerungsgruppe in Lippstadt Südwest. Die verschiedenen Bevölkerungsgruppen im Stadtteil (Menschen mit Migrationsgeschichte aus unterschiedlichen Herkunftsländern, Russlanddeutsche, Ostdeutsche und „alteingesessene" Lippstädter) haben im Alltag kaum Berührungspunkte und leben dementsprechend größtenteils voneinander isoliert.

Um in dieser Situation Veränderungen in Richtung einer Aufwertung des Stadtteils zu bewirken, entschloss man sich städtischerseits 1997 zur Einrichtung eines Bewohnerzentrums, des sogenannten Treffs am Park (TaP), unter Trägerschaft des Sozialdienstes katholischer Männer (SkM). Obwohl die Angebotspalette von Freizeit- und Betreuungsprogrammen für Kinder und Jugendliche über Treffen von Frauengruppen bis hin zu Seniorentreffs reicht, wurde das Bewohnerzentrum von den Bürgern zunächst eher als Jugendzentrum wahrgenommen. Um einen Begegnungsraum für die verschiedenen Kulturen und Generationen dieser heterogenen Anwohnerschaft zu erschaffen, entwickelte der aus Italien stammende Integrationsarbeiter des SkM, Dr. Pietro Basile, im Jahr 2007 die Vision, an das Stadtteilzentrum „Treff am Park" einen Gemeinschaftsgarten anzubinden, der sowohl generationen- als auch kulturübergreifenden Bedarf berücksichtigt und vereint:

> „Zugezogene, Ausländer, Russlanddeutsche, die haben sich ein bisschen misstrauisch angeguckt, und wir haben gedacht, man sollte diesen Leuten eine Kontaktmöglichkeit geben. Das Bewohnerzentrum heißt ‚Treff am Park' [besonders betont] nicht von ungefähr, das heißt, wenn ich Sie zu Hause besuchen soll, dann muss ich anrufen, dann muss ich fragen: ‚Darf ich? Um wie viel Uhr?' Und so weiter. Aber wenn wir uns hier zufällig treffen, [...] dann auf einmal sind wir nicht mehr Fremde oder Unbekannte. Und dadurch entstehen Kontakte, und aus diesen Kontakten kann mehr

---

[158] Zu dem „Lippstädter Fichten" gibt es einen 1997 eingereichten Beitrag zum Geschichtswettbewerb des Bundespräsidenten von Björn Menze, dessen Inhalt im Portal Westfälische Geschichte zusammengefasst wurde. Vgl. http://www.lwl.org/westfaelische-geschichte/portal/Internet/finde/langDatensatz.php?urlID=3258&url_tabelle=tab_literatur (Stand 25.11.2015).
[159] Interview Pietro Basile, Lippstadt, 17.5.2011.

kommen, und die Kontakte wollten wir besonders mit den Gartenparzellen erreichen."[160]

Gemeinsam mit der Leiterin des SkM, Gabriele S., erstellte er ein Konzept, um damit das Projekt vor verschiedensten Ausschüssen vorzustellen. Nur so bestand Aussicht auf den Zuschlag für die Nutzung der städtischen Fläche, wie der Initiator Pietro Basile berichtet:

„Aber so einfach ist es nicht. Die Stadt hat uns das gegeben, und wir haben ein Projekt natürlich vorstellen müssen. Da wir in Deutschland sind, braucht man eine Baugenehmigung, und dann mussten wir zunächst einen Bauausschuss und dann einen Jugendhilfeausschuss und dann einen Sozialausschuss und weiß nicht was für andere Ausschüsse besuchen und allen erklären, was wir vorhatten, wieso, warum und so weiter."[161]

Nachdem das Vorhaben vor diversen Ausschüssen präsentiert und im Herbst 2007 von allen zuständigen Stellen genehmigt wurde, konnten die Vorarbeiten im Mai 2008 beginnen. Die etwa 4400 Quadratmeter große Wiesenfläche[162] befand sich vor Beginn der Grabearbeiten in einem desolaten Zustand; sie diente als illegaler Müllabladeplatz. Die Senke wurde geebnet, mit Mutterboden aufgefüllt, und es wurde Rasen gesät. Der offizielle erste Spatenstich erfolgte im Sommer 2008.

Auf dem Areal wurden unter ehrenamtlicher Mithilfe der Lippstädter Bevölkerung sukzessive folgende Gestaltungselemente errichtet:

– Einzelbeete (teilweise Hochbeete), die von Familien, Einzelpersonen oder Gruppen wie der KiTa bewirtschaftet werden,
– ein Outdoor-Schachfeld,
– eine Boulebahn,
– ein Insektenhotel,
– Fitnessgeräte (für Jung und Alt),
– ein Pavillon mit Grillstelle,
– eine Bühne,
– ein Rosenbogen zum Anbringen von Liebesschlössern,
– ein Backofen,
– ein Holzspielgerüst („Arche Noah") für Kinder (dies wurde mit dem Preisgeld einer Auszeichnung in Höhe von 5000 Euro finanziert),
– Sitzgelegenheiten,
– eine Rasenfläche,
– die „Naschallee"; eine Allee mit Obstbäumen,
– der „Naschpfad"; eine halbhohe Trockenmauer, die mit Kräutern bepflanzt ist,
– ein barrierefreier Rundweg.

Bei der Anlage des Rundwegs und des „Naschpfades" (Trockenmauer mit den Kräutern) wurden die Bedürfnisse von Rollstuhlfahrern berücksichtigt.

---

160 Ebd.
161 Ebd.
162 Die jetzige Fläche des Mehrgenerationengartens war vor der Anlage des Gartens Teil des Theodor-Heuss-Parks, daher auch der Name des Stadtteilzentrums „Treff am Park" schon vor Gründung des Mehrgenerationengartens im Jahr 2008.

Der Internationale Mehrgenerationengarten in Lippstadt ist als Interkultureller Garten angelegt. In der kurzen Tradition der Interkulturellen Gärten nach dem Vorbild der Internationalen Gärten Göttingen liegt dieser speziellen Unterkategorie ein Gestaltungsmerkmal zugrunde, das zwar charakteristisch für diesen Gartentyp, aber nicht obligatorisch ist: Ein „typischer" Interkultureller Garten besteht in erster Linie aus einer Vielzahl von Einzelparzellen, die jeweils von Einzelpersonen, Familien oder Gruppen unterschiedlicher Herkunftsnationen ökologisch bewirtschaftet werden und die im Idealfall nicht durch hohe Zäune voneinander abgeschottet sind. Zusätzlich zu diesen individuell gestalteten Beeten gibt es eine Gemeinschaftsfläche für alle Nutzer der Einzelparzellen.

Diesem „klassischen" Schema Interkultureller Gärten entspricht auch der Garten in Lippstadt, wobei in diesem Fall die Gemeinschaftsfläche – anders als in Gelsenkirchen, Dülmen oder Minden – durch die weitläufige, parkähnliche Anlage ausnahmslos jedem Gartenbesucher jederzeit zugänglich ist, also auch Menschen, die sich nicht an der Pflege der Beete beteiligen. Für die Parzellen werden in Lippstadt keine Pachtgebühren erhoben. Der kategorische Ausschluss von chemischen Düngemitteln und Pestiziden, der von Seiten des Initiators gefordert wurde, wurde seitens der Nutzer befürwortet.

Im Untersuchungszeitraum wurden sieben Einzelbeete bewirtschaftet: Familien aus Griechenland, der Türkei, Deutschland, Indien sowie ein russisch-russlanddeutsches Ehepaar bewirtschaften jeweils eine Parzelle. Das Beet der Krabbelgruppe, einer Gruppe der Familienhilfe, die sich wöchentlich im TaP trifft, wird ehrenamtlich von einem Mann mit psychischer Beeinträchtigung gepflegt und den Frauen und Kindern der Krabbelgruppe zur Verfügung gestellt. Die Schwierigkeit, allgemeingültige Aussagen über die Gestalt von Gemeinschaftsgärten zu treffen, zeigt sich beispielsweise daran, dass dieses Beet – im Gegensatz zu den generellen Beobachtungen und Befunden – ausnahmslos mit Blumen (in der Hauptsache Stockrosen) bestellt ist. Darüber hinaus hat dieser Gemeinschaftsgärtner verschiedene Ameisenvölker entlang der Parzelle und der Trockenmauer angesiedelt.

Ein Hochbeet wird von den Kindern der benachbarten KiTa Löwenzahn bewirtschaftet. Die Nähe zum Internationalen Mehrgenerationengarten gestattet den Erzieherinnen spontane Gartenbesuche. Unter Anleitung einer Erzieherin bekommen die Kinder dieser KiTa, die zu 88 Prozent aus nichtdeutschsprachigen Familien stammen, Einblicke in den biologischen Anbau von Nahrungsmitteln und erlangen ein Gefühl für den natürlichen Zyklus der Jahreszeiten. Im Gespräch mit der Leiterin und einer Erzieherin der KiTa zeigt sich, dass mit dem eigenen Anbau von Gemüse für die Kinder eine höhere Wertschätzung gegenüber der Nahrung einhergeht:

> „Das, was aus dem Garten kommt, da sind die Kinder bereit, das zu essen, auch mit Appetit und gerne. Und wenn wir so 'n Blattsalat hinlegen würden, [...] den wir jetzt gekauft haben, ohne die Kinder mit einzubeziehen, da würden sie sagen: ‚Bäh, das esse ich doch nicht.' Ne, aber so!"[163]

Besonders bei den Kindern, die in den Hochhäusern des Stadtteils wohnen, stellen die Erzieherinnen ein Defizit an Naturkontakten fest:

---

163 Interview Leiterin KiTa Löwenzahn, Lippstadt, 28.10.2011.

„Wir haben ja auch viele aus dem Hochhaus, die haben noch nie ein Beet gesehen. [...] Radieschen und Möhren, das wissen unsere Kinder jetzt, die kommen nicht aus dem Supermarkt."[164]

Welche Auswirkungen die Partizipation an einem Gemeinschaftsgarten auf das Alltagsleben der Akteure haben kann, zeigt sich besonders eindringlich am Beispiel eines sehr aktiven griechischen Gärtners, der gemeinsam mit seiner Frau eine Parzelle bewirtschaftet. Er lebt seit über zwanzig Jahren in Deutschland und hat Anfang der 2000er Jahre seinen Arbeitsplatz aufgrund von Stellenstreichungen verloren. Vor Beginn des Gartenprojekts verbrachte er seine Zeit als Arbeitsloser vor dem Fernseher. Das Angewiesensein auf Transferleistungen und auf die geringen Einkünfte der Ehefrau kränkte sein Ehrgefühl. Mit der Teilnahme am Gartenprojekt hat sich sein Alltagsleben grundlegend verändert: In der Gartensaison verbringt er fast jeden Tag im Internationalen Mehrgenerationengarten. Während des Interviews präsentierte er voller Stolz sein Beet: Neben Stangenbohnen, Tomaten, Roter Bete, Mangold und Zucchini hatte er dort eine griechische und eine italienische Salatsorte, Spinat, Basilikum, Kohl, weißen Rettich, griechische Paprika, Pfefferminze, Petersilie und Erdbeeren gezogen. Gleichzeitig schwärmte er von den griechischen Gerichten, die seine Frau aus den Gemüsepflanzen zubereitet. Ausführlich kommentierte er die besondere Bedeutung des Ausgeizens der Tomatenpflanzen und demonstrierte an einer Pflanze, welche Triebe entfernt werden müssen, damit die einzelnen Früchte ausreichend Kraft bekommen. Wichtig ist ihm, sein gärtnerisches Wissen vor allem an die Gartenneulinge weiterzugeben.

Ihm scheint von großer Wichtigkeit zu betonen, dass er diesen Aufwand nicht für sich betreibt, sondern für seine Kinder und Enkelkinder („Für mich mach das? Für die Kinder!"),[165] die ihn bei jedem Treffen fragen, wann endlich die Rote Bete erntereif sei. Während des Feldaufenthalts konnte beobachtet werden, wie er Gartenneulingen türkischer Herkunft Setzlinge schenkte und ihnen Tipps zur richtigen Pflege vermittelte. Darüber hinaus übernimmt Gregorios Aufgaben, die allen Gemeinschaftsgärtnern zugutekommen, wie beispielsweise das Befüllen der großen Wassertanks über die Wasserleitung des Bewohnerzentrums.

Die Gemeinschaftsgärtner unterstützen sich gegenseitig, indem sie sich bei längerer Abwesenheit der Gartennachbarn um deren Beete kümmern.

Christa Müller macht in ihrer Studie über die Internationalen Gärten darauf aufmerksam, dass die Möglichkeit, an die eigene „Alltagskultur der Gastlichkeit"[166] anknüpfen zu können – sowohl gegenüber Bekannten als auch im Rahmen der Großfamilie – essentiell sein kann für das Selbstwertgefühl von Menschen, die aus dem Erwerbsleben ausgeschlossen sind:

„Das Erkennen des Fremden im Eigenen und des Eigenen im Fremden als zentrale Voraussetzung für interkulturelle Begegnung setzt Souveränität voraus: Die Eigenversorgungspraxis der Internationalen Gärten verleiht ihren Akteuren die Souveränität, die sie benötigen, um anderen als Gleiche begegnen zu können. Sie haben etwas in der Hand: selbst Geerntetes

---

164 Interview Erzieherin KiTa Löwenzahn, Lippstadt, 28.10.2011.
165 Interview Gregorios, Lippstadt, 8.7.2011.
166 MÜLLER, Wurzeln (2002), S. 10.

oder selbst Hergestelltes, das sie verschenken können, zu dem sie einladen können."[167]

Darüber hinaus schafft das gemeinsame Gärtnern natürliche Möglichkeiten, einander kennenzulernen. Der Garten bildet eine unverbindliche Umgebung: Über das gemeinsame Thema des Gärtnerns ergeben sich fast automatisch Alltagskontakte; der Aufenthalt im neutralen Terrain Gemeinschaftsgarten garantiert zudem Zwanglosigkeit: Man kann miteinander sprechen, muss es aber nicht.

Menschen mit und ohne Zuwanderungsgeschichte können gleichermaßen ihre Erfahrungen und Fertigkeiten einbringen und erfahren dafür Wertschätzung, wie der Initiator Pietro Basile zugespitzt formuliert:

> „Und der Grieche, der miserabel deutsch spricht, erklärt auf Deutsch den Deutschen, was für eine Kultur das ist, wie das gemacht wird, wann es am besten ist, ob Sonne oder Schatten verlangt werden und so weiter. Und das kann nur hier passieren, weil, stelle dir vor, auf der Straße, da kommt jemand und will dir in schlechtem Deutsch was erklären, da sagst du: ‚Halte die Klappe, oder besuch einen Sprachkurs', ne. Aber hier im Garten sind alle gleich, und alle haben eine gewisse Erfahrung, haben gewisse Kenntnisse, die [sie] anderen zur Verfügung stellen."[168]

Dass abgesehen von dem Blumenbeet der Familienhilfe in diesem Interkulturellen Garten schwerpunktmäßig essbare Pflanzen angebaut werden, macht diesen Raum zu einem Ort der Subsistenzproduktion. Die hohe Affinität der Gemeinschaftsgärtner zu den speziellen Gemüsesorten aus ihrem Herkunftsland findet im Versuch, Saatgut aus dem Heimatland anzubauen, praktische Anwendung.

Der Internationale Mehrgenerationengarten ist jederzeit auch außerhalb der Öffnungszeiten des Bewohnerzentrums öffentlich zugänglich; allerdings ist das Gelände videoüberwacht. Abgesehen von maximal kniehohen Abgrenzungen zwischen den Parzellen wurde bei der Anlage des Gartens bewusst auf Zäune verzichtet. In Abgrenzung zum Gartentyp des Kleingartens soll der offene Zugang zeigen, dass es sich hierbei wirklich um einen *Garten für alle* handelt. Angesichts des Negativimages dieses Stadtteils stieß diese Offenheit anfangs auf große Skepsis:

> „Das erste Mal, wo ich hier bei einer Gruppe das Projekt vorgestellt habe, die haben mich angeguckt, gesagt: ‚Pietro, du hast keine Ahnung, was für Vandalen hier leben. Die lassen keinen Stein auf dem anderen.' Ich habe gesagt: ‚Ja gut, dann werden wir die Steine noch mal aufeinander stellen.' Und es klappt."[169]

Im Interview erklärt der Integrationsarbeiter Pietro Basile, wie er sein Prinzip der „Zähmung durch Verantwortung"[170] konkret umsetzt. Über die aktive Einbeziehung und die Möglichkeit der Teilhabe werden die Anwohner selbst zu Akteuren des Gartenprojekts, auch wenn sie keine eigene Parzelle bewirtschaften. Im Idealfall

---

167 Ebd., S. 9.
168 Interview Pietro Basile, Lippstadt, 17.5.2011.
169 Ebd.
170 Interview Pietro Basile, Lippstadt, 28.10.2011.

wird der Garten somit zu *ihrem* Garten, einem Raum, mit dem sie sich identifizieren, weil sie ihn selbst gestaltet haben. Dass sein Konzept aufgeht, zeigt Pietro Basile am Beispiel der Einbeziehung einer Gruppe russischer Jugendlicher:

> „Es wird viel Negatives über russische Jugendliche erzählt [...], aber wenn die direkt angesprochen werden und motiviert werden, dann sind die fähig, unheimlich viel zu machen. Die ganzen Steine hier für das Schachspiel und die Platten für die Bühne habe ich mit diesen Jugendlichen – da waren so 15 Stück ungefähr insgesamt – gelegt, und kostenlos! Ich hab' gesagt: ‚Ich bin ein armer Italiener; ich habe kein Geld, aber ich kann euch eine ordentliche Pizza oder sonst einen Teller Spaghetti Bolognese oder so anbieten.' – ‚Ja. Gut.' Und wir haben nachmittags gearbeitet, die Platten ganz relativ schnell und gut verlegt, und dann hab' ich da für die ganze Truppe gekocht, und es gab einfach nur Spaghetti so. Und die waren froh, und wir sind Freunde geworden. Wir duzen alle. Ich habe auch mittlerweile so ein paar russische Worte gelernt, um einfach zu grüßen oder eben wenn man sich verabschiedet oder bedanken will. Das sind Kleinigkeiten aber. Das sind auch Randgruppen, so nennen wir das, aber man kann diese Leute ansprechen, begeistern. Nur man muss dran glauben, und oft haben wir Erwachsene entweder keine Lust oder glauben wir nicht dran oder wir nehmen uns keine Zeit. [...] Sonst diese Gruppen gewöhnlich findest du bei Bushaltestellen oder sonst Schulhöfen, und die werden immer entweder von den Anwohnern oder vom Hausmeister oder sonst von der Polizei einfach verjagt, und dann suchen sie sich noch einen anderen Platz. Aber hier können die kommen, und die wissen das, bitte mach nichts kaputt, respektiere das, und du bist willkommen. Und die machen das, und die üben selbst eine Kontrolle über Fremde, die herkommen und sagen: ‚Ja hier, lass uns das und das kaputtmachen.' – ‚Nee nee nee! Das haben wir gebaut, lass doch!' Und das ist sehr gut."[171]

Das Beispiel lenkt den Blick zudem auf die Tatsache, dass sich die Aktivitäten in einem Gemeinschaftsgarten nicht auf die Tätigkeiten des Gärtnerns beschränken. Die betreffenden Jugendlichen nutzen den offenen Pavillon mit Grillstelle als Treffpunkt, von dem sie nicht vertrieben werden. Am Gärtnern zeigen sie keinerlei Interesse, doch sie fühlen sich an diesem Ort willkommen und belohnen diese Geste ihrerseits, indem sie nichts zerstören und ein Auge auf den Garten haben.

Vor allem der holzbefeuerte Backofen lockt viele Anwohner an, die ihre Speisen traditionell backen wollen. Gegen eine geringe Aufwandsentschädigung können zudem Besuchergruppen, die sich während der Saison durch den Garten führen lassen, unter ehrenamtlicher Mithilfe eines italienischen Pizzabäckers ihre eigenen Pizzen belegen und im Steinbackofen backen lassen. Die fünf Kindertagesstätten im direkten Umfeld kommen spontan zum Spielen vorbei, und Spaziergänger drehen hier ihre Runden. Abgesehen von der Benennung des Spielgeräts in „Arche Noah" gibt es keine Anzeichen, die auf die katholische Trägerschaft hinweisen. Der Integrationsarbeiter des SkM, Pietro Basile, legt großen Wert darauf, dass der Garten nicht als missionarische Strategie instrumentalisiert wird, sondern jedem Menschen

---

171 Interview Pietro Basile, Lippstadt, 17.5.2011.

offensteht. So wird beispielsweise bei den zahlreichen Backaktionen auf konfessionell bedingte Nahrungstabus besondere Rücksicht genommen.

Aufgrund der Fülle an Möglichkeiten und der freien Zugänglichkeit wirkt der Garten sehr belebt. Die unterschiedlichen Nutzerinteressen führen jedoch kaum zu Konflikten, da den verschiedenen Bedürfnissen eigene Räume innerhalb des Areals zugewiesen sind. Seit das alljährliche Stadtteilfest im Internationalen Mehrgenerationengarten stattfindet, ist die Besucherzahl dieses Festes von ehemals 60 auf 700 Personen angestiegen.

Es würde jedoch ein verfälschter, geschönter Eindruck entstehen, ließe man die gelegentlichen Gemüsediebstähle unerwähnt, von denen vor allem der gärtnerisch aktivste griechische Gartennutzer betroffen ist. Nachdem er mehrfach Ernteausfälle zu verbuchen hatte, plädierte er dafür, die Zugänglichkeit der Parzellen durch Zäune einzuschränken; doch Pietro Basile überzeugte ihn, stattdessen ein Hinweisschild mit folgender Aufschrift vor seinem Beet aufzustellen:

> „Lieber Gartenbesucher,
>
> dies ist mein eigener Teil des Mehrgenerationengartens und die Gemüsesorten werden für meinen privaten Verzehr angebaut. Dafür arbeite ich jeden Tag stundenlang in diesem Garten. Wenn du etwas davon haben möchtest, kannst du mich gerne fragen. Ich gebe Dir gerne etwas ab. Aber wenn du etwas klaust oder beschädigst, machst du mich traurig und nimmst mir die Freude am Gärtnern. Sei mein Freund und respektiere mich und meinen Garten.
>
> Danke"[172]

Trotz dieser kleineren Verstöße sind die Beteiligten insgesamt überrascht, dass bislang keine schlimmeren Vorfälle von Vandalismus im Garten zu verzeichnen sind. Im Interview mit der Leiterin der benachbarten Kindertagesstätte wurde mir verdeutlicht, dass dies für diese Gegend höchst ungewöhnlich sei. Die KiTa Löwenzahn – sie liegt nur einen Steinwurf entfernt von dem Garten – hatte vor der Entstehung des Mehrgenerationengartens selbst versucht, auf dem KiTa-Gelände mit den Kindern ein Beet anzulegen. Die Leiterin beteuerte, dass es trotz mehrfacher Anläufe keinen Tag unversehrt blieb. Im Internationalen Mehrgenerationengarten ist nicht nur das Hochbeet der KiTa inzwischen seit Jahren von mutwilligen Zerstörungen verschont geblieben, sondern auch der Gießkannenbaum, ein Baum, der für ein Kunstprojekt von den Kindern mit kleinen Gießkannen verziert wurde:

> „Was haben wir mit dem Gießkannenbaum, was haben wir diskutiert, wie können wir den Gießkannenbaum machen. ‚Da sind ja sofort am nächsten Tag die Gießkannen weg.' Wie lange steht der Baum jetzt, Pietro? Drei Jahre? [...] Da fehlt keine einzige Gießkanne! [...] Es ist ja zum Treffpunkt aller Generationen geworden; jeder fühlt sich verantwortlich für das, was da gemeinsam entstanden ist, also durch alle Generationen hindurch. Und so erkläre ich's mir, ne. So funktioniert's."[173]

---

172 Hinweisschild vor der Parzelle des griechischen Ehepaars.
173 Interview Leiterin KiTa Löwenzahn, Lippstadt, 28.10.2011.

Bei der Anlage sämtlicher Gestaltungselemente des Gartens wurden die Anwohner mit Erfolg um ehrenamtliche Mithilfe gebeten. Entgegen dem gängigen Paradigma der Spezialisierung und Professionalisierung, das den Menschen in erheblichen Maße zum reinen Konsumenten von Waren und Dienstleistungen macht, wurde in diesem Garten nicht nur aus finanziellen Gründen darauf verzichtet, z.B. den Bau der Bühne oder der Trockenmauer professionellen Unternehmen zu überlassen. Der Grundgedanke hinter diesem Prinzip wurde von Seiten des Initiators als Aufruf zur Partizipation und Inklusion reflektiert. Wer etwas selbst gestaltet hat, der achtet dieses Gut und identifiziert sich damit. Darüber hinaus verleiht das produktive Tätigsein auch Personen, die von der Teilhabe an der Arbeitswelt ausgeschlossen sind, ein Gefühl von Eigenmacht und Sinnhaftigkeit. Da der Internationale Mehrgenerationengarten allen Anwohnern offensteht, lässt sich die aktive Aneignung und Gestaltung des öffentlichen Raums im weiteren Sinne als Stadtgestaltung von unten benennen. Wie das Beispiel der russischen Jugendlichen zeigt, wirkt diese Kultur des Selbermachens in hohem Maße identitätsstiftend. Anhand der Beobachtungen in weiteren Gemeinschaftsgärten dieses Forschungssamples wird sich zeigen, dass die Wertschätzung für handwerkliche Fertigkeiten und Allrounder-Qualitäten ein wesentliches Merkmal dieses neuen Gartentyps darstellt.

Der Internationale Mehrgenarationengarten in Lippstadt ist 2009 mit dem Innovationsförderpreis des SkF und SKM im Erzbistum Paderborn und 2010 mit dem Naturschutzpreis der Bezirksregierung Arnsberg ausgezeichnet worden. Pietro Basile erhielt für sein Engagement im Herbst 2009 den Goldenen Hammer vom Landesjugendring NRW.

Der Internationale Mehrgenerationengarten in Lippstadt hatte auch über den Untersuchungszeitraum hinaus Bestand und erfreut sich nach wie vor großen Zuspruchs seitens unterschiedlichster Nutzergruppen.

3.4 Die UrbanOase in Dortmund

„Die Menschen, nicht die Häuser machen die Stadt." (Perikles)[174]

In Dortmund, der mit ca. 580 000 Einwohnern größten Stadt Westfalens,[175] kam die Urban-Gardening-Bewegung vergleichsweise spät an: Die mobil angelegte UrbanOase ist im Frühjahr 2012 als Projekt der Urbanisten e.V. entstanden, eines Zusammenschlusses sogenannter junger Kreativer. Die Gruppe setzte sich aus Raumplanern, Pädagogen, Designern, Soziologen, Umweltbildnern und freien Künstlern zusammen.[176] Die Urbanisten agieren unter dem selbstgewählten Motto „lokal, kreativ, lebendig" an der Schnittstelle von Mensch und Umgebung, indem sie sich ehrenamtlich für die Belebung öffentlicher Räume einsetzen und Perspektiven für eine Teilhabe an einer Stadtgestaltung von unten aufzeigen. Sie verstehen sich im

---

174 Dieses Zitat wurde von den Urbanisten als E-Mail-Signatur verwendet.
175 Amtliche Bevölkerungszahlen. Landesbetrieb Information und Technik Nordrhein-Westfalen (IT.NRW), vom 30. Juni 2012, http://www.it.nrw.de/statistik/a/daten/amtlichebevoelkerungszahlen/rp9_juni12.html (Stand 25.1.2013).
176 http://www.dieurbanisten.de/der-verein/das-team/ (Stand 25.1.2013).

Wesentlichen als Impulsgeber, Vernetzungsplattform und Vermittlungsinstanz.[177] Beispielhaft sei an dieser Stelle das Projekt der Urbanisten, „Leerstandsmelder Dortmund", genannt.[178]

In diesen projektförmigen Kontext unter dem Dach der Urbanisten e.V. war auch der mobile Gemeinschaftsgarten UrbanOase an der Rheinischen Straße im Dortmunder Unionviertel eingebettet. Da die Flächennutzung nur für 2012 möglich war, betitelten die Gartengründer die UrbanOase von Anfang an als „Pilotphase", welche sie als „Erfahrungsgrundlage des Vereins für den Aufbau neuer oder die Unterstützung bestehender Gärten" betrachteten.[179]

Zusätzlich zu dem Wunsch nach einem Standort, der stärker von Passanten frequentiert wird, erhoffen sich die Gartengründer für die Zukunft eine Lösung, die langfristiger angelegt ist und eine größere Planungssicherheit verspricht. Die im Interview im September 2012 geäußerte Vision, sich in einer zweiten Phase am Dortmunder U-Turm anzusiedeln, entspricht diesem Wunsch nach einem Standort mit hoher Signalwirkung. Diese Vision wurde ein halbes Jahr später jedoch revidiert, da im direkten Umfeld des Dortmunder U-Turms keine Wohnbebauung vorhanden ist und damit die Möglichkeit der Einbeziehung lokaler Nachbarschaften verlorenginge.

Die UrbanOase befand sich im westlichen Teil der Innenstadt im Stadtumbaugebiet Rheinische Straße, das seit Februar 2012 in Anlehnung ans Dortmunder U den Namen Unionviertel trägt.[180] Seit der Umgestaltung des Dortmunder U-Turms zu einem kreativen Zentrum gilt dieses denkmalgeschützte Dortmunder Wahrzeichen als Impulsgeber für die Quartiersentwicklung in diesem Stadtteil, der „durch eine hohe Arbeitslosigkeit und eine geringe Qualität des Wohnumfeldes"[181] gekennzeichnet ist. Die hohe Anzahl an Leerständen wirkt sich negativ auf das Stadtbild aus, wird aber in zunehmendem Maße von lokalen Künstlern als Chance begriffen. Von Seiten des Stadtmarketings wird das Unionviertel als ein Umfeld beworben, das sich gerade neu „erfindet".[182]

Das Gartenprojekt entstand aus dem Antrieb, einen positiven Beitrag zur Belebung und Aufwertung des Unionviertels zu leisten. Dabei vereinten die beiden Initiatoren Carlos Tobisch und François Brellinger mit ihren unterschiedlichen Disziplinen raumbezogene und umweltpädagogische Ansätze. Als Student der Raumplanung hatte Carlos Tobisch zudem das Gartenprojekt zum Gegenstand seiner Diplomarbeit gemacht. Da es sich bei dem Unionviertel um einen Stadtteil handelte, bei dem mit Geldern des Förderprogramms Stadtumbau West ein Quartiersfonds zur Förderung ehrenamtlicher Projekte eingerichtet wurde, konnten die Initiatoren auf finanzielle Unterstützung durch das Quartiersmanagement Rheinische Straße hoffen. Mit dem erfolgreichen Fördergesuch wurde im März 2012 überdies die Standortfrage geklärt. Bei der Vorstellung des Projektvorhabens sicherte ein Jurymitglied, der

---

177 http://www.dieurbanisten.de/der-verein/der-verein/ (Stand 25.1.2013).
178 http://www.dieurbanisten.de/leerstandsmelder-dortmund-online/ (Stand 25.1.2013).
179 http://urbaneoasen.de/gaerten/urban-oase-unionviertel-2012/ (Stand 4.10.2013).
180 http://www.dortmund.de/de/leben_in_dortmund/planen_bauen_wohnen/stadtumbau_rheinische_strasse/unionviertel/index.html (Stand 28.1.2013).
181 KLOOS/KNÜVENER/WACHTEN, Freiräume (2007), S. 27f.
182 http://www.dortmund.de/de/leben_in_dortmund/planen_bauen_wohnen/stadtumbau_rheinische_strasse/ unionviertel/was_bisher_geschah/index.html (Stand 30.1.2013).

Leiter des Berufstrainingszentrums (BTZ), den Gartengründern die pachtfreie Nutzung der Rasenfläche vor dem BTZ für das Jahr 2012 zu. Somit verlief die erste Standortsuche vergleichsweise einfach und unbürokratisch.

Ebenso wie im Berliner Prinzessinnengarten und im Bielefelder Kokopelli-Garten prägten lebensmittelechte Bäckerkisten auf Einwegpaletten und Reissäcke das Bild dieses mobilen Gartens, in dem fast ausschließlich Gemüsepflanzen und Kräuter angebaut wurden. Ein halbhoher Holzzaun trennte die ca. 500 Quadratmeter große Rasenfläche des BTZ von der stark befahrenen Rheinischen Straße. Laminierte Schilder am Eingang informierten über das Anliegen des Gartenprojekts und hießen jeden Interessierten willkommen. Entlang der Treppe, die zum Gebäude des BTZ hinaufführt, wurden Sitzgelegenheiten geschaffen und ein Komposthaufen angelegt. Die Gärtner hatten die Erlaubnis, den Wasseranschluss des BTZ zu nutzen.

Die Kerngruppe hatte schnell feste Öffnungszeiten etabliert: Während der Gartensaison 2012 fanden mittwochs von 16 bis 19 Uhr und sonntags von 13 bis 16 Uhr offene Gartentreffen statt, an denen mindestens ein Mitglied der Kerngruppe zum gemeinschaftlichen Gärtnern vor Ort war. Zusätzlich wurden sowohl Workshops für bestimmte Zielgruppen (Kindertagesstätten und Schulklassen) als auch themenspezifische Workshops zu gartenverwandten Themen wie Kompostieren oder Imkern angeboten.

Im Projektzeitraum von Mai bis Oktober 2012 bildete sich nach und nach eine Gartengemeinschaft aus drei Mitgliedern der Urbanisten und etwa sechs weiteren Mitgärtnern. Nach Auskunft von Carlos Tobisch beschränkte sich der Zulauf von Interessierten auf insgesamt maximal zehn Personen an den Tagen der offenen Gartentreffs. Die Entwicklung einer größeren Gartengemeinschaft war von den Initiatoren ausdrücklich erwünscht.

Da sowohl Privatpersonen als auch Behörden Interesse an Gemeinschaftsgartengründungen in anderen Dortmunder Stadtteilen zeigten, wurden François Brellinger und Carlos Tobisch seit Gründung der UrbanOase mehrfach als Experten für Urban Gardening in Dortmund angefragt. Ihnen wurde für das Gebiet der Stadt Dortmund eine Art Pionierfunktion zugesprochen, wie Carlos Tobisch im Interview erklärt:

> „Dadurch, dass wir halt die ersten sind, die in Dortmund so was machen, kriegen wir halt im letzten Monat Tausende von Anrufen von irgendwelchen Leuten: ‚Boah, ihr macht ja des. Cool! Wollt ihr nicht unsere Experten sein? Wir haben auch Lust, so was zu machen.'"[183]

Bezüglich der Außenwirkung des Phänomens Urban Gardening fällt auf, dass die mediale Aufmerksamkeit, die solchen Gärten im Anfangsstadium geschenkt wird, teilweise ungleich größer ausfällt als das Interesse der lokalen Bevölkerung an einer aktiven gärtnerischen Beteiligung. („Es läuft auf jeden Fall schleppend, aber wir haben auf jeden Fall die Aufmerksamkeit in den Medien schon.")[184] An dieser Stelle sei selbstkritisch angemerkt, dass dieser Befund im Übrigen auch auf das wissenschaftliche Interesse an den Ausprägungen des Urban Gardening zutrifft. Während des Feldaufenthalts in der UrbanOase im Rahmen des offenen Gartentreffs wurde beispielsweise ein Beitrag für den Dortmunder Campussender gedreht. Zusätzlich

---

183 Interview Carlos Tobisch, Dortmund 4.7.2012.
184 Ebd.

traf noch eine weitere Forscherin ein, welche die neuen Gartentypen ebenfalls zum Gegenstand ihrer wissenschaftlichen Arbeit machen wollte, so dass es zu der skurrilen Situation kam, dass zeitweise ebenso viele Beobachter des gemeinschaftlichen Gärtnerns wie Gemeinschaftsgärtner vor Ort waren.[185] Dennoch erscheint eine aktive Presse- und Öffentlichkeitsarbeit der Gemeinschaftsgärtner sinnvoll, um möglichst viele Menschen über das Anliegen und die Mitmachmöglichkeiten dieser *Gärten für alle* zu informieren.

Das Beispiel der Dortmunder UrbanOase zeigt deutlich, dass diese „Rückkehr der Gärten in die Stadt"[186] keineswegs als fortschrittsfeindliche, reaktionäre Bewegung zu verstehen ist, sondern äußerst zeitgemäße Formen annimmt. In ihrer Öffentlichkeits- und Vernetzungsarbeit profitierten die beiden Initiatoren François Brellinger und Carlos Tobisch von den bereits geknüpften Kontakten und Kanälen der Urbanisten e.V., deren Mitbegründer sie sind. Die UrbanOase war mit eigenem Blog, Veranstaltungshinweisen, Bildern, Videos, Fotos und Pressespiegel in einem modernen, professionell anmutenden Design ausführlich auf der Website der Urbanisten vertreten[187] und bediente sich der sozialen Netzwerke Twitter und Facebook.[188] Darüber hinaus wurden Interessierte über einen E-Mail-Verteiler über Neuigkeiten informiert. Zum Auftakt des Projektes stellten die Initiatoren ihre Idee im März 2012 im Rahmen der Veranstaltung „Stadt mit Vollausstattung" des Dortmunder Kunstvereins mit einem eigenen Stand in der Innenstadt vor. Die Passanten wurden, dem Trend des Recycling und Upcycling folgend, in einer Mitmachaktion dazu ermuntert, Tetra-Pak-Behälter und Plastikflaschen zu bepflanzen.[189] Auch auf einem großen Musikfestival im Dortmunder Westfalenpark warben die Gemeinschaftsgärtner mit einem eigenen Stand für ihre UrbanOase.[190] Diese beiden PR-Aktionen wurden gefilmt, in das Internet-Videoportal YouTube gestellt und mit der eigenen Website verlinkt. Ein weiteres Video entstand als Abschlussarbeit einer Kommunikationsdesignerin aus der Reihe der Urbanisten, die später auch zum Team der Projektleiter gehörte. Es zeigt Impressionen aus der UrbanOase und eine Erläuterung des Projekts durch die beiden Gartengründer.[191]

Das Pilotprojekt UrbanOase blieb überwiegend im jungen, kreativen Milieu verhaftet, dem die Initiatoren selbst angehören; die öffentlichkeitswirksamen Aktionen im Rahmen von Kunstveranstaltung und Musikfestival wurden nur von einem bestimmten Teil der Bevölkerung wahrgenommen. Doch wie in allen untersuchten Gemeinschaftsgärten wurde auch in diesem Gartenprojekt viel Wert auf soziale Inklusion gelegt:

> „Also wir grenzen überhaupt gar keinen aus. Also weder von Herkunft noch von sozialer Schicht noch von Alter halt, das ist völlig egal. Was wir auch noch vorhaben, ist, gerade hier gibt's eben ganz, ganz viele Tamilen,

---

185 Diese Aussagen beziehen sich auf den Feldaufenthalt am 4. Juli 2012.
186 Dies ist der Untertitel der Publikation von MÜLLER, Urban Gardening (2011).
187 http://www.dieurbanisten.de/projekte/urbanoase/ (Stand 31.1.2013).
188 https://twitter.com/urbanisten (Stand 31.1.2013); http://www.facebook.com/dieurbanisten (Stand 31.1.2013).
189 http://www.youtube.com/watch?v=aUjRareo5wg (Stand 31.1.2013).
190 Die Rede ist vom Juicy-Beats-Festival; http://www.youtube.com/watch?v=Fudsa6VYBuM (veröffentlicht am 8.12.2012 von den Urbanisten; Stand 5.2.2013).
191 http://www.youtube.com/watch?v=Fudsa6VYBuM (Stand 5.2.2013).

ich glaub', es gibt auch viele Polen und viele Türken, und die wollten wir eigentlich auch irgendwie noch einbinden."[192]

Während des Feldaufenthaltes konnte beobachtet werden, dass diese Offenheit der Gartengemeinschaft gegenüber jedem Interessierten tatsächlich praktiziert wurde. In den ungezwungenen Gesprächen mit neugierigen Passanten wurde zum unverbindlichen Vorbeischauen eingeladen. Indem die Teilnahme an den Workshops kostenfrei und ohne Anmeldung möglich war, gewährleisteten die Akteure einen niedrigschwelligen Zugang. Ebenso verhielt es sich mit den offenen Gartentreffs: Mitmachen war stets erwünscht und verpflichtete zu nichts. Dieser hohe Grad an Unverbindlichkeit und Informalität ist nur möglich, wenn es auf der anderen Seite Akteure gibt, die sich für die Gartenbelange verantwortlich fühlen und verbindliche Zusagen treffen. Grundsätzlich übernahmen die Projektleiter diese Verantwortung, wobei sie jedoch Wert darauf legten, dass jeder Gemeinschaftsgärtner auf die Gestalt und Entwicklung des Gartens Einfluss nehmen konnte. Die Gartengründer verstanden ihr Angebot nicht als vorgefertigte Dienstleistung, die Abnehmer finden sollte, sondern als organischen Prozess.

Der Initiator Carlos Tobisch sieht in der Aufteilung des Gartens bzw. der Ernte eine wesentliche Leitunterscheidung innerhalb des Gartentyps Gemeinschaftsgarten, die seines Erachtens zwei divergierende Vergemeinschaftungsmuster nach sich zieht. Anhand der Berliner Vorzeigebeispiele Prinzessinnengarten und dem Allmende-Kontor auf dem Tempelhofer Feld verdeutlicht er seine Klassifikation und positioniert das eigene Gartenprojekt:

„Im Tempelhof ist es so, dass du eigentlich eher so diese Schrebergartenmentalität hast, das heißt jeder hat einfach ein paar Kästen und pflanzt die an. Und man pflegt auch mal ab und zu die Kästen vom Nachbarn, aber es ist eher so: Jeder macht so sein Ding nebeneinander, und man hilft sich halt. Und wir gehen natürlich in einem viel, viel kleineren Maßstab jetzt eigentlich auch so eher in die Richtung vom Prinzessinnengarten. Unser Prinzip ist: [...] das, was angebaut wird und geerntet wird, gehört dem Garten, und diejenigen, die mitmachen, sind der Garten. Das ist so unser Motto eigentlich dahinter."[193]

Das *Urbane* an diesem Gemeinschaftsgarten ist nicht auf die topographische Angabe zu reduzieren, sondern impliziert bereits die Wechselwirkungen, die entstehen können, wenn die Topoi Garten und Urbanität aufeinanderprallen. Im Interview mit Carlos Tobisch wird deutlich, dass er die UrbanOase als Ausdruck und Vision einer nachhaltigen und partizipativen Stadtentwicklung begreift:

„Nicht irgendwie von oben drauf gestülpt, dass die Stadt oder ein Stadtteil sagt: So, wir haben jetzt ein bestimmtes Image, wir packen jetzt da das Unternehmen rein und das Kunstzentrum und das und das. Und die Leute, die da wohnen, müssen sich dem unterwerfen, sondern es ist eigentlich eher so eine Bottom-up-Geschichte, eine Graswurzelpolitik, dass die Leute, die halt vor Ort sind, so die *leben* da, das ist deren Lebensort,

---

192 Interview Carlos Tobisch, Dortmund 4.7.2012.
193 Ebd.

und ich find, das ist absolut selbstverständlich, dass die Gestalt und die Atmosphäre in einem bestimmten Stadtteil einfach dadurch resultiert, welche Leute da vor Ort wohnen, und aus dem Aspekt heraus finde ich es auch ganz wichtig, dass den Leuten die Möglichkeit gegeben wird, sich ausleben zu können. Nicht ausleben im Sinne von: Ich find' alles scheiße, ich mach' was kaputt, sondern in einem positiven Aspekt so."[194]

Es entsteht der Eindruck, dass Gärten als produktive Räume in besonderem Maße dazu geeignet sind, die Möglichkeit der Einflussnahme eines jedes Einzelnen zu verdeutlichen. Insofern sieht Carlos Tobisch die Entwicklung der UrbanOase als offenen Prozess, der von dem Charakter, dem Wissen und den Ideen der zukünftigen Gartengemeinschaft abhängt:

„Man hat irgendwie so dieses Gefühl, man hat gar keine Möglichkeit, die praktisch umzusetzen so, diese ganzen Ideen, die man hat. Das ist eigentlich so ein Aspekt, den ich ganz, ganz wichtig find'. Und das ist übrigens auch ein Aspekt, den wir in der Oase auch verfolgen. Wir sagen zwar, wir haben jetzt hier einen Garten, und wir haben Ideen auch, wir packen da bestimmte Pflanzen hin, aber im Prinzip ist halt auch ein Grundsatz von uns: Der Garten ist offen, und die Entwicklung von dem Garten kommt einfach durch die Leute, die da mitmachen. Die mit ihren Ideen reinkommen. Und ich bin mir hundertprozentig sicher, dass da Leute kommen und kommen werden, die Ideen haben, an die ich noch nicht mal ansatzweise gedacht hab' so. Weil ich halt auch einfach bloß einen bestimmten Radius an Erfahrung hab' und an Wissen hab'. Und wenn dann jemand kommt, der, keine Ahnung, irgendwas mit Hydrokultur oder was auch immer, ist herzlich willkommen! Genau so soll's passieren! Wir sind nicht diejenigen, die sagen: ‚So, da geht's lang und da geht's lang.' Wir sagen: ‚Ja, hier ist die Fläche, lass uns mal irgendwie gucken. Lasst uns mal zusammen die Fläche entwickeln.'"[195]

Gemeinschaftsgärten werden gemäß dieser Lesart sowohl zu Möglichkeitsräumen einer lebenswerteren Stadt als auch zu Räumen des informellen Wissenstransfers. Vor dem Hintergrund des nach wie vor präsenten Strukturwandels im Ruhrgebiet sieht der Mitbegründer Carlos Tobisch aktuell die Chance, die vorhandenen Freiräume so zu nutzen, dass sie dem Gemeinwohl zugute kommen:

„Man kann auf jeden Fall in den letzten paar Jahren eine Entwicklung hin zur Urbanität wieder erkennen [...], aber das Verständnis von Stadt hat sich auch geändert so ein bisschen – also zumindest in meinen Augen –, und ich glaube auch, dass das auch ein Trend ist, dass man eben – Stadt ist halt nicht nur, muss halt nicht nur noch funktionieren, so im Sinne von ‚ja, ich brauch da eine Ausbildung' oder so, sondern man hat irgendwie auch eine andere Vorstellung von Lebensqualität in der Stadt. Und im Ruhrgebiet ist es halt gerade ziemlich krass, weil, Strukturwandel gibt's ja auch schon seit Jahren, es fallen extrem viele Industrieflä-

---

194 Ebd.
195 Ebd.

Gartenprojekte in Westfalen

chen weg, es gibt extrem viele Brachflächen, die einfach da liegen und mit denen nix passiert, und es ist einfach im Prinzip Raum, der genutzt werden kann, von Leuten, die wiederum eigentlich in der Stadt aufgrund von, seien es jetzt Mietkosten zum Beispiel, keinen Raum finden können. Und das, find' ich, ist genauso diese Schnittstelle zu sagen so: Hey, dieser Raum, diese Fläche ist einfach nur *da*, und mit der passiert überhaupt nix. Warum sollten wir die nicht einfach irgendwie temporär nutzen und die Lebensqualität in welcher Art auch immer verbessern. Und wenn du Lebensqualität im öffentlichen Raum verbesserst, verbesserst du auch die Sozialität!"[196]

Da die Fläche nicht weitergenutzt werden konnte, endete das Pilotprojekt UrbanOase im November 2012.

Mit neuen Projekten rund ums urbane Gärtnern ging es im Jahr 2013 weiter: In Kooperation mit der Bürgerinitiative Brunnenstraßenviertel, dem Familienbüro Innenstadt-Nord und anderen städtischen Fachbereichen wurde im Frühjahr 2013 der interkulturelle *Bürgergarten Heroldwiese* in der Dortmunder Nordstadt ins Leben gerufen. Unter Bürgerbeteiligung wurde ein Konzept entwickelt, das die ehemals vermüllte Hundewiese an der Gronaustraße (Ecke Heroldstraße) für die Stadtteilbewohner nutzbar macht. In Hochbeeten aus Holzkisten kann nun gemeinschaftlich gegärtnert werden. Dass die Initiatoren auch von Seiten der Bezirksvertretung Innenstadt-Nord grünes Licht für die Erschließung der Fläche bekamen, deutet darauf hin, dass allmählich auch die politischen Gremien von den Potentialen urbaner Gartenprojekte überzeugt sind.

Darüber hinaus beteiligen sich die Urbanisten am Projekt Spielpark Brunnenstraße, der Neugestaltung eines Spielplatzes, auf dem zukünftig die UrbanOase ihren Platz finden soll.[197]

In dem 2013 gestarteten Aquaponik-Projekt im Unionviertel experimentieren die Gartenpioniere mit einer neuen Methode des Lebensmittelanbaus. Im Aquaponik-Verfahren wird die Fischaufzucht in Aquakultur mit der Pflanzenaufzucht in Hydrokultur zu einem geschlossenen, symbiotischen Wasser- und Nährstoffkreislauf hydraulisch verbunden. Die Spiegelkarpfen, die sich seit August 2013 im Fischtank befinden, sorgen für eine organische Düngung der Nutzpflanzen, die wiederum das Wasser filtern und mit Sauerstoff anreichern. Dazu wurde im Hof des Union-Gewerbehofs ein elf Quadratmeter großes Gewächshaus samt Wassertank und Zubehör aufgestellt. Dieses Aquaponik-Experiment dient vorrangig der Umweltbildung und dem Erforschen nachhaltiger, relokalisierter Strategien zur Nahrungsmittelversorgung.[198]

Zudem haben die Projektleiter der UrbanOase mit Unterstützung der *anstiftung & ertomis* eine Internetplattform (www.urbaneoasen.de) entwickelt, welche alle urbanen Gartenaktivitäten im Ruhrgebiet miteinander vernetzen soll. Die Urban-Gardening-Projekte können sich fortan auf dieser Internetseite präsentieren, auf Veranstaltungen

---

196 Ebd.
197 Vgl. http://dieurbanisten.de/projekte/urbanoase/ (Stand 14.10.2013).
198 Vgl. http://dieurbanisten.de/projekte/aquaponik/ (Stand 15.10.2013).

hinweisen, auf Blogs über aktuelle Themen berichten und sich im zugehörigen Forum mit Interessierten und Gleichgesinnten austauschen.[199]

3.5 Der Interkulturelle Garten in Dülmen

„Diese Schaffung eines Interkulturellen Gartens war auch eben ein gewünschtes Ziel der Kommunalpolitik."[200]

Die Genese dieses Gartenprojekts in Dülmen ist durchaus untypisch für Gemeinschaftsgärten: Ausgerechnet die Stadtverwaltung einer Kleinstadt wie Dülmen mit einer Einwohnerzahl von 46 000[201] hat das Integrationspotential der Interkulturellen Gärten erkannt und ist aktiv an der Entstehung und Erhaltung dieses Gartens beteiligt. Die Schaffung des Interkulturellen Gartens Dülmen geht nicht auf freiwilliges Engagement der Nutzer zurück, sondern ist als Projekt der Stadt und des Runden Tisches Migration/Integration (eines aus Vertretern verschiedener Institutionen, Behörden und Vereinen sowie aus Einzelpersonen bestehenden Zusammenschlusses) als Top-Down-Initiative einzuordnen. Vertreter der Stadtverwaltung haben aus eigenem Antrieb sowohl die Suche nach einer geeigneten Fläche als auch die Herrichtung und Ausstattung des Geländes übernommen. Nichtsdestoweniger ist dieser Garten bezüglich aller übrigen Merkmale eindeutig dem Gartentyp Gemeinschaftsgarten zuzuordnen.

Von der Existenz und Idee Interkultureller Gärten erfuhren die Vertreter des Runden Tisches Migration/Integration durch einen Zeitschriftenartikel und von einem Dülmener Bundestagsabgeordneten, der diesen speziellen Gartentyp aus Berlin kannte, wo sich das Modell der Gemeinschaftsgärten deutschlandweit am stärksten etabliert hat. Angetan von diesem praxisorientierten, niedrigschwelligen Integrationskonzept wurde beschlossen, auch in der westfälischen Kleinstadt Dülmen einen Interkulturellen Garten einzurichten. Bislang erklärte sich die mitunter lange Vorlaufzeit der Gemeinschaftsgärten vom Zeitpunkt der Idee bis zum ersten Spatenstich mit dem Aufwand, den es kostet, die Stadtverwaltung samt der zugehörigen Ausschüsse und Gremien von der Sinnhaftigkeit eines solchen Unterfangens zu überzeugen. Die Annahme, dass diese Planungsphase in einem von der Stadt initiierten Projekt dementsprechend kürzer ausfällt, entpuppt sich jedoch als Trugschluss, wie der zuständige Ansprechpartner der Stadtverwaltung, Peter Terhorst, erklärt:

„Das Ganze ließ sich also nicht von heute auf morgen oder innerhalb von drei bis vier Monaten umsetzen, sondern von der ersten Idee bis zum ersten Anpflanzen sind knapp zwei Jahre schon ins Land gegangen."[202]

Während der fast zweijährigen Planungsphase erfolgten insbesondere die Suche nach einem geeigneten Grundstück sowie ein Aufruf der Stadtverwaltung, auf den hin sich interessierte Bürger mit oder ohne Zuwanderungsgeschichte für eine Parzelle bewer-

---

199 Vgl. http://urbaneoasen.de/ (Stand 15.10.2013).
200 Interview Peter Terhorst, Dülmen, 18.5.2011.
201 Amtliche Bevölkerungszahlen des IT.NRW: http://www.it.nrw.de/statistik/a/daten/amtlichebevoelkerungszahlen/rp5_dez2011.html (Stand 30.8.2012).
202 Interview Peter Terhorst, Dülmen, 18.5.2011.

ben konnten. Die Bekanntgabe des Vorhabens geschah über einen Zeitungsartikel in der Lokalpresse, einen Eintrag auf der Internetpräsenz der Stadt Dülmen sowie über persönliche Ansprache durch den Verwaltungsbeamten Peter Terhorst, der durch seine Zuständigkeit für den Fachbereich „Senioren, Integration, besondere Bürgerdienste" den ersten Kontakt zu Menschen mit Migrationshintergrund in Dülmen pflegt. Er übernimmt die Koordination des Interkulturellen Gartens und steht den Gartennutzern als Ansprechpartner zur Verfügung.

Eine Vernetzung des Projekts mit der Stiftung Interkultur erbrachte nicht nur finanzielle Unterstützung, sondern auch eine Beratung durch Tassew Shimeles, den Mitbegründer der ersten Internationalen Gärten in Göttingen. Der Ratschlag, die Einflussnahme der Verwaltungsseite möglichst gering zu halten, wird von Seiten der Initiatoren zwar beherzigt; gleichzeitig sehen sie sich für das Gelingen des Gartenprojekts in der Pflicht, gewisse Regeln vorzugeben:

> „Und das ist eigentlich unser Ziel: So wenig zu reglementieren, wie es eben geht, so viel wie notwendig. Wir haben sogar eine Gartenordnung – typisch deutsch [lacht]! Aber das lässt sich auch nicht vermeiden, weil wir bestimmte, ich sag' mal Verfahrensschritte einfach auch einhalten müssen. Zum Beispiel Bedürfnisse der Schule müssen berücksichtigt werden, die sogenannten Nachtruhen und so weiter. Wie ich heute Nachmittag schon sagte: Kein Einsatz von Herbiziden, Pestiziden, also solche Sachen sind geregelt."[203]

Im Frühjahr 2011 konnte der Interkulturelle Garten auf dem städtischen Gelände des ehemaligen Schulgartens der Kardinal-von-Galen-Hauptschule errichtet werden. Menschen aus dem Iran, aus dem Irak, aus Äthiopien, aus dem Libanon und aus Bosnien bekundeten Interesse an der Nutzung einer Parzelle und wurden in die Aufbauarbeiten involviert. Die Gestaltung des Geländes wurde den Bedürfnissen der Nutzer angepasst, wie Peter Terhorst im Interview betont:

> „Die Grundplanung ist vom Gartenbauamt gemacht worden [...], und da sind auch die Nutzer sofort mit ins Boot geholt worden. Nach dem Motto: ‚Was habt ihr für Vorstellungen, wie soll das geschehen?' Denn was bringt es, wenn wir vom Runden Tisch was entscheiden, und nachher will's keiner so haben!?"[204]

Gröbere Arbeiten wie das Entfernen alten Bauschutts, die Lockerung des Bodens und das Verfüllen der Fläche mit Mutterboden wurden von einem Gartenbauunternehmen im Auftrag der Stadt getätigt; feinere Instandsetzungsarbeiten wie das Entfernen des Wildwuchses wurden von den Gemeinschaftsgärtnern erledigt. Auch die anschließende Parzellierung der Fläche wurde im Beisein der Nutzer vorgenommen, die sich zu Beginn des Projekts die Größe und Lage ihres Beetes aussuchen durften.

Der türkisch-islamische Kulturverein Dülmen e.V., der auch am Runden Tisch Migration/Integration beteiligt ist, fungiert als offizieller Träger des Gartens.

---

203 Ebd.
204 Ebd.

Innerhalb des Runden Tisches hat sich eine Interessenvertretung für die Belange des Gartens als Arbeitskreis Interkultureller Garten formiert.[205]

Abgesehen von den Herrichtungskosten (u. a. 5000 Euro für die Grundausstattung mit Geräten) und den Personalkosten für Peter Terhorst, der als Vertreter der Stadtverwaltung als Ansprechpartner für die Belange der Gartennutzer zur Verfügung steht, soll der Betrieb des Interkulturellen Gartens für die Kleinstadt kostenneutral sein, wobei die vom Baubetriebshof durchgeführten gröberen Arbeiten wie etwa der Rückschnitt des Randbewuchses oder der Bau der Gartenhütte ebenfalls aus dem Haushalt der Stadt Dülmen finanziert werden. Die Stiftung Interkultur beteiligte sich mit einer Anschubfinanzierung in Höhe von 1200 Euro.

Da die etwa hundert Meter entfernt gelegene Schule nach wie vor ein Recht auf Nutzung des Grundstückes hat, wurde sie von Beginn an in die Planung integriert und findet Berücksichtigung bei der Gestaltung des von Wohnhäusern umgebenen Areals. Im Rahmen einer Garten-AG unter Anleitung eines Lehrers ist die Schule mit einer eigenen Parzelle am Interkulturellen Garten beteiligt. Bei der Auswahl der Pflanzen für das Schulbeet wurden die Sommerferien einkalkuliert, dementsprechend wird das Beet mit Pflanzen bestellt, die bereits im Frühsommer abgeerntet werden können. Die Gemeinschaftsfläche soll darüber hinaus auch im Bedarfsfall für die Schüler der Hauptschule zur Verfügung stehen, die sich nicht am Schulbeet beteiligen. Peter Terhorst zufolge wurde dieser Umstand bereits bei der Auswahl der Fläche sowohl von Seiten der Stadtverwaltung als auch von Seiten der Schule als Standortvorteil wahrgenommen. Durch die Verbindung zum Garten erhoffte man sich einen direkten Kontakt zwischen Schülern, Lehrpersonal und den Gärtnern mit Migrationshintergrund, deren Kinder teilweise auch Schüler dieser Schule sind.

> „Das ist ja eigentlich gewollt, denn wenn die dort Pizza backen, sitzen hier auch welche, die ackern. Also das ist eben ganz bewusst von uns angestrebt, dass dort ein Austausch erfolgt und über diese Schiene auch fast zwangsläufig dann erfolgen muss. Und halt eben, das Miteinander-Auskommen."[206]

Zum Garten führt ein schmaler, von Hecken umsäumter Fußweg, der die Josef-Heiming-Straße mit der Theodor-König-Straße verbindet. Ein hoher Eisenzaun gewährt Schutz vor Vandalismus. Das Betreten des Gartens ist ausschließlich über das Eisentor möglich, das von den Nutzern stets verschlossen zu halten ist. Gegen ein Pfand wurde den Gemeinschaftsgärtnern ein Schlüssel überlassen, so dass der Zutritt zum Gelände nur in Anwesenheit von zugangsberechtigten Personen möglich ist.

Die Aufteilung der 2500 Quadratmeter großen Fläche in individuelle Einzelbeete und eine Gemeinschaftsfläche entspricht dem typischen Muster Internationaler Gärten. Die sowohl der Gartengemeinschaft als auch der Schule zur Verfügung stehende mit einzelnen Bäumen bestandene Rasenfläche befindet sich im vorderen Teil und nimmt weit mehr als die Hälfte des Gesamtareals in Anspruch. Eine alte Hütte am hinteren Ende des Gartens stammt noch aus der ehemaligen Nutzung des Geländes. Ein Ofen, der ebenfalls bereits vor der Nutzung der Fläche als Interkultureller Garten für die Schüler gebaut wurde, gehört nun zum Gemein-

---

205 In diesem Arbeitskreis ist jedoch kein Gartennutzer vertreten.
206 Interview Peter Terhorst, Dülmen, 18.5.2011.

schaftsinventar und wird gelegentlich genutzt. Am rechten Rand der Gemeinschaftsfläche hat der Baubetriebshof für die Nutzer in der zweiten Gartensaison ein weiteres Gartenhaus zur Unterbringung der Arbeitsgeräte gebaut und eine Kompostecke hergerichtet.

Bezüglich der Instandhaltung der Fläche werden die Gemeinschaftsgärtner auch weiterhin von der Stadtverwaltung unterstützt. Beispielsweise kümmert sich der Baubetriebshof um den Rückschnitt der Randbepflanzungen und die Lieferung von Mutterboden oder nimmt gegebenenfalls Reparaturen an der Wasserpumpe vor. In der hundert Meter entfernt gelegenen Kardinal-von-Galen-Schule haben die Gemeinschaftsgärtner die Möglichkeit, die Toilettenanlage mitzunutzen.

In der ersten Saison 2011 wurden insgesamt acht Parzellen angelegt; im Winter 2011/12 wurden zwei kleinere Parzellen zu einer großen zusammengelegt und drei weitere Parzellen für neue Gartennutzer hergerichtet. Derzeit werden von neun oder zehn Parteien Parzellen bewirtschaftet: Neben dem Schulbeet der Garten-AG sind dies Einzelpersonen, Paare oder Familien aus folgenden Herkunftsländern: 2x Libanon, 2x Äthiopien, Türkei, Irak, Griechenland und Kamerun. Der rechtliche Status der Gärtner differiert: Einige haben die deutsche Staatsangehörigkeit, andere leben im Status der Duldung.

In Hinblick auf die Feldforschung erwies es sich als Problem, dass es keine festen „Gartentage" oder bestimmte Zeiten gab, zu denen die Gärtnerinnen und Gärtner zuverlässig im Garten anzutreffen waren. Hierdurch gestaltete sich der Zugang zum Feld bei diesem Gartenprojekt schwieriger als bei den übrigen Beispielen des Forschungssamples. In Hinblick auf die Gartennutzer kann aber gesagt werden, dass die städtischen Hilfestellungen und Förderungen einen niedrigschwelligen Zugang in besonderem Maße begünstigen und dadurch Menschen angesprochen werden, die aus eigener Initiative womöglich keine Gemeinschaftsgartengründung gewagt hätten.

Christa Müller diskutiert die Internationalen Gärten als soziale Praxis an der „Schnittstelle von Integration und Ökologie".[207] Integration ist für sie „kein eindimensionaler Prozess",[208] sondern eine Leistung, die auf Austausch und Souveränität beruht: „Sowohl die ZuwanderInnen als auch die VertreterInnen der Aufnahmegesellschaft sind aufgefordert, sich zu öffnen, Interesse aneinander zu entwickeln und Gemeinsamkeiten zu erkennen."[209] Der Anbau von Gartenfrüchten verleihe den „Akteuren die Souveränität, die sie benötigen, um anderen als Gleiche begegnen zu können".[210] Diese den Internationalen Gärten inhärente integrierende Wirkung lässt sich auch im Dülmener Gartenprojekt beobachten: Die Gemeinschaftsgärtner treten miteinander in Kontakt, tauschen und verschenken Saatgut und Pflanzen und beschließen den Sommer mit einem gemeinsamen Erntedankfest. Auf diese Weise werden interkulturelle und soziale Bindungen geschaffen, bestätigt und räumlich verortet.

In welchem Maße ein Interkultureller Garten ein Beitrag zur Integration sein kann, ist von Fall zu Fall sicher unterschiedlich und empirisch nur schwer zu erfassen. Auch die Tatsache, dass nahezu alle Dülmener Gemeinschaftsgärtner bereits

---

207 MÜLLER, Wurzeln (2001), S. 8.
208 Ebd., S. 9.
209 Ebd.
210 Ebd.

seit vielen Jahren vor Ort wohnen, erlaubt kaum Rückschlüsse auf das Gelingen von Integration in dem von Christa Müller charakterisierten Sinne.

Für viele Gartennutzer bedeutet der Garten eine Erweiterung des gewohnten Aktionsradius, wie Peter Terhorst aus seiner Erfahrung als Kontaktperson berichtet:

> „Es ist nicht so, dass die erst seit wenigen Tagen oder Jahren in Dülmen sind; es sind schon einige dabei, die sind seit fast zwanzig Jahren hier vor Ort. Aber die kommen eben aus ihrem Umfeld nicht raus, und dadurch haben die vielleicht die Chance, da mal besser hinzukommen, vielleicht auch mal hier über den Gartenzaun mal was zu sagen [deutet auf den Zaun, der die Gesamtfläche vom Wohngelände der Nachbarn abgrenzt]."[211]

Der Gartenraum erleichtert nicht nur die unverbindliche, zwanglose Kontaktaufnahme mit den anderen Gartennutzern, sondern auch mit der umliegenden Nachbarschaft. Die gemeinsame Tätigkeit des Gärtnerns bietet sich als Gesprächsthema an, das sich jederzeit unverkrampft unter dem Vorwand beenden lässt, man müsse nun weiterarbeiten.

In Abgrenzung zu jenen Gemeinschaftsgärten, in denen die gesamte Fläche von allen Nutzern gleichermaßen bewirtschaftet wird, ist es auffällig, dass gerade bei den Interkulturellen Gärten meist das Modell der Einzelparzellen zum Tragen kommt. Dass dieses Gestaltungsschema dem Ziel des interkulturellen Austauschs eher entgegenkommt als ein Gemeinschaftsgarten, der keine „Besitzgrenzen" kennt, wird von Peter Terhorst folgendermaßen erklärt:

> „Dazu sind die Menschen auch zu individuell, und gerade dieses Individuelle wollen wir ja eigentlich auch haben. Ich kann also den aus der Türkei nicht vergleichen mit dem aus Äthiopien oder den Menschen aus dem Irak. Also jeder hat ja seine eigene Vorstellung. Und kennt auch aus seinem Heimatland, aus seinem Herkunftsland irgendetwas anderes. Und dadurch, dass jeder auch *sein* Stückchen hat, ist einfach mehr Vielfalt."[212]

Die Bedeutung von Grenzen für einen interkulturellen Austausch unterstreicht auch der Ethnologe George Elwert: „Die Grenzziehung gegenüber Fremden ist Bedingung des Austausches mit dem Fremden."[213] Und in der Tat kann die eigene Parzelle auch die Basis von Souveränität bilden, die Christa Müller als Voraussetzung für Integration bezeichnet.[214] Auf der eigenen Parzelle in eigener Verantwortung etwas zu produzieren, kann als eine Form der Selbstermächtigung gelesen werden, die zu ökonomischem, grenzüberschreitendem Handeln befähigt.

Um den angestrebten Austausch innerhalb der Gartengemeinschaft zu erleichtern, sind im Konzept Interkultureller Gärten eigentlich keine trennenden Zäune zwischen den einzelnen Parzellen vorgesehen. In Dülmen sind jedoch kleinere Einzäunungen zum Schutz vor Kaninchen erlaubt.

---

211 Interview Peter Terhorst, Dülmen, 18.5.2011.
212 Interview Peter Terhorst, Dülmen, 4.9.2012.
213 ELWERT, Das Fremde (1993), S. 154.
214 MÜLLER, Grenzöffnungen (2001), S. 51.

Elementare Voraussetzung für eine Interaktion der Gartennutzer ist das Finden einer gemeinsamen Sprache. Gemeinschaftsgärtner, die aus der gleichen Sprachregion stammen, unterhalten sich gewöhnlich in ihrer gemeinsamen Muttersprache miteinander.

„Einige kannten sich, aber längst nicht alle. Und da haben sich auch, ich glaube aus Äthiopien war es – so viele Äthiopier wohnen hier nicht in Dülmen –, die haben sich über den Garten kennengelernt! Und hatten *dann* einfach auch 'ne ganz andere Kommunikationsbasis, das heißt die eigene Sprache, die Herkunftssprache war ja nur noch innerhalb der Familie möglich. Und so gab es dann auch da die Möglichkeit, mit anderen mal sich auszutauschen."[215]

Sobald allerdings Gartenbetreiber aus unterschiedlichen Sprachregionen aufeinandertreffen, wird Deutsch zur verbindenden Sprache, wie Peter Terhorst berichtet:

„Die leben länger hier, und eine Verständigung in der deutschen Sprache ist auch mit *fast* allen ganz gut möglich, wobei sich einfach Ältere etwas schwerer tun. […] Aber dadurch, dass sie wieder mit anderen zusammenkommen, und diese Menschen kommen ja aus den verschiedensten Kulturkreisen und Sprachregionen, ist die deutsche Sprache das Verbindende. Denn das ist die Sprache, die jeder zumindest etwas spricht. Und da ist dann die Verständigung wieder möglich. Und das ist, wenn man da einfach nur zuhört, eine *ganz* interessante Sache! Wenn also Menschen aus fünf, sechs verschiedenen Sprachräumen miteinander sprechen […] oder wenn sie sich verständigen wollen, *müssen* sie letztendlich sich in Deutsch verständigen, weil das die einzige Basis, sprachliche Basis ist. Was dabei rumkommt und wie die das machen, das ist lohnenswert zu beobachten!"[216]

Trotz des stark eingeschränkten Zugangs setzt der Interkulturelle Garten wichtige Impulse nach außen. Nachdem sich die Fläche über Jahre im „Dornröschenschlaf"[217] befand, stellte die neue Nutzung für die Anwohner der umliegenden Wohnhäuser ein Novum dar. Aus der anfänglichen Neugierde entwickelten sich mit dem Fortschreiten des Gartenprojekts nachbarschaftliche Kontakte und Hilfestellungen, die der städtische Ansprechpartner als wichtige Signalwirkung und Bedeutung des Interkulturellen Gartens positiv hervorhebt:

„Da muss man jetzt eigentlich den Bogen etwas größer schlagen. Nämlich das eingezäunte Gartengelände verlassen, denn die bekommen auch Kontakt mit den darum liegenden Nachbarn, und das ist eigentlich eine sehr nette Geschichte gewesen, die wir im letzten Jahr erfahren haben, mit diesem sehr, sehr trockenen Frühjahr, wo die Nachbarn einfach mal ihren Wasserschlauch durch den Zaun gereicht haben, Kleinigkeiten mitgemacht haben oder auch bei diesem sogenannten Erntedankfest: Die waren auch da, die machten alle mit! Das war ein richtig netter Nachmittag,

---

215 Interview Peter Terhorst, Dülmen, 4.9.2012.
216 Ebd.
217 Interview Peter Terhorst, Dülmen, 18.5.2011.

den wir da verbracht haben. Und dadurch ist also nicht nur die Gartengemeinschaft zu sehen, sondern da kommt es jetzt dazu, dass eben das Ganze auch eine gewisse Außenwirkung hat. Und die halte ich für fast noch wichtiger, als diese Gartengemeinschaft alleine und separat zu sehen. Die rundherum, die sehen auch: Da tut sich was, und die machen dieses und jenes, und da kommt es eben halt auch zu Gesprächen am Zaun, durch den Zaun. So bildlich gesehen: Da werden Zäune übersprungen oder überbrückt!"[218]

Ein libanesischer Gemeinschaftsgärtner, der seit etwa zwanzig Jahren in Dülmen wohnt und zum Zeitpunkt des Interviews seit einigen Jahren arbeitslos war, präsentierte während des Feldaufenthalts seine Parzelle, die er zusammen mit seiner Frau und seinen drei Kindern bewirtschaftet. Auf den Beeten hat er Kohlrabi, Petersilie, Peperoni, Oregano, Pfefferminze, Gurken, Eisbergsalat, Möhren, Zucchini, Rote Bete, Aubergine, Tomaten, Erdbeeren, Weintrauben und Sonnenblumen angepflanzt. Bei der Gartenarbeit kann er auf das hortikulturelle Wissen zurückgreifen, das ihm als Kind bzw. Jugendlichem im Libanon von seinem Vater vermittelt wurde. Das Gärtnern im Interkulturellen Garten bezeichnet er als ein Hobby, das ihm Spaß bereite. Darüber hinaus dient die gepachtete Gartenparzelle als eine Art Urlaubsersatz für die Familie, wie er sagt. Die Familie könne sich einen Urlaub nicht leisten. Gerade im Sommer sei der Garten aber ein Erlebnisraum, der auch für die Kinder eine Bereicherung darstelle.[219] Seine drei Kinder bindet er durch gemeinsame Aktionen wie das Anlegen einer Kräuterspirale bewusst in die Gartentätigkeiten ein und versucht, ihnen die Freude am Gärtnern und an diesem zusätzlichen Freiraum nahezubringen. Im Interview wird deutlich, dass er die interkulturelle Gemeinschaft zwar schätzt, aber nicht als Beweggrund für die Teilnahme an diesem Gartenprojekt ansieht. Den Zusammenhalt der Gartengemeinschaft beschreibt er als eher informell. Da es keine gemeinsamen Gartenzeiten gibt, sei es nicht gewährleistet, dass man die anderen Gartennutzer überhaupt im Garten antreffe: „Manchmal ich komm: keiner da. Manchmal anderer kommt: ich nicht da. Ja, manchmal treffen zusammen. Ist okay."[220]

Einem Zusammentreffen mit den anderen Gartennutzern ist dieser Akteur nicht abgeneigt, gleichzeitig geht das Interesse an gemeinschaftlicher Gartenarbeit außerhalb des eigenen Familienkreises nicht so weit, dass die zeitliche Überschneidung der Gartenaufenthalte bewusst gesucht würde. Wie im übrigen Alltagsleben auch, kommt man mit dem einen besser ins Gespräch als mit dem anderen, und insgesamt werden gelegentliche Aufeinandertreffen durchaus begrüßt, wie er abschließend klarstellt: „Alle Leute zusammen gärtnern und lernen zum Beispiel. Egal ob Türken oder auch andere Staaten, zusammensitzen, das auch, macht auch Spaß, ja. Das ist gut zusammen."[221]

Eine ähnliche Einschätzung der Situation vermittelte der Ansprechpartner des Fachbereichs für Integration. Zum Alltag der Interkulturellen Gärten gehören auch Abstimmungsprozesse und kleinere Reibereien. Teilweise nimmt das Bedürfnis nach

---

218 Interview Peter Terhorst, Dülmen, 4.9.2012.
219 Interview Mahmoud, Dülmen, 30.8.2011.
220 Ebd.
221 Ebd.

der Einhaltung bestimmter Regeln Züge an, die sonst nur den Kleingärtnern zugeschrieben werden, wie Peter Terhorst nicht frei von Ironie anmerkt:

> „Es gibt bestimmte Gruppierungen oder bestimmte Personengruppen, da harmoniert das besser als mit anderen. Aber man kann nicht sagen, die und die sind spinnefeind oder so was, sondern das ist einfach so, dass die Sympathien querbeet gehen, dass man mit dem einen mehr kommuniziert als mit einem anderen. Das ist schon. Aber nichtsdestotrotz, die kommen schon miteinander aus. Wobei auch dort der – ich sag's mal in Anführungszeichen – der deutsche Kleingartenbetreiber schon ab und zu mal durchkommt [schmunzelt]: ‚Wie hoch ist der Zaun?' oder ähnliches. [...] Also, wir haben auch keine Hecken und sowas. Jeder kann bei den anderen in den Garten reinschauen. Was wir *wohl* haben, sind entsprechende Zäune, aber das tut uns die Kaninchenplage einfach an. Und insofern sieht man auch, was der eine mal macht und der andere mal macht. [...] Natürlich wird geguckt: Da ist mein Grenzzaun und dort, das haben wir doch so abgesteckt. [lacht]. Also da kommen auf einmal so typisch deutsche Kleingartenmilieus fast bei rum! Zwar nicht so ausgeprägt, wie man das so in Glossen und so weiter mitbekommt. Aber solche Kleinigkeiten kommen *auch* vor. Und ich find' die einfach dazugehörend."[222]

Die angesprochene Erweiterung des Aktionsradius vollzieht sich neben der Einbettung in ein größeres soziales Umfeld auch im rein räumlichen Sinn: So wie der heimische Privatgarten eine Erweiterung des Wohnraums darstellt, fungiert auch der Gemeinschaftsgarten als zusätzlicher Raum. Dieser Umstand kann die Lebensqualität enorm beeinflussen, wie auch der städtische Ansprechpartner betont: „Das ist eine Familie mit acht Kindern, eine Mietwohnung mitten in der Innenstadt; kein Balkon; für die hat das einfach einen gewissen Freizeitwert auch."[223]

In einem Interview im Folgejahr präzisiert Peter Terhorst seine Einschätzung, welche Bedeutung der Garten für seine Nutzer hat:

> „Was ich so sehe, ist das für diese Menschen eine Bereicherung ihrer Freizeitgestaltung oder Gestaltung des Tages. Die meisten von denen, ich glaube fast alle, haben eine Mietwohnung. Und *da* ist natürlich solch ein Gartenstück eine ganz enorme Bereicherung zur Entfaltung der Persönlichkeit, muss man schon sagen. Ob ich da ein paar Quadratmeter Balkon hab', den ich vielleicht mal mit einem Blumenkasten versehen kann, oder solch ein Gartengrundstück: Da kann man ganz anders leben. [...] Das heißt auch: Man kommt einfach raus. Da haben einige sich so ein paar alte Gartenstühle hingestellt, dann nimmt man von zu Hause den Kaffee mit oder den Tee und genießt halt das Wetter."[224]

Ein Kleingarten würde diesen Zweck der familiären Freizeitgestaltung ebenso erfüllen, nur dass die hohen Abstandszahlungen und Pachtgebühren eine nicht zu unterschätzende finanzielle Hürde darstellen.

---

222 Interview Peter Terhorst, Dülmen, 4.9.2012.
223 Interview Peter Terhorst, Dülmen, 18.5.2011.
224 Interview Peter Terhorst, Dülmen, 4.9.2012.

3.6 Der Nachbarschaftsgarten „Paradeiser" in Münster

„Jetzt in Zeiten von EHEC sind alle sehr froh um den Salat."[225]

Der Nachbarschaftsgarten „Paradeiser" befindet sich in der autofreien Siedlung Weißenburg in Münster. Die Mieter dieser 2001 gegründeten Siedlung für sozialen Wohnungsbau verpflichten sich vertraglich zum Verzicht auf Kraftfahrzeuge. So ist die etwa drei Kilometer vom Stadtzentrum entfernte geschlossene Wohnbebauung als Gartensiedlung konzipiert, in der sich Kinder ohne Störung durch Kraftfahrzeuge frei bewegen können. Im Bedarfsfall stehen Autos eines örtlichen Car-Sharing-Unternehmens auf dem Besucherparkplatz am Rand der Siedlung zur Verfügung.[226] Die Wohnbebauung wurde in drei Bauabschnitte unterteilt; der erste Bezug erfolgte im Jahr 2001, der zweite Bauabschnitt wurde 2003 fertiggestellt, nur die geplante Bebauung des dritten Bauabschnitts mit Eigentumswohnungen steht bis dato aus.[227] Ein Bewohnerverein kümmert sich um die Nachbarschaftsbelange der etwa 130 Haushalte, fungiert als Schiedsstelle bei Verstößen gegen das Gebot der Autofreiheit, stellt Kontakte zum Vermieter her und versucht, durch integrative Angebote und Gemeinschaftsaktionen, einer Anonymität und Vereinzelung der Bewohner vorzubeugen. Eine angemietete Erdgeschosswohnung dient als Siedlungscafé, das dem Bewohnerverein und der Gesamtheit der Siedler für gemeinschaftliche Treffen und Veranstaltungen zur Verfügung steht und ehrenamtlich vom Bewohnerverein betrieben wird. Gemessen an anderen Siedlungen des sozialen Wohnungsbaus stellt dieses hohe Maß an Mitbestimmung seitens der Mieter eine Besonderheit dar, wie Georg Heinrichs, Mitglied des Bewohnervereins und Gemeinschaftsgärtner, im Interview betont:

> „In diese Umgebung, in diese Situation hinein passt natürlich dann auch ein Gemeinschaftsgarten wunderbar. [...] Also wir sind dabei, unser Wohnumfeld aktiv zu gestalten. Das liegt einfach auch daran, dass wir als Bewohnerverein und auch als Siedlerschaft autofreie Siedlung uns schon mehr oder weniger als zum Teil selbstverwaltet sehen und auch sind. Wir haben also gegenüber dem Vermieter, der LEG-Wohnbau GmbH, Wohnen in NRW GmbH, so heißen die, haben wir natürlich schon eine gewisse Eigenständigkeit, auf die wir dann auch viel Wert legen, und insofern ist das hier auch nicht zu vergleichen auch mit anderen Siedlungen des sozialen Wohnungsbaus."[228]

Auf Initiative zweier Siedlungsbewohner, einem jungen Paar mit Kleinkind, bei denen das Interesse für soziale und ökologische Themen groß ist, entstand im Frühjahr 2011 der Gemeinschaftsgarten „Paradeiser". Die Idee und Initialzündung zur

---

225 Interview Dhara und Alex, Münster, 7.6.2011. – EHEC (Enterohämorrhagische Escherichia coli) steht für durch Darmbakterien ausgelöste Krankheiten. Eine EHEC-Epidemie im Mai/Juni 2011 mit schweren, z.T. tödlich verlaufenden Erkrankungen wurde nach heutigem Wissensstand durch importierte Bockshornkleesamen ausgelöst. Zunächst wurden jedoch Gurken, Tomaten und Blattsalat als Überträger verdächtigt und von vielen Verbrauchern gemieden.
226 http://www.muenster.org/weissenburg/cms/index.php/leben-ohne-pkw.html (Stand 9.3.2016).
227 http://www.muenster.org/weissenburg/cms/index.php/siedllung.html (Stand 9.3.2016).
228 Interview Georg Heinrichs, Münster, 19.4.2011.

Gründung eines Gemeinschaftsgartens kam Dhara und Alex, als sie 2010 von einem Wettbewerb für nachhaltige Projekte erfuhren:

> „Es war eigentlich eine ziemlich spontane Sache, weil wir durch Zufall von dem Wettbewerb da erfahren haben von *dm*[229] zum Nachhaltigkeitsprojekt und wir uns ziemlich viele Gedanken drüber gemacht haben, was denn so fehlen könnte, um einen Ausgleich zu finden irgendwie, so im täglichen Leben, und was irgendwie sinnvoll sein könnte."[230]

Dass die Teilnahme an dem Wettbewerb eine schriftliche Ausarbeitung der eigenen Visionen erforderte, wird von Dhara im Nachhinein als wichtiger Schritt reflektiert, der geholfen hat, sich intensiv mit Fragen der Umsetzung und Zielsetzung der anvisierten Gartenidee auseinanderzusetzen und das Projekt voranzutreiben. Die Idee des essbaren Waldgartens „Paradeiser" wurde schließlich Anfang des Jahres 2011 mit einem Preisgeld von 250 Euro ausgezeichnet. Das Preisgeld stammte aus einem Wettbewerb des Drogeriemarktes *dm*, der gemeinsam mit der UNESCO-Kommission um Einreichung von Projektideen zum Thema Nachhaltigkeit gebeten hatte. Bei der anschließenden Besprechung mit Vertretern der Wohnungsgesellschaft erwiesen sich die Auszeichnung und der Name der UNESCO als Pluspunkte, so dass es gelang, den zuständigen Ansprechpartner davon zu überzeugen, eine etwa 50 Quadratmeter große Rasenfläche der Siedlung, die den kleinen Info-Pavillon der Wohnbaugesellschaft umgibt, als Gemeinschaftsgarten pachtfrei nutzen zu dürfen. Auch der Info-Pavillon, ein kleines Häuschen von etwa 25 Quadratmetern Grundfläche, das während der Bauphase als Anlaufstelle für Interessierte diente, steht nun der Gartengemeinschaft zur Verfügung. Er verfügt über einen Wasseranschluss, ein WC sowie über einen lichtdurchfluteten Raum, in dem die Gartengeräte und gegebenenfalls Pflanzen zum Überwintern Platz finden. Überdies steuerte die LEG eine Regentonne bei und sorgt bei Bedarf für die Lieferung von Mutterboden. Nach der kleinen Anschubfinanzierung durch das Preisgeld wird der Garten über den Bewohnerverein finanziert, so dass die Ausgaben für Obstbäume, Sämereien, Gartengeräte und den Sonnenschirm nicht zu Lasten der ehrenamtlichen Gärtner gehen. Der Bewohnerverein „Autofreie Siedlung Weißenburg e.V." fungiert gleichzeitig als offizieller Träger des Nachbarschaftsgartens „Paradeiser". Die Initiatorin Dhara sieht in diesem „Garten der Vielfalt" das Potential, sowohl ökologische als auch soziale Bedürfnisse der Siedler zu befriedigen.

Um aus dieser Idee zweier Menschen einen Begegnungsort für alle Anwohner zu kreieren, war aktive Presse- und Öffentlichkeitsarbeit gefragt: Über ein Plakat am Info-Pavillon, Briefe an die Siedlungsbewohner, die Website der Weißenburg-Siedlung und die Einbeziehung der Lokalpresse wurde zur feierlichen Garteneröffnung im April 2011 geladen und über die Möglichkeiten, die Zielsetzung und Gestalt des Projektes informiert. Auf der Website der Weißenburg-Siedlung wurde der Nachbarschaftsgarten folgendermaßen vorgestellt:

---

229 Der Drogeriemarkt *dm* hat 2010 gemeinsam mit der deutschen UNESCO-Kommission unter dem Titel „Ideen Initiative Zukunft" zu einem Wettbewerb aufgerufen, in dem nachhaltige Projekte im Januar 2011 mit Preisgeldern gefördert und ausgezeichnet wurden; s. http://www.unesco.de/5180.html (Stand 19.3.2013).
230 Interview Alex, Münster, 7.6.2011.

"Paradeiser – Garten der Vielfalt

Unsere Vision ist ein essbarer Waldgarten für alle Nachbarn, in dem viele frische Früchte und Pflanzen in Einklang und natürlicher Durchmischung nach permakulturellen Methoden wachsen können.

Die Menschen, die dort gärtnern, können sich erholen, während sie frische Pflanzen essen und mit ihrem Nachbarn über die anfallenden Probleme in der Familie oder Arbeit reden!

Offen für alle Interessierten aus der Nachbarschaft und Umgebung soll der ‚Garten der Vielfalt' ein Ort sein, der einlädt, die Natur und sich selbst wieder zu spüren, inne zu halten und aber auch aktiv zu sein. Zu beobachten und aufmerksam zu werden für die kleinen Zusammenhänge und Vorgänge, die unser aller Leben bestimmen, sowohl ökologisch als auch sozial."[231]

Das Gartengrundstück liegt am hinteren Ende der Siedlung an einer kleinen Kreuzung, die aufgrund der Kfz-Freiheit ausschließlich von Radfahrern und Fußgängern frequentiert wird. Auf der dem Garten gegenüberliegenden Seite der Siedlung befindet sich eine weitläufige Wiese, die als Bauerwartungsland für die Bebauung mit Eigentumswohnungen vorgesehen ist. Sukzessive wurde aus dem kleinen Grundstück der LEG ein naturnaher Garten mit diversen Gestaltungselementen. Entlang des Weges haben die Initiatoren gemeinsam mit den ersten aktiven Mitstreitern im Frühjahr 2011 verschiedene essbare Sträucher angepflanzt. Ein Torbogen aus Weide führt zum terrassierten Eingang des Häuschens und zur Gartenfläche, auf der sich – neben Rasen – ein Hochbeet mit diversen Gemüsen und Sonnenblumen sowie mehrere Obstbäume, Tomatenpflanzen, ein Hufeisenbeet, eine als „Erdbeerfass" genutzte Plastiktonne, eine Kompostecke, eine Regentonne und eine Bank befinden. Im Zuge einer Mal-Aktion hat eine Anwohnerin in Zusammenarbeit mit Kindern der Siedlung die Fassade des Pavillons mit Gartenmotiven verschönert, so dass dieser sich nun auch optisch in den Garten einfügt.

Vorher war auf der Fläche nur das übliche Einheitsgrün zu sehen, wie Dhara bereits wenige Monate nach der ersten Pflanzaktion in einer Vorher-Nachher-Bilanz resümiert:

„Im Vergleich, also wenn man's von vorher kennt, dann hat sich auf jeden Fall viel verändert, und auch, wenn man die Liste sieht, so wie viele Pflanzen hier jetzt schon wachsen, und vorher war's einfach irgendwie einfach nur Rasen [schmunzelt], dann ist das schon schön. Und es ist halt auch so, dass wir schon auch Ertrag haben."[232]

Die Initiatoren verorten die Tätigkeiten im Nachbarschaftsgarten in einem größeren Gesamtzusammenhang. Der weltweiten Naturzerstörung und -ausbeutung möchten sie einen positiven, nachhaltigen Ansatz des Umgangs mit der natürlichen Umwelt gegenüberstellen. In den Prinzipien der Permakultur sehen sie die Möglichkeit ei-

---

231 http://www.muenster.org/weissenburg/neues.php (Stand 27.1.2012).
232 Interview Dhara, Münster, 7.6.2011.

ner effektiven Lebensmittelproduktion, die sich die natürlichen Kreisläufe und Zusammenhänge zunutze macht und sie achtet, anstatt sie zu übergehen. Ein sensibler Umgang mit der pflanzlichen Umgebung begünstigt gleichzeitig ein sensorisches Naturerleben, das dem Menschen Wohlbefinden verschafft, wie Alex erklärt:

> „Ich will das Leben verstehen, wie die Zusammenhänge sind und, ja, wie die Natur so funktioniert, und es geht in alle möglichen Richtungen. Ich finde das auch immer erstaunlich, wie sehr man sich erholen kann, wenn man in der Natur ist. Und ich find's traurig, wie die Industrie die Natur ausbeutet und wie der Mensch die Natur überhaupt ausbeutet, und deswegen find' ich die Permakultur so interessant, weil die sich an der Natur orientiert und natürliche Kreisläufe beobachtet und über Jahre hinweg einfach quasi wissenschaftlich das beobachtet und die Zusammenhänge erst sucht, und das ist ganz wichtig, sich da in die Natur reinzufühlen."[233]

Auch Georg Heinrichs, der von Beginn an beim Gemeinschaftsgarten mitwirkt, reflektiert die Arbeit im kleinen Garten vor einem globalen Hintergrund. Als Mitglied der Transition-Town-Bewegung setzt er sich bewusst mit der Problematik der drohenden Erdölverknappung, der Dringlichkeit einer Postwachstumsökonomie und einer Relokalisierung der Wirtschaftskreisläufe auseinander. Um einen zukunftsfähigen Lebenswandel zu fördern, bedarf es zunächst eines Wissens um nachhaltige Alltagspraktiken. Eben jenes Wissen droht in der heutigen Gesellschaft aus dem Kanon des Allgemeinwissens zu verschwinden. Bezogen auf lokale Gegebenheiten sieht er in einem verstärkten Anbau von Nutzpflanzen und der Weitergabe gärtnerischer Kenntnisse an die jüngere Generation einen wichtigen Schritt in die richtige Richtung:

> „Wenn ich hier irgendwelche Maßnahmen mache, dann kommen dann direkt dann auch die Kleinen, ist egal aus welcher Kultur, die kommen dann vorbei: ‚Was machst du da? Au ja, komm, ich will helfen!' Ja also, die sind direkt dabei, also kaum bin ich da [...], bin ich direkt umgeben von einer Traube von Kleinen, und das zeigt ja dann schon ganz klar, dass man dieses Interesse noch aufgreifen kann und fördern sollte. Weil, es ist ganz wichtig auch für die Zukunft. Denn letztendlich geht die Entwicklung ganz klar dahin, dass wir uns vom Ölzeitalter verabschieden, das heißt von der Globalisierung auch verabschieden werden. Irgendwann geht das nicht mehr, irgendwann fehlt der Treibstoff dazu, das heißt eine Rückbesinnung auf die ureigensten Kräfte und die Flächen, die man vor der Haustür hat sozusagen, dass man wieder mehr für sich selber gärtnert und anbaut und Nutzpflanzen anbaut, anstatt immer nur Zierrasen und Krüppelkoniferen oder Versiegelungen durch Autos, das macht schon sehr viel aus. Und da kann man natürlich hier, gerade in einer Siedlung für sozialen Wohnungsbau, natürlich *enorm* wichtige Arbeit leisten."[234]

Die angesprochenen permakulturellen Methoden, die in dem Nachbarschaftsgarten zum Einsatz kommen, erkennt man am Hügelbeet, an der Durchmischung verschie-

---

233 Interview Alex, Münster, 7.6.2011.
234 Interview Georg Heinrichs, Münster, 19.4.2011.

dener Pflanzenarten, einer ökologischen Düngung und an einem grundlegend anderen Verständnis von Bodenbearbeitung, für das in der breiten Bevölkerung erst eine Akzeptanz geschaffen werden muss, wie Dhara im Interview betont:

> „So der normale Gärtner oder Leute, die zum Beispiel früher im Schrebergarten mit ihrem Opa gegärtnert haben, die denken, man muss erst mal auf jeden Fall richtig umgraben. Und jetzt haben wir in diesen Büchern über Permakultur gelesen, dass man das nicht unbedingt muss, sondern es gibt auch andere Methoden, den Boden zu lockern. Darum geht's ja dann so. Aber das sieht erst mal komisch aus für jemanden, der das nicht versteht, weil er es nicht kennt. Da liegen da auf einmal so Pappkartons auf dem Boden oder sogar ein Teppich oder irgendwas, was das Gras dann daran hindern soll zu wachsen, und das muss theoretisch so im Herbst draufgelegt werden und den ganzen Winter über daliegen, und im Frühjahr ist der Boden dann zum Beispiel ohne Gras, aber schön aufgelockert von den Bodentieren und so. Und für so was muss man erst mal Akzeptanz schaffen, damit man das in so einem Gemeinschaftsgarten machen kann."[235]

Anders als viele andere Gemeinschaftsgärten kommt der Nachbarschaftsgarten „Paradeiser" gänzlich ohne Zäune aus. Dies birgt auf der einen Seite eine erhöhte Vandalismusgefahr, andererseits kommt es der Maxime dieses Projekts, der Schaffung eines Treffpunkts im Grünen für die Gesamtheit der Anwohner und einer Förderung des Allmende-Gedankens, sehr entgegen. Da es sich bei der Siedlung um relativ geschlossene Wohneinheiten handelt, ist hier die soziale Kontrolle durch die Anwohner eher gewährleistet als bei entlegeneren Gartenprojekten. Als beispielsweise Jugendliche mutwillig Kürbisse ausrissen und auf dem Boden zerschmetterten, zeigte die Intervention einer Anwohnerin, dass sich auch Nichtbeteiligte für die Unversehrtheit des Gartens einsetzen.

Gemeinschaftsgärten verstehen sich zwar als inklusive Angebote, die prinzipiell niemanden aus der aktiven Teilhabe ausschließen, doch oftmals ist der räumliche Zugang für Menschen, die nicht Teil der Gartengemeinschaft sind, stark eingeschränkt. Beim Paradeisergarten handelt es sich jedoch – ähnlich wie im Internationalen Mehrgenerationengarten in Lippstadt – um einen wirklichen *Garten für alle*, wobei an dieser Stelle angemerkt sei, dass die Gesamtfläche des Gartens gerade einmal ca. 50 Quadratmeter umfasst.

Die gewünschte Entwicklung des Gartenraums zu einem Ort der nachbarschaftlichen Begegnung und des gemeinschaftlichen Gärtnerns setzt voraus, dass sich potentielle Akteure der Mitmachmöglichkeiten bewusst sind. Wie sich auch bei anderen Gemeinschaftsgartenprojekten gezeigt hat, stellen Veranstaltungen sowie feste Mitmachzeiten adäquate Maßnahmen zur Öffnung der Gärten dar:

> „Jetzt haben wir diesen Mitmachtag eingeführt mal, immer mittwochs, das haben wir uns von den Prinzessinnengärten abgeguckt. [...] Das soll so ein bisschen Öffnung bringen, weil es dann doch oft so war, dass wir hier, wann wir Lust hatten, was gemacht haben, aber die Leute natürlich nicht

---

235 Interview Dhara, Münster, 7.6.2011.

wussten, wann sind wir da, dürfen sie jetzt überhaupt einfach was machen oder nicht. Da gibt's ganz viel Unsicherheit, so von den andern Siedlern. Aber so am Eröffnungstag hatte ich das Gefühl, dass das Konzept auch schon sofort voll aufgegangen ist, dass einfach irgendwie die Leute Spaß da dran haben, einfach mal wieder was zu säen, und die Kinder wollten unbedingt die ganze Zeit irgendwas pflanzen und wissen, was das ist und was dann daraus wird und so. Und jetzt in Zeiten von EHEC sind alle sehr froh um den Salat (lacht), das ist schon auch, also das bringt dann auch Leute, die davor von Gärtnern nicht so viel gehalten haben, auf einmal dazu, das ganz toll zu finden."[236]

Zum Zeitpunkt der ersten beiden Gespräche (Interview Nr. 1 mit Georg Heinrichs, Interview Nr. 2 mit Dhara und Alex), steckte das Gartenprojekt noch in den Kinderschuhen, so dass nur in begrenztem Maße Aussagen über gesammelte Erfahrungen bzw. den wirklichen Gartenalltag gemacht werden konnten; die meisten Zielsetzungen, Pläne und Ideen konnten bis dato noch nicht umgesetzt werden bzw. verharrten noch auf einer visionären Ebene. Bezüglich der Beteiligung der Siedler standen die Einschätzungen demnach stets unter dem Vorbehalt der Vorläufigkeit:

„Aber es ist halt schon immer auch eine Zeitfrage, also eine Kapazitätenfrage. Und dafür ist es halt dann schön, wenn viele Leute sich wirklich damit so identifizieren und auch mitmachen. Und bisher sind's halt noch nicht sooo viele, die da jetzt so voll neue Ideen einbringen oder so. Aber es ist halt auch alles noch ganz neu. [...] Das ist natürlich auch immer so mit diesen Projekten, die man selber startet, dann wünscht man sich eigentlich, dass es irgendwann ohne einen weiterleben kann, also dass es ohne einen weiterläuft und weitergeht, und das hat jetzt natürlich noch total Zeit."[237]

Obgleich sich die Gartengründer über eine höhere Beteiligung gefreut hätten, konnten sie bereits in der ersten Gartensaison 2011 einige junge Familien, Paare und Einzelpersonen für den Nachbarschaftsgarten begeistern und zum Mitmachen bewegen. Im Rahmen der teilnehmenden Beobachtung erzählte eine Mitstreiterin von der großen Bereicherung ihres Alltags durch die Garteninitiative. Endlich habe sie einen Treffpunkt im Grünen, einen Ort, an dem sie ihre „Sehnsucht nach dreckigen Fingernägeln" ausleben könne. Ein positives Feedback, das zeigt, wie kleine Veränderungen Großes bewirken können.[238]

Wie sehr das Gelingen oder Scheitern eines Gemeinschaftsgartens von der Anzahl und dem Zeitvolumen der engagierten Mitstreiter abhängt, wird auch am Beispiel des „Paradeiser" offensichtlich. Der plötzliche Wegzug der beiden Initiatoren Dhara und Alex im Herbst 2011, zum Ende der ersten Gartensaison, stellte das Projekt „Paradeiser" auf eine Bewährungsprobe. Weitere Wegzüge aktiver Gemeinschaftsgärtner erschwerten den Start in die Gartensaison im Jahr 2012, so dass die verbliebenen Akteure zuallererst damit beschäftigt waren, „das Projekt

---

236 Ebd.
237 Ebd.
238 Gedächtnisprotokoll, Münster, 7.6.2011.

am Leben zu erhalten".²³⁹ Neben der Größe der Gartengemeinschaft spielt auch der Faktor Zeit eine erhebliche Rolle. Da die übrigen Hobbygärtner allesamt berufstätig sind, mitunter mit divergierenden Arbeitszeiten, war es nicht möglich, den offiziellen Mitmachtag im wöchentlichen Turnus fortzusetzen. So sind es externe, teils triviale Gründe, die das von den Akteuren explizit erwünschte Gärtnern in Gemeinschaft erschweren.

> „Dieses Projekt existiert nur noch, weil eben eine Handvoll Menschen das für sehr kostbar erachtet. Ja, ich glaube sonst, in jedem anderen Fall wäre es einfach den Bach runtergegangen."²⁴⁰

Angesichts des Zeit- und Personalmangels ging es in der zweiten Gartensaison 2012 vorrangig um die Einhaltung der allernötigsten Pflegemaßnahmen durch Einzelpersonen; erst in zweiter Linie konnten gemeinschaftliche Treffen und Absprachen realisiert werden.

Der folgende Auszug eines Interviews mit vier der verbliebenen Mitstreiter veranschaulicht die Problematik des Personal- und Zeitdefizits und gibt Einblicke in die reflektierte Auseinandersetzung mit dem zugrundeliegenden Prinzip der Allmende:

> *Rebecca:* Also praktisch sieht das so aus: Wir versuchen, uns monatlich zu treffen, um Absprachen zu treffen: Was steht als nächstes an? Was sollte getan werden? So dass jeder, wenn er Zeit dafür findet, eigenständig einfach in den Garten geht und was macht. So, und das klappt mal sehr gut, mal weniger gut, hängt aber sehr stark auch von dem Zeitbudget der Menschen einfach ab. Also gut, jetzt war ja jetzt auch die Ferienzeit im Sommer, da haben wir halt auch schon gemerkt: Okay, da haben wir wirklich nur rudimentär die Gießerei vergeben, verteilen können. Ja, im Prinzip braucht dieser Garten ganz klar noch mehr Menschen, die mitmachen bzw. nach Möglichkeit auch noch welche mit mehr Zeitbudget. Also er findet großes Interesse auch bei den Tagesmüttern, die hier in der Siedlung tätig sind, die finden den super und gehen auch gerne mit den Kindern hier rein. Aber die können ja eigentlich praktisch keine Pflegearbeiten durchführen, weil die einfach beruflich auch satt bis oben hin voll sind.
>
> *Georg:* Ja, die können gucken.
>
> *Rebecca:* Die können gucken und die können ernten (lacht).
>
> *Anke:* Die gießen mal mit den Kindern ein bisschen.
>
> *Georg:* Genau. Aber dafür ist er ja auch da. Ein Allmende-Garten eben, ne! Das unterscheidet ihn jetzt von einem Schrebergarten: Leute, die meinetwegen gerade in Rente gegangen sind und ihren Schrebergarten haben, die verbringen auch ihre Freizeit und ihren Urlaub da drin, ja. Da ist jedes Grashälmchen abgezirkelt, ne, also, hier ist es genau umgekehrt: Wir machen das nur, was noch an Zeit übrig ist, weil wir eigene Freizeit haben, private Freizeit. Und letztendlich ist auch nicht so dieser starke Ehrgeiz

---

239 Interview Rebecca, Münster, 7.9.2012.
240 Ebd.

da. Wenn du einen eigenen privaten Garten hast, so mein Reich, dann pflanzt du da was an, und du weißt ganz genau: Aha, wenn ich mich jetzt drum kümmere, dann kann ich auch was ernten. Hier kümmerst du dich, und du hast mehr oder weniger ja fast die Gewissheit, dass du nicht alles, von dem, was du hier pflanzt, erntest, weil das eben für alle ist.

Interviewerin: Ja.

Georg: Und das heißt –

Rebecca: Die Bereitschaft muss auch da sein!

Georg: Genau. Hier muss, hier kommt noch eine zusätzliche altruistische Motivation hinzu. Und die muss man erst mal haben. Das ist nicht jedermanns Sache. […]

Rebecca: Zwischenzeitlich hatten wir auch welche, die mehr der Meinung waren, um etwas nur anzubauen und mit der Gemeinschaft nichts zu tun haben wollten.

Anke: Die haben das gar nicht verstanden, oder, weiß ich nicht, das hat die glaub ich nicht erreicht.

Rebecca: Nee, überhaupt nicht.

Anke: Die hatten wirklich dann die Vorstellung: Ach, dann nehmen wir uns die Ecke da vorne und bearbeiten die, und haben dann wirklich nur ganz gezielt da in diesem Bereich geackert, alles andere nicht, wollten dann aber auch, haben gar nicht verstanden, wenn man sie mal angesprochen hat so: ‚Ihr dürft auch hier ernten.' oder ‚Wir würden uns dann auch vielleicht mal von den Kräutern da was nehmen'. Das ist gar nicht bei denen angekommen. Also die waren da irgendwie anders aufgestellt. Die haben sich jetzt auch vor einiger Zeit schon rausgezogen."[241]

In Anlehnung an das Prinzip der Allmende wird dieser Garten als Gemeingut angesehen, zu dessen Nutzung alle Siedlungsbewohner berechtigt sind. Besonders die Früchte der Beerensträucher entlang des Weges sind für den spontanen Verzehr gedacht, im kleinen Rahmen auch alles andere. Mit anderen Worten: Auch Anwohner, die sich nicht an der Pflege des Gartens beteiligen, dürfen naschen. Das Gemüse steht in erster Linie der aktiven Gartengruppe zur Verfügung und wird bei Bedarf bzw. bei entsprechender Reife abgeerntet.

„Also letztes Jahr haben wir es einfach so gemacht, dass jeder eigentlich das geerntet hat, was er gerade lustig war, und es war auch so üppig, würd' ich sagen, dass auch keiner das Gefühl hatte, sich zu benachteiligen. Und im Gegenteil, es waren noch ein paar Leute dabei, die nicht mitgemacht haben, die auch noch gut geerntet haben, und was gar nicht näher aufgefallen ist, weil, es war einfach genug da. Und dieses Jahr ging's mir auch schon so, dass ich dachte: ‚Oh, da wächst ja eine Zucchini. Oh

---

241 Gruppeninterview, Münster, 7.9.2012.

schauen wir mal, die braucht noch so ein paar Tage', und als ich dann da wieder hinkam: Schade, da war jemand schneller."[242]

Da einige der aktiven Gärtner Bezieher einer Gemüsekiste sind, kommt es vor, dass ein Überangebot an Gemüse erntereif ist. In solchen Fällen bieten die Gemeinschaftsgärtner während ihres Aufenthalts im Garten diese Ernte nichtbeteiligten Personen an, die zufällig vorbeikommen. Die Erfahrung der ersten zwei Jahre hat gezeigt, dass das Angebot an die Siedler, sich kostenfrei bedienen zu dürfen, nicht in einem ungebührlichen Maße ausgenutzt wird, sondern dass eher Hemmungen bestehen, ungefragt zuzugreifen: „Die Leute haben schon Respekt vor der Arbeit, die andere Leute machen."[243]

Die Umgestaltung der Grünfläche zu einem Gemeinschaftsgarten stieß bei den meisten Anwohnern auf eine positive Resonanz. Seit der Schaffung des Gemeinschaftsgartens wird die Fläche in zunehmendem Maße von den Bewohnern der Siedlung zum Entspannen genutzt; ein Umstand, der für eine Erhöhung der Aufenthaltsqualität durch den Garten spricht:

> „Es sind immer mehr Leute, die gar nichts mit dem Garten zu tun haben, hier aus der Nachbarschaft der Siedlung, die sich nachmittags und abends hier hinsetzen auf die Bank oder den Stuhl und hier einfach die Umgebung genießen, ja und einfach nur still ihr Bierchen lümmeln. [...] Das wird zunehmend angenommen, ja. Es wurde registriert, oder es wird auch quasi *in* den Lebensalltag mehr und mehr eingebaut jetzt diese Räumlichkeit hier."[244]

Kleine Maßnahmen wie das Aufspannen des Sonnenschirmes im Sommer sorgen für eine einladende Atmosphäre, die von vielen Siedlern dankbar aufgegriffen wird. Trotz der überwiegend positiven Resonanz gibt es auch kritische Stimmen bzw. Menschen, die sich an der Gestalt des Gartens stören: „Na ja, es gibt natürlich Leute, die schimpfen: ‚Was für eine Unordnung, was für ein Chaos, was für ein Drecksgarten!'"[245]

Dieses Statement ist vor allem unter dem Aspekt zu verstehen, dass naturnahes Gärtnern oftmals mit einer Ästhetik einhergeht, die auf Verfechter konventionellen Gärtnerns ungepflegt und chaotisch wirken kann.

In einer Momentaufnahme zur Zeit des letzten Forschungsaufenthaltes im Garten im September 2012 wurden von den Akteuren Wünsche für die zukünftige Organisation und Entwicklung des Nachbarschaftsgartens geäußert. Den Gartennutzern ist bewusst, dass sich zwischen Anspruch und Wirklichkeit ihres Projekts eine Kluft aufgetan hat, die es in Zukunft zu überbrücken gilt. Anhand der Zielsetzungen bzw. Verbesserungswünsche der Hobbygärtner wird deutlich, dass ihre Vorstellung eines Gartenidylls vor allem von einer Sehnsucht nach mehr Gemeinschaftserleben geprägt ist:

---

242 Interview Rebecca, Münster, 7.9.2012.
243 Ebd.
244 Interview Georg Heinrichs, Münster, 7.9.2012.
245 Interview Rebecca, Münster, 7.9.2012.

„Und ich glaube, was so fehlt im Moment, sind einfach gemeinsame Gartenzeiten. Dass es für Außenstehende, die noch nicht dabei sind, dass das so ein bisschen deutlicher wird: ‚Ach Mensch, die treffen sich ja dienstags und donnerstags immer, da guck ich doch mal.' Oder: ‚Nee, da wühlen wirklich so ein paar im Garten!' Das haben wir einfach dieses Jahr aus verschiedensten Gründen, in erster Linie aus zeitlichen, organisatorischen Gründen gar nicht geschafft, für *unseren* kleinen Kreis schon nicht. Das wär für mich persönlich, ohne dass wir jetzt schon konkret drüber gesprochen haben, aber das wär so ein Wunsch oder auch ein Ziel fürs nächste Jahr. Dass wir das so im Kleinen zumindest erst mal wieder hinbekommen, dass es dadurch für andere, die bisher noch nicht dabei sind, oder noch gar kein Interesse gezeigt haben, das noch nicht gesehen haben, dadurch vielleicht auch spannender wird und ja, dass man den Kreis damit auch so ein bisschen erweitern kann. Und dann macht's einfach auch mehr Spaß, wenn ich weiß: Mensch, ich treff' mich jetzt heute mit der und der oder mit dem und dem hier, und wir buddeln einfach mal ein bisschen zusammen."[246]

In Anbetracht der geringen Flächengröße können die beschriebenen ernährungspolitischen Ziele wie die Relokalisierung des Nahrungsmittelanbaus natürlich nicht erreicht werden. Den Beteiligten geht es vielmehr um den Symbolcharakter, der von einem solchen Garten ausgeht. Mit der Etablierung eines Nutzgartens an einer Stelle, an der üblicherweise nur Zierhecken und Rasen aufwarten, werden Akzente für eine alternative und nachhaltige Gestaltung öffentlicher Räume gesetzt. Damit einhergehend werden neue Formen und Möglichkeitsräume sozialer Vergemeinschaftung und Nachbarschaftlichkeit in der Stadt aufgezeigt:

„Er ist Ausdruck des Gemeinschaftssinns. [...] Hier hat der soziale Aspekt eine ganz wesentliche Komponente. Denn wie gesagt, von der Menge her ist dieses kleine Stück natürlich marginal, ja. Da können nicht mal zwei Leute von leben. Aber es kommt eben auf die Symbolik an und auf die Gemeinschaft. Dass man gemeinsam was macht, gemeinsam was pflanzt, gemeinsam was erntet, gemeinsam was davon hat. Und dass man eben versucht, wieder in die natürlichen Kreisläufe zurückzukommen."[247]

Sowohl ökologische als auch soziale Anliegen bilden die Grundlage für das ehrenamtliche Engagement der Siedlungsgärtner. Die Beweggründe der Akteure reichen von dem Wunsch, Kindern den Nahrungsmittelanbau nahezubringen, einem Ausgleich zum Büroalltag über das Erlernen von Permakulturtechniken und einer Belebung der Nachbarschaft bis hin zu einer Wachstums- und Konsumkritik.

Der Paradeiser-Garten hat auch über das Jahr 2015 hinaus Bestand. Nach Aussage von Georg Heinrichs betätigen sich etwa drei bis sechs Familien regelmäßig an diesem Gartenprojekt.

---

246 Interview Anke, Münster, 7.9.2012.
247 Interview Georg Heinrichs, Münster, 19.4.2011.

3.7 Der Internationale Mädchengarten in Gelsenkirchen

„Ja, ich würd auch gerne im Garten wohnen!"[248]

Der Internationale Mädchengarten in Gelsenkirchen stellt in vielerlei Hinsicht eine Besonderheit dar: zum einen aufgrund seines vergleichsweise engen Zielgruppenzuschnitts (Mädchen und junge Frauen im Alter von 6 bis 23 Jahren), zum anderen, weil es sich um eine Initiative handelt, an der sich die Vor- und Nachteile eines Gartens als Zwischennutzungskonzept exemplarisch darstellen lassen. Hinzu kommt ein weiteres Spezifikum: Der Mädchengarten entwickelt sich sukzessive zu einem Projekt, das den Fokus auf Färberpflanzen legt.

Um einen Eindruck von dem Projekt zu gewinnen, lohnt es sich, zunächst einen Schritt zurückzugehen und sich mit dem Ruhrgebiet und der Stadt Gelsenkirchen zu beschäftigen.

Die Stadt Gelsenkirchen spiegelt mit ihrer Entwicklung deutlich die Auswirkungen des Strukturwandels im Ruhrgebiet wider: Innerhalb der letzten 50 Jahre hat sich die Zahl der Einwohner um ein Drittel verringert. Während in den 1960er Jahren 400 000 Einwohner in Gelsenkirchen lebten, sind es derzeit nur noch ca. 256 000;[249] die Tendenz ist weiter rückläufig. Dieser Schrumpfungsprozess ist vor allem durch den Rückgang der Montanindustrie seit den 1960er Jahren bedingt: Von 1991 bis 2003 sind allein 24 000 industrielle Arbeitsplätze abgebaut worden. Der Übergang vom industriellen zum postindustriellen Zeitalter hinterlässt mit 450 Hektar Brachland aus ehemaligen Industriestandorten auch räumlich gesehen deutliche Spuren in Gelsenkirchen.[250]

Besorgniserregend sind vor allem die hohe Arbeitslosigkeit und die damit einhergehende Armutsgefährdung der Kinder. Laut einer Studie der Bertelsmann-Stiftung aus dem Jahr 2012 (KECK-Atlas)[251] ist Gelsenkirchen die Stadt mit der im Bundesvergleich höchsten Armutsquote bei unter Dreijährigen. 40,5 Prozent der Kleinkinder wachsen laut der Studie in Familien auf, die auf die staatliche Grundsicherung angewiesen sind.[252]

Städte wie Gelsenkirchen scheinen im besonderen Maße dem Vorwurf der „Unwirtlichkeit", den der Arzt, Psychoanalytiker und Architekturkritiker Alexander

---

248 Projektteilnehmerin, Interview vom 12.7.2011; mit den Kindern und Jugendlichen im Internationalen Mädchengarten wurde vereinbart, dass jegliche Namensnennung unterbleibt. Dies erschien auch in Hinblick auf die Wahrung der Persönlichkeitsrechte der Minderjährigen sinnvoll.
249 Amtliche Bevölkerungszahlen vom 30.6.2012 http://www.it.nrw.de/statistik/a/daten/amtliche bevoelkerungszahlen/rp5_juni12.html (Stand 3.12.2012).
250 Interview Birgit Wend, Gelsenkirchen, 1.3.2012.
251 Der KECK-Atlas ist ein grafisch aufbereiteter Datenpool auf der Basis von Erhebungen, die von der Bertelsmann Stiftung in Auftrag gegeben wurden. Er liefert Daten zur Lebenswelt und zu den Entwicklungschancen von Kindern. Vgl. www.keck-atlas.de.
252 „Grundlage der Analyse der Bertelsmann Stiftung ist die Definition, dass Kinder als arm gelten, die in Familien mit Bezug sozialstaatlicher Grundsicherungsleistungen (SGB-II-Bezug) aufwachsen. Alternativ ist Kinderarmut auf Basis des Nettoäquivalenzeinkommens von Familien quantifizierbar. Beide Ansätze treffen jedoch keine Aussage zu regionalen Unterschieden aufgrund von Einkommensniveau und Mietkosten, dem größten Ausgabeposten privater Haushalte." (http://www.bertelsmann-stiftung.de/fileadmin/files/BSt/Presse/imported/down loads/xcms_bst_dms_36692_36693_2.pdf, Stand 11.3.2016).

Mitscherlich bereits 1965 äußerte, zu entsprechen. Dabei ging es Mitscherlich nicht darum, urbane Räume per se zu verdammen, sondern darum, für eine stärkere Integration von Natur in Ballungsräumen zu werben.[253]

Im wissenschaftlichen Diskurs über die Potentiale des Urban Gardening werden gern die Beispiele ostdeutscher Städte wie Dessau angeführt, die als Verlierer der Binnenmigration mit enormen Schrumpfungsprozessen zu kämpfen haben.[254] Das Phänomen der schrumpfenden Städte[255] stellt jedoch auch die Stadtplanung in den Metropolen des Ruhrgebiets vor neue Herausforderungen. Perforierte Städte widersprechen dem gängigen Leitbild von unaufhörlichem Wachstum auch auf städtebaulicher Ebene.[256] Vermüllte und verwahrloste Brachflächen können eine Negativentwicklung für ein ganzes Stadtviertel in Gang setzen. Hier zeigt sich die Urban-Gardening-Bewegung als postmoderne Ideenfabrik: Brachflächen als Chance zu sehen, die Leerstelle als Möglichkeit der Verwirklichung eigener Ideen zu begreifen. Das Zauberwort lautet Zwischennutzung.

So dachte auch die Initiatorin und Leiterin des Internationalen Mädchengartens, Renate Janßen, als sie 2006 einen Ideen-mining-Workshop zur Zwischennutzung auf dem ehemaligen Gelände des Güterbahnhofs in Schalke-Süd besuchte. Nach der Stilllegung des Güterbahnhofs[257] trat 2005 ein Bebauungsplan in Kraft, der eine schrittweise Bebauung der Konversionsfläche mit ca. 400 Wohneinheiten vorsah.

Es war klar, dass die Entwicklung des Bauvorhabens Jahre in Anspruch nehmen würde; hinzu kam die schlechte Vermarktungslage in Gelsenkirchen. Noch ein weiterer Punkt sprach gegen eine schnelle Umsetzung der Wohnbebauung: Das Gelände galt als „verbotene Gegend".[258] Daher wurde es Teil des Stadterneuerungsprogramms Soziale Stadt Schalke sowie des überregionalen Förderprogramms Stadtumbau West, das zur strategischen Planung eigens ein Stadtumbaubüro Gelsenkirchen-City einrichtete.[259] Die zuständige Stadtplanerin Birgit Wend erklärte im Interview, weshalb die Behörden ausgerechnet bei dem Gelände des ehemaligen Güterbahnhofs Handlungsbedarf sahen:

> „Das ganze Gelände war total vermüllt, Waschmaschinen, Kühlschränke, und aller möglicher Schrott lagen da herum, und alles war eingewuchert, es war eben ein total unbekanntes Gelände. Offensichtlich war es auch im öffentlichen Bewusstsein mehr oder weniger ausgeblendet. [...] Das Gelände war eingezäunt und bewachsen, und es war verboten, da drauf zu gehen, was natürlich die Jugendlichen und auch Schulkinder, die zum Beispiel hier wohnen und deren Schule hier in der Nähe ist, nicht daran gehindert hat, regelmäßig hier durchzugehen. Aber es hat eben auch Über-

---

253 MITSCHERLICH, Unwirtlichkeit (1965).
254 Vgl. BRÜCKNER, Schrumpfende Städte (2011).
255 Vgl. hierzu z. B. KIL, Luxus (2004).
256 Dazu Interview Birgit Wend, Gelsenkirchen, 1.3.2012: „Und ein anderer Punkt ist ja, dass auch in den Köpfen der Kommunalpolitiker Schrumpfung nie gedacht wird, ne. Sondern es wird ja eigentlich immer nur Wachstum gedacht."
257 Ein Gleis wurde in Dezember 2012 noch von einem Güterzug zum Transport von Autos befahren.
258 Interview Birgit Wend, Gelsenkirchen, 1.3.2012.
259 Inzwischen verfügt der Stadtteil Schalke über ein eigenes Stadtumbaubüro. Für die Zeit der Zwischennutzung war noch das Stadtumbaubüro City für das Gelände des Güterbahnhofs zuständig.

griffe gegeben, auch Vergewaltigungen, weshalb das Gelände aus gutem Grund eine verbotene Gegend war. Und das trug natürlich dazu bei, das Gelände aus dem Bewusstsein der Erwachsenen zu streichen."[260]

Um eine neue Identität des Ortes zu schaffen, wurde ein Modellprojekt zur Zwischennutzung ins Leben gerufen: Von den beiden Grundstückseigentümern des 15-Hektar-Areals ließ sich nach monatelangen Verhandlungen die *aurelis Real Estate GmbH*[261] von dem Vorhaben einer Öffnung der Fläche für die Bürger überzeugen; die andere Flächeneigentümerin, eine Speditionsfirma, lehnte die Pläne für ihren Teil des Grundstücks ab. Anfang 2007 wurde ein Gestattungsvertrag zwischen der Stadt Gelsenkirchen und der Eigentümerin *aurelis* geschlossen, in dem die jeweiligen Rechte und Pflichten der Zwischennutzung geregelt wurden. Das Stadtumbaubüro koordinierte die Zwischennutzung und stellte die Weichen für eine Bürgerbeteiligung. Der Startschuss fiel mit einem als Zukunftswerkstatt konzipierten Workshop Anfang des Jahres 2006, in dem konkrete Nutzungsvorschläge seitens der Bürger formuliert wurden. Auch Kinder und Jugendliche wurden bewusst in diesen Prozess eingebunden. Basierend auf dieser Grundlage wurden mit Landesmitteln aus dem Fördertopf des Stadtumbauprogramms in Höhe von 240 000 Euro mehrere Sportfelder, Boulebahnen und Gemeinschaftsgärten auf dem sechs Hektar großen Zwischennutzungsgelände hergerichtet.[262]

„Die Stadt hat ungefähr ein Jahr lang mit der *aurelis* verhandelt, um diesen Zwischennutzungsvertrag abzusichern. In diesem Vertrag geht es darum, zu klären, wer wofür verantwortlich ist. Im Prinzip hat die Stadt die Verantwortung für die gesamte Fläche übernommen, auch Haftpflicht und alles das, und dafür hat auf der anderen Seite die *aurelis* keine Pacht verlangt. Mit anderen Worten: Die Stadt konnte für ihre Nutzung im öffentlichen Interesse diese große Fläche kostenfrei nutzen und damit auch eigene kommunalpolitische Ziele verfolgen. [...] Der Vorteil des Eigentümers bestand darin, die Verantwortung abgeben zu können und sich um diese Fläche nicht mehr kümmern zu müssen. Er wäre natürlich dann auch nicht verantwortlich gemacht worden, wenn irgendetwas passiert wäre. Darüber hinaus hat er durch die Öffentlichkeit, die da geschaffen wurde, einen deutlichen Vermarktungsvorteil gehabt [...]. Zum Beispiel als der Oberbürgermeister diese Fläche eröffnet und auch die *aurelis* dabei ihren Auftritt hat. Dann macht das natürlich Eindruck. [...] Also für mich war es ein zwiespältiges Gefühl, dass unser Projekt in höchsten Tönen gelobt wurde, nachdem es beendet war [schmunzelt]. Nein, das ist nicht ganz richtig, da es schon vorher durchaus anerkannt war. Aber eben besonders noch mal, nachdem es beendet war, weil gesagt worden ist: ‚Ohne die

---

260 Interview Birgit Wend, Gelsenkirchen, 1.3.2012.
261 *Aurelis*, einer Tochtergesellschaft der Deutschen Bahn AG, gehörten neun Hektar der Fläche. Der übrige Teil gehörte einer Speditionsfirma, die allerdings aufgrund des früheren Bebauungszeitplans der eigenen Flächenanteile eine Zwischennutzung ablehnte.
262 Auf dem Brachland befanden sich auch vor der Zwischennutzung bereits einzelne Kleingärten in der Tradition der Eisenbahngärten. Bis auf eine Ausnahme wurden sie 2006 freiwillig aufgegeben, da die damaligen Nutzer kein Interesse an der erforderlichen Öffnung in Richtung Anwohner hatten.

Zwischennutzung wäre die Vermarktung nie so schnell gegangen.' Das glaub' ich schon auch, dass das so ist."[263]

In diese Art der Zwischennutzung waren drei verschiedene Akteursgruppen involviert, die auch unterschiedliche Interessen und Motive verfolgten: Erstens die Zwischennutzer, die den Freiraum als Experimentierfeld zur Verwirklichung eigener Ideen und zum Ausgleich von Defiziten nutzten; zweitens die Kommune, die an einer Verbesserung des Stadtbildes interessiert war und auf eine Beschleunigung der gewünschten städtebaulichen Entwicklung hoffte; drittens der Eigentümer, der sich von der Zwischennutzung neben der Kostensenkung der Bewirtschaftung eine Aufwertung des Geländes und somit eine Verbesserung seiner Vermarktungschancen versprach.[264]

Die verschiedenen Interessenlagen können demnach kollidieren: Gelingt es den Zwischennutzern, das Negativimage der Brache in das eines attraktiven, lebenswerten Raumes umzuwandeln, haben sie sich womöglich sprichwörtlich ihr eigenes Grab geschaufelt. Das Dilemma der erfolgreichen Zwischennutzung kann darin bestehen, dass sie sich selbst obsolet macht!

Die Initiatorin des Mädchengartens, Renate Janßen, wusste von der Problematik, ließ sich aber davon nicht abschrecken:

> „Also das war wirklich: Aufgabe der Zwischennutzung war, das Gelände bekannt zu machen und auch bekannt zu machen als Baugebiet, das war unsere Aufgabe gewesen. [...] Es ist ein Dilemma, und wir haben dann zwischendurch immer gedacht: Na ja, vielleicht geht's ja länger als 2010, weil, das kennt man von anderen Zwischennutzungskonzepten, dann funktioniert es doch nicht, dass es vermarktet wird. Also wenn ich mir überlege, dass der erste Interkulturelle Garten in New York, der '75 eingerichtet wurde auf einem Baugrundstück, jetzt erst Ende der 90er Jahre geschlossen wurde, weil jetzt erst gebaut wird. Also in solchen Zeitdimensionen haben wir zum Teil auch gedacht."[265]

Laut Gestattungsvertrag war für den Bereich des Gemeinschaftsgartens eine Zwischennutzung bis 2010 mit Option auf Verlängerung vorgesehen. Die Grundstückseigentümerin *aurelis* machte jedoch von ihrem Sonderkündigungsrecht Gebrauch[266] und kündigte aufgrund der verbesserten Vermarktungslage bereits Ende 2009 den Gestattungsvertrag.

Da die Angebote des Internationalen Mädchengartens und des benachbarten Lalok Kulturgartens so gut angenommen wurden, wollte man die Gartenakteure seitens der Stadt für das unerwartet frühe Ende der Zwischennutzung entschädigen und ihnen eine Fortsetzung ihrer wertvollen Stadtteilarbeit ermöglichen. Zunächst durften die beiden Gartenprojekte auf eine benachbarte Wiese ziehen. Da diese Fläche allerdings im Bebauungsplan als Spielplatz ausgewiesen ist, war klar, dass dies nur

---

263 Interview Birgit Wend, Gelsenkirchen, 1.3.2012.
264 Vgl. Interview mit Birgit Wend, während dessen sie eine PowerPoint-Präsentation über die Zwischennutzung am ehemaligen Güterbahnhof Schalke-Süd zeigte.
265 Interview Renate Janßen, Gelsenkirchen, 19.5.2011.
266 Diese Kündigung hatte für die *aurelis* die Rückzahlung eines Teils der Fördergelder an die Stadt Gelsenkirchen zur Folge.

als unbürokratische, provisorische Interimslösung dienen konnte, die allerdings implizierte, dass die Arbeit fortgesetzt werden konnte: „Wir müssen jetzt kurzfristig irgendwo hin, wo wir unsere Sachen lagern, wo das Programm weitergehen kann, wo die Pflanzen hin können."[267] Gleichwohl waren das Entsetzen über die gescheiterten Pläne und die Frustration in der Zeit des Übergangs bei allen Beteiligten nicht zu überhören:

> „2006 haben wir übernommen, 2007 mit den Sachen [...]. Die Halle [...] sollte als offene Veranstaltungshalle genutzt werden, die konnten wir auch als Halle schon nutzen, und an der Halle dran war [...] ein kleines Gebäude, und da waren die gerade dabei, das auszubauen als Kiosk, als kleines Café. Und dann kam die Kündigung. Also sind so die Spielflächen, sind ein Teil, also ich glaub', eineinhalb oder zwei Jahre konnten die gerade mal genutzt werden, und das fing [...] gerade an, sich zu etablieren, weil, das dauert ja immer 'ne Zeit, bis es bekannt wird."[268]

Gleichzeitig wurden die Zwischennutzung und die in Aussicht stehende neue Fläche aber auch als Chance begriffen, neue Projekte in Angriff zu nehmen: „Ich will im Winter wieder [...] Winterprogramm, wieder machen können. Du brauchst richtig ein Häuschen, wo [...] der Ofen wieder rein kommt [...]. Aber vielleicht, vielleicht kriegen wir eins. [...] Da müssen wir nur auch wieder jemand finden, der uns das da abbaut."[269] Auch die Mädchen aus dem Mädchenzentrum, die sich regelmäßig im Garten trafen, äußerten mit Blick auf die neu zu beziehende Fläche bereits 2011 konkrete Wünsche (Färberpflanzen, Hängematte, Sitzschaukel, Gewächshaus, Kräuterspirale). Wichtig war ihnen aber vor allem auch eine zeitliche Perspektive für den Garten: „dass wir lange, also dass das hält, sag ich mal".[270]

Angesichts des Grün- und Freiflächendefizits im Soziale-Stadt-Gebiet Schalke kaufte die Stadt Gelsenkirchen die nicht für die Bebauung vorgesehenen Restflächen am nordwestlichen Ende des Geländes auf und stellte sie den Gartenprojekten im Frühjahr 2012 unentgeltlich zur Verfügung.

Am Beispiel dieses Pilotprojektes der Stadterneuerung werden sowohl die Chancen als auch die Risiken einer Zwischennutzung deutlich. Unter Berücksichtigung des enormen Aufwands sowohl der ehrenamtlichen Akteure als auch der Stadtplaner erscheint die kurze Dauer der Zwischennutzung von nur etwa zwei Jahren nicht lohnend. Andererseits wurden wichtige Zeichen für einen Paradigmenwechsel in der Stadtplanung gesetzt, wie die Stadtplanerin betont: „Also ich behaupte immer, es muss sich in den Köpfen was ändern. Es muss einfach eine größere Offenheit da sein. Und diese Denkstrukturen müssen sich ändern. Und nur so geht es."[271]

Den Bürgern wird signalisiert, dass sie sich ungenutzte Räume, die normalerweise durch Bauzäune abgeriegelt wären, aneignen können, um eigene Ideen einer grünen, lebenswerten Stadt zu realisieren. Auch die Stadtplanerin Birgit Wend sieht in diesem Punkt eine bedeutsame Signalwirkung: „Das finde ich wirklich total wichtig,

---

267 Interview im Mädchengarten, 19.5.2011 (Interviewaussage Renate Janßen).
268 Interview im Mädchengarten, 15.5.2011.
269 Interview im Mädchengarten, 12.7.2011 (Interviewaussage der Praktikantin Simone).
270 Interview im Mädchenzentrum, 13.7.2011.
271 Interview Birgit Wend, Gelsenkirchen, 1.3.2012.

also so diese Erfahrung zu machen, man kann was machen, wenn man will!"[272] Der Internationale Mädchengarten kann darüber hinaus eine erfolgreiche Bilanz aus dem Experiment Zwischennutzung ziehen: Die unentgeltliche Nutzung der jetzigen Fläche hängt eng zusammen mit der kurzfristigen Bereitschaft zu einem Kompromiss, wie die Stadtplanerin Birgit Wend betont: „Das hätten sie nicht gekriegt, wenn sie sich nicht auf die Zwischennutzung eingelassen hätten."[273]

Bei allen Widrigkeiten, die eine Zwischennutzung de facto mit sich bringt, hatte diese Nutzung als Pilotprojekt des Stadtumbaus wesentliche Vorteile. Während andere Gemeinschaftsgartengründer teilweise über Jahre hinweg bei der Stadt oder anderen Grundstückseigentümern um geeignete Flächen regelrecht buhlen müssen, blieb den willigen Zwischennutzern auf Schalke diese Prozedur erspart. Unter der Maßgabe, dass sich der Garten als zumindest halböffentliches Projekt präsentiert und zur Freiraumgestaltung der Anwohner beiträgt, genügten eine Anfrage und eine Vorstellung des eigenen Konzeptes, um den Zuschlag für die pachtfreie Nutzung der Fläche zu erhalten.

> „Ich hab' mal vor Jahren ein Konzept zu einer Mädchenfarm geschrieben, da wollt' ich das sogar noch größer aufziehen mit Bauernhof und so, das war eigentlich mein Traum, und, dann war ich hier bei 'ner Veranstaltung, bei der ersten Informationsveranstaltung hier auf dem Gelände, und dann hab' ich auf dem Bebauungsplan gesehen, dass es hier Gärten gibt. Dann hab' ich mir die Frau vom Stadtumbau geschnappt, die Frau W., und hab' gesagt, wie sieht's aus, Frau W., sind die alle belegt? Nein, sagt sie, wir suchen noch Träger."[274]

Als Leiterin der Fachstelle Interkulturelle Mädchenarbeit NRW wollte Renate Janßen mit dem Internationalen Mädchengarten eine neue Form der Mädchenarbeit jenseits der üblichen offenen Treffs erproben – sie wollte „einfach mit Natur und mit Garten was machen".[275] Sie wusste von den Community Gardens in Nordamerika; ein wirkliches Vorbild hatte sie aber nicht vor Augen, sondern sah die Gründung des Mädchengartens eher als Verwirklichung eines auf der Verquickung von Mädchenarbeit und alternativen Gartennutzungskonzepten gründenden, persönlichen Traums.

Als Gartenprojekt, das in die professionelle Sozialarbeit eingebettet ist, befand sich der Internationale Mädchengarten bis November 2012 in Trägerschaft der LAG Autonome Mädchenhäuser/feministische Mädchenarbeit NRW e.V. – Fachstelle Interkulturelle Mädchenarbeit. Um Ehrenamt und Beruf klarer zu trennen, hatte Renate Janßen aber bereits 2009 einen gemeinnützigen Verein gegründet, der seit November 2012 nun offizieller Träger des Internationalen Mädchengartens ist: „Maria Sibylla Merian e.V.".[276]

---

272 Ebd.
273 Ebd.
274 Interview Renate Janßen, Gelsenkirchen, 19.5.2011.
275 Ebd.
276 Maria Sibylla Merian (1647–1717) war eine Wissenschaftlerin und Künstlerin, die u. a. die Metamorphose der Schmetterlinge zeichnerisch (mit Hilfe von Färberpflanzen) dokumentiert hat. Ihre Forschungsreise nach Surinam – ohne Auftrag oder männlichen Schutz – macht sie zu einem Vorbild für emanzipatorische Bestrebungen.

Der Garten richtet sich ausschließlich an Mädchen und junge Frauen; männliche Besucher sind nur zu den öffentlichen Festivitäten erwünscht. Mit diesem speziellen Gruppenzuschnitt wird die Zielsetzung verfolgt, Mädchen einen eigenen Aktionsraum zu sichern. In der Arbeit mit gemischtgeschlechtlichen Kinder- und Teenagergruppen zeigt sich oft, dass sich Mädchen in traditionelle, weibliche Geschlechterrollen zurückziehen. Sie identifizieren sich mit einem Rollenbild, demzufolge Frauen sich gar nicht erst an gröbere Arbeiten wagen, sondern diese vermeintliche Männerarbeit den männlichen Altersgenossen überlassen. Auch Felder wie Technik und naturwissenschaftliches Experimentieren werden nicht selten gar nicht erst besetzt. Dem will der Internationale Mädchengarten mit seiner Arbeit entgegentreten, indem hier ein Angebot speziell für Mädchen geschaffen wird, die sich in dem Garten „frei von Rollenvorstellungen aus der Familie und Gesellschaft entwickeln und in mädchenuntypischen Themenfeldern, wie bspw. Forschung, Handwerk und Technik, ausprobieren können".[277] Die Angebotspalette des Gartens an die Zielgruppe reicht vom Gärtnern über das Experimentieren mit Pflanzen bis hin zu handwerklichen und kreativen Tätigkeiten. Alle Angebote verfolgen einen partizipatorischen Ansatz, bei dem die „individuellen Fähigkeiten und Bedürfnisse der Mädchen" ausdrücklich im Vordergrund stehen.[278]

Dieser Ansatz impliziert auch, dass Phasen der Improvisation ohne feste Vorgaben oder Programmpunkte stattfinden: „Die sind dafür zu begeistern! Ja, das ist, die müssen auch Freiraum haben, also zu streng darf man nicht sein."[279]

Freies Spiel und nicht angeleitete Naturerfahrung können auch den Ausgangspunkt für kreative Ideen bilden: „Die haben sich dann [im Winter, E.H.] ihre Zeit damit vertrieben, Eisskulpturen zu bauen. In der Regentonne hat sich das Eis gebildet und im Teich, da haben sie die Eisklumpen dann da rausgenommen und haben dann Skulpturen daraus gehackt. [...] Ja, die kommen dann einfach selber auf die Ideen, was man denn da so alles machen könnte."[280]

Während der teilnehmenden Beobachtung zeigte sich, dass die Betreuerinnen flexibel auf die Bedürfnisse und Stimmungen der Mädchen reagierten und auch eine umfassende Gesprächsbereitschaft bei Problemen signalisierten: „Gerade die Mädels hier sind das ja gewohnt, ne, dass man auch fragt, wie es denen geht. Und wir kennen ja auch die ganzen Hintergrundgeschichten."[281] Dies wurde auch von den Mädchen selbst formuliert: „Wenn man Probleme hat, dann ist die Simone[282] dafür zuständig. Die hilft uns aus diesen Sachen."[283]

Durch die Kontaktnahme zu verschiedenen Schulen konnte das Angebot des Mädchengartens bei der vorgesehenen Zielgruppe bekannt gemacht werden:

---

277 Website Internationaler Mädchengarten Gelsenkirchen http://urbaneoasen.de/gaerten/internationaler-madchengarten-gelsenkirchen (Stand 13.5.2015).
278 Interview mit Renate Janßen, Gelsenkirchen, 19.5.2011.
279 Interview im Mädchengarten, 19.5.2011, Interviewaussage Renate Janßen.
280 Interview im Mädchengarten, 13.7.2012, Interviewaussage Renate Janßen.
281 Interview im Mädchengarten, 19.5.1011, Interviewaussage der Betreuerin Kira.
282 Die Pädagogin Simone hat sich für Problemgespräche zur Verfügung gestellt. Teilnehmerin: „Letztes Jahr hatte ich Probleme mit meinen Eltern, und dann hab' ich die Simone gefragt nach einem Rat. Das hat mir ziemlich geholfen." (Interview mit der Mädchengruppe der Albert-Schweitzer-Förderschule, 12.7.2011).
283 Ebd.

„Wir haben, als wir ganz am Anfang waren, haben wir mit einer Hauptschule Kontakt aufgenommen und haben als erstes 'ne AG gemacht mit Mädchen aus 'ner Hauptschule. [...] Und über diese Hauptschule hat sich das dann auch rumgesprochen. Das war so im Grunde genommen die erste Mädchengruppe, die wir hatten." [284]

Mittlerweile besteht außerdem ein enger Kontakt zu einer Förderschule, einer Gesamtschule und weiteren Schulen aus der Umgebung. Die Angebote des Mädchengartens im Sommerferienprogramm sorgen zusätzlich für eine Durchmischung der Aktiven:

„Ja, und bei dem Ferienprogramm, wenn wir Werbung machen richtig dafür, in der Zeitung, dann kommen halt auch andere Mädchen. [...] dann kommen die, die sehr engagierte Eltern haben, die bereit sind, [...] die Mädchen dann auch quer durch Gelsenkirchen zu fahren, und die auch auf der Suche nach solchen Bildungsangeboten sind. [...] Und wenn wir nicht so viele Plätze haben, und wir wollen bei den Ferienprogrammen, dass speziell unsere Mädchen auch davon, da dran teilnehmen können, dann machen wir keine Werbung dafür. Dann sprechen wir nur unsere Mädchen an."[285]

Die Initiatorin Renate Janßen legt großen Wert darauf, allen „Mädchen, unabhängig von Behinderungen, von sozialem Status und von religiösem und kulturellem Hintergrund"[286] den Zugang zum Erfahrungsraum Garten zu ermöglichen. Bewusst richtet sich das Angebot des Mädchengartens deshalb auch an Mädchen mit weniger Zugang zu Bildungsangeboten,[287] Mädchen aus Familien mit Migrationsgeschichte oder Mädchen mit irgendeiner Form von körperlicher oder psychischer Beeinträchtigung.

Dies hat ausdrücklich auch in die Selbstdarstellung des Gartenprojektes Eingang gefunden: „Interkulturelle Mädchenarbeit [...] ist aktive Integration. Unter Integration verstehen wir den Weg zur gleichberechtigten Teilhabe aller Mädchen an gesellschaftlichen Ressourcen und der Schaffung von Zugangsmöglichkeiten zu diesen Ressourcen."[288] Ein Konzept, das unter Integration die vollständige Anpassung des Individuums an eine Mehrheitsgesellschaft, also Integration als Assimilation, versteht, wird hier eindeutig negiert. Vielmehr geht es darum, eine Kultur des Kennenlernens und Respektierens kultureller und sozialer Unterschiede zu etablieren. Dazu bedarf es zunächst eines Raums, der eine Entwicklung „frei von Rollenvorstellungen aus der Familie und Gesellschaft" möglich macht.[289]

Eine kleine Anekdote aus der Feldforschung im Mädchengarten verdeutlicht, wie dieser Ansatz im Gartenalltag konkret gelebt wird: Die Mädchen fanden auf dem Weg zum Garten einen toten Vogel und wollten ihn beerdigen. Renate Janßen befür-

---

284 Interview im Mädchengarten, 19.5.2011, Interviewaussage Renate Janßen.
285 Ebd.
286 http://urbaneoasen.de/gaerten/internationaler-madchengarten-gelsenkirchen (Stand 13.5.2015).
287 Interview im Mädchengarten im Anschluss an ein Treffen der Mädchengruppe aus der Albert-Schweitzer-Förderschule, 12.7.2011.
288 https://fachstelleinterkulturellemaedchenarbeit.wordpress.com/die-fachstelle/interkulturelle-madchenarbeit/ (Stand 25.11.2015).
289 http://urbaneoasen.de/gaerten/internationaler-madchengarten-gelsenkirchen/ (Stand 1.9.2015).

wortete das Vorhaben, und so gingen die Mädchen – mit einer Schaufel ausgerüstet – los und brachten das tote Tier herbei. Um der religiösen Vielfalt in Deutschland gerecht zu werden, regte die Leiterin die Kinder dazu an, Elemente verschiedener Weltreligionen in die Beerdigung zu integrieren. So wurde ein Holzkreuz für die christliche Religion angefertigt, der Leichnam (des Vogels) in ein Tuch gewickelt, wie es im Islam Sitte ist, und in Anlehnung an die jüdische Kultur wurde die Grabstelle mit schönen Steinen verziert.[290]

In Hinblick auf den Aspekt der Interkulturalität zeigt sich ein Paradoxon: Die Exklusion von männlichen Personen hat nämlich gleichzeitig eine inkludierende Wirkung. Manchen Mädchen mit Zuwanderungsgeschichte bleibt der Zugang zum öffentlichen Raum für Freizeitaktivitäten verwehrt, weil die Eltern vermeiden möchten, dass sich Kontakte zu Männern ergeben. Ihnen bieten sich im Mädchengarten Möglichkeiten für Freizeitaktivitäten und soziale Kontakte innerhalb eines Männern nicht zugänglichen Raumes, ohne dass sie sich erklären müssen. Auch Mädchen und junge Frauen aus Flüchtlingsfamilien besuchen den Mädchengarten, dessen Konzeption eine intensive Betreuung und Förderung gerade auch dieser Gruppe ermöglicht.

Eine zentrale Rolle im Mädchengarten spielt letztlich auch die Inklusion von geistig und/oder körperlich beeinträchtigten Mädchen. Diese Form der Inklusion schlägt sich in der barrierefreien Anlage des (ersten) Gartens nieder; auf der provisorischen Interimsfläche (Fläche Nr. 2) ließ sich dies nicht verwirklichen. Für die aktuelle Fläche war aber eine barrierefreie Gestaltung der Anlage fester Bestandteil der Planung.[291]

Darüber hinaus trifft sich eine Gartengruppe, bestehend aus Mädchen einer Förderschule, die sogenannten „Garten-Ladies", im wöchentlichen Turnus zum gemeinsamen Gärtnern unter Anleitung von Renate Janßen und einer Sonderschulpädagogin. Neben der Naturerfahrung und den handwerklichen und handarbeitlichen Tätigkeiten schätzen die Mädchen mit geistiger Beeinträchtigung hier vor allem auch die Gelegenheit für persönliche Gespräche. Da die Gruppen aus maximal 15 Personen bestehen, wird schnell ein Vertrauensverhältnis hergestellt. Während der teilnehmenden Beobachtung erzählten die Mädchen von ihren Gartenerlebnissen. Es zeigte sich, dass sie gerade aufgrund der großen Bandbreite an Aktivitäten mit dem Mädchengarten unzählige positive Erinnerungen assoziieren; nach Jahren im Mädchengarten ist der Gartenraum für sie zum Erinnerungsraum geworden. Der

---

290 Teilnehmende Beobachtung, Gelsenkirchen, 13.7.2012.
291 „Ja, und dann muss, brauchen wir 'ne behindertengerechte, 'ne rolligerechte Toilette. Und da kannst du nicht so ein kleines Häuschen nehmen wie da hinten, sondern wir brauchen einen Radius von zwei Metern. Das heißt, es nimmt auch wieder viel Platz weg. Das Gartenhaus darf nicht zu klein sein, dann können sie mit ihren Rollis nicht da rein. [...] Also das ist jetzt rollstuhlgerecht, und dann müssen wir noch gucken, was wir für Blinde, für Sehbehinderte machen. [...] Wir haben ein kleines Mädel bei uns in der Gruppe, [...] die sehbehindert ist, die auch dieses Buch jetzt mitgemacht hat, das Jägerinnenbuch. [...] Die hat fotografiert, und die hat noch mal 'ne ganz andere Sinneswahrnehmung von der Umgebung. Die hat ganz viele unterschiedliche Plattierungen entdeckt – Straßenbeläge – durch den Stock. [...] Und da müssen wir mit ihr zusammen, werden wir dann gucken: Was braucht sie. Also klar, so klassisch sind natürlich so Duftgeschichten, ne, aber nochmal mit ihr zusammen gucken, wie sie sich durch den Garten bewegt und was sie dann an Orientierungspunkten noch braucht." (Interview Renate Janßen, 13.7.2012).

Verlust des ersten Gartens, der früher als erwartet dem Bauvorhaben weichen musste, stellt für einige der Mädchen dementsprechend eine Verlusterfahrung dar, an die sie sich intensiv erinnern.[292] Das Gefühl, produktiv tätig zu sein und eigene Fähigkeiten und Fertigkeiten kennenzulernen, hilft den Mädchen auf ihrem Weg in eine größere Selbständigkeit, wie Renate Janßen berichtet:

> „Mädchen machen eben ihren Praktikumstag hier im Mädchengarten. Seit 2008 kommen die hierhin und machen auch ganz unterschiedlichste Sachen. Also dieses Konzept, was wir insgesamt hier haben, ganz verschiedene Lebensbereiche hier einzubeziehen, das machen wir mit den Mädchen auch, das wurde ja gerade auch schon bei ihren Erzählungen deutlich, dass sie mit Marzipan gearbeitet haben, dass wir Produkte für den Weihnachtsmarkt hergestellt haben, für ihr Schulfest. Also ganz unterschiedliche Sachen, die sie produzieren, viel mit Kunst, Malerei, auch handwerkliche Sachen – und eben auch Gartentätigkeit. Und das dient bei denen, also diese Praxistage dienen dazu, dass die sich verselbständigen. Also nach draußen gehen, weil, die Schulen, die Förderschulen, sind sehr behütete Räume. Und die müssen halt eben lernen, also ob sie nun nachher in die Werkstatt kommen oder ob sie irgendwo einen Hilfsjob bekommen je nach dem, welchen Grad von Behinderung sie haben. Es geht aus diesem beschützten Raum Schule raus – und das sollen sie lernen."[293]

Der Garten dient den Mädchen aber auch als Rückzugspunkt. Manche Kinder sehnen sich nach Freiräumen, in denen sie innehalten und einfach für sich sein können. Auch dafür eignet sich der geschützte Naturraum Garten in besonderem Maße.[294] Im Internationalen Mädchengarten wird das Bedürfnis der Mädchen, auch einmal allein zu sein, anerkannt und respektiert.

Über die gärtnerische Betätigung sollen Selbstwirksamkeit, interkulturelle Zusammenarbeit sowie eigene und fremde Kompetenzen wahrnehmbar gemacht werden. An konkreten Beispielen und verbunden mit eigenem aktiven Tun kann ein Wissenstransfer realisiert werden, der bereits verloren geglaubtem Interesse für ökonomische, vor allem aber ökologische Zusammenhänge wieder zur Geltung verhelfen soll:[295] In einem naturnahen Aktionsraum sollen die Mädchen die Zusammenhänge der Natur kennenlernen und „erfahren, dass jede ihrer Handlungen im Garten Auswirkungen auf andere hat. Sie lernen Ressourcenbewusstsein, u.a. im Umgang mit Wasser."[296]

Durch aktive gärtnerische und spielerisch-forschende Arbeit und nicht zuletzt auch durch die Zusammenarbeit mit anderen werden informelle Lernsituationen geschaffen, die das Wissen der Teilnehmerinnen über ökonomische und ökologische Zusammenhänge nachhaltig erweitern:

---

292 Interview im Mädchengarten, 13.7.2011.
293 Interview Renate Janßen, Gelsenkirchen, 12.7.2011.
294 „Ich arbeite meistens alleine, denn dann ich brauch dann Ruhe, zum Machen, ziemlich alleine mache ich das gerne." (Interview 16-jährige Förderschülerin, Gelsenkirchen, 12.7.2011).
295 Vgl. http://urbaneoasen.de/gaerten/internationaler-maedchengarten-gelsenkirchen/ (Stand 15.5.2015). Im Interview benennt Renate Janßen die Ziele mit Selbstbewusstsein, Kompetenzerweiterung, Selbstsicherheit und Wissenserweiterung (Interview im Mädchengarten, 19.5.2011).
296 http://urbaneoasen.de/gaerten/internationaler-maedchengarten-gelsenkirchen (Stand 13.5.2015).

"Also es werden einfach Produkte dann daraus hergestellt. Weil, so dieses Prinzip wirklich von Anfang vom kleinen Samen, dass die das dann einsäen, pflegen, bis hin zur Ernte und bis hin eben daraus was zu produzieren und bis zum Verkauf. [...] Weil, sehr viel an Wissen – weil, sie kriegen's nicht mehr über ihre Eltern, das Wissen – sehr viel an Wissen geht irgendwann verloren."[297]

Im Mädchengarten wird der partizipatorische Ansatz konsequent gelebt. Die Kinder werden nicht nur ermutigt, ihre eigenen Wünsche zu äußern, sondern sie lernen auch, ihre Vorstellungen unter Anleitung selbständig in die Realität umzusetzen. Dabei erlangen die Mädchen neben dem gärtnerischen Wissen auch Kompetenzen und Fertigkeiten, die nicht in direktem Zusammenhang zum Gärtnern stehen, z.B. wie man einen Projektantrag verfasst:

"Der [Bauwagen, E. H.] sah nicht besonders gut mehr von innen aus, und dann wollten die Mädchen den ausbauen und neu einrichten, und dann haben wir gesagt, wir haben aber kein Geld dafür. Und wenn ihr den Bauwagen ausbauen wollt, dann müsst ihr irgendwo das Geld organisieren. Wir können euch dabei begleiten und genauso – wir müssen ja auch immer Projektanträge stellen –, und dann können wir euch zeigen, wie man das macht. Dann haben sie die Einrichtungsplanung gemacht, die Kostenkalkulation mit Kiras Unterstützung gemacht [...] und haben den Antrag formuliert. Und das war besonders schön, weil das ein Mädchen gemacht hat, die keinen PC zu Hause hat. Die hat das mit Hand geschrieben [...] und hat dann immer – kam dann immer von Woche zu Woche: ‚Ich musste das leider nochmal schreiben. Da waren Fehler drin.' [wir lachen] Ist das nicht schön? Bis es dann fertig war. [...] Und wir haben dann noch was dazugefügt, und dann ist das nach München gegangen an die Stiftung Interkultur. Und die haben den Mädchen dann 1500 Euro bewilligt."[298]

Ein wesentlicher Unterschied zwischen Gemeinschaftsgärten und den „privaten" Gartentypen besteht darin, dass sich Gemeinschaftsgärten bis zu einem gewissen Grad der Öffentlichkeit öffnen. Das bedeutet für die Akteure, dass sie neben dem Gärtnern viel Zeit in Vernetzungs- und Öffentlichkeitsarbeit investieren. So ist der Mädchengarten beispielsweise Teil eines neuen Netzwerks „Metropole machen", das vom Kooperationspartner sevengardens initiiert wurde, um die im Ruhrgebiet stattfindenden Aktivitäten zur Bildung für nachhaltige Entwicklung (BNE) zu bündeln.[299] Außerdem findet ein reger Austausch mit der Stiftung Interkultur statt, die das Gartenprojekt sowohl finanziell gefördert hat als auch als Multiplikator für die Ideen des Mädchengartens fungiert.[300]

---

297 Interview Renate Janßen, Gelsenkirchen, 19.5.2011.
298 Interview Renate Janßen, Gelsenkirchen, 13.7.2012.
299 Als Projekt der UN-Dekade „Bildung für nachhaltige Entwicklung" ist der Mädchengarten 2012 für die Vermittlung von nachhaltigem Denken und Handeln in den drei Nachhaltigkeits-Dimensionen Wirtschaft, Soziales und Umwelt ausgezeichnet worden. Die Auszeichnungsveranstaltung fand am 21. September 2012 in Gelsenkirchen statt.
300 Beispielsweise waren Gemeinschaftsgärtner mit Interesse an Färbergärten dazu eingeladen, im Oktober 2012 an einem von Renate Janßen geleiteten Workshop auf dem Gelände des Mädchengartens teilzunehmen.

Um lokale Bindungen zu stärken, kooperiert der Internationale Mädchengarten Gelsenkirchen darüber hinaus mit der Kreativwerkstatt Gelsenkirchen/lokale aGEnda21, und durch den Aufbau eines Färbergartens hat sich die Kooperation mit sevengardens/atavus e.V. ergeben, die von Renate Janßen sehr geschätzt wird: „Wir sind jetzt in diesem Netzwerk, sind wir jetzt wirklich Mitglied geworden. Wir dürfen jetzt das Seven-Gardens-Logo verwenden."[301]

Die Gründung und Pflege eines Gemeinschaftsgartens ist immer auch Projektarbeit. Die Initiatoren verstehen ihre Gärten als lokale Antwort auf gesamtgesellschaftliche Missstände. Vor diesem Hintergrund erscheint der Drang, die Gärten einer möglichst breiten Masse bekannt zu machen, nur logisch. Wenn es, wie im Fall des Internationalen Mädchengartens, den Initiatorinnen um den Erhalt und die Weitergabe von ressourcenschonendem Wissen und ebensolchen Techniken geht, kurzum um Wissenstransfer, ist die Notwendigkeit einer offensiven Netzwerk- und Öffentlichkeitsarbeit immanent.

> „Das war ja so [...] Prinzip des Gartens, dass wir nicht nur hier im Klein-Klein arbeiten, sondern dass wir's in der Stadt bekannt machen, dass wir in Arbeitskreisen mitarbeiten, um einfach auch diese Idee auch so bekannt zu machen und dass viele Leute das kennenlernen und wir auch andere Leute kennenlernen. Also man kann sich dann immer gegenseitig unterstützen und helfen. Also wir legen sehr viel Wert auf diese Netzwerkarbeit."[302]

Auch die Mädchen und jungen Frauen sind in die Öffentlichkeitsarbeit involviert. Sie stellen ihre Projektergebnisse und ihre Fähigkeiten auf Veranstaltungen wie Festen und Preisverleihungen vor und lassen sich hin und wieder auch von der Lokalpresse ablichten. Manche Mädchen, die von Beginn an dabei sind, haben sich über die Jahre zu kleinen Presseprofis entwickelt, deren anfängliche Scheu längst abgelegt ist. Obgleich sie diese Aufmerksamkeit von außen nicht immer genießen, stärkt es insgesamt ihr Selbstbewusstsein und erfüllt sie mit Stolz.[303]

Nicht zuletzt dient eine aktive Öffentlichkeitsarbeit auch dazu, den Mädchengarten im Gespräch zu halten, was nicht zuletzt die Akquise von Fördergeldern erleichtert. Im Rahmen eines Praxisworkshops der Stiftung Interkultur am 7. Oktober 2012 im Mädchengarten referierte Renate Janßen beispielsweise zum Thema „Färbergarten anlegen und Färberpflanzen nutzen", und am Ideenpark in der Messe Essen vom 17. bis 23. August 2012 beteiligte sich die Garteninitiative mit einem eigenen Stand, an dem fiktive Berufsbilder („Guerilla-Gärtnerin", „Färberpflanzenlehrerin") vorgestellt wurden und an dem in einem mobilen Labor unter Anleitung der Färberpflanzenlehrerinnen experimentiert werden konnte. Auch überregionale Netzwerkkontakte bedürfen der Pflege: So stellte Renate Janßen den Garten z.B. bei einer Veranstaltung des Instituts für Urbanistik in Berlin vor (Projekt „Umweltgerechtigkeit durch Partizipation").

---

301 Interview im Mädchengarten, 12.7.2011, Interviewaussage Renate Janßen.
302 Ebd.
303 „Kira: Ja, es gibt hier Mädchen, die haben schon richtig Bühnenerfahrung, und andere, die sind da noch etwas scheu!" (Interview im Mädchenzentrum, 13.7.2011, Interviewaussage der Betreuerin Kira).

2010 fiel der Startschuss für das Projekt Färbermobil. In wöchentlich stattfindenden Treffen wurden etwa zehn Mädchen zu Färberpflanzenlehrerinnen ausgebildet, d. h. sie erlernten das Wissen, aus Pflanzen selbst Farben herzustellen, dazu gehört die Herstellung von Maltinten, Wachsmalstiften, Pigmenten, etc. und mit diesen natürlichen Farben verschiedenste Materialien wie Wolle und Stoffe oder Holz einzufärben oder zu bemalen.

„Für die Mädchen ist das toll, weil die ganz unterschiedliche Aspekte da drin haben, ne, also du hast eben einmal diesen gärtnerischen Aspekt da drin, Pflanzenkunde, bis hin zur Produktion und Färben und Farbe selber herstellen, die Kreativität, die da mit drin ist, Chemie, chemische Prozesse kennenzulernen, sich mit Geschichte auseinanderzusetzen, ne, also die haben sich ja auch beschäftigt mit Höhlenmalerei, wie haben die damals ihre Farben hergestellt."[304]

Ausgestattet mit diesem Wissen um natürliche Ressourcen und Kreisläufe fungieren sie nun als Multiplikatorinnen, d. h. sie geben ihr Wissen an andere Kinder weiter. Um dem Anliegen eine professionelle Note zu verleihen, wurde das Konzept „Ausbildung" augenzwinkernd umgesetzt: Mit den Mädchen wurde ein sogenannter Ausbildungsvertrag abgeschlossen, die achtmonatige Ausbildungszeit mit einer Abschlussprüfung vollendet und mit einer Absolventinnenfeier mit Zeugnisübergabe am 20. Juli 2011 im Internationalen Mädchengarten öffentlichkeitswirksam zelebriert. Gefördert wurde das Projekt durch die „Ich kann was!"-Initiative der Telekom. Mit ihrem Projekt „Färbermobil" konnte sich die Gartengruppe in der bundesweiten Ausschreibung gegen mehr als 800 Mitbewerber durchsetzen und somit Fördermittel in Höhe von 11 500 Euro akquirieren.

In einem weiteren Projekt des Mädchengartens – diesmal gefördert durch den Quartierfonds Schalke – trafen sich Mädchen im Alter zwischen 9 und 16 Jahren drei Monate lang im wöchentlichen Turnus, um Fotos von ihrem Stadtteil Gelsenkirchen-Schalke zu schießen. Neben der Erstellung und Auswahl des Bildmaterials schrieben die Mädchen auch die Begleittexte und bestimmten das Layout für den 2012 erschienenen Bildband „Mädchen Expedition – Jägerinnen des verlorenen Schatzes".[305] Dieses Projekt gab den Mädchen die Möglichkeit, sich kreativ zu entfalten und Selbstwirksamkeit zu erfahren. Ihr ganz persönlicher Blick auf den Stadtteil wurde geschärft, und sie wurden darin bestärkt, dass ihre Sicht der Dinge von Bedeutung ist. Der inklusive Gedanke dahinter zeigt sich nicht zuletzt darin, dass ein Mädchen mit Sehbeeinträchtigung daran mitwirkte. Ihre Mitarbeit lenkt die Aufmerksamkeit darauf, dass auch andere Formen der Wahrnehmung möglich und visualisierbar sind.[306]

---

304 Interview Mädchengarten, 12.7.2011, Interviewaussage von Renate Janßen.
305 LAG Autonome Mädchenhäuser/feministische Mädchenarbeit NRW e.V. – Fachstelle Interkulturelle Mädchenarbeit: „Mädchen Expedition – Jägerinnen des verlorenen Schatzes" – ein Projekt des Internationalen Mädchengartens, Gelsenkirchen 2012.
306 Hier seien als Beispiel Reliefstrukturen und Bodenornamente genannt, die das sehbehinderte Mädchen mit Hilfe ihres Blindenstocks ertastet und fotografiert hat.

3.8 Der Interkulturelle Garten in Minden-Bärenkämpen

„Hauptgrund ist ja nicht das Pflanzen, sondern Hauptgrund ist wahrscheinlich für uns alle, so wie ich's sehe, dass wir uns dort treffen."[307]

Die Empirie zeigt, dass oftmals eine Institution oder ein bereits bestehender Verein hinter der Gründung eines Gemeinschaftsgartens steht. In Lippstadt ist es der Sozialdienst katholischer Männer mit der Einrichtung des Treffs am Park, in Gelsenkirchen waren es die LAG autonome Mädchenhäuser, in Dortmund die Urbanisten, in Bielefeld Art at Work sowie Transition Town, und in Dülmen ist es die Stadtverwaltung bzw. der Runde Tisch Migration/Integration.

In Minden, dem teilnehmerstärksten Gartenprojekt dieses Forschungssamples, liegt der Fall anders. Hier haben wir es mit einer Initiative zu tun, die sich bezüglich der Trägerschaft erst finden musste. Auch die Urbarmachung des Grundstücks war mit einem ungleich höheren Aufwand verbunden. Ein Blick auf die Entstehungsgeschichte dieses interkulturellen Projektes zeigt, wie sehr die Idee des gemeinschaftlichen, kulturübergreifenden Gärtnerns inzwischen in Deutschland Fuß gefasst hat. Im Unterschied zu anderen Gemeinschaftsgartenprojekten waren in Minden nahezu zeitgleich mehrere Personen und diverse Initialzündungen ausschlaggebend für die Gründung eines Interkulturellen Gartens. So hatten Irene Conrad, Gisela Posch und Jutta Alabi teilweise unabhängig voneinander „die gleiche Idee":[308]

Irene: Und dann gab es das politische Nachtgebet im Stadtteil Bärenkämpen, und obwohl ich nicht in Bärenkämpen wohne, bin ich dahin gegangen, hab' einfach gesagt: Ich suche Mitstreiter für einen Interkulturellen Garten, weil ich so das Gefühl hatte, so was braucht jede Stadt und eben auch Minden und vor allem eben auch Bärenkämpen. [...]

Gisela: Und ich hatte die gleiche Idee, aber aus einer anderen Richtung, weil ich das Buch gelesen habe von der Christa Müller.[309] Und das hat mich so begeistert, und ich hab' gearbeitet mit Kindern an einer Grundschule und hab' dann zu dem F. von dem Verein FRIWO [...] gesagt: ‚Ich möchte so was gerne in Minden machen, so einen Interkulturellen Garten.' Und da meinte er: ‚Da gibt's schon jemanden.' Und dann bin ich zu euch gestoßen.

Jutta: Also diese Idee, einen Interkulturellen Garten zu machen, hatte ich so ähnlich wie Irene eben auch schon vorher, und zwar seit ich das Buch von den Prinzen, dieser Gruppe ‚die Prinzen', bzw. von dem Krumbiegel gelesen hatte: ‚Hoffnung säen'. [...] Aber im Grunde ist es ein Stadtteilprojekt [...] auch aus dem einen Treffen vom Café International, wo wir einen Stadtteilrundgang gemacht haben zu unseren Lieblingsplätzen. Und da hat die Sudha uns hier an den Kanal geführt und hat gesagt: Hier möchte sie einen Garten haben! [lacht] Also, ganz viele haben gesagt: ‚Ja, einen Garten möchten wir auch haben.' Und so kam das eben auch

---
307 Interview Mustafa Saltan, Minden, 11.10.2011.
308 Interview Gisela Posch, Minden, 14.6.2011.
309 Gemeint ist MÜLLER, Wurzeln (2002).

dadurch. [...] Und diese Gartenidee ist eben auch unter den Frauen im Stadtteilsprachkurs bzw. im Café International so aufgekommen. Dadurch, dass wir eben Kontakt auch zu Gärten hatten, eben zu diesem Schrebergarten. Und dann kam das politische Nachtgebet, und dann haben wir das als konkretes Projekt weiterverfolgt."[310]

Durch ihre ehrenamtliche Tätigkeit im Stadtteilsprachkurs und dem Café International, einem internationalen Frühstückstreff für Frauen, kannten die Rentnerinnen Jutta Alabi und Irene Conrad viele Frauen mit Migrationsgeschichte, die sich für das Projekt begeisterten und von Beginn an aktiv bei der Planung mitwirken wollten. Die Migrantinnen hatten bereits während eines gemeinsamen Stadtteilspaziergangs den Wunsch nach einem Gartengrundstück geäußert. Im Rahmen eines politischen Nachtgebets, das für Menschen aller Religionen und Kulturen im Januar 2010 im Stadtteil Bärenkämpen stattfand, formierte sich diese internationale Frauengruppe zu einem Arbeitskreis Interkulturelles Gartenprojekt, und aus der Vision entwickelte sich ein konkretes Projektvorhaben, dem sich kurz darauf Gisela Posch, eine gelernte Gärtnermeisterin österreichischer Herkunft, anschloss, die über einen gemeinsamen Bekannten von der Existenz des Vorhabens erfuhr. Über ein Fernstudium der Sozialen Arbeit hatte sie – nach Lektüre des Buches „Wurzeln schlagen in der Fremde"[311] – nahezu zeitgleich die Idee, einen Interkulturellen Garten in Minden zu errichten und als Praxisprojekt für ihr Bachelorstudium zu evaluieren. Ihr kommt neben Jutta Alabi und Irene Conrad eine maßgebliche Rolle bei der Koordinierung und dem Aufbau des Gartenprojekts zu. Die zweifache Mutter ist aktives Gründungsmitglied und integraler Bestandteil der Gruppe, auch über ihr inzwischen abgeschlossenes Forschungsvorhaben hinaus.

Während die Akteure mancher Gartenprojekte schon nach wenigen Wochen Planungs- und Vorbereitungszeit mit dem Gärtnern beginnen können, vergehen bei anderen Projekten Jahre, bis alle Voraussetzungen erfüllt sind, um gemeinsam in der Erde zu graben. Wenn es sich bei der Gartengründung um eine echte Graswurzelinitiative handelt, wie im Fall der Mindener Gemeinschaftsgärtner, und die Fläche darüber hinaus erst ausgestattet werden muss, kann aus dem Wunschziel Interkultureller Garten schnell ein Mammutprojekt werden. Um einen Eindruck von der Gestalt und dem Ausmaß der nötigen Vorarbeiten zu gewinnen, seien zunächst die Aktivitäten der internationalen Gartengruppe während der zweijährigen Planungsphase zusammengefasst:

Auf die Kontaktaufnahme mit der Stadtverwaltung und den zuständigen Ämtern folgten Verhandlungen bezüglich eines städtischen Grundstücks, das sich die Gruppe ausgesucht hatte. Zusätzlich zu den mündlichen Vorstellungen und Verhandlungen wurde ein Konzept samt Kosten- und Finanzierungsplan bei der Stadtverwaltung eingereicht. Es folgten Gespräche mit dem Integrationsbeauftragten der Stadt Minden, der fortan als Ansprechpartner auf städtischer Seite fungierte. Das gewünschte Grundstück wurde ihnen verwehrt, eine alternativ angebotene Fläche lehnte die Gartengruppe ab, da die Angst vor Übergriffen und Vandalismus an diesem Standort zu groß war. Die Gegenargumente wurden in schriftlicher Form an den Integrationsbeauftragten übergeben. Die zwischenzeitliche Überlegung, einen Gemein-

---

310 Gruppeninterview, Minden, 14.6.2011.
311 MÜLLER, Wurzeln (2002).

schaftsgarten in Mindens Kleingartenanlage zu errichten, stieß bei dem Vorstand des Kleingartenvereins auf wenig Gegenliebe. Auch die Gartengruppe merkte, dass sie ihre eigenen Vorstellungen nicht in den Rahmen kleingärtnerischer Reglements pressen möchte, wie Gisela im Interview erzählt:

> „Wir waren bei so einer Vorstandssitzung mal, um uns vorzustellen in aller Freundlichkeit, und die meinten: Also das können sie sich nicht vorstellen, dass wir da bei ihnen in der Anlage ein Grundstück anpachten. Aber sie waren durchaus nicht abgeneigt, also sozusagen: Wir sollen das da draußen machen, und sie wünschen uns viel Glück. Und waren jetzt nicht gegen uns, aber sie wollten uns bisschen auf Abstand halten, weil sie halt auch meinten, das passt nicht zusammen. Und wir haben dann eigentlich auch gesagt: Es ist eigentlich unsere Idee ja doch verschieden von dem, es gibt Ähnlichkeiten und Gemeinsamkeiten, aber auch Unterschiede, und wenn man sich da zu stark drauf einlässt, dass wir jetzt ein Teil vom Kleingarten sind, dann könnten schon Reibereien vorprogrammiert sein, und das haben die auch gespürt und meinten: ‚Na, lieber nicht.'"[312]

Um bei der langen Wartezeit nicht den Antrieb zu verlieren und sich mit der Gartenarbeit vertraut zu machen, legten drei Familien in einem privat gepachteten Garten der gelernten Gärtnermeisterin Gisela Posch kleine Probebeete an. Im Rahmen einer gemeinsamen Ortsbegehung mit Vertretern der Stadtverwaltung wurde den ehrenamtlich Engagierten schließlich eine (dritte) öffentliche Grünfläche am Stadtrand angeboten. Der Gartengruppe missfiel, dass die neu angebotene Fläche in der Mitte durch einen Fahrradweg geteilt wird. Nach zähen Diskussionen wurde schließlich ein Kompromiss errungen: Der Gruppe wurde eine der beiden Hälften mit Erweiterung zum Waldrand hin zugesprochen. In einem Pachtvertrag wurden Anfang Juni 2011 Rechte und Pflichten der beiden Vertragsparteien, der Stadt Minden und dem befreundeten Verein „Friedenswoche e.V." als Vertreter der Garteninitiative, fixiert. Die Stadtverwaltung unterstützt das Projekt, indem sie auf die Erhebung von Pachtgebühren verzichtet.

Manche Akteure blickten bereits auf vielfältige Vorerfahrungen im Bereich des bürgerschaftlichen Engagements zurück und wussten dementsprechend um die Wichtigkeit einer intensiven Netzwerk- und Öffentlichkeitsarbeit. In den Monaten der Planungsphase organisierten diese deshalb zahlreiche Projektvorstellungen: beim Integrationsrat der Stadt Minden, dem Vernetzungstreffen *Bunte Kuh* (ein Zusammenschluss verschiedener ortsansässiger Initiativen, in dem das Ziel „Kulturen lernen von Kulturen" verfolgt wird) sowie anlässlich des 3. Integrationskongresses in Minden, wo man die Gelegenheit nutzte, das Projekt vor der Integrationsbeauftragten des Kreises, dem Landrat sowie dem Bürgermeister zu bewerben. Neben einer direkten Ansprache wichtiger Entscheidungsträger auf lokalpolitischer Ebene suchte die Gartengruppe überdies den Austausch mit der Stiftung Interkultur,[313] der bundesweiten Anlauf- und Vernetzungsstelle auf dem Gebiet der Interkulturellen Gärten.

---

312 Interview Gisela Posch, Minden, 14.6.2011.
313 Vgl. http://anstiftung.de/die-stiftung/stiftung-interkultur (Stand 25.8.2015).

Um das Projekt weiter im Stadtteil Bärenkämpen und darüber hinaus bekannt zu machen und – soweit die Anzahl der Parzellen es zuließ – weitere Mitstreiter zu gewinnen, wurden unterschiedliche Wege beschritten: Aushänge in sozialen Einrichtungen, Internetpräsenz durch eine eigene Facebook-Seite,[314] Kooperation mit der Lokalpresse und die Aufnahme ins städtische Kursprogramm. Nicht zuletzt hat sich vor allem die Mundpropaganda bewährt, doch auch ein Aufruf in Form eines Bildberichtes in der Lokalpresse[315] sorgte für eine Erweiterung der Gruppe. Unter Mithilfe eines befreundeten Künstlers wurde ein Logo entwickelt, das die interkulturelle und ökologische Zielsetzung des Projektes im Design aufgriff.

Teile der Gruppe verschafften sich überdies auf Besuchen Internationaler Gartenprojekte in Lippstadt, Bonn, Hannover und Göttingen einen Eindruck von den Gestaltungsmöglichkeiten urbaner Gärten und nahmen an Workshops der Stiftung Interkultur teil. Darüber hinaus bestand Kontakt zum Initiator des Permakulturgartens von Transition Town in Bielefeld.

Dem Bewusstsein der Initiative, Teil einer weltweiten Urban-Gardening-Bewegung zu sein, wurde durch eine selbst konzipierte Ausstellung in der Stadtbibliothek Minden Ausdruck verliehen. An sechs Ausstellungswänden konnten sich die Einwohner Mindens im März 2011 über die Hintergründe und Potentiale der weltweiten Community Gardens am Beispiel ausgewählter internationaler Projekte informieren und mehr über die Motive und Wünsche der ortsansässigen Gemeinschaftsgärtner erfahren. Zudem wurde durch die Präsenz der Gruppe die Gelegenheit für einen persönlichen Austausch geschaffen.

Die Ausstattung des Geländes mit einem Wasserzugang, einem Stromanschluss, einem Zaun, einer Toilette und Gartengeräten erforderte Finanzmittel, welche die Gruppe nicht aus eigener Tasche bezahlen konnte. Daher sollte das benötigte Geld zur Schaffung des Gartens über Fördermittel akquiriert werden. Langfristig ist vorgesehen, dass sich der Garten über die Mitgliedsbeiträge der Gartennutzer selbst trägt.

Bis dato waren Aufgaben wie die Erstellung und Abwicklung von Förderanträgen Neuland für das Gros der ehrenamtlichen Akteure. Um sich das nötige Wissen anzueignen, nahmen einige Frauen am „Komm-In"-Projekt teil, einem Workshop speziell für Migrantenselbstorganisationen zur Erstellung von Förderanträgen. Bereits im Rahmen dieses Workshops wurde ein erstes Fördergesuch an das Ministerium für Arbeit, Integration und Soziales (M.A.I.S.) verfasst, das nach Abwicklung durch den Verein „Friedenswoche e.V." (FRIWO) abgeschickt werden konnte. Die Zusammenarbeit mit dem Verein FRIWO ergab sich aus der Notwendigkeit, für Förderansuchen und Vertragsabschlüsse eine formelle Trägerschaft vorzuweisen. Eine weitere Voraussetzung zur Akquise dieser Fördermittel ist die Deckung eines zwanzigprozentigen Anteils der Fördersumme durch Eigenmittel. Hierbei machte sich die aktive Netzwerkarbeit bezahlt: Der Zusammenschluss *Bunte Kuh* stellte für Integrationsprojekte gespendete Gelder in Höhe von 700 Euro zur Verfügung.

Ursprünglich hatte die Gartengemeinschaft nicht die Intention, einen eigenen Verein zu gründen. Ein halbes Jahr nach Antragstellung erhielten die Initiatoren jedoch die Rückmeldung von M.A.I.S., dass dem Förderantrag nur stattgegeben

---

314 http://de-de.facebook.com/pages/Interkultureller-garten-minden/158407817528871 (Stand 9.4.2013).
315 http://www.mt-online.de/lokales/minden/4179420_Wo_Fremde_gemeinsam_Wurzel_schlagen.html (Stand 9.4.2013).

werden könne, wenn es sich um eine Selbstorganisation von Migranten handle. Daraufhin wurde in Anlehnung an eine Mustersatzung der Stiftung Interkultur eine eigene Vereinssatzung entworfen und über potentielle Vorstandsmitglieder diskutiert. Am 12. Juli 2011 wurde der Verein „Interkultureller Garten Minden e.V." ins Leben gerufen. Im Vorstand sind Menschen aus fünf Nationen (aus der Türkei, Russland, Österreich, Deutschland und Sri Lanka) vertreten.

Ein weiteres Förderansuchen im Rahmen des Programms Lokaler Aktionsplan (LAP) Minden war ebenfalls erfolgreich: Im Herbst 2011 erhielt der Verein Interkultureller Garten Minden e.V. den Bewilligungsbescheid über eine Fördersumme von 2400 Euro.[316]

Der Stadtteil Bärenkämpen, ein sozialer Brennpunkt Mindens, wurde von den Initiatoren bewusst als Standort für den Interkulturellen Garten ausgewählt. In diesem Stadtgebiet treffen besonders viele Menschen verschiedener Nationalitäten aufeinander bzw. leben isoliert voneinander in Hochhäusern – darunter auch ein Großteil der Gemeinschaftsgärtner. Im Gruppeninterview berichtet Mustafa Saltan, der als Hausmeister tätig ist und lange Zeit den Vorsitz des Vereins innehatte, von der sozialen Entmischung seines in Verruf geratenen Stadtteils:

> „Große Nachteile sind das, dass die Stadt viele sozial schwache Menschen immer in Gebäuden so zusammenpfercht, statt die gemischt irgendwo [hin] zu tun mit den normalen, arbeitenden Menschen, sag' ich mal. Das macht schon so Probleme hier in Bärenkämpen, und mit dem Projekt ist es natürlich so, dass sich dann diese vielen Nationen, die sich mehr oder weniger vielleicht oft streiten, vielleicht auch mal in Gemeinsamkeit etwas machen. [...] ‚Schönen guten Morgen, schönen guten Tag', das sagen wir auch noch zu den Leuten, aber man kennt sich nicht näher. Und so haben wir die Möglichkeit, die ein bisschen näher kennenzulernen. Und deswegen find ich den Garten hier in Bärenkämpen, wo viele Nationen nebeneinander wohnen, eigentlich nicht schlecht."[317]

Wie schon bei den nordamerikanischen Community Gardens lässt sich auch bei den deutschen Pendants eine klare Tendenz zu defizitären Standorten erkennen. Gemeinschaftsgärten siedeln sich nicht dort an, wo es schön ist, sondern dort, wo es schön *werden* soll. Auch die pensionierte Lehrerin Jutta Alabi, die in einer binationalen Ehe lebt, hat dieses Potential der Gärten zur Stadtteilaufwertung erkannt:

> „Ich möchte ein Stück noch bessere Heimat haben hier, also zwanzig Jahre lebe ich hier in Bärenkämpen, will aber auch hier bleiben trotz all dem Mist, den's hier gibt auch. Aber deswegen will ich da auch ein kleines Paradies haben."[318]

Die 1900 Quadratmeter große Fläche liegt am Stadtrand von Minden-Bärenkämpen auf einer öffentlichen Grünfläche, die zur einen Seite an einen Fahrradweg mit dahinterliegender Kleingartenanlage grenzt, zur anderen an ein kleines Waldstück,

---

316 http://www.mindenerblatt.de/regionales/135146-interkultureller-garten-minden-wird-mit-2400-euro-gefoerdert (Stand 22.4.2013).
317 Interview Mustafa Saltan, Minden, 11.10.2011.
318 Interview Jutta Alabi, Minden, 14.6.2011.

dessen Rand zusätzlich zu den 1900 Quadratmetern zum Areal des Interkulturellen Gartens gehört. Am unteren Ende wird die Fläche durch die Straße *Sieben Bauern* abgegrenzt.

Das Fräsen der späteren Gartenfläche erfolgte durch die städtischen Gartenbetriebe; im Anschluss wurden Pflanzen zur Auflockerung des Bodens gesät. Zum Schutz des Gartens vor Rehen und Kaninchen, aber auch vor Diebstahl und Vandalismus, zählten der Kauf und Aufbau eines hohen Eisenzauns, der das Terrain zu allen vier Seiten hin abschließt, am Anfang zu den dringlichsten Aufgaben. Das Gartentor wurde in Eigenregie konstruiert und geschweißt. Am oberen, breiteren Ende des Geländes befindet sich die Gemeinschaftsfläche. Hier finden ein alter Bauwagen (Schenkung einer Speditionsfirma), ein Container (in dem die Arbeitsgeräte, Tische und Stühle sicher verstaut werden können) sowie eine Sitzecke für gemeinsame Pausen ihren Platz. Jüngstes Ausstattungselement ist eine aus einer Holzkonstruktion gebaute Komposttoilette, die etwas abseits zum Waldrand hin positioniert wurde. Nach intensiver Recherche und Gruppenbesprechungen einigte sich die Gruppe darauf, eine Wasserleitung und einen Stromanschluss legen zu lassen. Die Anfrage an den benachbarten Kleingartenverein, deren bestehende Wasserleitung unter Verwendung einer eigenen Wasseruhr mitzunutzen, wurde vom Kleingartenverein abgelehnt.

Dem klassischen Schema Internationaler Gärten entsprechend ist die Fläche in 22 etwa 30 bis 40 Quadratmeter große Parzellen für Familien, Einzelpersonen oder Paare unterteilt. Um den angestrebten interkulturellen Austausch der Hobbygärtner zu erleichtern, sind diese Parzellen nur durch Steine oder Stöcke voneinander getrennt. Zwischen dem Waldrand und den Einzelbeeten führt ein breiter Weg aus Rasen zur Gemeinschaftsfläche.

Zu der anfänglich etwa zehnköpfigen internationalen Frauengruppe kamen im Verlauf der Planungsphase weitere Mitstreiterinnen hinzu. Auf wöchentlich stattfindenden Planungstreffen wurden mögliche Maßnahmen, Vorgehensweisen und Ideen besprochen und diskutiert. Um eine gleichberechtigte Teilhabe an dem Projekt und basisdemokratische Entscheidungsfindungen zu gewährleisten, versuchten die deutschen Muttersprachler, auf die unterschiedlich stark ausgeprägten Deutschkenntnisse der Teilnehmerinnen mit Migrationsgeschichte Rücksicht zu nehmen; ein Unterfangen, das sich allerdings nur ansatzweise realisieren ließ, wie an späterer Stelle noch gezeigt werden soll.

Im Zuge der zweijährigen Planungsphase kristallisierte sich der bevorstehende Arbeitsaufwand in zunehmendem Maße heraus: Es wurden mehr helfende Hände benötigt, als vorhanden waren, so dass die verheirateten Frauen ihre Ehemänner mobilisierten und in den Aufbau des Interkulturellen Gartens involvierten. Dennoch stellte die Vorbereitungsphase ihre Protagonisten auf eine Bewährungsprobe, wie aus der im Oktober 2011 entstandenen Momentaufnahme im Gespräch mit der Mitinitiatorin Irene Conrad hervorgeht:

> „Am Anfang hatte ich gar keine Vorstellung, wie viel Arbeit es wirklich sein wird, so diese konkrete Vorarbeit, und dann so nach und nach im Laufe der Gespräche wurde es mir klar, und da hab' ich richtig Muffensausen gekriegt. Wo ich so dachte: Das ist so eine große Nummer, ob wir das schaffen? Und erst – zumal wir am Anfang ja nur Frauen waren – und

diese Dinge: Wasserleitung und so, das ist für die meisten von uns ja erst mal fremd. Und erst, als dann die ein, zwei Männer, also Mustafa oder auch Burkhardt dazugekommen sind, die auch einfach sagen konnten: Das weiß ich, wie das geht! Da hab' ich dann wieder so ein bisschen, dachte ich: Ha! Also wir sind nicht so hilflos mit diesem Problem. Und jetzt im Moment hab' ich aber wieder so ein bisschen Druck, weil ich merke: Oh, wir haben schon Mitte Oktober, und wir haben noch nicht angefangen. Und es gibt viel, viel Arbeit, und wir werden also wirklich viele Hände brauchen, die richtig zupacken können, und wo sind diese Hände im Moment? So, das sehe ich noch nicht so, und da bin ich im Moment so ein bisschen skeptisch. Nicht, dass wir's nicht schaffen, aber das wird noch viel auch Überzeugungsarbeit."[319]

Aus der losen Fraueninitiative entwickelte sich ein interkultureller, gemischtgeschlechtlicher Verein mit zeitweilig männlichem Vorsitz. Zwei neu dazugekommene deutsche Männer unterstützen die Initiative zusätzlich mit ihrem Know-how. Der Gedanke der Vielfalt spiegelt sich in der Heterogenität der Gruppe wider: Zum Zeitpunkt des letzten Interviews im September 2012 zählte der Verein etwa 40 Mitglieder aus acht Herkunftsnationen, zusätzlich wird der Garten durch die vielen Kinder der Gartennutzer bereichert. Kinder, junge Mütter, Rentner, Arbeitslose, Angestellte und Freischaffende: Sie alle finden in diesem Projekt zusammen. In dieser sozialen Vielfalt sieht Irene Conrad die wesentliche Leistung des Interkulturellen Gartens:

„Was ich eben auch ganz spannend finde, ist, dass es wieder eine Möglichkeit ist, dass auch erstens Männer und Frauen zusammenarbeiten können, verschiedene Kulturen zusammenarbeiten können und verschiedene Generationen. Dass es also nicht so ist: die Jungen machen das, und die Alten machen das, und die dazwischen machen was anderes, sondern es ist so eine Möglichkeit, wo sich ganz viele treffen können."[320]

Bei der Alevitin Figen treffen mehrere Beweggründe zusammen: der Wunsch nach interkulturellem Austausch und nach einem bezahlbaren Garten. Nicht zuletzt spricht sie aber auch der Aspekt der Nachhaltigkeit an: „Und dann eine so bisschen so helfen mit für die Welt. Aber ich finde, das ist gut für mich und meine Kinder und meine Vater auch."[321]

Figen stammt aus Malatya, einer Gegend im Osten der Türkei, die für ihren Aprikosenanbau bekannt ist. In ihrer Kindheit gehörte die Arbeit im großen Familiengarten zur Alltagspraxis. In Deutschland konnte sich Figen keinen eigenen Garten leisten. Erst der Interkulturelle Garten ermöglicht der zweifachen Mutter ein Anknüpfen an ihre Kindheitserinnerungen und eine Weitergabe ihres gärtnerischen Wissens an ihre Kinder. Der 2012 verstorbene Vater von Figen freute sich besonders auf die Fertigstellung des Interkulturellen Gartens; sein Tod ging der ganzen Gartengruppe nahe. Figen strebt Kooperationen mit Kindergärten, Schulen und Seniorenheimen an; sie möchte sich ehrenamtlich engagieren, indem sie Kinder und

---

319 Interview Irene Conrad, Minden, 11.10.2011.
320 Interview Irene Conrad, Minden, 14.6.2011.
321 Interview Figen, Minden, 14.6.2011.

Senioren in den Garten einlädt, mit der Gartengemeinschaft zu gärtnern, zu kochen und gemeinsame Zeit im Grünen zu verbringen: „Wenn unsere Garten so fängt an, ich möchte mit Kindern so kochen. Mit Kindern, ja. Und Altersheim-Leute einladen, mein Herz, ich möchte das machen."[322]

Der Bau eines Lehmbackofens zur traditionellen Zubereitung von Speisen ist Figen ein wichtiges Anliegen, das bis dato allerdings noch nicht in die Tat umgesetzt werden konnte.

Die Einbeziehung der vielen Kinder, die zu den etwa 15 Familien gehören, erscheint als wichtiges Desiderat der Initiative. Vielen Müttern ist es wichtig, während ihres Gartenaufenthalts auf andere Familien mit Kindern zu treffen. Die Einrichtung fester Gartenkinderzeiten wiederum erscheint den Akteuren zu starr. Auch die Frage, ob die Kinder zur Bepflanzung und Pflege ihrer zwei Kinderparzellen eine „Kinderbeauftragte" benötigen, unter deren Anleitung sie das Gärtnern erlernen, ist Thema der Gruppendiskussionen. Die ersten Erfahrungen im Gemeinschaftsgarten zeigten, dass ohnehin jedes Kind individuelle Bedürfnisse und Verhaltensweisen an den Tag legt: Die einen gehen ohne Scheu auf jeden Gartennutzer und fremde Kinder zu, andere gärtnern bevorzugt mit ihrer Mutter auf der familieneigenen Parzelle, und wiederum andere begeistern sich eher für den Grill und für das kleine Stück des Waldes, das sich die Initiative für diesen Zweck von der Stadt ausbedungen hat. Bei der geplanten Zusammenarbeit mit Schulen und Kindergärten wird man auf feste Termine und Absprachen natürlich nicht verzichten können.

Ein Motiv der Teilhabe an diesem Gemeinschaftsgarten ist die Aussicht auf eine eigene Gartenparzelle; ein Luxus, den sich die meisten Projektteilnehmer etwa in einer Kleingartenanlage aufgrund der hohen Abstandszahlungen nicht leisten könnten. Während der teilnehmenden Beobachtung und in den Gesprächen mit den Gartennutzern verstärkte sich der Eindruck, dass die Möglichkeit zu gärtnern jedoch nicht das ausschlaggebende Motiv ist, zumindest nicht bei denjenigen, die zwei Jahre aktive Planungs-, Vorbereitungs- und Diskussionszeit in das Vorhaben investiert haben. Beispielhaft sei an dieser Stelle die Partizipation von Menschen wie Ayten Saltan genannt, die explizit sagt, dass es ihr weniger um das Gartenstück als vielmehr um die Gemeinschaft geht:

„Ja, ich [zum] Beispiel [...] wünsche nicht Garten eigentlich, ich möchte nicht Garten. Garten ist Zusammentreffen. [...] Und immer Deutsch sprechen und bisschen zusammen treffen, reden, Spaß!"[323]

Gemeinsam mit Ehemann Mustafa verbringt die Türkin Ayten Saltan im Rahmen einer Hausmeistertätigkeit bereits viel Zeit mit der Pflege von Grünflächen; ihr Hauptaugenmerk beim Gemeinschaftsgarten liegt daher auf dem interkulturellen Austausch in deutscher Sprache. Ihr Ehemann Mustafa begründet sein Engagement als Vereinsvorsitzender damit, dass seine Hilfe gebraucht wird und er das Vorhaben wertschätzt:

„Meine Frau hat da jetzt mitgemacht von Anfang an, die Frauen, sie hat mich dann immer mitgeschleppt, und ich sehe, sah, wie die Frauen da am Tun und Machen waren, und da wurde ich mehr oder weniger dazu

---

322 Ebd.
323 Interview Ayten Saltan, Minden, 11.10.2011.

überredet. Ist auch okay, ich werde denen auch so weit wie möglich bei uns jetzt im Garten helfen. Ich werd' auch bleiben dabei, mal gucken, was jetzt daraus wird, ne. Es ist ja auch was Schönes. Es wird nur am Anfang so für mich bisschen viel Arbeit sein."[324]

Seiner Einschätzung zufolge steht bei diesem interkulturellen Projekt die Schaffung eines Ortes der Begegnung eindeutig im Vordergrund:

„Jeder soll sich so ein bisschen was pflanzen, wohlfühlen. Hauptgrund ist ja nicht das Pflanzen, sondern Hauptgrund ist wahrscheinlich für uns alle, so wie ich's sehe, dass wir uns dort treffen."[325]

In den qualitativen Gruppeninterviews thematisierten die Interviewpartner auch Probleme und Missstimmungen innerhalb der Gartengemeinschaft. Der hohe Arbeitsaufwand in den ersten zwei Jahren führte zu Spannungen, weil sich nicht alle Teilnehmer gleichermaßen an den Planungs- und Aufbauarbeiten beteiligten, wie Irene anmerkt:

„Und auch wenn es jetzt um gemeinsame Aufgaben ging, ist schon so eine Unzufriedenheit ein bisschen entstanden, weil immer die gleichen Leute da standen, salopp ausgedrückt, was zum Teil an der Kommunikation liegen könnte, zum Teil auch, denk ich mal, das ist mein Verständnis der Sache, daran, wie man auch seine Rolle in dem Garten sieht. Und dieser Wunsch, sich für gemeinsame Aufgaben zuständig zu fühlen, ist unterschiedlich ausgeprägt."[326]

Der Kreis der überaus Engagierten besteht sowohl aus Menschen mit als auch ohne Zuwanderungsgeschichte. Beispielsweise thematisiert auch die Türkin Ayten Saltan dieses Problem des ungleich verteilten Engagements bei den Gemeinschaftsarbeiten: „Manchmal manche kommen, manche nicht kommen, ist nicht gut!"[327]

Die bisher gemachten Erfahrungen zeigen auch, dass es nicht immer einfach ist, dem Ziel der „Einheit in der Vielfalt" gerecht zu werden: Neben der Einübung in Toleranz gegenüber anderen religiösen und weltanschaulichen Vorstellungen beinhaltet die Gruppenkonstellation dieser Gartengemeinschaft auch ein Aufeinandertreffen unterschiedlichster Sprachen und Diskussionskulturen. Die deutsche Sprache stellt als kleinster gemeinsamer Nenner das Kommunikationsmedium während der Gruppenbesprechungen dar. Dabei bleiben die ungleichen Deutschkenntnisse nicht folgenlos: Entgegen dem eigenen Anspruch einer Gleichberechtigung aller Teilnehmer fällt auf, dass sich die Sprachbarriere auf die Gruppendynamik auswirkt. In den ersten zwei Jahren lastete ein enormer Druck auf den Initiatoren, die selbstgesteckten Ziele rechtzeitig zu erreichen, so dass man sich nicht die Zeit für langsame, aber gerechtere Aushandlungsprozesse und Entscheidungsfindungen nahm. Die Initiatorin Irene thematisiert diese Problematik:

---

324 Interview Mustafa Saltan, Minden, 11.10.2011.
325 Ebd.
326 Interview Irene Conrad, Minden, 27.9.2012.
327 Interview Ayten Saltan, Minden, 11.10.2011.

„Was ich nach wie vor als ganz große Schwierigkeit sehe, [...] die Einheimischen, also die muttersprachlichen Deutschen, dass wir erstens zu viel reden [...] zu schnell, zu wenig nachfragen. Und im Grunde viel zu oft vergessen, dass wir damit also die Nicht-Muttersprachlichen einfach überrollen, ja. Wir gehen so drüber weg. Und ich mein', Figen, oder du hast das ja auch schon oft [zu Ayten gesagt, E. H.], ne, dass euch das den Mund verschließt. [...] Ich muss sagen, das haben wir bis jetzt noch nicht hingekriegt."[328]

Nicht nur die deutschen Muttersprachler, sondern auch der seit 1970 in Deutschland lebende Mustafa Saltan dominiert durch seine guten Deutschkenntnisse die Diskussionen, wie er selbstkritisch reflektiert:

„Das stimmt schon. Wir sprechen ein bisschen zu schnell deutsch, dann verstehen die schon nicht. In Türkisch geht es, da kann ich den Leuten übersetzen, aber in den anderen Sprachen komme ich natürlich auch nicht klar. [...] Die Dominanz ist da. Ist ganz klar. Es verstehen einige nicht und trauen sich auch gar nicht nachzufragen."[329]

Damit einhergehend manifestiert sich bei den Entscheidungsfindungen zusehends ein Machtgefälle zwischen denjenigen, die fließend deutsch sprechen, und denjenigen, die es nicht tun.

„*Irene:* Das kenn ich auch aus anderen Situationen, im Umgang mit Menschen, die nicht so gut deutsch sprechen, dass schnell so drin ist: Ich sag' jetzt so für mich, ach so, ‚Dann entscheide ich das jetzt erst mal für dich mit, und hinterher erklär' ich das' so ungefähr ja. Oder hinterher wird sie/ er schon merken, dass das richtig war. Aber der Weg dahin ist im Grunde nicht korrekt. [...] Also immer die, die alles versteht und alles ausdrücken kann, und der/die andere, die da immer abhängig ist, das gibt so ein Ungleichgewicht. Und ich denke schon, dass so was auch bei uns in der Gruppe dann da [ist].

Mustafa: Das sehen wir schon allein daran, dass immer die gleichen Leute kommen. [...] Also, es wird mit Sicherheit lockerer, wenn wir jetzt den Garten wie gesagt jeder seine Parzelle hat, dass man da anfängt, da sich trifft, dann wird die gesamte Kommunikation mit den ganzen Leuten, verschiedenen Kulturen, wird mit Sicherheit lockerer. Da fragt man: ‚Mensch, was pflanzt du da?', weil ich nicht weiß, was sie dann tut, und da kann sie uns vielleicht was erklären und erzählen als immer wir ihr.[330] Das wird schon anders werden. [...]

Irene: Das hoffe ich, ja ja. Also weil es mir schon [...] wichtig ist, dass gerade auch solche Frauen oder Männer, die sich da nicht trauen oder sich ganz unsicher fühlen, dass auch *die* da mitgenommen werden, mitgehen,

---

328 Interview Irene Conrad, Minden, 11.10.2011.
329 Interview Mustafa Saltan, Minden, 11.10.2011.
330 Gemeint ist eine Gemeinschaftsgärtnerin, die sich aufgrund mangelnder Deutschkenntnisse kaum in die Planung einbringen konnte.

mitkommen können. Und zwar dann in der Sache, in der Gartenarbeit an sich und nicht um dieses immer wieder reden, reden, reden."[331]

Die hier geschilderten Praxiserfahrungen zeigen zum einen, dass die Hobbygärtner diese Missstände kritisch reflektieren und ändern wollen; zum anderen verweisen diese Eindrücke auf die Hemmnisse auf Seiten der Migranten, angesichts der komplexen Aufgaben die Entscheidungs- und Handlungshoheit der als „niedrigschwellig" gepriesenen Interkulturellen Gärten zu übernehmen. Dass sich auch jene Menschen mit Migrationsgeschichte aus den Gruppendebatten zurückziehen, die im ruhigeren Klima des Gartens durchaus in der Lage sind, sich auf Deutsch zu unterhalten, wird von Gemeinschaftsgärtner Peter als „Unvermögen als Gruppe" beklagt:[332]

> „Mit der hab' ich überraschend schon im Garten gestanden, und [...] wir haben ein richtiges zusammenhängendes Gespräch geführt. Das, hab' ich gedacht, ginge aufgrund ihrer Sprachdefizite einfach gar nicht. Es ist aber einfach so diese Muße, die da war, anders als hier bei den Treffen, also einerseits der Druck, so in der Gruppe vielleicht nicht so selbstverständlich sprechen zu können, wie auch einfach der Zeitdruck."[333]

Manche Tätigkeiten wie das Verfassen der Förderanträge und die Dokumentation der Förderaufwendungen sind selbst in den Augen deutscher Muttersprachler wie Irene Conrad „Arbeit für Profis und eigentlich zwei Nummern zu groß für einen Verein",[334] so dass diese Aufgaben zwangsläufig auf wenigen Schultern lasten und sich teilweise ein Gefühl der Überforderung einstellt. Irene Conrad hat den Eindruck, dass zudem die Vereinsstruktur zu Veränderungen in der Gruppendynamik geführt hat. Im Gruppeninterview bringt sie ihre Frustration über ihre Rolle als stellvertretende Vereinsvorsitzende zum Ausdruck:

> „Manchmal hab' ich das Gefühl, es ist eine Ganztagsarbeit! [lacht] Ja also, was ich merke, ich seh's im Moment so ein bisschen zweigleisig, und ich bin ja mit im Vereinsvorstand, und da bin ich überhaupt nicht glücklich mit, weil ich mit Sachen mich befassen muss, die für mich mit der Gartensache an und für sich wenig zu tun haben, auch nicht mit den inhaltlichen, sondern ganz viel formale Sachen. Anträge und und und, dies und das. Und das nimmt sehr viel Zeit in Anspruch, und ich merke, es ist überhaupt nicht mein Ding. So. [...] Und ich fühl mich unheimlich festgenagelt mit diesem Formal-Kram, und ich merke, dass mir das, also dass ich da manchmal Fluchttendenzen kriege. Dass ich denke: Oh nee, bloß weg hier! Ich will das nicht, ich will nicht schon wieder mir darüber Gedanken machen, und das und das und das. [...] Und ich möchte eigentlich fürs nächste Jahr, so für *mich*, überhaupt keinen Förderantrag

---

331 Gruppeninterview, Minden, 11.10.2011.
332 Interview Peter, Minden, 27.9.2012.
333 Ebd.
334 Telefongespräch mit Irene Conrad, Minden. An dieser Stelle sei kritisch angemerkt, dass der sprachliche Duktus mancher Ausschreibungen zu Förderpreisen eine nicht unerhebliche Barriere darstellt.

mehr stellen, und mal einfach nur, mal nur Gärtnerin sein können oder Parzellenbesitzerin!"[335]

Die Anfangsphase dieser Initiative ist in einem hohen Maß gekennzeichnet durch Aufgaben, die sich in ihrer Gestalt grundsätzlich von dem eigentlichen Ziel unterscheiden: Statt mit Gärtnern, Erholung und informellem Austausch im Freien mussten sich die Initiatoren zunächst mit Förderanträgen und Vereinsrecht auseinandersetzen und ihre Zeit mit Behördengängen verbringen. In Anbetracht der zugrundeliegenden zielgerichteten, strategischen Vorgehensweise erscheint die Bezeichnung „Projekt" in Zusammenhang mit Gemeinschaftsgärten in der Tat gerechtfertigt.

Insgesamt gilt es, neue Strukturen zu finden, damit Aushandlungsprozesse und die Kommunikation allgemein gerechter ablaufen. Es geht darum, eine Atmosphäre zu schaffen, in der sich auch zurückhaltende, schüchterne Menschen zu Wort melden. Ermutigend ist aber in diesem Zusammenhang, dass die angesprochenen Probleme sich in erster Linie auf die Planung und Koordination des Gartens beziehen, nicht auf die Erfahrungen beim gemeinschaftlichen Gärtnern, wie Peter klarstellt:

> „Ich bin das erste Mal hier zu einem Treffen hierhin gekommen, und mir war gleich klar, also ich bin mit dem Stichwort Garten tatsächlich hierhergekommen mit Burkhard zusammen, aber es war ausgerechnet, den Abend waren auch ziemlich viele Leute hier, und ich fand einfach, das ist ein total toller, bunter Haufen. Und *das* war von dem Moment an mein Hauptmotiv und ist es bis heute auch, und das finde ich auch hier wieder, dass es einfach Spaß macht, Kontakte zu haben [...] Ich bin mal einen Sonntag, bin ich mal nachmittags, einfach weil's ein schöner Abend war, bin ich noch da rüber geradelt, und ich bin gar nicht vom einen Gartenende bis zum anderen gekommen, bevor ich schon wieder nach Hause wollte, weil ich einfach ständig also mit allen möglichen Leuten geredet habe und jedes Mal wieder eine Viertelstunde hier und da, und *das* ist es einfach, was es für mich ausmacht! Das ist total toll, ich mag's einfach, ein Haufen Leute, die so ein bisschen offen sind für Kontakt untereinander und Austausch miteinander. [...] sehe wie gesagt auch optimistisch die Perspektive, dass das noch besser wird, ja doch. Eindeutig, das Ganze hat Potential, und das ist ein Teil der Arbeit da dran, mit solchen Reibereien und meinen eigenen Emotionen da drin auch klarzukommen."[336]

Während der diversen Feldaufenthalte im Interkulturellen Garten, im privaten Garten einer Teilnehmerin, in der Stadtbibliothek, im Bürgerzentrum und in den Wohnungen zweier Gartennutzerinnen war nicht zu übersehen, dass in diesem Projekt – trotz der beschriebenen Schwierigkeiten – der Gemeinschaftswille eindeutig im Vordergrund stand. Für die Gärtnerinnen und Gärtner war es eine Selbstverständlichkeit, sich als Gruppe zusammenzufinden, füreinander zu kochen und von sich aus die sozialen Aspekte zu thematisieren. Nicht zuletzt verweisen auch die gemeinsamen Feste der

---

335 Interview Irene Conrad, Minden, 27.9.2012.
336 Interview Peter, Minden, 27.9.2012.

Akteure auf den Wunsch nach einer Gemeinschaft, in der die verschiedenen kulturellen Hintergründe respektiert und gewürdigt werden.

3.9 Der mobile Gemeinschaftsgarten „Wurm und Beere" in Münster

> „Ein Experimentierraum kann eigentlich nicht scheitern, sondern man sammelt Erfahrungen und man guckt, was so passiert."[337]

Noch während des Erhebungszeitraums zeichnete sich ab, dass das Gartenprojekt „Wurm und Beere" nach nur einer Gartensaison keine Fortführung finden würde. Als Praxisbeispiel eignet sich dieses Gartenprojekt aber in besonderem Maße, um die Schwierigkeiten, die dem Modell Gemeinschaftsgarten inhärent sind, näher zu beleuchten.

In Form von teilnehmender Beobachtung und fotografischer Dokumentation wurde das Projekt der Transition-Town-Initiative Münster seit seinen Anfängen im Sommer 2011 begleitet.[338] Zum Zeitpunkt der Interviews im Herbst 2012 war das Ende dieses Gartens bereits beschlossen, so dass im Gespräch ein retrospektiver Abgleich zwischen Anspruch und Wirklichkeit des Vorhabens durch den Interviewpartner erfolgen konnte.

Dass gleich zwei Gemeinschaftsgärten in dieser Studie von der Transition-Town-Bewegung ausgehen, ist nicht allein dem Zufall geschuldet. Ein Blick auf die (auf einem Faltblatt proklamierten) Ziele von Transition Town zeigt, wie sehr gemeinschaftlich betriebene, städtische Nutzgärten mit dem von der Bewegung angestrebten Wandel (engl. *transition*) korrespondieren. Im Zusammenspiel von ökologischem Lebensmittelanbau vor Ort und gemeinschaftlichem Tun, z.B. in Gemeinschaftsgärten, sehen die Mitglieder von Transition Town eine alltagspraktische Verwirklichung ihrer Vision einer nachhaltigen und lebenswerteren Stadt:

> „Um uns vom Erdöl unabhängiger zu machen, benötigen wir eine aktive Umgestaltung unserer Stadt. Dieser Wandel geht von uns Einwohnern selbst aus. Unser wichtigstes Ziel ist die Regionalisierung von Energiegewinnung, Wirtschaft und Nahrungsmittelversorgung. […] Die Transition-Bewegung stellt einen umfassenden und kreativen Prozess dar. Das Ziel ist es, das Verständnis für Krisenfestigkeit (Resilienz) und gemeinschaftliches Engagement zu fördern."[339]

Inspiriert vom Erfolg des Prinzessinnengartens in Berlin, beschloss eine Gruppe von fünf bis acht Anhängern der sozial-ökologischen Bewegung im Sommer 2011, einen mobilen Gemeinschaftsgarten auf einer Brachfläche in Münster zu errichten. Fündig wurden sie in der autofreien Siedlung Weißenburg, in unmittelbarer Nähe zum Nachbarschaftsgarten „Paradeiser". In Absprache mit der Eigentümerin des Bauerwartungslandes, einer Immobiliengesellschaft, durften die Akteure einen Teil

---

337 Interview Matthias Wanner, Münster, 5.10.2012.
338 Über den E-Mail-Verteiler der Initiative liegen die Protokolle der Planungstreffen als zusätzliche Quelle vor.
339 Faltblatt „Stadt im Wandel – Transition Town Münster".

der Wiese im Herbst 2011 als mobilen Garten für unbestimmte Zeit pachtfrei zwischennutzen.

Das Gelände wurde mit einem selbstgebauten Weidenzaun umfriedet, dessen Errichtung aber weder auf die Angst vor Vandalismus, noch auf ein Bedürfnis nach dem Schutz vor Tieren zurückzuführen war. Der Zaun mit offenem Eingang erfüllte in diesem Fall das Bedürfnis der Gruppe nach einem definierten Gartenraum und hatte somit eher symbolischen Charakter.[340] Der durchlässige Weidenzaun endete etwa auf Hüfthöhe, so dass das 250 Quadratmeter große Areal auch für Passanten vollständig einsehbar war. Die Wiesenfläche wurde nach und nach mit 16 großen Bäckerkisten, mehreren Reissäcken und zwei Hochbeeten aus Holzpaletten bestückt. Durch das Stapeln der lebensmittelverträglichen Bäckerkisten konnten die oberen Kisten als Behälter für diverse Gemüsesorten und Erdbeeren genutzt werden, während die unteren Kisten den Kompost lieferten. Der Anbau verschiedener alter Kartoffelsorten entsprach dem Anliegen der Gruppe, sich für den Erhalt der Biodiversität einzusetzen.

Obschon sich die Initiatoren eigentlich eine exponiertere, innerstädtische Lage gewünscht hatten, bot die autofreie Siedlung im Südviertel etliche Standortvorteile: Der Pavillon des Nachbarschaftsgartens „Paradeiser" konnte mitbenutzt werden, was eine Unterbringungsmöglichkeit für die Gartengeräte und den Zugang zu einer Toilette sowie zu einem Wasseranschluss bedeutete. Auch die Autofreiheit des Geländes und das hohe Aufkommen an Kindern in dieser Siedlung wurden von den Initiatoren als Standortvorteile erachtet. Der Vorsitzende des Bewohnervereins, Georg Heinrichs, war an beiden Gemeinschaftsgartenprojekten aktiv beteiligt und fungierte als Kontaktperson für die Flächeneigentümer.

Die Stiftung Interkultur unterstützte das Projekt mit einer Anschubfinanzierung. Ein Förderantrag, den die Initiatoren im August 2011 an die Stadt Münster gestellt hatten, wurde Anfang des Jahres 2012 vom Stadtrat abgelehnt. Das ohnehin als Form des bürgerschaftlichen Engagements angedachte Projekt war nun noch stärker auf die tatkräftige Unterstützung vieler Aktiver angewiesen.

Um den Kreis der Hobbygärtner zu erweitern, bedienten sich die Initiatoren verschiedener Kommunikationswege: Über das Transition-Town-Netzwerk erfolgte ein Aufruf auf der Homepage, gleichzeitig wurde auf der Website eine eigene Rubrik bzw. Themengruppe „mobiler Gemeinschaftsgarten" eingeführt,[341] eine Einladung zum Mitmachen wurde zudem über den E-Mail-Verteiler von Transition Town in Umlauf gebracht. Darüber hinaus wurde ein Flyer gedruckt, der für das Gartenprojekt unter dem Namen „GartenOase – Der erste mobile, interkulturelle Gemeinschaftsgarten für Münster" warb.

Der Bau des Weidenzauns im Oktober 2011 wurde als symbolischer Spatenstich dazu genutzt, Interessierte einzuladen und in Form einer Pressemitteilung und eines angekündigten Pressegesprächs Aufmerksamkeit zu generieren. Die Presse kam,[342] neue Mitstreiter blieben allerdings aus.

---

340 Interview Matthias Wanner, Münster, 5.10.2012; hierzu passt die Herkunft des Wortes Garten = umfriedeter Raum.
341 http://www.transition-muenster.de/mobilerGemeinschaftsgarten (Stand 30.4.2013).
342 Vgl. Westfälische Nachrichten, 24.10.2011: „Startschuss für mobilen Garten".

Die Vision der Gruppe war es, aus der Brachfläche einen Anziehungspunkt zu kreieren; einen Ort, den Menschen aufsuchen, um Naturverbundenheit, kulturelle Events und ein soziales Miteinander zu erleben und sich selbst aktiv einzubringen.

Tatsächlich stieß das Projekt zwar auf eine positive Resonanz in Form wohlwollender Worte und medialer Aufmerksamkeit, aber abgesehen von einer jungen Frau wollte niemand in das Projekt Gemeinschaftsgarten einsteigen. Diese Diskrepanz zwischen positivem Feedback in den Medien und mangelnder Teilnahmebereitschaft (und die damit verbundene Desillusionierung) wird von Mitinitiator Matthias Wanner im Interview folgendermaßen beschrieben:

> „Die Vision für diesen Garten ist in dem Fall so nicht aufgegangen, weil dieser bunte, kreative, ideensprühende Rahmen nicht so entstanden ist, wie wir oder wie ich mir das gedacht hätte. Und ja, für mich war's interessant, eben einfach zu sehen: Krass, da ist eigentlich total viel Resonanz, und super viele Leute sagen: ‚Woah, das ist ja voll toll, und das ist ja superspannend!' Und die Medien finden's *super*geil, so ein Thema. Und du hast überhaupt keine Probleme, damit in die Presse zu kommen, und alles toll [leicht sarkastisch, E.H.]! Ja, und schlussendlich, wenn's dann darum geht, wirklich *da* zu sein und Projekte da zu machen und Ideen einzubringen, dann sind die Leute halt sehr, sehr schnell weg!"[343]

Die mangelnde Teilnahmebereitschaft sorgte nach und nach für Unmut innerhalb des bestehenden Gruppengefüges. In den Planungstreffen, die im benachbarten Bewohnercafé stattfanden, wurde die Problematik der fehlenden Partizipation der Anwohner wiederholt diskutiert. Immer wieder wurde die Frage gestellt: Wie kann man die Bewohner des Südviertels besser einbinden? Wie erreicht man auch die Menschen, die kein Internet nutzen? Aber auch: Auf welche Weise sollen interne Entscheidungsprozesse ablaufen, wenn nicht alle Beteiligten in gleichem Maße Zeit in das Projekt investieren können? Unterschiedliche Vorstellungen bezüglich der Vorgehensweise und Ziele sorgten dafür, dass im November 2011 eine Gartenexterne gebeten wurde, die Moderation eines Planungstreffens zu übernehmen. Im Februar 2012 sollte zudem ein Visionsprozess für neuen Antrieb sorgen. Eine befreundete Permakultur-Expertin moderierte einen sogenannten Traumkreis. In Anlehnung an das Dragon Dreaming, einer von John Croft entwickelten Methode zur Realisierung von Projekten, ging es bei dieser Sitzung um die Transformation individueller Projektideen zu einer kollektiven Vision, mit der sich jeder einzelne Teilnehmer identifizieren kann. Das vorliegende Protokoll dieses Traumkreises illustriert den Facettenreichtum der mit dem Garten verbundenen Assoziationen und Wünsche:

> „Wie muss das Projekt sein, damit ich nach neun Monaten sagen kann: ‚Das ist das beste Projekt, welches ich jemals gemacht habe.'
>
> *G:* ganz viele alte Gemüsesorten anbauen
>
> *R:* viele helfende Hände
>
> *To:* Imker mit einbeziehen
>
> *A:* Wasserpumpe
>
> *Ti:* jeden Tag viele Leute jeden Alters

---

343 Interview Matthias Wanner, Münster, 5.10.2012.

M: buntes, sonniges Erntedankfest
G: viele Beerensträucher zum Naschen für alle/Allmende
R: gärtnerischer Erfahrungsaustausch
To: Umweltbildung
A: Sonnensegel
Ti: regelmäßiges Sonntagscafé
M: Sprachen hören, die ich noch nie gehört habe
G: kompostierende Bäckerkisten = Hochbeete
R: Lagerfeuer und Erdofen
A: gute Gerüche ohne Zigarettenrauch
Ti: spontanes Mitgärtnern und Einführungen/Angebote zum Einsteigen
M: Informationen einladend im Blickfeld
G: riesiges Eingangstor mit Duftrosen
R: bunte Pflanzen (essbar) entlang des Zaunes
To: essbare Wildpflanzen und -gemüse
Ti: ‚Place to be' in Münster – Ruhm und Ehre → Wurm und Beere
M: viele Würmer unterwegs
G: Wurmhumus und Terra Preta
R: Musik
To: Vorbild sein
A: ansteckender Effekt
Ti: Wasserkocher → Möglichkeit, Tee zu kochen aus den Pflanzen vor Ort
M: mit wenig Geld auskommen – bei dem Projekt so wenig Eurodurchfluss wie möglich
G: gemütliche Behausung
R: ausreichende Gartengeräte
A: Kinder anziehen, einen ungefährlichen Ort schaffen
Ti: Gartenparty mit Live-Musik im Sommer
M: Flexibilität und Spontaneität aller Mitglieder
G: reiche, gesunde Ernte für alle Beteiligten
R: Picknickplatz auf dem Boden
A: Essbares direkt aus dem Boden
Ti: stressfreies Einbringen
M: Respekt und Rücksicht
G: von anderen (Kulturen) lernen
R: neue Zielgruppen neugierig machen – die, die vorher noch nie gegärtnert haben
To: ökologischer Pflanzenschutz
A: der Erde und sich etwas Gutes tun
Ti: Veranstaltungsreihe „Wurm und Beere"
G: Verbesserung der Nachbarschaft

R: freundlicher Ort mit herzhaftem Lachen
Ti: Brotbacktage
M: gute Witterung
G: Regenwasser auffangen
R: Kunst *aus* dem Garten
Ti: Ausstellungen, Künstler, Musik
M: Hackschnitzelwege
G: Permakultur anwenden
R: Sommerkino
A: wenig Fremdgemüse
Ti: Tauschgeschäfte/-börsen
M: Fragen lernen
G: Zwischenmenschliches lernen
R: hundekotfreie Zone
A: Verbeamung mit anderen Projekten
R: Sommerdusche
A: fleischfrei
Ti: Guten Morgen Yoga
M: Komposttoilette
G: Experimente mit EM[344]
R: Kochkurse (archaisch)
M: Durchhaltevermögen
G: MS[345] Umweltpreis
A: auch auf Landesebene ... Bundesebene
Ti: V. Shiva[346] soll kommen."[347]

Wie dieses Protokoll eindrücklich zeigt, gingen die Assoziationen der Teilnehmer in alle möglichen Richtungen und oszillierten zwischen ganz konkreten, pragmatischen Wünschen und abstrakten Visionen. Die große Bandbreite an Antworten verweist letztlich auf die Qualität des Gartens als Projektionsraum, in dem potentiell alles möglich erscheint. Insbesondere deutet sich in den Antworten eine Sehnsucht nach einer Belebung des Raumes im Freien an.

Der Aufarbeitung der internen Gruppendynamik der vergangenen Monate wollten die Mitstreiter durch eine Umbenennung des Gartens Rechnung tragen. Der Name „GartenOase" wurde im Mai 2012 in „Wurm und Beere" geändert, ein in der Traumstunde entstandenes Wortspiel, das für allgemeine Erheiterung sorgte.[348] Bei der Erstellung eines neuen Flyers verzichteten die Akteure auf die Bezeichnung „interkulturell", da dieser Anspruch nicht der tatsächlichen Zusammensetzung der

---

344 Vermutlich steht das EM für Effektive Mikroorganismen.
345 MS bezieht sich auf die Stadt Münster.
346 Vandana Shiva ist eine indische Frauenrechtlerin und Umweltschützerin, die 1993 mit dem alternativen Nobelpreis ausgezeichnet wurde.
347 Protokoll vom Traumkreis, 13.2.2012.
348 Frei assoziiert nach „Ruhm und Ehre".

Gruppe entsprach. Gleichwohl blieben neue Mitstreiter jeglicher Herkunftskultur weiterhin herzlich willkommen.

Noch unter altem Namen fand im April 2012 eine zweite Auftaktveranstaltung im Garten statt. Die Gartengruppe stellte zu diesem Zweck ein großes Zelt auf, beschaffte Sitzgelegenheiten, Speisen und Getränke. Nach der Vorstellung des Projekts durch die Initiatoren wurden in einer Mitmachaktion Saatkartoffeln in mit Erde gefüllte Gewebesäcke gesetzt. Anschließend erfolgte in Anlehnung an das Dragon Dreaming die gemeinsame Erstellung eines Spielplans, des sogenannten Karabirdt, in dem Wünsche und Aufgaben, Zuständigkeiten bzw. Rollen (Teamleiter, Lehrling, alter Hase) und Phasen (Traum, Plan, Handeln/Tun, Feiern) festgehalten wurden. Obwohl einige Interessierte an der Auftaktveranstaltung teilnahmen, führte auch diese Aktion nicht zur gewünschten Erweiterung der Gartengemeinschaft.[349]

Insgesamt blieb die Gruppengröße mit ungefähr sieben Aktiven konstant: Im Verlauf des Projektvorhabens verließen ein bis zwei Mitstreiter die Gruppe, und ein bis zwei Menschen nahmen nach der Gartengründung teil. Die neu erstellten Flyer wurden zwar gedruckt, aber aus Gründen des Zeitmangels fand sich keiner, um sie wie beabsichtigt in der Siedlung zu verteilen.

Durch die Partizipation einiger Gemeinschaftsgärtner an den monatlichen Treffen der „Urbanen Gärtnervernetzung Münster" – einer Initiative, die an späterer Stelle noch vorgestellt werden wird, siehe Kap. 3.10 – wurden Kontakte zu anderen Gartenaktivisten in Münster geknüpft. Innerhalb dieses losen Netzwerks von Menschen, die am urbanen Gärtnern interessiert sind, fand ein informeller Austausch von Ideen, Ratschlägen und konkreten Hilfestellungen statt. Über die Urbane Gärtnervernetzung entstand beispielsweise der Kontakt zu einem Gärtnermeister, der im Juni 2012 im mobilen Garten „Wurm und Beere" demonstrierte, wie man Hochbeete aus Holzpaletten anfertigt.

Der Gemeinschaftsgärtner Matthias Wanner ist gleichzeitig Mitbegründer dieser im monatlichen Turnus stattfindenden Vernetzungstreffen. In den Tätigkeiten der Vernetzungs- und Öffentlichkeitsarbeit sieht der Psychologie-Absolvent auch seine Rolle im mobilen Gemeinschaftsgarten:

> „Meine Rolle oder das, was ich kann, ist *mehr* Öffentlichkeitsarbeit, andere mit Ideen anstecken, vernetzen, und von dem Gärtnern an sich hab' ich zu wenig Ahnung, um's tatsächlich voranzutreiben. Das heißt, ich hätte da gerne *gelernt*."[350]

Die Möglichkeit, von versierteren Hobbygärtnern zu lernen, war trotz der geringen Beteiligung gegeben. Wie in allen Gemeinschaftsgärten des Forschungssamples waren auch in diesem Projekt Menschen mit großem gärtnerischen Know-how vertreten, die gern bereit waren, ihr Wissen weiterzugeben. Der Interviewpartner räumt jedoch selbstkritisch ein, dass es nicht die konkrete Gartenarbeit war, die ihn am Projekt reizte. Dementsprechend war er seltener im mobilen Garten anzutreffen, als er sich ursprünglich vorgenommen hatte:

> „Und eine Lehre – ganz speziell für mich persönlich – ist es, einfach vorsichtig zu sein. Zu sagen: Wou, nicht zu viel zu versprechen, ich hab' mir

---

349 Teilnehmende Beobachtung am 15.4.2012.
350 Interview Matthias Wanner, Münster, 5.10.2012.

auch persönlich gedacht, dass ich häufiger im Garten bin! Das muss ich ganz ehrlich sagen, also ich dachte am Anfang auch: Yeah cool, und wenn das dann mein Projekt ist, dann bin ich da auch vielleicht jede Woche, und das war ich nicht! [...] Ich hab' nicht das Rieseninteresse, die Zucchini jede Woche zu sehen, sondern ich hab' eher Lust drauf, die Prozesse zu begleiten, dass Leute Bock haben, diese Zucchini jede Woche zu sehen."[351]

Dass sich Menschen intensiv für den Aufbau von Nutzgärten einsetzen, die selbst wenig Interesse an der Aufzucht von Pflanzen zeigen, ist einerseits erstaunlich, verweist andererseits erneut auf die Mannigfaltigkeit dieses neuen Gartentyps. Besonders in diesem Projekt fällt das Bestreben der Akteure auf, einen Ort mit Symbolcharakter zu erschaffen. Die Inanspruchnahme von Methoden des Dragon Dreaming und die starke Fokussierung auf die Außenwirkung des Gartens zeugen von der ideologischen Unterfütterung des Projekts. Im Einklang mit den Zielen von Transition Town speist sich die Motivation der Akteure zu großen Teilen aus dem Vorbildcharakter, den ein städtischer Nutzgarten erzeugen kann. Die Idee der Umnutzung von Freiflächen in öffentliche Gärten soll – gemäß dem Ziel der Relokalisierung und der Ressourcenschonung – Nachahmer finden und möglichst viele Leute animieren, sich ebenfalls dem Anbau von Lebensmitteln in der Stadt zu widmen. In großem Maßstab betrachtet könnte dadurch der Wandel zu einer nachhaltigeren Stadt vollzogen werden, die zudem einen Mehrwert an Lebensqualität verspricht. Mitinitiator Georg Heinrichs beschreibt die Transition-Town-Bewegung als Vorboten einer solchen Postwachstumsgesellschaft:

„Das ist jetzt eine Möglichkeit, wie tatsächlich auch alle Leute, nicht nur diejenigen, die irgendwie jetzt ein spezielles Umweltthema unterstützen wollen [...] also ganz normale Leute, die Nachbarn sein können, wie die eben jetzt eingebunden werden in eine Bewegung, die eben *nicht nur* den Fokus hat auf reine Umweltthemen [...], sondern dass eben hier ganz umfassend global gesagt wird: Wir wollen einfach unsere Umwelt verbessern, und wir wollen uns darauf vorbereiten auf die Zeit *nach*, die Postwachstumszeit sozusagen, ja. Denn das kommt auf uns zu, ist nur die Frage, wann."[352]

Für das Gelingen eines Gemeinschaftsgartens ist neben der Behandlung ideologischer und organisatorischer Fragestellungen jedoch auch die konkrete Gartenarbeit bzw. die Beteiligung von gärtnerisch engagierten Personen elementar. Nachdem sich die Gruppe vor allem in der Anfangsphase regelmäßig für Planungs- und erste Arbeitstreffen zusammenfand, schafften sie es in der Gartensaison 2012 nicht, feste Gartentermine zu installieren. Zwar wurde auch nach vorheriger interner Absprache gemeinsam gegärtnert, aber dies kam selten vor, zumal die Anzahl der Pflanzen überschaubar blieb. Ein über das Internetportal *doodle* erstellter Gießplan sorgte überdies für eine starke Aufgabenteilung. Die Einrichtung regelmäßiger Termine für kollektives Gärtnern wäre womöglich die effektivste Werbung für den Garten ge-

---

351 Ebd.
352 Interview Georg Heinrichs, Münster, 19.4.2011.

wesen, da sich dadurch ein selbstverstärkender Effekt ergeben hätte. Wer sich eine Belebung des Raums zum Ziel setzt, tut gut daran, einfach damit anzufangen, den Raum durch die eigene Präsenz mit Leben zu füllen. Auch der Interviewpartner Matthias Wanner ist sich bewusst, dass ein regelmäßiger Termin den Einstieg in das Projekt für Neulinge erleichtert hätte:

> „Was wir auch nicht geschafft haben, und das führe ich wiederum darauf zurück, dass die Leute irgendwo verteilt waren, war schlussendlich so ein regelmäßiger Gärtnertermin. Also dass man sagt, wirklich auch alle, die es interessiert: ‚Jeden Montag oder jeden Mittwoch oder jeden Samstag wird hier gemeinsam gegärtnert.'"[353]

Die Tatsache, dass die bestehende Kerngruppe in der Stadt verstreut wohnte, stellte sich hierbei als großes Hemmnis heraus: Zu große Entfernungen zwischen Wohnort und Garten verhindern ein „eben-mal-schnell-vorbeischauen", wie Matthias Wanner retrospektiv feststellt:

> „Und das hat sich am Anfang auch ganz gut angelassen, aber das waren dann eben diese fünf, sechs Leute, die eigentlich aus ganz Münster verstreut zusammenkamen, um da an diesem Ort so ein kleines Experiment zu starten. Und *das* war dann einfach zu verstreut, und zu wenig gebunden an diesen Ort, als dass *da* hätte was entstehen können aus der Entfernung, die die Leute jeweils so zurücklegen mussten."[354]

Diesem Befund entspricht auch die Beobachtung, dass der Gemeinschaftsgärtner, der sich am häufigsten um den Garten kümmerte, derjenige war, der die kürzeste Distanz zurückzulegen hatte. Langfristig hofft Matthias Wanner auf Gemeinschaftsgartengründungen in der ganzen Stadt, so dass jeder Bewohner Münsters die Möglichkeit hat, sich in einem Projekt in fußläufiger Entfernung zu engagieren.

An den beschriebenen Visionen der Kerngruppe lässt sich der Wunsch ablesen, der mobile Garten möge sich zu einer Art Selbstläufer entwickeln, zu einem Ort, den eine Vielzahl an Menschen eigeninitiativ gestalten und beleben möchte, einem Ort, den man aufsucht, weil man es will, und nicht, weil man muss. So heißt es in dem Protokoll eines Planungstreffen: „Es ist zuviel ‚Muss' in dem Projekt."[355]

Als die Immobiliengesellschaft im Sommer 2012 verkündete, dass der Garten bis zum Herbst 2012 abgebaut werden müsse, war die Stimmung der Beteiligten auf dem Tiefpunkt. Die Zwischennutzung, die vom ortsansässigen Ableger der Immobiliengesellschaft genehmigt wurde, war offenbar nicht mit dem Hauptsitz des Unternehmens abgesprochen worden. Aus diesem Grund wurde die Erlaubnis zur Zwischennutzung zurückgezogen. Die Gruppe diskutierte die weitere Vorgehensweise: gegen die Entscheidung demonstrieren, eine neue Fläche suchen oder das Projekt mobiler Garten vorerst auf Eis legen? In Anbetracht der Tatsache, dass sich das Projekt bis dato nicht zu einem Vorzeigeprojekt entwickelt hatte und eine Protest-Kampagne ohnehin eher symbolischer Natur gewesen wäre, entschied man sich vorerst für die Option Flächensuche.

---

[353] Interview Matthias Wanner, Münster, 5.10.2012.
[354] Ebd.
[355] Protokoll des Planungstreffens am 14.11.2011.

Gleichwohl war klar, dass sich in der Kürze der Zeit kein alternativer Standort finden lassen würde. Im Gemeinschaftsgarten „Vom Guten Hirten", einem (ehemaligen) Klostergarten, der seit 2012 von ein paar Münsteraner Hobbygärtnern der Vernetzungsgruppe bewirtschaftet wird, fanden die Bäckerkisten vorläufig ein neues Zuhause. Mittlerweile befinden sie sich im Campusgarten GrüneBeete auf dem Leonardo-Campus im Norden Münsters.[356] Zwischenzeitlich war daran gedacht worden, den Transport der Kisten öffentlichkeitswirksam zu gestalten, wie es auch das Berliner Gemeinschaftsgartenprojekt „Rosa Rose" 2009 getan hatte,[357] doch diese Überlegung wurde verworfen. Getreu dem Prinzip der Mobilität wurde stattdessen ein Einkaufswagen mit Pflanzen versehen und am Camp der Münsteraner Occupy-Bewegung, die sich zu diesem Zeitpunkt in zentraler Lage am Servatiiplatz angesiedelt hatte, aufgestellt. Der begrünte Einkaufswagen wurde mit Flyern und einem Schild mit dem Aufruf „Fläche gesucht" ausgestattet.

„[Wir] haben ja auch diesen mobilen, also diesen wirklich mobilen Garten, diesen Einkaufswagen bepflanzt und in die Stadt gestellt: auch ‚Hey, wir suchen Fläche, wir ziehen um', haben da einfach gemerkt: Es kam *nichts*! Es kam überhaupt nichts auf diese Anfrage zurück! Niemand hat sich irgendwo gemeldet, um zu sagen: Hey, ja vielleicht ginge hier was, usw. Und damit war's für uns alle ein Punkt, dann zu sagen: Okay, dann *ist* das erst mal so. Und niemand von uns hat jetzt ganz aktiv nach einer anderen Fläche gesucht. [...] Es war relativ schnell dann klar: Okay, wenn wir von der Fläche runter müssen, dann ist *dieses* Projekt *da* erst mal zu Ende."[358]

Nach den Negativerlebnissen im Sommer 2012 fehlte den Akteuren der Elan für eine Fortsetzung der Flächensuche bzw. der Planungstreffen. Trotz der Ausrichtung als *mobiler* Garten endete das Unterfangen „mobiler Gemeinschaftsgarten Wurm und Beere" (vorerst) mit dem Verlust der ersten Fläche. Von einem „Scheitern" möchte der Mitinitiator Matthias Wanner dennoch nur bedingt sprechen. Er versteht diesen ersten Versuch in puncto Gemeinschaftsgarten eher als Experiment:

„Ein Experimentierraum kann eigentlich nicht scheitern, sondern man sammelt Erfahrungen, und man guckt, was so passiert. Und wenn das Experiment ein Ende findet, findet's ein Ende. Und das war's für mich, und damit war's auch in Ordnung. Wenn ich die Vision hatte, dass da ein kontinuierliches, schnell wachsendes, fest verankertes Gartenprojekt draus wird, dann müsste ich sagen: ‚Das haben wir nicht geschafft. Das ist in dem Punkt gescheitert.' Klingt hart, das Wort, aber ja, das wäre dann die Evaluation sozusagen."[359]

Die vom Mitinitiator getroffene Unterscheidung zwischen Experiment und konkretem Garten hat zur Folge, dass seine Vision eines Gemeinschaftsgartens von den gemachten Erfahrungen unberührt bleibt; Gemeinschaftsgärten bergen weiterhin die

---

356 Vgl. https://campusgarten.wordpress.com/ (Stand 9.12.2015).
357 Vgl. http://www.taz.de/!37646/ (Stand 2.5.2013).
358 Interview Matthias Wanner, Münster, 5.10.2012.
359 Ebd.

Potentiale, die auch im Rahmen des Traumkreises geäußert wurden. Analog zum Fest anlässlich der Initiierung des Gemeinschaftsgartens, dem sogenannten ersten Spatenstich, wünscht sich der Interviewpartner eine kleine Feier als Abschiedsritual:

> „Und ich fänd's schön, dem Ganzen noch einen würdigen Abschlusspunkt zu geben, zu sagen: Hey, wir feiern das jetzt noch mal. Schön, dass wir da sein durften, schön, dass wir diese Kartoffeln geerntet haben, danke für die ganzen Erfahrungen, fände ich wahnsinnig schön, weil ich's wichtig finde, so ein Projekt auch klar und bewusst zu beenden. Aber auch da wird einfach momentan deutlich: Es läuft nicht von selbst."[360]

Trotz des Wunsches nach einem offiziellen Ende *dieses* Gartenprojektes schließt Matthias Wanner eine zweite Gartengründung nicht aus. Aus den gemachten Erfahrungen zieht er folgende Lehren:

> „Ich würde es allerdings nur noch so aufziehen, dass paar mehr Leute dabei sind, dass der Visionsprozess gemeinsamer abläuft, dass die Fläche relativ zentral ist, dass man ein Stück längere Sicherheit hat, dort auf dieser Fläche bleiben zu können, und schneller das umsetzt, was versucht war bei uns, aber nicht geklappt hat, eben diese örtlichen Leute mit einzubeziehen. Das waren schon so ein paar Punkte, wo ich sagen würde: Doch, dann könnt' ich mir das durchaus noch mal vorstellen. Ja."[361]

Verschiedene Faktoren werden hier angesprochen, die für den Gemeinschaftsgärtner zu grundlegenden Voraussetzungen geworden sind: eine hohe Teilnehmerzahl, basisdemokratische Abstimmungsprozesse, die sofortige Einbeziehung der Anwohner, eine zentrale Lage sowie eine langfristige Nutzungssicherheit.

Für die zukünftige Entwicklung des urbanen Gärtnerns in Münster sieht Matthias Wanner in der Vernetzungsgruppe den passenden Rahmen, in dem Ideen ausgetauscht und gegebenenfalls neue gärtnerische Projekte gestartet werden können. Ob daraus neue Gemeinschaftsgärten hervorgehen werden, bleibt vorerst offen:

> „Ich ganz persönlich glaube, dass das Projekt am besten bedient ist, wenn's jetzt einfach zu Ende gebracht wird und dass der Rest in der Gartenvernetzungsgruppe entstehen kann oder auch nicht. Dass es da auf jeden Fall einen Punkt gibt, an dem man sich treffen kann, austauschen kann, per Mail, aber auch direkt persönlich, und dort Ideen entstehen können. [...] Oder bleiben wir erst mal eine reine Vernetzungsstruktur mit Ideen aus dem Umfeld, aber noch keiner gemeinsamen Aktion? Also da sehe ich die Gartenvernetzungsgruppe als [...] schöne Möglichkeit, das weiterzuentwickeln."[362]

Das Fallbeispiel zeigt, dass es von diversen Faktoren abhängt, ob ein Gemeinschaftsgarten Bestand hat. Grundsätzlich kann ein Gartenprojekt wie „Wurm und Beere" auch in Städten wie Münster funktionieren. Angesichts des ohnehin hohen Grünflächenbestandes und der geringen Anzahl an Brachflächen in Münster scheint

---

360 Ebd.
361 Ebd.
362 Ebd.

die Ausgangslage jedoch im Vergleich zu Gemeinschaftsgarten-Hochburgen wie Berlin weniger günstig zu sein.

3.10 Die urbane Gärtnervernetzung in Münster

> „Und in dem Moment, wo ich Einfluss auf mein Umfeld da draußen nehme und mir öffentlichen Raum zurücknehme, und sei es nur 'ne Brache, 'ne Baumscheibe oder sonstwas, ist das Politik, eindeutig!"[363]

Die Urbane Gärtnervernetzung in Münster ist ein im Februar 2012 gegründeter, loser Zusammenschluss von Menschen aus Münster und Umgebung, die sich in monatlichem Turnus treffen, um sich über Visionen zum Thema des Gärtnerns in der Stadt auszutauschen, sich gegenseitig zu unterstützen und zu beraten und Projekte oder Kunstaktionen gemeinsam voranzutreiben.

Obwohl kein selbständiger Garten, war auch die Urbane Gärtnervernetzung Gegenstand der dieser Arbeit zugrunde liegenden empirischen Untersuchung. Gegründet wurde die Gruppe von dem Aktionskünstler Marc Pallaneher, der sich der Bodenbewusstseinsförderung widmet,[364] sowie von einem Mitglied der Transition-Town-Bewegung, der zugleich Mitbegründer und Interviewpartner des mobilen Gartenprojekts „Wurm und Beere" ist. Die Treffen im Umwelthaus fanden in wechselnder Zusammensetzung statt; Interessierte stießen neu dazu, wiederum andere nahmen nur sporadisch teil.

So unterschiedlich die Menschen sind, die hier in lockerer Atmosphäre aufeinandertrafen, so unterschiedlich waren auch ihre persönlichen Schwerpunktsetzungen. Von der pensionierten Lehrerin, der es um neue Vergemeinschaftungsformen und eine Belebung des öffentlichen Raums geht, über den professionellen Gärtner, der den Do-it-yourself-Gedanken unterstützen möchte, bis zum Studierenden, der sich für die Verbesserung der Stadtökologie einsetzt, waren hier unterschiedlichste Zugänge vertreten. Auffällig sind die gesellschaftspolitische Relevanz, die die Akteure der Vernetzung ihrem Tun beimessen, und eine überdurchschnittlich intensive Beschäftigung mit ökologischen Fragestellungen. Es ist also weder das Alter noch die soziale Stellung, die hier den gemeinsamen Nenner bildet, sondern der Wunsch, gemeinschaftlich das eigene Umfeld zu begrünen und die Stadt abseits von kommerziellen Angeboten zu beleben. Die Urbane Gärtnervernetzung bietet Raum für alternative Denkansätze und Visionen für eine nachhaltige Stadtgestaltung von unten, die fernab etablierter Strukturen diskutiert und entwickelt werden. Durch die Bündelung der individuellen Wissensbestände und Fertigkeiten der Einzelakteure eröffnen sich neue Perspektiven und Möglichkeitsräume.

Neben den monatlichen Treffen läuft die Koordination im Wesentlichen über einen E-Mail-Verteiler, in den sich alle Interessierten eintragen können. Hier wird u. a.

---

363 Aussage aus einem Gruppeninterview vom 27.3.2012.
364 Unter „Bodenbewusstsein" versteht man die Bereitschaft, verantwortlich mit Böden umzugehen, da diese die Lebensgrundlage für Menschen, Tiere und Pflanzen bilden. Der Aktionskünstler möchte die Menschen für einen nachhaltigen Umgang mit Böden sensibilisieren und das Problembewusstsein für Versiegelungen und Kontaminierungen schärfen.

auf Treffen einzelner Gartengruppen, auf zu verschenkende Pflanzensetzlinge oder auf Vorträge und Workshops zum Thema Nachhaltigkeit hingewiesen.

Mit Vertretern des Studentischen Gemeinschaftsgartens des AStA, dem Hobbygärtner vom Kanonierplatz (Die Schönwetterkanoniere e.V.), der dort Blumen und Kräuterbeete in Eigenregie pflanzt, mit Aktivisten der Occupy-Bewegung, die 2012 einen kleinen Gemüsegarten am Servatiiplatz anlegten, mit Transition Town Münster, mit dem Permakultur-Projekt „Mutter Erde" in Hembergen, und anderen gärtnerisch ambitionierten Menschen und Neueinsteigern werden Erfahrungen im Umgang mit der Stadtverwaltung ausgetauscht, aktive Hilfestellungen geleistet und Kontakte vermittelt.

Durch die Vernetzungsarbeit sind ungewöhnliche Kooperationen entstanden: So wird etwa der Garten des Hauses „Vom Guten Hirten", einer ursprünglich von Ordensschwestern gegründeten sozialen Einrichtung in Münster, seit 2012 von einigen Akteuren der Gärtnervernetzung als Gemeinschaftsgarten genutzt und steht gleichzeitig weiterhin den Heimbewohnern und Ordensschwestern zur Verfügung. Auch künstlerische Performances im öffentlichen Raum oder Müllsammel-Aktionen gehen auf das Konto der urbanen Gärtner. Für die Zukunft sind die Schaffung eines essbaren Waldgartens und die Gründung weiterer urbaner Gärten in verschiedenen Stadtteilen Münsters geplant. Durch den Aufbau einer Internetplattform soll die Vernetzung mit Einzelpersonen und Institutionen weiter vorangetrieben werden.

Neben Fragen wie: „Wer ist der zuständige Ansprechpartner auf städtischer Seite?" wird auch über Sinn und Unsinn mobiler Gärten, über Aquaponik-Projekte[365] oder die Kontaminierung städtischen Bodens debattiert. 2012 bewarb sich die Vernetzung um den Umweltpreis der Stadt Münster, wurde jedoch nicht ausgezeichnet.

Die folgenden Gruppeninterviews wurden in zwei aufeinanderfolgenden Sitzungen am 27. März und 26. April 2012 geführt, so dass auch diejenigen zu Wort kommen konnten, die beim ersten Interview nicht anwesend waren. Die Einstiegsfragen lauteten: „Worum geht es dir beim urbanen Gärtnern? Was hat dich hierher gebracht? Und was war die Initialzündung?"

Gruppeninterview vom 27. März 2012[366]

„A.B.: Vor zwanzig Jahren zog ich in ein Reihenhaus ein. Das lag in einer Stichstraße, und hinten waren die Gärten, und vorne war noch mal so ein kleiner Eingangsgarten. Und abends war die Sonne beim Eingang. Und da hab' ich mich immer gesehnt nach einer Bank vor der Haustür, wo ich abends sitzen könnte und mit meinem Nachbarn vielleicht ein bisschen schnacken. Das war meine Sehnsucht. Aber was war wirklich? Wirklich war, dass alle Menschen in ihren Gärten saßen, alle Menschen nur ihren kleinen Vorgarten schön machten und dann statt ihre Autos in die Garage zu stellen alle vors Haus parkten. Das heißt, eine wunderbare Stichstra-

---

365 Aquaponik vereint die Aufzucht von Speisefischen mit der Kultivierung von Nutzpflanzen in Hydrokultur in einem geschlossenen Wasser- und Nährstoffkreislauf.
366 Vor Beginn des Gruppeninterviews wurde den Teilnehmern eine strenge Anonymisierung zugesichert. Entgegen der Praxis in diesem Buch, die Vornamen der Akteure zu nennen, wird an dieser Stelle deshalb mit Initialen bzw. Kürzeln gearbeitet.

ße mit einem Wendehammer, wo man hätte also flanieren können, man hätte Pflanzenkübel hinstellen können. Stattdessen standen überall Autos. Ja, und das tat mir irgendwie weh. Ich hab' gedacht: Es wäre so einfach, aber es war nicht einfach. Hätte ich da mal 'ne Bank hingestellt, das wäre total komisch gewesen. Das wär [...] ging nicht, es ging wirklich nicht. Ja, und dann bin ich nach zwanzig Jahren ausgezogen, weil ich nämlich festgestellt habe, dass es mir keinen Spaß macht, alleine in meinem Garten zu sein. Für mich hat sich damals herausgestellt, im Garten sein bedeutet Gemeinschaft. Ich finde die Vorstellung schön, dass da einer rumgärtnert, der andere vielleicht dann mal sitzt und redet oder der Dritte Kaffee trinkt oder, also für mich ist irgendwie Garten Gemeinschaft. Und ich fand diese Isoliertheit, dieses abgeschottete Dasein, dieses Nur-in-ihren-Gärten, und da wird es nur schön gemacht, und wie es dann ein paar Zentimeter vor dem Vorgarten aussieht, das war völlig egal. Da konnten die Autos stehen, da war ja, das hab' ich nicht verstanden. Ich bin dann ausgezogen und bin in eine Wohnung gezogen. Und jetzt ziehe ich in eine Wohnung, da hab' ich keinen Garten, und ich finde es gut! Weil es mich zwingt, rauszugehen und mir meine Gartengemeinschaft zu suchen. [...]

Das ist so etwas, was für mich sehr wichtig ist, wenn ich durch die Welt gehe, durch unsere Stadt gehe, dann möchte ich eine innere Lebendigkeit erfahren. Und ehrlich gesagt, ich leide darunter, wenn ich sehe, wie alles doch dem Diktat des Kommerzes so unterworfen ist, und so schön ich zum Beispiel diese Kaffeehauskultur, die sich ja seit den Achtzigern entwickelt hat auf der Straße, so schön ich sie finde, ist es aber auch so für mich so ein Gefühl, als ob sich da der Kommerz auch noch mal die Straße ein Stück erobert hat. Und ich möchte, dass uns Menschen, ohne dass wir was konsumieren, die Straße gehört. Und ja, deshalb bin ich hier! Ja.

M.P.: Schön! [...] Soll ich weiter vielleicht? Warum [bin ich hier]? Ich würde nicht so poetisch so wie [A.B.] sagen. Irgendwie doch, da ist so ein gemeinsamer Punkt, dass ich brauche auch Leute irgendwie, ich suche Menschen, weil dieses Unternehmen, Garten zu gestalten oder auch sogar Flächen zu finden, Boden zu finden, wo man gärtnern kann, und das ist auch ein bisschen mein Ziel, fühle ich mich wirklich alleine in der Stadt, und ja, ich weiß, dass es andere Menschen sind, die so wie ich dieses Bedürfnis haben. Und ich hoffe, was ich erwarte, auch durch die Vernetzung ist, dass wir uns irgendwie unterstützen und auch irgendwie vielleicht so ein politischer Aspekt ist, dass wir für die Stadt so eine Identität darstellen, was ernst genommen wird, wo wir einfach, wo einfach akzeptiert wird, dass alle brachliegenden Freiflächen zur Verfügung stehen für die Menschen. Und für Gestaltung, für Blumen, nicht unbedingt für [die] Lebensmittelverwendung. Aber dass viele Plätze, die nicht wahrgenommen sind, als einfach als Freiräume für die Leute zur Verfügung stehen können. Ja, das ist einfach, sonst bin ich, seit da ich dabei bin, bin ich selbständig, und mein Unternehmenskonzept ist Bodenbewusstseinsförderung. Das heißt, es geht auch ein bisschen um mein Unternehmensprojekt sozusagen in Kontakt, in Bezug mit dem Boden zu kommen, als gemeinsames

Gut zu [...] überhaupt wertesten Stoffe so wie Luft und Wasser, was nicht der Fall ist bis jetzt. Da ist ein großer Mangel im Bewusstsein so generell. Dann hab' ich mich diese Aufgabe gegeben, das zu machen.

Interviewerin: Wie kam es denn dazu, dass du dieses Bewusstsein für den Boden erlangt hast?

M.P.: Ja, das sind wahrscheinlich mehrere Gründe, aber das hat auch Sinn in meinem Leben, weil, ich bin ursprünglich Kind einer bäuerlichen Familie, und mein ganzes Leben hab' ich was anderes, was vollkommen anderes gemacht, und jetzt seit mehreren Jahren es ist mir immer klarer geworden, dass die Erde ein lebendiger Organismus ist, was nicht wahrgenommen wird in der Gesellschaft eigentlich. Es ist einfach so, meistens von konventioneller Landwirtschaft zum Beispiel ist Boden so ein Werkzeug, so eine Fläche, was man benutzt, und es wird nicht als lebendiges Wesen wahrgenommen. Es geht darum. Ja, wie bin ich langsam auf diese Idee [...] ja, vielleicht hat es auch einen metaphysischen Aspekt auch. Ja, ich war ursprünglich katholisch, dann habe ich diese Religion abgegeben, und jetzt bin ich auch in meinem Bewusstsein ist auch so wie als das Göttliche wäre für mich das Lebendige. Und der Boden ist das, was am Anfang alles steht, alles Leben, und alles, was wir sind, alles was wir sehen, kommt aus dem Boden und ist uns eigentlich gegeben. So wie wir auch, wir kommen darauf. Ja so kurz.

H.: Ja, ich kann gerne weitermachen. Ich glaube, wenn ich mir das so anhöre, stehe ich noch ziemlich am Anfang. Ich habe keinen Garten, ich wohne in 'ner großen WG hier in Münster, und wir haben schon lange überlegt, dass wir gerne mal gärtnern wollen. Wir haben jetzt erst mal den Garten von einem Mitbewohner von den Eltern uns mal angeschaut, und jetzt ist hinter unserm Haus die Weißenburg-Siedlung, da soll von Transition Town dieser Garten entstehen. Und da möchte ich gerne mitmachen. Ja, weil ich bisher, ich bin mit 'nem großen Garten auch großgeworden, also mit meinen Eltern auf dem Land eigentlich. Und das ist mein Interesse, und ich hab' die E-Mail bekommen, dass dieses Treffen heute stattfindet, und das wollte ich mir einmal angucken.

M.: Ich wollte ein bisschen anknüpfen an das, was [A.B.] gesagt hat in Bezug auf diese innere Lebendigkeit, die mir auch sehr am Herzen liegt. Wobei ich ganz gerne, wobei bei mir immer in den Vordergrund gerät, dass ich diese innere Lebendigkeit in eine äußere Lebendigkeit umwandeln möchte. Das heißt eine Lebendigkeit, die für alle sichtbar ist und an der alle partizipieren können. Ich arbeite auch ein bisschen mit [M.P.] zusammen, ganz zwangsläufig, weil wir zusammen leben, und also mein Bewusstsein für Boden oder für Erde hat sich dahingehend gewandelt, dass ich, also ich komm' halt aus einer Familie mit, also die haben also immer Land gehabt, also meine Großeltern, ich bin in Italien aufgewachsen. Wir waren immer draußen, und Garten war für mich einfach alles, was draußen war. Und wir hatten auch einen Nutzgarten und Tiere, aber der Nutzgarten war einfach wirklich Nutzgarten, also nach dem Aspekt:

Was wächst drinne? Also Boden war etwas, aus dem etwas wächst, und das, was wächst, ist für den Menschen gedacht. Und diese Ansicht vom Boden, die fängt an, sich so langsam wirklich zu wandeln. Finde ich auch ein ganz interessanter Prozess, weil ich mir Böden jetzt angucke und nicht mehr manipulativ mir jetzt überlege: Was kann ich daraus machen? Sondern, ich gucke ihn mir einfach an und guck mir an, beobachte und sehe: Was wächst da? Was gibt er mir, ohne dass ich da irgendwas für machen muss. Was ist einfach *da*? Und das ist das, was mich im Augenblick sehr interessiert: Böden als solche zu sehen, was sie wirklich sind. Es ist natürlich klar, dass der Boden einer brachliegenden Fläche kein natürlicher Boden ist. Also er ist halt von Menschenhand beeinflusst, halt Müllabladeplatz. Und also ursprünglicher Boden, den gibt es ja nur noch ganz, ganz wenig. Aber ich möchte halt gerne versuchen, dieses, so dieses bisschen, was da ist an eigenem, so vielleicht umzuwandeln, dass diese innere Lebendigkeit des Bodens in eine äußere Lebendigkeit gerät. Und dass der Boden als solcher sichtbar ist.

A.: Ja, also was hat mich hierhergebracht? Ich bin zu Fuß hierhergekommen, weil ich um die Ecke wohne. Das ist das Schöne in Münster, und das hat mich auch unter anderem dazu gebracht, mich irgendwie dem urbanen Gärtnern zu nähern, weil das ja alles so schön nah ist und [...] irgendwie ist Münster schon so grün, aber ich glaub, da geht noch viel mehr! Also es hat ja auch einen unheimlichen, fast jeder Münsteraner hat ein Auto, also das höchste Auto-pro-Kopf-Verhältnis in Nordrhein-Westfalen. Das ist erschreckend! [...] Ja, keine Ahnung vom Gärtnern, und deswegen wollt ich mich hier mal beteiligen und möchte auch lernen, wie man gärtnert. Denn ich hab' einen eigenen Garten, möchte da aber trotzdem nicht nur alleine sitzen und möchte auch mich in diesem Transition-Town-Garten zum Beispiel betätigen. Ich merke, das ist anstrengend, aber eigentlich tut's danach immer gut. So. Es ist auch anstrengend, wenn dann immer viele Leute bei der Besprechung sind und dann wenige zum Arbeiten, das ist halt so. Vielleicht auch am Anfang, und wir sind da ja am Anfang. [...] Und so ein Antrieb für mich war zum Beispiel auch, dass ich in Berlin war bei diesen Prinzessinnengärten, die ja so toll sind. Und es ist wirklich toll! Alle sehen so aus wie [schmunzelt]. Es ist sehr gemischt, das ist sehr schön. Also wenn es so was hier irgendwie auch in Münster gäbe, dann fänd' ich das gut. So, das wär' die richtige Richtung. Außerdem schmeckt es gut. Also ich lebe vegan, und deswegen möcht' ich gerne auch das anpflanzen können, was ich denn esse, und auch wissen, was ich nicht essen darf, und so, dass ich vielleicht auch mal in der Natur etwas aufnehmen kann, gleich oder eben nicht. Ja so. Dann interessiert mich dieses Permakultur-Ding, vielleicht nicht da mit dem Schäuffelchen durch den Vorgarten zu rennen, sondern es irgendwie ganz intelligent angelegt zu haben, dass sich das alles selber so gegenseitig bestärkt, dass man möglichst wenig da rausreißt. Ja, erst mal so.

Interviewerin: Kannst du sagen, wie es denn zu deinem Interesse am Gärtnern dann jetzt gekommen ist?

A.: Also ich hab' irgendwie in Abständen immer gegärtnert. So, ich bin irgendwie irgendwann mal so auf einem Biohof in Italien gelandet und hatte [...], es war 'ne schöne Zeit, nur war es sehr einsam. Deswegen bin ich auch wieder in die Stadt, und deswegen: Ich bin schon gerne in der Stadt, aber mir gefällt immer die Luft nicht so gut. Es stinkt, ne. Und gestern sagte noch jemand zu mir: ‚Na ja, wenn wir so weiter machen, dann gehen wir in einigen Jahren mit der Gasmaske zum Bäcker!' Ich so: ‚O Gott, das ist ja wirklich schrecklich!' Und ja, man hat ja diese ganzen Bücher auch gelesen. Die Kinder von Sewiso, oder wie heißt das? Die Kinder von ...

J.: Schewenborn.[367]

A.: Schewenborn! Genau, die waren's. Trotzdem geht das irgendwie nicht voran, hab' ich so manchmal das Gefühl.

A.B.: Und was ist so deine emotionale Initialzündung, da jetzt aktiv zu werden?

A.: Ja, ich find das schön, wenn da so Pflanzen sind. Ich hatte 'ne – was war das – eine Prachtwinde zum Beispiel. Ist irgendwie giftig, aber wuchs und hatte jeden Tag irgendwie neue Blüten. Ich hab' einen Apfelbaum – wie heißt das – einen Sommerapfel, und ich konnte jeden Morgen im letzten Jahr einen Apfel nehmen und in mein Müsli reinschneiden – einfach so! Das fand ich schon mal nicht schlecht. Also wenn der dieses Jahr wieder trägt: super. Also irgendwie möchte ich das ganz gerne essen, und ja ...

M.P.: Angucken! Was lernen.

A.: Oder riechen. Ich möchte das einfach riechen. Ich möchte da so 'ne Kräuterspirale bei mir im Garten machen oder auch im Gemeinschaftsgarten sitzen und an Sachen riechen, die anfassen, das find' ich immer irgendwie schön. [...] Einfach viel draußen sein auch, ne, was du gesagt hast mit der Bank da, so was ist [...], und 'ne Hoffnung, dass das auch Leute irgendwie animiert zum Mitmachen oder einfach da so Mensch das [...] ja. Kann man jetzt aufs Land ziehen, kann man auch machen. Wird mir auch dann oft angeraten, wenn ich das jemandem erzähle. Oder zum Beispiel nach Totnes[368] ziehen, ne. Hab' ich jemandem erzählt: ‚Oh, wie schön ist es in Totnes. Ich hab' einen Film gesehen.'[369] – ‚Ja, dann zieh dahin!' [Schmunzeln] Ja. [...]

J.: [...] Also Gärten bauen, mir ausdenken im Kopf und die für andere Menschen bauen ist halt zum einen mein Beruf, das ist – habt ihr ja schon mitgekriegt, dass ich selbständiger Gärtner bin. Und es ist halt nicht nur

---

367 Gemeint ist PAUSEWANG, Schewenborn (1983).
368 Die südenglische Stadt Totnes galt als best-practice-Beispiel der Transition-Town-Initiative. 2006 wurde die Stadt zur Transition Town erklärt, 2007 erfolgte die Einführung der lokalen Währung ‚Totnes-Pound'.
369 Vermutlich ist hier der Film „Voices of Transition" von Nils Aguilar aus dem Jahr 2012 gemeint.

mein Broterwerb, sondern schon 'ne Berufung. Ich will das nicht romantisch verklären oder an die große Glocke hängen, aber ich hab' nach langer Zeit, wo ich da eigentlich raus wollte, also zumindest broterwerbstechnisch, da wirklich wieder hingefunden. Und da bin ich sowat von angekommen mit Anfang 30, das tut mir gut. So! Deswegen kann ich das auch gar nicht ganz klar trennen, so mein Geschäft von meiner sonstigen Motivation. Also klar, ich könnt' jetzt dadrüber erzählen, dass ich's wichtig finde, dass die Biotopvernetzung in der Stadt funktioniert, und so weiter. Das sind einfach alles so ja auch ökologische Fragen, die für mich dazugehören. Ein ganz starker Antrieb für mich […], mich auch freiwillig noch über meinen Broterwerb hinaus zu engagieren, ist, dass ich finde, dass gerade Fachleute oder sogenannte Fachleute 'ne ganz große Verantwortung tragen. […] Ich bin immer hocherfreut, wenn sich irgendwelche Gruppen bilden, so abseits von dem üblichen Kram, und vor allen Dingen kleine Einheiten, weil ich so in meiner Erfahrung bei meiner politischen Arbeit früher festgestellt hab', dass, je kleiner 'ne Gruppe ist, desto schlagkräftiger ist die. Das find' ich gut. So, und ich supporte gerne Dinge! So, abseits von dem kommerziell Verwertbaren. Ich könnt' ja auch an die Stadt Münster rantreten und sagen: ‚Ey, ich bin ökologisch geprägter Landschaftsgärtner, so, ich verkauf' euch jetzt mal was Schönes!' Verkaufen im eigentlichen Sinne. Und das möcht' ich nicht, und gut, ich hab's damals mitgekriegt und war Feuer und Flamme. Ja, was such' ich hier? Ich kann das gar nicht so klar formulieren. Ich hab' da Spaß dran. So, und ich will vor meiner Haustür kehren, und das ist letztendlich ein erweitertes Vor-meiner-Haustür-Kehren, wenn ich was bewirken kann. […] Also ich bin Gärtner aus Passion, durch und durch, so, und Feuer und Flamme für alles, was damit zu tun hat. Und klar, dieses Guerilla Gardening und so weiter, das sind alles so Dinge, die sind mir teilweise zu hip. Ich hab' das in Berlin auch mitgekriegt, ich hatte zwei Jahre dort einen Zweitwohnsitz, Keimzelle Hamburg bisschen was gemacht. Da trennt sich schnell die Spreu vom Weizen! So. Aber wenn da Leute bei bleiben, ist das gut. Also es kann nur nützlich sein.

Interviewerin: Ist Gärtnern für dich denn was Politisches?

J.: Auf jeden Fall! Auf jeden Fall. Ei, ich mein, alles ist Politik. Und in dem Moment, wo ich Einfluss auf mein Umfeld da draußen nehme und mir öffentlichen Raum zurücknehme, und sei es nur 'ne Brache, 'ne Baumscheibe oder sonstwas, ist das Politik, eindeutig! Vielleicht ist es das. Kann sein, so. […] Genau, weil mir Einheitsbrei auf den Sack geht. Mir geht Einheitsbrei auf den Sack, mir geht Konsumterror auf den Sack, mir geht dieses übermächtige Wirtschaftlichkeitsding auf die Nerven, und ich weiß, dass es anders geht, und vor allen Dingen auch in der Zukunft anders gehen muss! So, und dafür muss man kein Volkswirt sein, dass man weiß, dass man sich mal Gedanken über 'ne Postwachstumsökonomie im Ganzen machen muss. So, ne. Gut. Alles große Ideen, die es da schon gibt. Aber wie gesagt, ich bin da echt so von der Konfuzius-Fraktion, ne. Schön erst mal die eigene Familie in Ordnung bringen, bevor du den Staat verändern willst so. Dazwischen gibt's dann auch die Dörfer, die Städte und so weiter, du kennst den Spruch. Ja. Das ist es so. [...] [zu A.] Du hast eben gesagt, du lebst vegan und möchtest gerne die Sachen essen. Vielleicht ist das auch ein Antrieb für mich. Ich mag gerne Ursprünglichkeit, ich breche gerne Dinge runter. Ich mag gerne kurze Wege. Ich will wissen, wo Sachen herkommen, so. Also hat vielleicht auch mit 'nem Konsumverhalten zu tun. Ich hab' sogar einen Fischerei-Schein, bin aber kein Sportfischer! Wenn man mich Sportfischer nennen würde, das ist so einer der schlimmsten [...], ja das ist keine Sportart! Ich find das total widerlich, so ne! Aber weißt du, was geil ist? Wenn ich dreimal im Jahr fischen gehe, und dann so einen Zander aus dem Wasser hole, dann schneide ich den klein und ess den auf – super! Top! Dafür kauf ich mir keine Kutterscholle – so sieht's aus! Also ein Bezug zu den Dingen, ob dat jetzt die Tomate ist, die ich selbst pflanze, oder ein Fisch, dem ich einen vor'n Kopp geb'. [...]

T.: [...] ich engagier' mich halt für Naturschutz, aber wofür der NABU auch gerade hier in Münster steht, was ich auch stark befürworte, ist halt eben auch Natur in der Stadt allgemein oder halt Grün in der Stadt, was halt die Kultur ist im weiten Sinne, Kultur und Natur in der Landschaft, in der Stadt und in der Landschaft. [...] von Kindesbeinen halt bin ich schon ökologisch und gärtnerisch interessiert. [...] Meine Großeltern hatten einen großen Nutzgarten, wo ich dann auch schon von klein auf halt auch mitgeholfen hab', umzugraben und so.

Gruppeninterview vom 26. April 2012

C.: Ja, also, warum bin ich hier? Ich bin vor allen Dingen hier, weil ich bei dem Gemeinschaftsgarten der Transition-Town-Initiative jetzt mitmache. Und das mach' ich, weil ich eigentlich schon seit Jahren denke: ‚Ich will ein bisschen mehr in der Natur machen, mehr Kontakt zur Natur haben, und wie mach' ich das? Hmm, vielleicht mit Gärtnern.' Und bis jetzt hab' ich halt immer viele andere Dinge gemacht und nicht so wirklich Zeit dafür gefunden oder ja, oder auch nicht so genug Begeisterung dafür gehabt, und jetzt gibt's diesen Garten und die Möglichkeit, und deswegen hab' ich Lust und freu mich wie ein Keks, dass ich letzte Woche meinen ersten Topinambur gepflanzt hab. [lacht] [...].

J.A.: Ja, warum ich hier bin? Also die Verbindung zur Natur ist vielleicht – von mir aus komm' ich vielleicht so bisschen von 'ner anderen Seite – weil ich mich bis jetzt mehr so für das, nicht das Kultivieren, sondern eher so das Beobachten und das Rausgehen und dann irgendwie total die Genugtuung dabei haben zu wissen, was das für 'ne Pflanze ist und was es bedeutet, dass die da wächst, und so weiter. Und gerade in letzter Zeit, in den letzten Jahren rausgefunden, dass ich 'ne wahnsinnige Genugtuung irgendwie dabei hab', Sachen selbst zu tun, weil das mich – alles eigentlich, was damit zu tun hat, fasziniert. Oder irgendwie Weggeworfenes zu verwerten, irgendwie Sperrmüll zu sammeln oder eigene Möbel draus zu bauen, irgendwie alles, was halt so bisschen das Selbstverwirklichen und Selbstmachen angeht, und das ist vielleicht so bisschen 'ne Schnittmenge, dass ich mich jetzt da fürs Gärtnern auch so interessiere. Ja, ich hab' da in dem Bereich noch nicht besonders viel gemacht, würd' das ganz gern auch irgendwie halt mit anderen Leuten zusammen ausprobieren; glaube auch, dass ich mich ernsthaft mit dieser Transition-Town-Bewegung und ihren Zielen einigermaßen gut Übereinstimmung finden könnte. Wobei ich jetzt da noch nicht wirklich mich eingebracht hab' oder mir das genau angeschaut hab', aber wollte einfach mal so schauen, was Leute so machen, wo man so mitmachen kann, wo man bisschen einfach gemeinschaftlich Dinge selber machen kann. [...]

A.G.: Fangen wir mal mit den Hintergründen an. Die Hintergründe sind, dass ich denke, dass das Transportwesen in diesem Land so nicht weitergeht und dass 'ne regionale Versorgung dringend erforderlich ist. Ich sehe, dass die Leute keinen Plan mehr haben, wie man Gemüse großzieht und dass da Bedarf ist zur Lehre. Ich sehe auch, wie die Leute Sehnsucht haben, was draußen zu machen, was zu sammeln [...] und ja selber was anbauen möchten, und das möchte ich gerne nutzen, dieses Interesse; selber hab' ich die letzten Jahre mein Gemüse weitestgehend selber angebaut. Ich denke, so an die 70 Prozent hab' ich selber hingekriegt. Ich hab' auch einen Obstgarten angelegt, und ja, ich find's schön zu sehen oder wie die Sachen, die man isst, wachsen; einen Bezug zur Nahrung zu kriegen, 'ne Wertschätzung gegenüber der Nahrung zu kriegen. Das sind schon mal die Hintergründe. Ja, ich hab' früher auf dem Land gewohnt, hier in der Stadt hat mich gleich im ersten Frühling die Sehnsucht gepackt, wieder die Finger in die Erde zu kriegen. Ich hab' dann meine legendäre Badewanne auf dem Balkon installiert [lacht]. Und hab' jetzt auch angefangen, nachdem ich weiß, wie man ein Foto einschaltet, zu dokumentieren, wie es vorangeht. Ich hab' da nämlich 'ne Permakulturbadewanne [lacht]. Ich hab' letztes Jahr Salat aussamen lassen, der ist schon fast wieder erntereif, der da sich da selber ausgesät hat. Und ja, es befriedigt so ein bisschen meine Sehnsucht nach dem Grün, nach dem Gärtnern.

Interviewerin: Und wie kommt's, dass du dann zusätzlich noch diese Gemeinschaftsgartenprojekte mit anschieben willst?

A.G.: Ja, die Gemeinschaftsgartenprojekte, das sehe ich als echte Herausforderung, wo ich gerne was dazulernen möchte, weil, Gärtnern kann man in tausendundeins verschiedenen Stilen betreiben, und ja, viele Köche verderben den Brei; der eine steht auf Nitrophoska, der andere steht auf Pferdemist, für den einen ist es Unkraut, für den andern ist es 'ne Nutzpflanze, und das sehe ich als Herausforderung, das unter einen Hut zu kriegen. Da bin ich ja gespannt drauf, wie das funktionieren kann, finde es aber auch sehr schön. Ich hab' alleine auf 'nem Riesengrundstück alleine gewirtschaftet, und ich hätt's schön gefunden, wenn ich da Unterstützung gehabt hätte. Es macht einfach viel mehr Spaß, ja zusammen zu werkeln, zumal man bei manchen Arbeiten einfach auch Hilfe braucht, die wesentlich leichter von der Hand geht, wenn man sie zu zweit erledigt. Was ich auch schön fand, wenn Nachbarskinder – die standen immer ein Weilchen am Zaun und dann: ‚Hmm, [A.G.], darf ich reinkommen?' Und: ‚Was machst denn du da?' und ‚Darf ich mitmachen?' Das waren dann so meine Garten-Highlights, wo ich dann richtig Spaß gehabt hab', Kindern was zu zeigen und sie anzuleiten und ja, genau so viel Spaß haben dann die gemeinsamen Pausen gemacht, wenn ich nach irgend'nem Schmetterling oder Käfer gefragt wurde, dann entsprechende Literatur rauszukramen und nachzuschlagen und zusammen Eis zu essen. Das waren dann die Krönungen des Gartenlebens.

[...]

G.: Im Grunde genommen kann ich mich meiner Vorrednerin anschließen. Also ich bin – aber auch schon seit Jahren – bisschen genervt davon, immer im Supermarkt einkaufen zu müssen. Die Nachbarschaft hab' ich schon abgegrast bei mir in der Bauerschaft, ich lebe selber in 'ner Bauerschaft. Ich glaube, woanders will ich auch gar nicht leben, und lass' mir von alten benachbarten Bauern, die selber noch was anpflanzen, Kartoffeln geben und Zucchini und alles, was es so gibt. Und irgendwie hab' ich die Idee gehabt: Eigentlich möchte ich das selber auch können! Aber alleine, wie gesagt, krieg' ich das auch nicht hin. Da hab' ich auch keine Lust zu, denn das kostet sehr viel Kraft, wenn man da vor den ganzen Problemen ganz alleine steht. Man muss ja im Grunde genommen jede Woche rein in den Garten, und wenn man irgendwie mal flachliegt und krank ist, dann ist das schon ein bisschen schwierig. Und deswegen ist ein – nicht nur deswegen, auch deswegen – ist eine gemeinschaftliche Gartenbearbeitungsgruppe, 'ne Vernetzung, unglaublich wichtig. Zu lernen, soziale Verbindungen schaffen, natürlich auch, aber auch zu konsumieren: Nahrung. Das ist mir wichtig.

Interviewerin: Dann ist es ja vor allem auch das Produzieren.

G.: Produzieren. Unabhängig sein ist für mich auch ein wichtiger Punkt. Ich glaube, das heißt Resilienz bei Transition Town, also die Widerstandsfähigkeit, wenn irgendwelche Schwierigkeiten in der Nahrungsversorgung in den Großstädten auftauchen, dass da auch die Möglichkeit besteht, weiterhin aktiv leben zu können, ja. [...] Ich will ganz viel lernen! [...]

A.-M.: Also ich bin auf dem Land aufgewachsen, und Gärtnern ist für mich noch 'ne Selbstverständlichkeit gewesen, ich hab' es zwanzig Jahre lang, als ich alleinerziehend und voll berufstätig war, nicht gemacht. War dann auch froh, dass ich meinen Blumenkasten hatte und dass der Garten an meinem Haus gepflegt wurde. Jetzt hab' ich 'ne andere Situation: Ich bin berentet. [...] Und ich will ja da 'ne Nachbarschaftsaktion starten. Da ist noch ein größeres Projekt hinter, was ich mir vorstellen kann, weil, das ist eigentlich schon Generationswohnen, und das wieder als solches auch darzustellen. So, aber das ist ein anderes Projekt. Ich will das über diesen Gemeinschaftsgartenaspekt beleben und gucken, was da zu machen ist. Also an meinem Wohnprojekt. Weil ich das wichtig finde. Ich hab' den

Schrebergarten, den ich vor ein paar Jahren hatte, da hab' ich gemerkt, dass, wenn ich nicht Leute bitte, mir zu helfen, ist so 600 Quadratmeter Garten nicht zu schaffen. Und wenn man dann krank wird, steht man wirklich absolut auf dem Schlauch. Und da hab' ich gedacht: Nee, dat geht nur mit 'nem Gemeinschaftsgarten! So, wo dann Leute da sind und wo man gemeinschaftlich anbaut und gärtnert. Ob Nachbarschaftsgarten oder andere Gemeinschaftsformen. Und ich glaube, es ist an der Zeit, dass wir neue Gemeinschaftsformen finden! Das ist mir wichtig an den ganzen Sachen. Ja, das war's dann schon.

M.W.: Ja, mir ist das Urbane relativ wichtig, mir ist das Gemeinschaftliche wichtig, und das Grün, das dabei entsteht, wichtig. Also urban deswegen, weil ich Gärten in der Stadt als [...] ja eigentlich wirklich als Kulturimpuls empfinde und als Verschönerung der Stadt, als Belebung der Stadt. Und ja, deswegen interessieren mich vor allem auch urbane Gärten, in wie vielen Stellen, auf wie viele unterschiedliche Arten [man] die unterschiedlichsten auch wirklich Nutzpflanzen in der Stadt kultivieren kann, finde ich sehr sehr schön und sehr spannend. Das Gemeinschaftliche finde ich aus den gleichen Gründen, die [A.-M.] eben gerade gesagt hat, wichtig: neue Umgangsformen. [...] Die gemeinschaftlichen Impulse sind mir wichtig, weil ich Gemeinschaft als was Stützendes und sehr Wertvolles empfinde und es spannend finde, auch das in so ein lebendiges Umfeld wie den Garten zu tragen und gerade dort zu gucken, was daraus entsteht. In Sachen Gärtnern empfinde ich mich auch als interessierten Laien, der sehr wenig Ahnung hat, aber Lust, etwas zu lernen, ja. Von daher freue ich mich eben über die Vielfalt, wenn's ganz viele unterschiedliche Projekte gibt. Ich freu' mich darüber, wenn was Gemeinschaftliches entsteht, und ich freu' mich natürlich auch, wenn wirklich praktische Kompetenzen vermittelt und gelernt werden, weil ich's, wie [es] auch vorhin schon mal genannt wurde, ähnlich sehe, dass in Zukunft wieder mehr von uns vor der Haustür angebaut werden wird, zwangsläufig. Und das ist schön so, und da möchte ich auch was zu lernen."

4. Mehr als Gärtnern

4.1 Do It Yourself – Kulturen des Selbermachens

> „Von den Sachen, die hier sind, haben wir eigentlich gar nichts gekauft. Nicht mal die Holzkohle zum Grillen. Die haben wir auch selber erzeugt."[370]

Do It Yourself, kurz DIY, ist die seit den 1950er Jahren geläufige Bezeichnung dafür, etwas selbst zu machen, herzustellen oder zu reparieren, ohne auf Hilfe von Experten zurückzugreifen. Der Begriff wird besonders in Bezug auf das klassische Heimwerken, Handarbeiten und Basteln verwendet.

Schon 1965 betitelte der „Spiegel" eine Ausgabe mit „Do It Yourself – Geschäft mit der Freizeit"[371] und thematisierte den enormen Aufschwung der „produktiven Freizeitbeschäftigung",[372] die der Heimwerkerindustrie einen goldenen Boden beschere. Diesen Trend aufnehmend, etablierten sich in den Folgejahren deutschlandweit Baumärkte, um Heimwerker mit dem nötigen Equipment auszustatten.

In den Subkulturen der Punk- und insbesondere der Hardcore-Musikszene ist das Prinzip des DIY beispielsweise seit den Anfängen in den 1970er Jahren als wesentlicher Bestandteil in die Szene-Identität eingeschrieben. Als Zeichen der Autonomie und als Abgrenzung gegenüber der Musikindustrie und dem gesellschaftlichen Mainstream bleiben idealiter sowohl die Aufnahme und die Produktion der Alben als auch die Organisation der Shows, Tourneen und der Szene-Magazine, der sogenannten Fanzines, in den Händen der Bands bzw. der Anhänger dieser subkulturellen Bewegung. Das Prinzip des Selbermachens als Fundament des Musikstils Hardcore ist nicht als bloße Anti-Haltung gegenüber etablierten Strukturen zu verstehen, sondern stellt eine positive Form der Gegenbewegung dar. Anstelle einer Distinktion in Form von Konsum wird das Produzieren zu einem demonstrativen Akt der Selbstpositionierung und -ermächtigung.[373] Der Befund des Sozialforschers Marc Calmbach, dass der DIY-Gedanke dazu beitrage, dass Hardcore „mehr als Musik" sei,[374] lässt sich problemlos aufs Urban Gardening übertragen. Durch die in den neuen Gärten zelebrierte „demonstrative Produktion"[375] erhält Urban Gardening eine Verweiskraft, die über das Gärtnern hinausweist, also *mehr als Gärtnern* ist.

Damit reiht es sich ein in eine ganze Reihe aktueller Trends, denen das Etikett „DIY" anhaftet: Aktuell erfährt zum Beispiel Handarbeit als Freizeitbeschäftigung gerade junger Erwachsener eine regelrechte Renaissance.[376] Neu ist, dass Selbermachen zunehmend in der öffentlichen Sphäre sichtbar wird. Anders als das Gärtnern im Haus- oder Kleingarten will Urban Gardening öffentlich wahrgenom-

---

370 Interview Martin Roth, Bielefeld, 17.8.2011.
371 Der Spiegel, Nr. 17, 21.4.1965.
372 Ebd., S. 48.
373 CALMBACH, More than Music (2007), S. 17.
374 Ebd.
375 Ebd.
376 LANGREITER/LÖFFLER, Handarbeit(en) (2013), S. 159.

men werden. Ähnlich verhält es sich mit dem „Urban Knitting",[377] das den öffentlichen Raum für Handarbeit entdeckt. Sowohl das urbane Gärtnern als auch die Strick-Guerilla sind Tätigkeiten, die bewusst mit der urbanen Umgebung spielen, indem sie eine Alternative zum gewohnten Stadtbild aufzeigen.

In Opposition zum hohen Grad an Ausdifferenzierung und Arbeitsteilung der Industriemoderne setzt das Selbermachen auf Allrounder-Tugenden. Die Initiatoren der Gemeinschaftsgärten betonen stets den experimentellen und prozessualen Charakter; es darf ausprobiert werden, und wenn etwas nicht funktioniert, dann hat man es zumindest versucht. Wenn in den Gemeinschaftsgärten von „organischem Wachsen" die Rede ist, bezieht sich das nicht allein auf die natürliche Umwelt der angebauten Pflanzen. Natürlich ist die Tätigkeit des Gärtnerns per se schon ein Selbermachen. Hinzu kommt der Umstand, dass in den Gemeinschaftsgärten über die Beschäftigung mit Pflanzen hinaus gebastelt und gewerkelt wird, so dass – wie Christa Müller treffend anmerkt – diese Gärten teilweise kaum von offenen Werkstätten zu unterscheiden sind:

> „Man steht auf einer innerstädtischen Brachfläche und fragt sich: Was ist das? Ein Sammelplatz für Euro-Paletten, Wasserbehälter, Jungpflanzen und umgenutzte Industrieplanen? Eine offene Werkstatt unter freiem Himmel? Oder etwa ein Garten?"[378]

Der Garten bildet den entsprechenden Rahmen, um auszuprobieren, Visionen zu verfolgen, zueinander zu finden und selbst ein Scheitern als natürlichen Prozess zu verbuchen. Das Provisorische wird hier positiv konnotiert, da ihm das Unvollendete und somit eine Möglichkeit des Andersseins innewohnt. Dass ein Garten nie „fertig" sein kann, gilt bei einem Gemeinschaftsgarten in doppeltem Maße.[379]

Erstaunlicherweise stimmt diese schöpferische Ästhetik der Gemeinschaftsgärten überraschend genau mit jener Ästhetik überein, die der Landschaftsarchitekt Werner Nohl in Bezug auf die deutschen Kleingärten der frühen Nachkriegszeit als „Gartenbilder des Provisorischen"[380] beschreibt: Auch hier ist von Selbermachen, Bastelei, Wiederverwertung und dem auffordernden Charakter des Unfertigen die Rede. Allerdings geschah dies in der frühen Nachkriegszeit unter gänzlich anderen Vorzeichen als heute. Nohl interpretiert den in den Kleingärten[381] praktizierten behutsamen Einsatz und Umgang mit den Ressourcen als Folge der Not- und Mangelerfahrung der damaligen Zeit.[382]

---

377 Mit „Urban Knitting" (oder auch „Guerilla Knitting") ist die künstlerische Veränderung des öffentlichen Raumes durch Selbstgestricktes oder -gehäkeltes gemeint. Dabei werden z.B. Straßenlaternen, Bäume, Parkbänke oder Denkmäler ganz oder teilweise umstrickt bzw. umhäkelt. Zum einen soll dies zur Verschönerung des öffentlichen Raumes beitragen, indem dieser z.B. farblich anders gestaltet wird, zum anderen wird durch diese Technik die Aufmerksamkeit auf Strukturen, Formen oder Bedeutung der umstrickten und umhäkelten Objekte gelenkt.
378 MÜLLER, Informelles Gärtnern (2012), S. 16.
379 Vgl. MÜLLER, Urban Gardening (2011), S. 40.
380 NOHL, Kleingärten (2003), S. 191.
381 NOHL, ebd., S. 206, geht davon aus, dass die beschriebenen Tendenzen nicht nur auf die von ihm dokumentierten Kleingärten, sondern auf alle privaten Gartentypen dieser Zeit zutreffen.
382 Ebd., S. 191.

Nohl zufolge begann mit den Wirtschaftswunderjahren eine gewaltige Veränderung der Gartenpraxis, die bis heute anhält. Statt selbstgebastelter und wiederverwendeter Artefakte bestimmten fortan Baumarktprodukte in Massenfertigung das Bild der Gärten. Das ehemals Individuelle und Provisorische wich einer angestrebten Perfektion und damit zugleich auch einer gewissen Beliebigkeit, wie Nohl ausführt:

> „Besaßen die Dinge in den Gärten der Nachkriegszeit noch eine gewisse Glaubwürdigkeit, weil sich an ihnen Geschichten über ihre Nutzer ablesen ließen, so entbehren die Baumarktprodukte dieser Authentizität. Weder besitzen sie eine besondere narrative Qualität, noch lässt sich ihnen in aller Regel ein verbindlicher Sinngehalt unterlegen. [...] An die Stelle schöpferischer Mimesis tritt zunehmend die eher unpersönliche Kopie, die unreflektierte Replik. [...] Heutige Gartenbesitzer scheinen für das Provisorium und die Bricolage der Kleingärten der Nachkriegszeit nicht viel übrig zu haben. Unsere Gärten heute – in den meisten Fällen sicher noch selbst angelegt und in Stand gehalten – vermitteln eher den Eindruck von Ordnung, Perfektion und Professionalität. Dieser Eindruck wird nicht zuletzt über die kommerziellen Elemente erzeugt, denen eben jeder Geruch nach Do-it-yourself fehlt."[383]

In den Gemeinschaftsgärten wird die verschwunden geglaubte Kultur des Selbermachens unter anderer Prämisse wiederbelebt: Hier geht es nicht – wie in der ökonomischen Mangelsituation der Nachkriegsjahre – um den Umgang mit begrenzten Ressourcen, sondern um Kreativität, Selbstermächtigung und ein genuin politisches Postulat, das Werner Nohl 2003 bereits prognostiziert hat: Er mutmaßte, dass eine (potentielle) Renaissance der Selfmade-Gärten gleichermaßen unter ökologischen, ökonomischen wie auch sozialen Vorzeichen stehen würde, die sich in einer „Ästhetik der Nachhaltigkeit" bündele.[384]

Am Beispiel des Internationalen Mehrgenerationengartens in Lippstadt lässt sich ablesen, wie der prozesshafte Charakter seines Entstehens auch für die Entstehung einer Gemeinschaft förderlich ist. Durch sein selbstgewähltes Prinzip der „Zähmung durch Verantwortung" hat der Initiator dieses Gartens eine stückweise Einbeziehung der ortsansässigen Menschen bewerkstelligt. Im Selbermachen und Umnutzen vollzieht sich eine Aneignung der Dinge und damit Identifikation. Indem Jugendliche eingebunden werden, beispielsweise ein Schachbrett zu verlegen, sehen sie den Ort als *ihren* Ort an. Ein anderes Verhältnis zu den Dingen wird etabliert, das zudem – das darf an dieser Stelle nicht vergessen werden – Sachen möglich macht, für deren Neuerwerb meist die Finanzen fehlen. Die Steine der Trockenmauer wurden nicht für viel Geld im Baumarkt erworben, auch wurde kein Unternehmen beauftragt, sie zu errichten. Stattdessen wurden sie mit Hilfe von Freunden aus einem Steinbruch geholt und mit einer simplen Brechstange zerteilt. Die Tafel, die über den Internationalen Mehrgenerationengarten und sein Entstehen informiert, ist in einen alten Eichenbalken eingefasst, der aus einem 300 Jahre alten Bauernhof stammt. Und jedem, der es hören will, erzählt der Initiator die Geschichte des Holzes, das durch den Rückgriff in die Vergangenheit eine andere Beachtung und Wertigkeit erfährt.

---

383 Ebd., S. 207f.
384 Ebd., S. 212.

Die junge italienische Tradition der Liebesschlösser, in der Paare symbolisch den Bestand ihrer Liebe durch das Befestigen eines Schlosses zum Ausdruck bringen,[385] wird an einem Rosenbogen im Garten weitergeführt. Das übliche Anbringen der Liebesschlösser an Brücken, von denen aus der Schlüssel ins Wasser geworfen wird, um für immer zu verschwinden, wurde kurzerhand in den Garten verlegt. Um zu gewährleisten, dass die Schlüssel nicht wiederauffindbar sind, hat Initiator Pietro Basile sich mit dem beholfen, was da war. Durch das Einbetonieren eines auf den Kopf gestellten, länglichen Topfes mit kleiner Öffnung hat er eine Methode erfunden, wie die Liebespaare den Schlüssel entsorgen können.

Im Internationalen Mädchengarten in Gelsenkirchen entspricht das Selbermachen zwei wesentlichen Zielsetzungen: Nachhaltigkeit und Kreativität. Die Kinder lernen den Umgang mit natürlichen Ressourcen kennen; sie stellen ihre Maltinten, Pigmente und Wachsmalstifte selbst her, lernen, wie man beispielsweise mit Hilfe von Mahonibeeren Schafswolle in einem Topf mit Wasser auf dem Grill färbt und anschließend mit Seifenwasser nass filzt. Ausgestattet mit derartigem Wissen können sie ihrer Kreativität freien Lauf lassen und eigene Produkte erzeugen. Spielerisch bekommen sie ein Gefühl dafür, dass man sich auch ohne die industriell gefertigten Warenangebote des Supermarkts behelfen kann, wie dieser praktische Tipp der Initiatorin veranschaulicht:

> „Wenn du malen willst, zeichnen willst und Holzkohle brauchst, das ist ganz einfach: Du nimmst Weidenstöcke, rollst die in Alufolie, und wenn ihr mal grillt, packst du das mit in den Grill rein, und wenn ihr zu Ende gegrillt habt und die Kohle erkaltet ist, nimmst du sie raus, wickelst sie vorsichtig aus, und dann hast du genau diese Holzkohlestäbchen, wo du sonst viel Geld für zahlst."[386]

Selbermachen wird als Beitrag zur Autonomie von kommerziell angebotenen Produkten und gleichzeitig als Erweiterung des eigenen Einflussbereichs verstanden – mit anderen Worten: DIY bedeutet, sich selbst als einen aktiven Menschen zu erleben, der Dinge und Zustände eigenmächtig gestalten und nach eigenen Vorstellungen verändern kann. Diese Erkenntnis kommt in der stolzen Aussage eines Kindes, das bei der Umgestaltung des Bauwagens im Mädchengarten mitwirkte, implizit zum Tragen: „Wir Mädchen haben auch alles selbst gemacht, wir haben die Tapeten abgerissen, die Bänke abgerissen, ja alles!"[387]

Nachhaltige und identitätsstiftende Praktiken des Selbermachens verschmelzen in der in Gemeinschaftsgärten propagierten Vorstellung vom guten Leben.[388]

Im Permakulturgarten der Transition-Town-Bewegung in Bielefeld steht das Experimentieren besonders hoch im Kurs. Der grundsätzliche Verzicht auf den Einsatz chemischer Düngemittel fordert zu alternativen Wegen des Gärtnerns auf. Martin Roth hat als erster im Garten damit begonnen, sich mit Terra-Preta-Erde zu beschäftigen.[389] Diese äußerst fruchtbare, anthropogene Erde wurde im Amazonas-Gebiet entdeckt. Zersprungene Tonscherben in der Erde deuten darauf hin, dass die-

---

385 Vgl. dazu z. B. HALLER u. a., Schloss (2014).
386 Interview Renate Janßen, Gelsenkirchen, 12.7.2011.
387 Interview Gartengruppe Mädchengarten, Gelsenkirchen, 19.5.2011.
388 Vgl. MÜLLER, Urban Gardening (2011), S. 27.
389 Zu Terra Preta vgl. SCHEUB u. a., Terra Preta (2013).

ser Boden vor Hunderten von Jahren von Menschenhand hergestellt wurde. Neben der extrem hohen und langlebigen Fruchtbarkeit birgt Terra Preta den positiven Nebeneffekt, durch die dauerhafte Speicherung von Kohlenstoff im Boden einen kleinen Beitrag zur Lösung des Klimaproblems zu leisten. Inzwischen haben sich Unternehmen darauf spezialisiert, diese Erde herzustellen und zu vertreiben, doch Martin Roth setzt auf Selbermachen:

> „Ich produzier' die jetzt selber, brauche dazu eben Holzkohle und Biomasse, und ich mach' das dann noch, dass ich die Biomasse vorher mit Milchsauer fermentiere, mit Milchsäurebakterien also, sogenannten Effektiven Mikroorganismen."[390]

Aus alten Blechdosen hat er einen Pyrolyse-Kocher gebastelt, mit dem einerseits gekocht werden kann und gleichzeitig Holzkohle als nützliches Abfallprodukt entsteht. Anstelle einer Hütte wurden Weiden in den Boden gesetzt und zu einer Laube verbunden. Ein selbstgebasteltes Regenwasserablaufsystem sorgt dafür, dass das Regenwasser vom Dach dieses lebendigen Bauwerks abläuft und sich in der wenige Meter entfernten Regentonne sammelt. All diese verschiedenen selbstgemachten Elemente des Permakulturgartens versprühen einen anderen Charme als die Ausstattung der Baumärkte.

Das Prinzip des „Do It Yourself" ist eng verbunden mit der Umnutzung vorhandener Materialien und Ressourcen, Recycling und Upcycling. Dabei sind Erfindungsreichtum und Improvisationstalent gefragt. So wurde etwa das Savonius-Windrad aus einem alten Plattenspieler und einem Fass gebaut, eine ausgediente Wäschespinne kurzerhand zu einem Bohnenkarussell, an dem Stangenbohnen ranken, umfunktioniert. Ideelle wie auch ökonomische Überlegungen gehen hier Hand in Hand; einerseits der Vorteil der Ressourcenschonung; andererseits zeigen die Beispiele, dass kaum Geld zur Verwirklichung der eigenen Vorstellungen vonnöten ist: „Von den Sachen, die jetzt hier sind, ist eigentlich gar nichts gekauft. Nicht mal die Holzkohle zum Grillen. Die haben wir auch selber erzeugt."[391]

Gerade das Dilettantische und Amateurhafte der Bastler in den Gemeinschaftsgärten ist bezeichnend für diese Kultur des Selbermachens, die andernorts auch als Bricolage bezeichnet wird.[392] Fehlendes Grundlagenwissen wird beispielsweise über DIY-Anleitungen aus den zahlreichen Blogs und Foren des Internets wettgemacht. Mangelnde Vorerfahrungen mit dem Bau von Lehmöfen erschienen zumindest Reinhold Poier nicht als Hinderungsgrund, dieses Experiment im Permakulturgarten zu wagen:

> „Außerdem hab' ich auch keine Ahnung vom Lehmofenbau, es war aber immer mein Wunsch, so was mal zu machen. Ich arbeite gerne noch mal mit den Händen [...], und *das* war jetzt wieder mal so ein Ding, was ganz anderes, also da kann man so viel dran rumfrickeln."[393]

---

390 Interview Martin Roth, Bielefeld, 17.8.2011.
391 Ebd.
392 Vgl. MÜLLER, Urban Gardening (2011), S. 40.
393 Interview Reinhold Poier, Bielefeld, 8.9.2012.

Ein Video auf YouTube reichte aus, um sich die allernötigsten Grundlagen über die Vorgehensweise und die Beschaffenheit des Lehms anzueignen. Auch bei den Materialien zeigten sich die Bielefelder Gemeinschaftsgärtner und Helfer flexibel: Bei einem Streifzug durch die wilden Grabelandparzellen sammelten sie Steine auf, bekamen vom Gartennachbarn Pflastersteine geschenkt und weitere Werkstoffe vom Ziegeleimuseum in Lage gespendet. Für einen Betrag von nur 16 Euro mussten fehlende Materialien im Baumarkt zugekauft werden. Dass sich bei dem Lehmofenbau, der sich über drei Wochenenden erstreckte, insgesamt ca. 25 Kinder und Erwachsene als freiwillige Helfer zusammenfanden, untermauert den Gemeinschaftscharakter dieser DIY-Bewegung.

Besonders bei den mobilen Gärten wird die Umnutzung von Gebrauchsgegenständen und von Zivilisationsmüll offensichtlich; sie prägt das Bild dieses neuen Gartentyps. Wo Gemüsepflanzen auf kalten Betonboden und auf Versatzstücke aus unterschiedlichsten Zusammenhängen treffen – auf Bäckerkisten, Reissäcke, Einwegpaletten oder Autoreifen – entstehen Räume, in denen Industriekultur, Stadt und Natur eine ungewöhnliche Verbindung eingehen. Carlos Tobisch, Initiator der mobilen UrbanOase in Dortmund, beschreibt diese besondere Ästhetik, die aus der Diskrepanz zwischen Natur und Stadt hervorgeht, wie folgt:

> „Und dann stellst du die [Bäckerkisten, E. H.] dahin, und diese ganze Brachfläche, die davor einfach nur scheiße und langweilig und trocken und öde aussah, ist halt Bäähm! auf einmal grün. Da hast du auf einmal Tomaten da stehen! Und es wirkt von der Optik her ganz anders, wodurch einfach so im öffentlichen Raum in der Stadt ganz stark so dieser visuelle Aspekt einfach nochmal rauskommt. Das ist ja auch so ein belebender Faktor, so einen Garten zu haben."[394]

Sowohl die Tätigkeit des Bastelns und Umnutzens als auch die daraus hervorgehenden Produkte stellen die ursprüngliche Ordnung der Dinge zur Disposition. Diese Fähigkeit, mit dem, was da ist, zu improvisieren und Materialien aus verschiedensten Kontexten einer neuen Nutzung zuzuführen, ist charakteristisch für den Bastler.

Auch im Nachbarschaftsgarten „Paradeiser" in Münster nimmt man sich die bekannten Gemeinschaftsgärten und deren Konstruktionen zum Vorbild. So wurde in dem kleinen Garten eine alte blaue Plastiktonne mit wenigen Handgriffen zum „Erdbeerfass" umfunktioniert. Diese Tätigkeiten des Selbermachens, Wiederverwertens und Umnutzens werden von Seiten der Gemeinschaftsgärtner nicht nur mit Nachhaltigkeit und Kreativität in Verbindung gebracht, sondern überdies auch mit der Überwindung der Dichotomie von Kultur/Zivilisation und Natur:

> *Sebastian:* „Was ich aber ungemein inspirierend so an dem Urban Gardening finde, sind einfach die Umnutzungen von Dingen, so wie unser Erdbeerfass da, dass so ein altes Wasserfass umgenutzt wird, mit Löchern versehen, mit Pflanzen berankt. Oder was wir jetzt zwar hier nicht haben, aber was ich von Bildern her kenne und spannend finde, sind einfach so Autoreifen genommen und Erde rein, irgendwohin, und man hat ein Mini-

---

394 Interview Carlos Tobisch, Dortmund, 4.7.2012.

Beet, und diese ganze Idee des Urban Gardening find' ich ungeheuer kreativ und inspirierend für uns hier.

Rebecca: Und kostbar, dieser Recyclinggedanke, aus eben Umnutzung und Zivilisationsmüll etwas Fruchtbares zu bilden".[395]

Der französische Ethnologe Claude Lévi-Strauss hat diese Kulturtechnik unter der Bezeichnung *Bricolage* in seinem 1968 erschienenen Werk „Das wilde Denken" eingehend analysiert:

„Der Bastler ist in der Lage, eine große Anzahl verschiedenartigster Arbeiten auszuführen; doch im Unterschied zum Ingenieur macht er seine Arbeiten nicht davon abhängig, ob ihm die Rohstoffe oder Werkzeuge erreichbar sind, die je nach Projekt geplant und beschafft werden müßten: die Welt seiner Mittel ist begrenzt, und die Regel seines Spiels besteht immer darin, jederzeit mit dem, was ihm zur Hand ist, auszukommen, d. h. mit einer stets begrenzten Auswahl an Werkzeugen und Materialien, die überdies noch heterogen sind, weil ihre Zusammensetzung in keinem Zusammenhang zu dem augenblicklichen Projekt steht, wie überhaupt zu keinem besonderen Projekt, sondern das zufällige Ergebnis aller sich bietenden Gelegenheiten ist, den Vorrat zu erneuern oder zu bereichern oder ihn mit den Überbleibseln von früheren Konstruktionen oder Destruktionen zu versorgen."[396]

Die Übereinanderschichtung verschiedener Zeit- und Sinnreferenzen unterstützt den demonstrativen Charakter der „Marke Eigenbau".[397] Indem „Abfälle und Bruchstücke, fossile Zeugen der Geschichte eines Individuums oder einer Gesellschaft"[398] in den Gemeinschaftsgärten eine neuartige Nutzung erfahren, entsteht ein Eindruck von Einzigartigkeit und Individualität, eine eigene Handschrift, wie Lévi-Strauss betont:

„das Poetische der Bastelei kommt auch und besonders daher, daß sie sich nicht darauf beschränkt, etwas zu vollenden oder auszuführen; sie ‚spricht' nicht nur *mit* den Dingen, wie wir schon gezeigt haben, sondern auch *mittels* der Dinge: indem sie durch die Auswahl, die sie zwischen begrenzten Möglichkeiten trifft, über den Charakter und das Leben ihres Urhebers Aussagen macht. Der Bastler legt, ohne sein Projekt jemals auszufüllen, immer etwas von sich hinein."[399]

Die gebastelten Artefakte wirken im Vergleich zur industriell gefertigten Massenware individuell und dienen unter anderem auch zur Abgrenzung von einer Konsumgesellschaft. Dabei ist es nicht entscheidend, wer was gewerkelt hat. Vielfach weiß man es auch nicht.

---

395 Gruppeninterview, Münster, 7.9.2012.
396 LÉVI-STRAUSS, Denken (1968), S. 30.
397 FRIEBE/RAMGE, Marke Eigenbau (2008).
398 LÉVI-STRAUSS, Denken (1968), S. 35.
399 Ebd., S. 34f.

Das Upcyceln und Basteln macht aber auch vor Industrieprodukten nicht Halt. Auch sie werden umgebaut und kommen an neuer Stelle, in teils völlig anderer Funktion wieder zum Einsatz. Laut Christa Müller vollzieht sich damit eine Aufhebung der Trennung von Konsumenten und Produzenten; die Gemeinschaftsgärtner sind „Prosumenten".[400] Durch das Prinzip der Allmende,[401] das Teilen und Tauschen in Gemeinschaftsgärten, werden Urheberschaft und Eigentum in Frage gestellt, durch das Bespielen des öffentlichen Raums finden zugleich kollektive Aneignungsprozesse statt, die zu einer Identifikation mit ansonsten anonymen Räumen führen. Christa Müller führt aus, wie die Kulturen des Selbermachens die üblichen Leitunterscheidungen unterlaufen und zu einer neuen Lesart von Stadt auffordern:

> „Die Orte des Selbermachens erzeugen Bilder von einer Gesellschaft neuen Typs und transportieren zugleich ein anderes Verständnis von Stadt und Urbanität. Urbane Gärtnerinnen und Gärtner sind heute Bilderproduzenten und ihre Gärten die Ikonen einer Zeit, die gekennzeichnet ist durch die Gleichzeitigkeit des Ungleichzeitigen und die Wiederkehr lange im Abseits verrichteter Praktiken wie die der Subsistenz."[402]

Die angesprochene „Gleichzeitigkeit des Ungleichzeitigen" spiegelt sich auch im Mobiliar der Gärten wider. Viele der Gegenstände, sei es die Wäschespinne oder der Plattenspieler im Bielefelder Permakulturgarten oder die bepflanzten Clogs im Kokopelli-Garten, erinnern noch an ihre ursprüngliche Funktion. Dass diese Dinge plötzlich als Rankhilfe, Windrad oder Pflanzbehältnisse dienen, stellt eine Abweichung von der Norm dar. So weist auch Lévi-Strauss daraufhin, dass die gewohnten Assoziationen des Betrachters (z. B. Clogs = Fußbekleidung) nicht gänzlich überlagert werden:

> „Aber diese Möglichkeiten bleiben immer durch die besondere Geschichte jedes Stückes begrenzt und durch das, was an Vorbestimmtem in ihm steckt, das auf den ursprünglichen Gebrauch zurückverweist, für den es geplant war, oder auch durch die Anpassungen, die es im Verlauf vielfältiger Verwendungen durchgemacht hat."[403]

Durch die Umnutzung von Gegenständen, die dem Betrachter eigentlich aus anderen Kontexten bekannt sind, entsteht ein verwirrender, subversiver Effekt; die „normale" Ordnung wird in Frage gestellt. Dass dieser Effekt der Bricolage mitunter bewusst herbeigeführt wird, zeigte sich am Beispiel des Kokopelli-Gartens auf dem Bielefelder Neumarkt. Das Umfunktionieren von lebensmittelechten Bäckerkisten zu transportablen Pflanzbehältnissen orientierte sich am Vorbild der Prinzessinnengärten. Da sich diese Kisten aufgrund ihrer durchlässigen Beschaffenheit, ihrer Lebensmittelechtheit und ihrer Form besonders gut für die mobile, urbane Landwirtschaft eignen, gebrauchte Exemplare aber kaum mehr aufzutreiben waren, kauften die Initiatoren des Bielefelder Gartens die Bäckerkisten als Neuware in der orangen Leitfarbe von ART at WORK. Nicht immer geht das

---

400 MÜLLER, Informelles Gärtnern (2012), S. 19.
401 S. hierzu zuletzt HELFRICH/BOLLIER, Commons (2015).
402 MÜLLER, Informelles Gärtnern (2012), S. 16.
403 LÉVI-STRAUSS, Denken (1968), S. 32.

Bricolieren also auf unmittelbar verfügbare Ressourcen zurück. Zusammen mit den knallorangenen Clogs, die am Bauzaun befestigt waren und liebevoll bepflanzt wurden, bildeten sie ein Arrangement in eben jenem Farbton, den das Künstlerduo ART at WORK grundsätzlich als Leitfarbe verwendet. Das, was auf den ersten Blick provisorisch erscheint und an Wiederverwertung erinnert, wurde mit Bedacht inszeniert. Die Gemeinschaftsgärtner spielen mitunter bewusst mit der subversiven Anmutung, die von der Bricolage ausgeht. Dass die Initiatoren ihren Kokopelli-Garten als eine Form der Aktionskunst verstehen, findet seine Entsprechung in der auf Wirkung bedachten Ausgestaltung des Gartens. Das Beispiel verweist nicht zuletzt auf die große Bedeutung, die dem Betrachter, ergo einer öffentlichkeitswirksamen Signalwirkung beigemessen wird, wie auch die Soziologin Karin Werner in Bezug auf den Umzug des Berliner Gemeinschaftsgartens Rosa Rose resümiert:

> „Die Beobachtung zweiter Ordnung, also die Beobachtung der Beobachter (und der von ihnen Beobachteten) prägt das hier kultivierte politisch-mediale Spiel. Die lancierten Aktionen sind wohl überlegt, gut geplant und auf Wirkung angelegt. Die beteiligten Akteure sind sich des performativen Charakters ihrer Aktionen sehr bewusst und bespielen den Raum, den sie dafür beanspruchen."[404]

Nicht alle Gemeinschaftsgärtner sind sich der demonstrativen Verweiskraft des Selbermachens in diesem Maße bewusst, verorten ihre Tätigkeit vor den angesprochenen Hintergründen oder verbinden damit bestimmte Intentionen. Viele Akteure haben einfach nur Lust, etwas mit ihren eigenen Händen zu erschaffen und kreativ tätig zu werden. Ob diese Kulturen des Selbermachens nun bewusst in Szene gesetzt werden oder nicht: Sie alle eint das Bedürfnis nach einem Mikrokosmos, in dem sie selbstbestimmt und kreativ agieren können.

4.2 Orte des informellen Wissenstransfers

> „Wir wollen, dass dieses Wissen an die nächste Generation weitergeht und dass das eben nicht verlorengeht und nicht mehr nur in Büchern steht."[405]

Glaubt man den Berichten aus dem Archiv für Volkskunde in Westfalen, so waren elementare Kenntnisse über Aufzucht und Pflege von Nutzpflanzen Anfang der 1960er Jahren zumindest in Westfalen noch weit verbreitet.[406] Dieses Wissen scheint sich seit dieser Zeit aber zunehmend aus dem Bereich des Alltagswissens in den-

---

404 WERNER, Beheimatungen (2011), S. 65.
405 Interview Renate Janßen, Gelsenkirchen, 19.5.2011.
406 Vgl. im Archiv für Volkskunde in Westfalen die Fragelisten 46 (Bauerngärten) und 5 (Essen und Trinken). Das Verschwinden einschlägigen Wissens aus dem Alltag wird bereits 1962 auch seitens der Gewährspersonen konstatiert: „Die älteren Landbewohner, ob Bauern, Handwerker oder Arbeiter, einschliesslich ihrer Frauen, sind alle noch zu den Könnern zu rechnen, aber die jüngere heranwachsende Generation wird kaum noch Gelegenheit haben, die zünftige Handhabung des Spatens zu erlernen. [...] Die Zeiten sind vergangen, sie kehren nicht wieder. Der Garten ist klein und unscheinbar geworden." Archiv für Volkskunde in Westfalen, Ms 2086.

jenigen des Expertenwissens (Wissensbestände von Eliten) und des Sonderwissens (Wissen abseits alltäglicher Handlungszusammenhänge) zu verlagern. Dabei zeigt sich, dass die soziale Relevanz des Wissensvorrats, die Art des Erwerbs, die Systematik und die Anwendung des Wissens keineswegs Konstanten sind, sondern den jeweiligen gesellschaftlichen und historischen Bedingungen unterliegen.[407]

Timo Heimerdinger beschreibt die „posttraditionale Gesellschaft" als eine Gesellschaft, die „durch segmentierte Wissensbestände und jeweils partiell dafür zuständige Eliten" gekennzeichnet ist.[408] Gerade am Beispiel des Anbaus von Obst und Gemüse zeigt sich, dass in der hoch arbeitsteiligen Gesellschaft nicht so sehr Informationen selbst als vielmehr eine breite, anwendungsorientierte Partizipation an Wissensbeständen verlorengegangen ist: „Die Wissensgesellschaft ist auch eine Gesellschaft der Ratlosigkeit und damit der Wissenssuche."[409]

Wie sehr die Kultivierung von Nutzpflanzen bereits zum Sonder- und/oder Expertenwissen avanciert ist, welches außerhalb alltäglicher Handlungszusammenhänge steht und deshalb der Vermittlung bedarf, zeigt ein Blick auf die einschlägige Ratgeberliteratur zum Thema Garten.[410] Auch in den digitalen und sozialen Medien (Web 2.0) finden Rat- und Hilfesuchende mannigfaltige Angebote. Dazu noch einmal Heimerdinger: „Wir können viel wissen. Dank moderner Informations- und Kommunikationstechnik ist die Zirkulation von Wissen schnell, die Verfügbarkeit hoch und die Menge fast unüberschaubar."[411]

Aus dem bisher Gesagten ergibt sich Folgendes:

1. Wissenschaftliche Erkenntnisse werden – so Stehr und Adolf – „im Sinne einer unmittelbaren Produktivkraft zu einer gesellschaftlichen Ressource [...], die der Funktion der Arbeit im Produktionsprozess entspricht. Aber anders als einst im Falle der Arbeitskraft im Kapitalismus gewinnen die Eigentümer der Ressource ‚Wissen' in einer Wissensgesellschaft auf allen Ebenen an Macht und Einfluss."[412] In Bezug auf die Lebensmittelproduktion bedeutet dies, dass die Expertise in diesem Feld sich weitgehend von einer breiten gesellschaftlichen Basis auf hochtechnisierte Industrieunternehmen verlagert hat, wo sie zum Ausbau von Marktpositionen genutzt wird.

2. Es geht nicht so sehr um eine allgemeine Zugänglichkeit von Informationen als vielmehr um Wissen als Möglichkeit und Fähigkeit zum Handeln. Dazu noch einmal Stehr und Adolf:

> „Die praktische Umsetzung des Wissens erfordert mehr, als nur Wissen zu mobilisieren. Die Realisierung von Handlungsfähigkeiten und Macht, oder besser, die Kontrolle über relevante Handlungsbedingungen, sind Verbündete."[413]

---

407 Vgl. LUCKMANN, Alltagswissen (1981), S. 100f.
408 HEIMERDINGER, Alltagsanleitungen (2006), S. 58.
409 Ebd.
410 Zur kulturwissenschaftlichen Betrachtung des Quellenwerts von Ratgebern als Indikator von gesellschaftlichen Bedürfnislagen vgl. HEIMERDINGER, Alltagsanleitungen (2006).
411 Ebd., S. 58.
412 STEHR/ADOLF, Wissen (2015), S. 185.
413 Ebd., S. 65.

Die Kritik der urbanen Gärtner macht sich in diesem Kontext daran fest, dass grundlegende Kenntnisse, Fähigkeiten und Fertigkeiten, auf denen die Selbstversorgung mit Lebensmitteln beruht, nicht mehr Bestandteil des Alltagslebens und dementsprechend auch nicht mehr Teil des alltäglichen, informellen Wissenstransfers sind.[414] Wie Ursula Taborsky anmerkt, kann etwa das Wissen um Saatgutvermehrung schon im Zuge eines Generationenwechsels verlorengehen.[415] Darüber hinaus geht es aber auch um „Unbehagen" angesichts der eigenen, als eingeschränkt erlebten Handlungsfähigkeit:

> „Die Welt wird immer arbeitsteiliger und vielen Weltgegenden sieht man das auch an. Die andalusische Küste wurde in den vergangenen Jahren in ein einziges Plastikgewächshaus verwandelt [...]. Und in ganzen Landstrichen der USA, Brasiliens und Argentiniens wächst praktisch nichts mehr außer künstlich bewässerten, künstlich ernährten, künstlich gegen Schädlinge immunisierten Mais-, Kartoffel-, Soja- und Baumwollpflanzen. Die größten Konzerne machen Umsätze wie mittlere Länder [...]. Und eine geradezu dramatische Marktkonzentration findet bei Konzernen wie Monsanto oder Syngenta statt, die dabei sind, die weltweite Kontrolle über das Saatgut und die Vielfalt der Nutzpflanzen zu erlangen, also über Ressourcen, die für die Menschheit lebenswichtig sind."[416]

Die Labilität der Weltwirtschaft wurde für Alex, den Mitinitiator des Nachbarschaftsgartens „Paradeiser", in der Finanzkrise 2008 offensichtlich. Die Sicherstellung einer Grundversorgung mit Nahrungsmitteln durch eigene Handlungsfähigkeit erscheint ihm als passende Antwort auf die Unwägbarkeiten einer globalisierten Nahrungsmittelindustrie. Seine Lebensgefährtin Dhara will sich zwar durch apokalyptische Untergangsszenarien nicht verrückt machen lassen, doch räumt sie ihr Unbehagen offen ein und teilt das Bedürfnis nach Grundkenntnissen einer subsistenzorientierten Lebensweise:

> „Also ich hab' das auch. Ich hab' irgendwann so einen Artikel gelesen im ‚Zeit-Magazin' [...]. Wie sehr die sich auch mit diesen Themen halt beschäftigen. Da war auch so ein Artikel drüber: ‚Geht die Welt morgen unter?' oder so, wo es halt drum ging, dass auf einmal ganz viele Leute diese Selbstversorger-Bücher kaufen und sich irgendwelche Notrationen bestellen und die sie dann irgendwo im Keller lagern und so; also diese, dieses Gefühl ist gerade irgendwie da und es [...] ja, weiß nicht, das hat ja manchmal auch wirklich was zu sagen, also so, man soll ja da auch nicht einfach so drüber gehen und sich denken: Ah, mein Gott, weiß ich auch nicht, was wir jetzt alle für Panik haben, oder so. Und ich hatte auch dann einfach so oder hab' ich auch immer noch, dieses dringende Bedürfnis, diesem Gefühl einfach nachzugehen, so ich will nicht einfach wieder, ich will das lernen, das hat mich dann auch voll interessiert, so Wildkräuter, und so. [...] Einmal ist es einfach schön, aber irgendwie bedient es auch ein bisschen diese [...] bisschen diese Angst, dass man halt, also dass man

---

414 Vgl. BENNHOLDT-THOMSEN, Geld (2010), S. 12.
415 Vgl. TABORSKY, Naturzugang (2008), S. 103.
416 RASPER, Gärtnern (2012), S. 11f.

dann sich denkt: Okay, irgendwie hat man so ein bisschen dann Ahnung wenigstens davon."[417]

Pflanzen eigenhändig zu säen, zu pflegen und zu ernten und das Wissen darüber zu erwerben, zu bewahren und weiterzugeben, bedeutet vor dieser Hintergrundfolie das Wiedererlangen von (Ernährungs-)Souveränität.

Indem sie sich als Orte informellen Wissenstransfers anbieten, wollen die Gemeinschaftsgärten ein Zeichen gegen den Trend der Entmündigung der Endverbraucher setzen: Der in den Gärten praktizierte Wissenstransfer setzt auf eine demokratische und anwendungsbezogene Partizipation. Wissen wird ‚face-to-face' kommuniziert und findet unmittelbar seine Anwendung. Gemeinschaftlich Gärtnern heißt auch, eigenes Wissen zu teilen und von den Erfahrungen anderer zu profitieren. In diesem Sinne sind Gemeinschaftsgärten, wie Nadja Madlener folgerichtig feststellt, „Grüne Lernorte".[418] In den untersuchten Gartengemeinschaften waren stets Teilnehmer mit unterschiedlichen Vorerfahrungen vertreten. Sowohl Gartenneulinge als auch erfahrene Hobbygärtner, teilweise sogar mit professionellem Hintergrund, fühlen sich von dieser Form des kollektiven Gärtnerns angesprochen und betonen die Vorteile des Voneinander-Lernens:

> „Das Ganze, das läuft dann quasi auf eine Richtung hinaus, auf eine positive Richtung, nämlich dass wir wirklich schauen, wie wir gemeinsam hier auch vieles machen können, insbesondere Praktiken des Gärtnerns, was so vielen Leuten inzwischen abhanden gekommen ist. Das glaubt man gar nicht. Ich selber bin auch kein Gärtner, hab' aber da schon mir ein bisschen was angeeignet [...], und insofern wollen wir natürlich auch hier gucken, dass eben die Leute, die so ein bisschen eine Kenne haben, das auch weitergeben. [...] Es ist so, dass natürlich selbst Leute, die sich da eingebracht haben, noch nicht, jedenfalls in der Mehrheit noch nicht so viel von Garten verstehen [...], und man lernt gemeinsam dazu. Natürlich brauchen sie ab und zu paar Leute, ich bin also gerne dabei und gebe Rat und steh mit Rat und Tat zur Verfügung. [...] Und, klar, man unterhält sich, während man arbeitet oder während man isst oder während man feiert."[419]

Die Hobbygärtner und Gartenlaien legen dabei größten Wert auf eine ungezwungene Atmosphäre und die Wechselseitigkeit der Beziehungen; ihren Gemeinschaftsgarten als Lehrgarten bezeichnet zu wissen, wäre ihnen zuwider. So betont auch Carlos Tobisch von der UrbanOase, in der im ersten (und vorerst einzigen) Gartenjahr 2012 zahlreiche Workshops stattfanden, dass es ihm wichtig ist, Umweltbildung in einer entspannten Umgebung mit hoher Aufenthaltsqualität zu verwirklichen:

> „Urban Gardening kommt dazu aus einem Nachhaltigkeitsaspekt, aus einem Umweltbildungsaspekt heraus, den ich auch extrem wichtig find. Die Fläche an sich soll natürlich so einen Umweltaspekt haben, die Leute kommen da rein, sie sollen sehen, so eine Karotte wächst nicht im Super-

---

417 Interview Dhara, Münster, 7.6.2011.
418 So der Buchtitel zu MADLENER, Lernorte (2009).
419 Interview Georg Heinrichs, Münster, 19.4.2011.

marktregal, sondern die wächst im Boden. Aber die sollen sich da auch wohlfühlen. Also die sollen auch hinkommen und sich hinsetzen können und einfach die Zeit genießen. Und dann wäre zum Beispiel so ein Aspekt wie eine Küche oder wie eine Bar wie zum Beispiel im Prinzessinnengarten optimal. Weil, dann lockst du noch mal ganz andere Leute an und hast eine ganz andere Aufenthaltsqualität als jetzt nur so einen Umweltbildungs- oder ja, so einen Garten, so einen öffentlichen Garten."[420]

Die Möglichkeit, gartenrelevantes Wissen zu erlernen und auszutauschen, ist nicht nur ein zufälliger, positiver Nebeneffekt des Gartentyps Gemeinschaftsgarten, sondern in vielen Fällen sogar ausschlaggebendes Motiv, ein Gartenprojekt zu gründen oder sich einem solchen anzuschließen. Im Fall des Internationalen Mädchengartens in Gelsenkirchen wird der Wissenstransfer dezidiert als Motiv, das zur Entstehung des Gartens geführt hat, genannt:

„Sehr viel an Wissen geht irgendwann verloren. Und das ist das, was uns dann auch so bewegt, wo wir sagen, wir wollen, dass dieses Wissen an die nächste Generation weitergeht und dass das eben nicht verlorengeht und nicht mehr nur in Büchern steht. [...] Und das, was ich in meiner Kindheit noch so automatisch von meinen Eltern durch den Garten mitbekommen habe, da bricht einfach was ab, und da wollen wir ein Stück zu beitragen, dass das eben nicht abbricht, dieses Wissen, und nicht irgendwann mühsam wieder hervorgeholt werden muss, sondern dass die Kette weitergeführt wird."[421]

Mit der zunehmenden Affirmation nachhaltiger Lebensweisen gewinnt die Rückbesinnung auf natürliche Kreisläufe eine neue Beachtung. Das Wissen um Böden, Samen, Pflanzen und Klima wird mit neuer Bedeutung versehen. Den Gärten kommt dabei eine besondere Funktion zu, sind sie doch nahezu die einzigen Orte, in denen naturbezogenes Handeln erlernt und praktiziert werden kann.[422] Auch aus wissenssoziologischer Perspektive ist eine Rückführung des Sonderwissens in die Sphäre des Alltagswissens denkbar, wie Thomas Luckmann anmerkt:

„Was in der einen Generation schlichtes Allgemeinwissen ist und an alle Mitglieder dieser Generation vermittelt wird, kann früher oder später durchaus in solche Versionen alltäglichen Wissens umschlagen, die nur innerhalb bestimmter gesellschaftlicher Schichten routinemäßig weitergegeben werden. Noch später können dann solche Versionen alltäglichen Wissens systematisiert und in Sonderwissen umgewandelt werden, dessen Vermittlung institutionell begrenzt ist. Zugleich läßt sich aber auch eine leicht umgekehrte Entwicklung denken."[423]

Bezüglich der *Art* des Wissens ist neben der Einteilung in Alltags- und Sonder- bzw. Expertenwissen eine weitere Unterscheidung relevant, um die Potentiale von Gemeinschaftsgärten zu verstehen: diejenige zwischen *explizitem* und *implizitem*

---

420 Interview Carlos Tobisch, Dortmund, 4.7.2012.
421 Interview Renate Janßen, Gelsenkirchen, 19.5.2011.
422 Vgl. INHETVEEN, Hortikultur (1994), S. 27.
423 LUCKMANN, Alltagswissen (1981), S. 104f.

Wissen. Explizites wie implizites Wissen können theoretisch sowohl dem Bereich des Alltagswissens als auch dem des Sonderwissens entstammen, wobei implizites Wissen hauptsächlich dem Alltagswissen zuzuordnen ist. Der Terminus „implizites Wissen" (engl. *tacit knowing*) geht auf den Philosophen Michael Polanyi zurück und erfasst die Tatsache „daß wir mehr wissen, als wir zu sagen wissen".[424] Im Gegensatz zum expliziten Wissen ist implizites Wissen nicht ohne weiteres verbalisierbar, da es meist eng an bestimmte Handlungen oder Kontexte geknüpft ist. Es handelt sich um Wissen, das sich vornehmlich im Können, also in einer Fähigkeit ausdrückt, ohne dass es einer anderen Person mit Worten erklärt werden könnte. Am Beispiel des Wiedererkennens bekannter Menschen macht Polanyi diesen Sachverhalt nachvollziehbar: Selbst mit elaboriertesten Sprachkenntnissen fällt es uns schwer, Menschen, die wir kennen, verbal in ihrer Einzigartigkeit zu beschreiben. Dennoch würden wir diese Person unter tausend anderen mit ähnlicher Physiognomie identifizieren können.[425]

Das Gärtnern fällt ebenso in jenen intuitiven Bereich des Wissens, das sich am leichtesten über Handlung kommunizieren lässt, es ist „tätiges Wissen", wie Ursula Taborsky es nennt.[426] Am sinnvollsten lernt man es durch Zuschauen, Nachahmen und Ausprobieren.

Gerade für das Gelingen interkultureller Verständigung ist das implizite Wissen, von dem hier die Rede ist, von erheblicher Relevanz. Viele Migranten verfügen aufgrund des hohen Stellenwerts, den die Subsistenzwirtschaft in ihrer Herkunftsregion hatte, über ausgezeichnete Kenntnisse, die im deutschen Arbeitsmarkt jedoch kaum Anerkennung oder Anwendung finden.[427] In den Gemeinschaftsgärten, insbesondere in den Interkulturellen Gärten, erhält dieses Wissen einen neuen Platz. Die Tradierung des Alltagswissens reicht in diesen informellen Kontexten nun über das familiäre Netz hinaus. Die älteren Generationen profitieren besonders von der neu gewonnenen Wertschätzung, die ihnen im Rahmen der Gemeinschaftsgärten entgegengebracht wird. Da implizites Wissen nur in geringem Maße auf Sprache als Kommunikationsmittel angewiesen ist, können sich auf diese Art auch Menschen einbringen, die ansonsten aufgrund mangelnder Kenntnisse der deutschen Sprache in der Mehrheitsgesellschaft über wenige Möglichkeiten zur Teilhabe verfügen. Ausgehend von dieser Basis einer Verständigung durch gemeinsames Tätigsein bilden die Gärten zudem den sozialen Rahmen, um den Spracherwerb zu erleichtern; hier treffen Menschen aus unterschiedlichsten Herkunftsnationen mit unterschiedlich ausgeprägten Deutschkenntnissen (einschließlich Muttersprachler) aufeinander, die einander motivieren und von- und miteinander ganz alltagspraktisch lernen können.[428]

Am Praxisbeispiel des Interkulturellen Gartens in Minden kommt dieses Moment eindrucksvoll zum Tragen. Die angesprochene Dominanz der muttersprachlichen Deutschen während der Planungs- und Aufbauphase ist in der Gartenpraxis zusehends einem nicht hierarchischen Miteinander gewichen. Während beim Ausfüllen der Förderanträge fortgeschrittene Deutschkenntnisse unerlässlich waren und die

---

424 POLANYI, Wissen (1985), S. 14.
425 Vgl. ebd.
426 TABORSKY, Naturzugang (2008), S. 101.
427 MÜLLER, Wurzeln (2002), S. 69.
428 TABORSKY, Naturzugang (2008), S. 148.

Migranten von den theorielastigen Diskussionen eher eingeschüchtert als mobilisiert wurden, bleibt dieser Leistungsdruck im Alltag des Interkulturellen Gartens aus. Denn das implizite Wissen, das in Bezug auf die Gartenarbeit erforderlich ist, kennt keine Sprachbarrieren. Die geschilderten Erfahrungen der Interviewpartner aus Minden legen den Schluss nahe, dass auch Alltagsgespräche in dieser praxisorientierten Umgebung leichter fallen. Fehlt das passende Wort, kann mit Hilfe der deiktischen Definition – dem Benennen durch Zeigen – die Konversation durch nonverbale Gesten ergänzt werden.[429] Im Zuge der teilnehmenden Beobachtung in Lippstadt zeigte sich beispielsweise beim Pikieren und Ausgeizen der Tomatenpflanzen, wie wenige Worte vonnöten sind, um wichtige Tipps rund um die Pflanzenaufzucht zu vermitteln.

Auch beschränkt sich die thematische Bandbreite weitergegebener und praktizierter Fähigkeiten nicht auf das Gärtnern an sich, sondern ist gemäß der Multifunktionalität dieser Räume vielseitig. Laut der Einschätzung der Leiterin der KiTa Löwenzahn in Lippstadt bieten diese Gärten daher eine Gelegenheit für generationenübergreifende Lehr- und Lernerlebnisse, die in anderen Kontexten unwahrscheinlich geworden sind:

> „Und ich finde auch gut, dass sich die unterschiedlichen Generationen mit ihren Fähigkeiten einbringen. [...] Die älteren Damen, die sich auch im *TaP* [=Treff am Park] treffen, die haben noch die Fähigkeit, Brot zu backen in einem Ofen. Das kennen die noch. Das kennen unsere Kinder aber nicht mehr. Ich kenn's auch schon nicht mehr. Und es ist für jeden auch ein Erlebnis, daran teilzunehmen. Und ich glaube auch, dass das für die älteren Frauen ganz toll ist, ihr Wissen so weiterzugeben an die Jüngeren. Wie es ja eigentlich auch sein soll, aber die Chance besteht ja oft schon gar nicht mehr so in den ganz normalen kleinen Familien."[430]

Unter dem Begriff *Re-Skilling* erfährt althergebrachtes Wissen vor allem im Rahmen der Transition-Town-Bewegung neue Beachtung. Unter dem Dach des Bielefelder Transition-Town-Netzwerks haben sich eigens Themengruppen zum Re-Skilling in den Bereichen Kochen, Elektrogeräte, Fahrräder und Textilien gebildet.[431] Die Entstehung dieser formlosen Treffen ist der Erfahrung geschuldet, dass dieses ehemals selbstverständliche Wissen seinen festen Platz in der Alltagspraxis verloren hat und allmählich der Selbstverständlichkeit entbehrt. Um dieser Entwicklung Einhalt zu gebieten und den Menschen die Freude am Selbermachen wieder nahezubringen, gründen sich besonders in den Ballungsräumen vermehrt offene Werkstätten. Im Rahmen der Bielefelder Themengruppen des Transition-Netzwerks erlernt man die Haltbarmachung und Zubereitung regionaler und saisonaler Zutaten, das Einkochen und Einsalzen, und übt sich in der Reparatur von Fahrrädern, Elektrogeräten oder Textilien. Die hohe Nachfrage nach Angeboten wie etwa dem Kochkurs zeigt, dass das Bedürfnis nach diesen Grundlagenkenntnissen gegeben ist. In eben jenen Kontext reihen sich die Gemeinschaftsgärten nahtlos ein.

---

429 Zum Begriff der deiktischen Definiton vgl. POLANYI, Wissen (1985), S. 15.
430 Interview Leiterin der KiTa Löwenzahn, Lippstadt, 28.10.2011.
431 Vgl. http://www.ttbielefeld.de/ (Stand 2.7.2013).

Dahinter steckt die in Kapitel 4.1 angesprochene Kultur des Selbermachens und Recyclings, die dem Aspekt der Nachhaltigkeit (Kap. 4.3) zugutekommt. Weil die Bastler Laien sind, die die Improvisation der Perfektion und Profession vorziehen, steht der Trend zum Selbermachen in Opposition zu einer Forderung nach zunehmender Professionalisierung und Spezialisierung. Dieser Entwicklung, in der das Individuum meist nur in der Rolle des Empfängers vorgefertigten Expertenwissens auftritt, wird ein positiv gewerteter Dilettantismus entgegengesetzt. Selbst die Initiatoren der Gemeinschaftsgärten betonen die Begrenztheit ihres gärtnerischen Wissens; es scheint, als sei nicht Perfektion im Sinne von Expertentum, sondern vielmehr dessen Gegenteil angestrebt. Damit wehren sich die Akteure ebenso gegen die wachsende Kluft zwischen Laien und Experten, die aus dieser zunehmenden „Ausdeutung von Sonderwissen"[432] resultiert, und rehabilitieren eine Kultur des amateurhaften Ausprobierens. Denn nicht nur das Wissen selbst, auch die Vermittlung von Wissen droht in hochspezialisierten Gesellschaften der Spezialisierung anheim zu fallen.[433] Der Soziologie Walter Sprondel führt aus, wie die Ausdifferenzierung der arbeitsteiligen Gesellschaft in spezialisierte Rollen zur Folge hat, dass das Individuum nur in einem oder wenigen Teilbereichen des gesellschaftlichen Wissensvorrats Experte sein kann, in anderen Bereichen jedoch kaum Kenntnisse hat. Die dadurch erzielte Effizienzsteigerung ist jedoch mit Einbußen verbunden. In dem Maße, wie Arbeitsteilung auch Abhängigkeit bedeutet, wird man in den Gebieten, in denen man nicht Experte ist, in die Rolle des Laien manövriert und von einer ganzheitlichen Einbettung in grundlegende Lebens- und Sinnzusammenhänge abgeschnitten.[434]

In den Gemeinschaftsgärten hingegen sind die Initiatoren bemüht, Art und Weitergabe des Wissens alltagsnah zu gestalten und vollständige Kreisläufe erfahrbar zu machen. Dazu bedarf es sogenannter Allrounder-Tugenden. So verweisen die Macher des Prinzessinnengartens in Berlin, Robert Shaw und Marco Clausen, stets auf ihre eigene Unerfahrenheit und kokettieren mit dem Image des Dilettanten:

> „Die Tatsache, dass wir Dilettanten waren, prägte unser Vorhaben und begünstigte unkonventionelle Herangehensweisen ebenso wie die Bereitschaft zu Kooperationen und zum kontinuierlichen Dazulernen. Ein Dilettant ist nicht nur ein Nicht-experten [sic!], sondern auch jemand, der eine Sache um ihrer selbst willen, aus der Freude an ihr betreibt."[435]

Das Wissen wird zuweilen in eigens organisierten Workshops vermittelt, in der Hauptsache aber situativ weitergegeben. Im Idealfall sind die Lernprozesse derart in natürliche Situationen mit hohem Spaßfaktor eingebettet, dass der Lernaspekt gar nicht als solcher in den Vordergrund tritt. Jeder bringt seinen eigenen Erfahrungshorizont ein, so dass die Grenzen zwischen Lehrenden und Lernenden verschwimmen.

Auf der anderen Seite soll der Befund einer Ausweitung und Rehabilitation des impliziten, praktischen Alltagswissens nicht darüber hinwegtäuschen, dass

---

432 LUCKMANN, Alltagswissen (1981), S. 102.
433 Ebd., S. 103.
434 Vgl. SPRONDEL, „Experte" und „Laie" (1979), S. 140.
435 Nomadisch grün, Prinzessinnengärten (2012), S. 17.

auch Sonderwissen von den Akteuren anerkannt wird. So hielt der Bielefelder Gemeinschaftsgärtner Martin Roth einen Vortrag über Terra Preta, im Nachbarschaftsgarten „Paradeiser" erfolgte die erste Beschäftigung mit dem Thema Permakultur anhand von Sachbüchern, und auch Reinhold Poier, studierter Agraringenieur aus Bielefeld, gibt freimütig zu, dass er die Vorteile der neuen Medien nutzt und bei Bedarf Expertenrat einholt:

> „Ich bin kein Gemüsespezialist, da muss ich mich auch dann immer schlau fragen, ich hab' immer hier mein Smartphone dabei, dass ich dann mal im Zweifelsfalle noch mal nachgucken kann, wie es die Experten sehen."[436]

Allerdings bevorzugt auch er das pragmatische „Learning by Doing" gegenüber einer theorielastigen Aneignung von Wissen:

> „Dann geht das weiter eben mit diesen abstrakten Sachen, mit dem Überbau Permakultur, Terra Preta; da muss ich gestehen, da gibt es unheimlich viel zu lesen, und so viel, wie es da zu lesen gibt, in der Zeit, wo man's gelesen hat, hat man schon selber vieles ausprobiert."[437]

Das Hinterfragen hierarchischer Wissensstrukturen durch vielfältige Formen der Rückführung von Experten- und Sonderwissen in Alltagswissen macht die besondere Qualität der Gemeinschaftsgärten als informelle Lernorte aus. Techniken der Anwendungsorientierung, des Teilens von Wissen, des gemeinsamen, erlebnisorientierten Lernens und vieles mehr erweisen sich nicht zuletzt als Strategien zur Selbstermächtigung, die über die Gartengemeinschaft hinaus Anerkennung finden:

> „Das hat auch einen Netzwerkeffekt, also wenn man selber das macht, dann unterhält man sich auch öfter mit Leuten darüber, die vielleicht auch so was machen. Ich hab' zum Beispiel zwei Bekannte, ein Paar, die halt ihr typisches Eigenheim mit Garten haben, und er ist Biologielehrer, da kommt dann schon mal so: ‚Aha, Terra Preta, was ist denn das?' Und: ‚Wieso habt ihr euren Kompost anders, als ich den habe?'"[438]

4.3 Experimentierfelder für eine nachhaltige Gesellschaft

> „Irgendwie geht's nicht darum, dass wir jetzt da richtig viel produzieren, sondern es geht darum, dass man die Natur wieder verstehen lernt."[439]

Viele der interviewten Gemeinschaftsgärtner stellen ihr Tun in einen größeren ökologischen und politischen Kontext. Themen wie das Ende der fossilen Energien (Peak Oil), die industrialisierte Landwirtschaft, Globalisierung oder Nachhaltigkeit spielen in den hier vorgestellten Gartenprojekten eine wichtige Rolle.

---

436 Interview Reinhold Poier, Bielefeld, 8.9.2012.
437 Ebd.
438 Interview Iris, Bielefeld, 8.9.2012.
439 Interview Alex, Münster, 7.6.2011.

Wesentliches Merkmal der Gemeinschaftsgärten ist der Verzicht auf jegliche Form synthetischer Düngemittel, Herbizide und Pestizide. In allen untersuchten Gemeinschaftsgärten wird ökologisch gegärtnert, teilweise unter Beachtung permakultureller Richtlinien.[440] Hinzu kommt die starke Fokussierung auf den Anbau von Obst und Gemüse, also von Lebensmitteln. Zierpflanzen spielen in den Gemeinschaftsgärten eine eher untergeordnete Rolle.[441] Dies entspricht einer zunehmenden Wahrnehmung der Thematik Lebensmittel(selbst)versorgung in der Öffentlichkeit.[442] In den Gemeinschaftsgärten erfährt der Lebensmittelanbau eine Wertschätzung, wie wir sie aus der Gartenkultur bis in die Mitte des 20. Jahrhunderts kennen. Nur sind es nicht mehr die Mangelerfahrungen der Kriegs- und Nachkriegsjahre, welche die Debatte um Ernährung bestimmen, sondern ökologische, ethische, soziale und gesundheitliche Fragestellungen.

Wo kommt unser Essen her, und welche Folgen hat die Herstellung für die Böden, die Pflanzen- und Tierwelt? Welche Umweltbelastungen gehen mit dem Anbau, der Weiterverarbeitung, der Verpackung und dem Transport einher? Wie sind die Arbeitsbedingungen? Welche Auswirkungen hat der Lebensmittelanbau für die einheimische Bevölkerung? Beim Fleischkonsum: Unter welchen Bedingungen werden die Tiere gehalten und geschlachtet? Woraus bestehen die fertigen Produkte, welche Zusätze verstecken sich darin, und in welcher Weise beeinflussen sie die Gesundheit des Verbrauchers?

All diese Fragen stehen inzwischen im Fokus der öffentlichen Aufmerksamkeit; alltäglich wird der Verbraucher mit neuen Einsichten in die Missstände der globalisierten Nahrungsmittelindustrie konfrontiert. Das Leben in einer Informations- und Wissensgesellschaft bedeutet auch, dass es zunehmend schwerer fällt, vor der eigenen Verantwortung als Konsument die Augen zu verschließen. Dementsprechend erfährt das Marktsegment der ökologisch hergestellten Nahrung seit den 2000er Jahren einen regelrechten Boom. Gleichzeitig lässt sich selbst bei Waren mit dem „Bio"-Siegel nur schwer erfassen, welche ökologischen und sozialen Bedingungen und Folgen der Herstellung sozusagen mitgekauft bzw. durch den Kauf legitimiert werden.[443]

In einer Studie der Universität Bonn ist nun nachzulesen, dass die Nachfrage nach Bio-Lebensmitteln in Deutschland so rasant angestiegen ist, dass sie derzeit nicht mehr vom deutschen Markt abgedeckt werden kann: „Jeder zweite Bio-Apfel und jede zweite Bio-Möhre, die in Deutschland verkauft werden, stammen inzwischen aus dem Ausland."[444] Das Handelsvolumen an Bio-Produkten hat sich in den Jahren 2000 bis 2012 mehr als verdreifacht.[445] Wenn Äpfel mit dem Bio-Siegel jedoch erst über große Distanzen importiert werden müssen, bleibt auch hier der Gedanke der (angestrebten) Nachhaltigkeit auf der Strecke. Hinzu kommt, dass teilweise auch bei Bio-Produkten Standardisierungen in Form von verpackungs-

---

440 Zum Thema „Permakultur" vgl. z. B. RASPER, Gärtnern (2012), S. 174.
441 Hiervon ausgenommen sind die Färberpflanzen im Internationalen Mädchengarten, Gelsenkirchen, vgl. Kap. 3.7.
442 Vgl. STIERAND, Stadtentwicklung (2012), S. 1.
443 Vgl. BORGSTEDT, Paradies (2011), S. 121.
444 Studie „Marktanteile im Segment Bio-Lebensmittel", S. 10; http://www.gruene-bundestag.de/fileadmin/media/gruenebundestag_de/themen_az/agrar/PDF/13-05Studie_steigender_Bioimport.pdf (Stand 1.9.2015).
445 Ebd.

und transportfreundlichen Norm-Größen um sich greifen. Gemüse und Früchte, die von diesem Standard abweichen, schaffen es gar nicht erst in die Verkaufsregale. Inzwischen fragen sich erste Aktivisten: „Wo ist die krumme Gurke hin?"[446] Marketingstrategien, die das Bedürfnis der Konsumenten nach gesunden und fair produzierten Lebensmitteln aufgreifen und in ihre Werbestrategien zur Imagepflege implementieren (sogenanntes Green-Washing), tun ein Übriges, um die Skepsis kritischer Konsumenten zusätzlich anzufeuern.

Angesichts der komplexen, kaum mehr zu überblickenden soziökologischen weltwirtschaftlichen Verflechtungen fühlen sich viele Verbraucher nicht mehr in der Lage, Entscheidungen über ein angemessenes, umwelt- und sozialverträgliches Kaufverhalten zu treffen.[447] Nicht zuletzt haben natürlich auch die Nahrungsmittelskandale der vergangenen Jahre dazu beigetragen, das Unbehagen und die Unzufriedenheit vieler Lebensmittelkonsumenten zu verstärken.

Im Spannungsfeld zwischen der Forderung nach Nachhaltigkeit und der vielzitierten Wegwerfmentalität[448] kristallisiert sich die Entfremdung der Verbraucher von Lebensmittelherkunft und -herstellung als zentrales Problem heraus. Der eigene Anbau von Lebensmitteln ist in diesem Kontext nicht so sehr der Versuch einer Grundversorgung mit Obst und Gemüse,[449] als vielmehr ein bewusstseinsschaffender Effekt, wie auch der Raumplaner Philipp Stierand betont. Wenn man erlebt, wie viel Zeit und Fürsorge eine Pflanze benötigt, bis sie Früchte trägt, hinterfragt man ganz automatisch sein eigenes Konsumverhalten. Vor der Folie eigener Erfahrungen mit dem Anbau von Obst und Gemüse drängt sich die Frage nach Herkunft und Preis der Lebensmittel im Supermarkt von selbst auf.

So berichtet Iris, die beim Permakulturgarten in Bielefeld mitwirkt, dass sie ihre eigenen Ansprüche freiwillig zurückfährt:

> „Ich hab' mal Spinat von hier mitgenommen, der war supertoll! Ich hab' noch nie Spinat gegessen, der so gut geschmeckt hat, aber ich hab' bestimmt eine halbe Stunde damit zugebracht, den zu waschen, und ja, das was man hier erntet, das hat schon eine andere Qualität als die Sachen aus dem Supermarkt so. Es ist vielleicht nicht ganz so haltbar, vielleicht auch, weil keiner da eine Spritze drangesetzt hat [...] Was man hier erntet, das ist anders als das, was man kaufen kann. Das verhält sich anders, das, also die Bohnen, die hab' ich dann erst mal zur Dekoration bei mir ins Glas gestellt, weil, die waren so schön lila, die hab' ich mir erst mal eine Woche lang angeguckt. Und ich hatte auch gar keinen Hunger auf Bohnen! Also es ist halt so, auch so ein Verbraucherverhalten, also ich bin das gewohnt, bei mir ist der Supermarkt um die Ecke, da kann ich *jederzeit* hingehen, der hat von morgens sieben bis abends um zehn offen, und da kann ich kaufen, *was* ich will, alles, jederzeit, in der Menge, in der ich's verbrauchen kann, und *hier* das ist schon ein anderer Rhythmus, ist ein

---

446 http://tastethewaste.com/article/20111123-Wo-ist-die-krumme-Gurke-hin-der-Versuch-einer-knstlerisch-kreativen-Aufklaerung-zur-Lebensmittelverschwendung- (Stand 1.9.2015).
447 Vgl. dazu als ein Beispiel unter vielen: http://taz.de/Westsahara-Gemuese-bei-Rewe--Co/!120354/ (Stand 22.7.2013).
448 http://www.faz.net/aktuell/gesellschaft/umwelt/wegwerfgesellschaft-die-grosse-verschwendung-11130879.html (Stand 1.9.2015).
449 STIERAND, Stadtentwicklung (2012), S. 20; s. dazu auch DERS., Stadt und Lebensmittel (2008).

anderer Verbraucherrhythmus auch. Und der Schnittlauch, den muss ich sortieren, den muss ich lesen, trocknen dann, es ist schon im Supermarkt, das kann man nicht nur kritisieren, denk ich, sondern es ist schon so, dass sich da auch viele Leute Gedanken gemacht haben."[450]

Diese „gärtnerische Haltung" der Fürsorge, der Verantwortung und des schonenden Umgangs lässt sich laut der Psychologin Christine Plahl auch auf Lebensbereiche jenseits des Gartens übertragen.[451] Zudem macht der Garten als Verbindungsglied zwischen Natur und Kultur die basalen Zusammenhänge des Lebens begreifbar. Die Einblicke in die Arbeit der Pflanzenaufzucht und deren Saisonalität verändern auch die Konsumgewohnheiten. So verstanden sind Gärtnern und Gemüseanbau durchaus politische Aussagen:

> „Gemüseanbau ist auch Ausgangspunkt politischen Handelns für die, die den ungehinderten und ungenierten Zugriff auf die Ressourcen der Welt in Frage stellen. Sie gärtnern, um praktisch zu zeigen, wie es besser laufen könnte mit der Lebensmittelproduktion. Ihr Motto: Sie fangen schon mal an."[452]

Folgerichtig ist es vielen Gemeinschaftsgärtnern ein Bedürfnis, auch ihre Kinder zu ökologischem Denken und Handeln zu erziehen und ihnen Naturerfahrungen in städtischer Umgebung zu ermöglichen. Besonders im Zusammenhang mit der Erziehung von Kindern wird daher auf die Bedeutung des Gärtnerns und Kochens als sinnliches Erlebnis hingewiesen. In vielen Gärten erfährt dieser Ansatz gar eine programmatische Ausrichtung. So ist etwa im Permakulturgarten in Bielefeld ein Termin im Monat speziell den Kindern gewidmet; im Mehrgenerationengarten in Lippstadt werden KiTa-Gruppen oder Schulklassen durch den Garten geführt, in der UrbanOase Dortmund wurden ehrenamtlich zielgruppenspezifische Workshops für Kinder und Jugendliche abgehalten, im Interkulturellen Garten Minden sind zwei Parzellen speziell den Kindern vorbehalten, und der Internationale Mädchengarten in Gelsenkirchen wurde eigens zum Zweck der Umweltbildung und Naturerfahrung für Mädchen gegründet und 2012 als Projekt der UN-Dekade „Bildung für nachhaltige Entwicklung" (BNE) ausgezeichnet. Auch der Kokopelli-Garten in Bielefeld bietet Workshops speziell für Kinder an. Den beiden Aktionskünstlern ist es ein Anliegen, parallel auf die Machenschaften der ‚Global Players' in der Nahrungsmittelindustrie aufmerksam zu machen: Auf den Schildern, die entlang des Bauzauns hängen, verweisen sie auf die Spekulation mit Nahrungsmitteln, auf Gentechnik oder den Zuckergehalt der Lebensmittel für Kinder, und sie möchten mit Zitaten wie „Gross National Happiness is more important than Gross National Product",[453] dazu anregen, über grundlegende Sinnfragen nachzudenken.

In den Gemeinschaftsgärten stehen nicht nur Nutzpflanzen hoch im Kurs; auch die Gelegenheit zum gemeinsamen Kochen wird in den meisten Gärten angeboten oder für die Zukunft angestrebt. Im Mehrgenerationengarten Lippstadt erfreut sich

---

450 Interview Iris, Bielefeld, 8.9.2012.
451 PLAHL, Psychologie des Gartens (2004), S. 65f.
452 MÜLLER, Urban Gardening (2011), S. 25.
453 Dieses Zitat, das als laminiertes Plakat am Kokopelli-Garten hängt, wird dem ehemaligen König von Bhutan, Jigme Singye Wangchuck, zugesprochen.

vor allem die selbstgemachte Pizza, die im garteneigenen Ofen gebacken wird, großer Beliebtheit. Der Leiter des Mehrgenerationengartens, Pietro Basile, verfolgt mit der Einbindung der Kinder in den Herstellungsprozess das Ziel, ihnen die „Achtung vor der Nahrung" näherzubringen:

> „Und besonders was ich am Anfang sagte, mehr Achtung vor der Nahrung zu bekommen, weil, es kommt leider oft vor, wird irgendwas fix und fertig gekauft, beißt man dran, ‚Oh, das schmeckt mir nicht, hm, will ich nicht!' Paf, und wird weggeschmissen. Es gibt so viele Kinder in der Welt, die an Hunger leiden, und sogar einige sterben, und die würden sich freuen, auch etwas Gutes so zwischen den Zähnen zu haben, aber unsere Konsumgesellschaft schmeißt tonnenweise Brot, Kuchen und andere Nahrungsmittel [weg], und da möchten wir ein Signal setzen: ‚Guck mal, das hast du selbst belegt, das ist bestimmt eine gute Sache. Hast du selbst gesehen, angefasst, gebacken, ist es richtig, es ist nicht verbrannt, das heißt: iss doch!' Und wir brauchten nicht die Kinder aufzufordern, alles zu essen, die haben alles restlos gegessen. Und das war für mich ein schönes Erlebnis."[454]

Während die Motive der Umweltbildung und der (Wieder-)Herstellung eines unmittelbaren Bezugs zu den Nahrungsmitteln noch sehr naheliegend erscheinen, gehen viele der interviewten Gemeinschaftsgärtner noch einen Schritt weiter und stellen die Zukunftsfähigkeit des derzeitigen Wirtschaftssystems samt Nahrungsmittelindustrie grundsätzlich in Frage. Nico Paech, u. a. Vorsitzender der Vereinigung für ökologische Umwelt, bringt gegen das Szenario von Ressourcenverknappung, von ökonomischen und ökologischen Wachstumsgrenzen und sozialen Erosionen das Konzept einer „Postwachstumsökonomie" in Stellung. Die Bedeutung einer urbanen Landwirtschaft im Rahmen dieses Konzepts skizziert er wie folgt:

> „Urbane Nahrungsmittelerzeugung ist hochgradig kompatibel mit suffizienten und subsistenten Versorgungsmustern [...]. Zudem sind Haus-, Gemeinschafts- und Dachgärten sowie Guerilla Gardening Musterbeispiele für stoffliche Nullsummenspiele. Hier wird anstelle einer Flächen- und Ressourcexpansion der unmittelbare und ohnehin vorhandene Raum ökonomisch, sozial und ökologisch aufgewertet. Mehr noch: Gärtnern bedeutet in diesem Kontext, urbane Areale, die andernfalls kommerzieller Verwertung, Versiegelung und restloser Eingliederung in den Fremdversorgungskorpus anheim zu fallen drohen, in Besitz zu nehmen und in erste Vorboten einer Postwachstumsökonomie zu verwandeln."[455]

Spannend ist in diesem Zusammenhang vor allem die Tatsache, dass solche Befunde nicht nur Teil der wissenschaftlichen Deutung des Phänomens Urban Gardening sind, sondern dass auch viele Gemeinschaftsgärtner Westfalens ihr Tun explizit als Ausdruck ökologischen und politischen Bewusstseins verstanden wissen wollen. Die Hintergründe, um die es den Akteuren geht, sind dabei auffallend vielfältig. Innerhalb eines einzelnen Gemeinschaftsgartens lässt sich ein breites

---

454 Interview Pietro Basile, Lippstadt, 28.10.2011.
455 PAECH, Postwachstumsökonomie (2011), S. 101.

Themenspektrum abdecken: Der Garten kann Schnittmenge und Anknüpfungspunkt für unterschiedlichste Anliegen sein, wie den Erhalt alter Obstsorten, die Herstellung einer interkulturellen Gemeinschaft, Konsumkritik, Stadtteilaufwertung oder die Erprobung eines erdölunabhängigen, relokalisierten Wirtschaftskreislaufs. Meist haben die Interviewpartner gleich mehrere Beweggründe thematisiert.

Angesichts der teilweise minimalen Flächen der Gemeinschaftsgärten und der oftmals geringen Teilnehmerzahl ist es mitunter frappierend, wie weit manche ideellen Ansprüche reichen, die von Seiten der Gartenaktiven artikuliert werden.

Alex, der Initiator des Gemeinschaftsgartens „Paradeiser", kontrastiert zum Beispiel das ökologische Gärtnern mit dem gesamtgesellschaftlichen Umgang mit Natur. Im gegenwärtigen Wirtschaftssystem mit seinen systemimmanenten Wachstumszwängen sieht er eine Ausbeutung des Ökosystems, insbesondere der natürlichen Ressourcen. Eine reine Fokussierung auf Wirtschaftswachstum ignoriere, dass dieses Wachstum auf dem Verbrauch natürlicher Ressourcen basiert, deren Endlichkeit absehbar ist. Zugleich gehe die westliche Wirtschafts- und Lebensweise mit teilweise irreversiblen Umweltschäden einher. Diesem Gefühl einer Missachtung und Entfremdung von Natur auf gesellschaftspolitischer Ebene setzt er das naturnahe Gärtnern entgegen, das für ein Verständnis und die Achtung natürlicher Zusammenhänge sensibilisiert:

> „Irgendwie geht's nicht darum, dass wir jetzt da richtig viel produzieren, sondern es geht darum, dass man die Natur wieder verstehen lernt. Weil, das ist das, was unsere Gesellschaft falsch macht. Die hat nämlich vergessen, wie sie mit der Natur umgehen muss, damit sie überhaupt hier leben kann. Man ist einfach respektlos. Und ich sag' mal, man nützt alles aus und Wachstum, Wachstum, Wachstum, aber irgendwie bleibt da nix mehr übrig davon. Man kann das halt nicht so ausbeuten. Wenn man was nimmt, dann muss man auch immer was geben. [...] Ich glaube, das hat auch was mit der Wirtschaftskrise zu tun und mit dem Verlangen, irgendwie Sicherheit für seine eigene Versorgung, so wieder einen Bezug zu bekommen, was ist, wenn irgendwie alles ausfällt, und kann ich dann überhaupt selber leben, oder geht das gar nicht? [...] Also von meinem Gefühl her ist das ganz klar, dass das damit zusammenhängt. Dass man irgendwie wieder mehr Verantwortung in sein eigenes Leben holen will und weniger Vertrauen in irgendwelche Politiker [hat] oder ist ja ganz viel wieder so Selbermachen."[456]

Die Ausdifferenzierung bzw. Arbeitsteilung der Gesellschaft, die Globalisierung des Wirtschaftssystems und die Externalisierung der Lebensmittelversorgung als Errungenschaften der Industriemoderne haben zur Folge, dass sich das Individuum im System komplexer Abhängigkeitsstrukturen fremdbestimmt fühlt.[457] Die Krisenanfälligkeit des Systems spiegelt sich in der Einsicht des Einzelnen wider, die Verantwortung für sein Leben aus der Hand gegeben zu haben.

Das fehlende Vertrauen in die Stabilität des Systems, das Gefühl der Angst, äußert sich in einer Hinwendung zum Wesentlichen bzw. zu den Bereichen, die dem

---

456 Interview Alex, Münster, 7.6.2011.
457 Vgl. GANZERT u. a., Empathie (2004), S. 5.

eigenen Einfluss unterliegen.[458] Diese verstärkte Hinwendung zum Lokalen ist keineswegs als Rückzugsstrategie zu verstehen, wie die Sozialwissenschaftlerin Silke Borgstedt im Hinblick auf das urbane Gärtnern betont:

> „Die Konzentration auf das Nahumfeld ist somit kein Rückzug, sondern eine konsequente, selbstbestimmte Reduktion von (fremdbestimmter) Komplexität, um sich auf das Wesentliche besinnen zu können. Re-Grounding ist eine Strategie, sich in dauerhaft unsicheren Verhältnissen einzurichten."[459]

Diese Strategie der Relokalisierung erscheint vor dem Hintergrund einer drohenden Verknappung und Verteuerung des Erdöls (Peak Oil) plausibel: Da sowohl der Transport der Lebensmittel als auch die Intensivlandwirtschaft (durch den Einsatz chemischer Düngemittel und Pestizide) mit einem hohen Erdölverbrauch einhergehen, sind zukünftig alternative, ressourcenschonende Wirtschaftspraktiken gefragt. In den Gemeinschaftsgärten wird der Glaube, die Begrenztheit der fossilen Ressourcen durch technische Innovationen wettmachen zu können, in Frage gestellt.[460] Damit stehen auch das Wachstumsparadigma und das gesamte derzeitige Wirtschaftsmodell in der Kritik; diese findet in dem Begriff der „Postwachstumszeit" ihre entsprechende Forderung nach einer Transformation.

Da auch die Klimaerwärmung und destruktive Eingriffe in den Boden von dieser Wirtschafts- und Lebensweise ausgehen, wird die Endlichkeit der fossilen Ressourcen von manchen Akteuren positiv bewertet, zwingt sie doch zu einem nachhaltigeren Umgang mit der Erde. Diese Position wird beispielsweise von einer Gemeinschaftsgärtnerin, die sich anfangs am Aufbau des Interkulturellen Gartens in Minden beteiligt hatte, vertreten:

> „Diese Idee der Selbstversorgung, diese Idee Transition Town, die fällt oder fiel bei mir auch auf sehr fruchtbaren Boden, weil ich denke, so wie wir heute leben, so ist es a) nicht richtig, nicht verantwortbar, und so kann's auch nicht weitergehen. Und ich freue mich eigentlich auf den Wandel. Ja, ich freue mich auch, wenn wir merken, wir können die Erde nicht weiter so verbrauchen wie jetzt. Für mich steht der ökologische Aspekt einfach völlig im Vordergrund, und ich denke, ich werde schon noch erleben, auch dass der Euro zusammenbricht, das stört mich nicht, oder dass das Erdöl zu Ende geht, das erlebe ich sicherlich nicht mehr, aber die ganzen fossilen Dinge oder die ganzen Schätze der Erde werden zu Ende gehen, in fünfzig Jahren wird jeder das wissen. Wir verdrängen das heute noch, einfach wie sehr unsere ganze Kultur auf dem Erdöl basiert, Plastik und so weiter, es ist schon, an dieser Situation leide ich *sehr* und habe auch mein Leben sehr, sehr, sehr zurückgefahren, finde das auch gut und richtig, und da gehört einfach ein bisschen Garten dazu."[461]

---

458 Vgl. BORGSTEDT, Paradies (2011), S. 120.
459 Ebd., S. 121.
460 MÜLLER, Urban Gardening (2011), S. 24f.
461 Interview Brunhild, Minden, 14.6.2011.

Selbstversorgung wird hier nicht vor dem Hintergrund wirtschaftlicher Not thematisiert, sondern als Konzept eines nachhaltigen, resilienten Lebensstils.[462] Das Wort Resilienz, das so viel wie Widerstandsfähigkeit bedeutet, findet als Schlagwort für die Erfordernisse einer stabilen, postfossilen Wirtschaftsweise Verwendung. Zugespitzt lässt sich der dargelegte Standpunkt folgendermaßen ausdrücken: Die derzeitige Wirtschaftsweise samt Ausdifferenzierung der Subsysteme basiert auf der Ausbeutung von Ressourcen und der Missachtung der Gesetze der Natur. Nun erzwingt die Endlichkeit unseres begehrtesten Rohstoffs ein Umdenken. Besonders die Gärtner, die der Transition-Town-Bewegung nahestehen, betten ihr Tun in einen globalen sozial-ökologischen Gesamtzusammenhang ein, wie es beispielsweise im Gespräch mit der Gemeinschaftsgärtnerin Iris deutlich wird:

„Für mich ist das Gärtnern ein Hauptaspekt von Transition Town, weil es ja darum geht, unabhängig zu werden von industriellen Strukturen oder Strukturen, die in der Status-quo-Gesellschaft so vorherrschen, und ich finde, das Essen ist ja eins der wichtigsten Dinge, die wir tun jeden Tag und die Frage so: Wo kommt unser Essen her, und was ist da eigentlich alles drin, und was passiert damit, und was passiert mit den Hühnchen und so alles, und deswegen find' ich, das Gärtnern ist eigentlich so mit das Wichtigste aus Transition-Town-Blickrichtung. Halt dieses Selbstversorgen oder Verantwortung für die Lebensmittel zu übernehmen. [...] Für mich ist dieses Thema Gesellschaftswandel ein ganz großes. Und ich leb' das auch, also ich hab' mich schon ein Leben lang damit beschäftigt: Was ist hier eigentlich los? Und warum? Und wie komme ich da raus? Oder wie kommen *wir* da raus auch, und deswegen ist für mich also sowohl dieser Überbau oder dieser Ansatz von Transition Town extrem wichtig, und für mich ist das Gärtnern eigentlich ja, der zentrale Punkt ja, die zentrale Verwirklichung davon. [...] Gärtnern ist für mich ein Mittel zur Eigenmacht, ein Weg zu Eigenmacht."[463]

Carlos Tobisch von der UrbanOase Dortmund führt ganz ähnliche Beweggründe an. Er konterkariert sein Gefühl der Machtlosigkeit auf der Makroebene mit den Gestaltungsmöglichkeiten eines Gemeinschaftsgartens auf der lokalen Ebene:

„Diese ganzen politischen Aspekte auch, Nahrungsmittelindustrie irgendwie, Öl ist am Peak Oil, was weiß ich, irgendwas Krasses entwickelt sich da gerade, und man verliert so langsam den Bezug dazu. [...] Ich bin viel zu klein, als dass ich mich auf der Dimension irgendwie selber finden kann, und ich weiß auch gar nicht, was ich da machen soll auf der Ebene. Und gerade solche kleinen Projekte wie so ein Urban-Gardening-Pro-

---

462 In der Transition-Town-Bewegung werden Permakultur, CO_2-Fußabdruck und Resilienz zueinander in Beziehung gesetzt: „Einen hohen Stellenwert nehmen die Gestaltungsprinzipien der Permakultur ein, nach denen sowohl landwirtschaftliche als auch gesellschaftliche Systeme so energiesparend und effizient funktionieren sollen wie bei natürlichen Ökosystemen. Durch diese ganzheitliche Herangehensweise soll in den Transition Towns der CO_2-Fußabdruck verringert werden und die Widerstandskraft (Resilienz) gegenüber globalen Umweltauswirkungen und Änderungen durch Peak Oil gestärkt werden." (http://www.partizipation.at/transition-town-movement.html, Stand 3.12.2015).

463 Interview Iris, 8.9.2012.

jekt, da erkennen die Leute einfach eher, das ist so in der direkten Nachbarschaft; die Leute leben da, und die haben einen ganz anderen, ganz konkreten Bezug dazu. Und die wissen halt auch so: Okay, wenn ich da was ändere, ich weiß, was ich da zu tun habe. Das ist irgendwo in einer Größendimension, die ich noch verstehe als Mensch, die mir irgendwie eine Relation gibt, wo ich mich irgendwie identifizieren kann damit und nicht komplett verliere. Und ich glaube, das ist auch noch mal so ein politischer Aspekt, warum hier diese ganzen urbanen Gärten gerade so hip werden."[464]

Wie diese Aussage zeigt, nehmen die Protagonisten zwar Bezug auf Themen wie Peak Oil oder die Nachteile einer globalisierten Nahrungsmittelindustrie, aber sie belassen es nicht bei einer Kritik um ihrer selbst willen. Stattdessen handeln sie ganz praktisch und ihrer persönlichen Ethik entsprechend im Mikromilieu, wie dies auch Transition-Town-Begründer Rob Hopkins fordert. Hopkins zufolge bedarf es nicht allein wirtschaftspolitischer Kursänderungen, um der globalen Herausforderung einer Energiewende zu begegnen; vielmehr ist eine lokale Herangehensweise erforderlich, im Rahmen derer jedes Individuum tiefgreifende Veränderungen und Einschnitte seines Lebensstils entsprechend der Maxime „global denken, lokal handeln" umsetzen sollte. Diese Forderung nach Verzicht wird auch von Seiten des Mitbegründers von Transition Town Bielefeld, Gerd Wessling, als ein Mehr an Lebensqualität angesehen:

„Anstatt ein Weltuntergangsszenario zu propagieren, begreift die Transition-Bewegung diese negativen Entwicklungen eher als Chance – gerade für den Westen –, durch die Umstellung auf eine sanftere, ressourcenschonende und auf das Miteinander der Zivilgesellschaft bauende Lebensweise schon jetzt unsere Lebensqualität deutlich zu erhöhen. Damit geht einher, den Verzicht – wogegen Menschen aus Angst oft Widerstände entwickeln – auf viele liebgewonnene Dinge und Gewohnheiten als Gewinn zu erkennen."[465]

Die urbanen Gärten bieten dementsprechend eine Chance, Lösungsansätze im eigenen Einflussbereich auf ihre Machbarkeit hin zu testen.

Dass es sich bei den Gemeinschaftsgärten um solidarische Gebilde handelt, wird auch daran deutlich, dass stets auch das Wohlergehen der Mitmenschen mitgedacht wird. Ähnlich wie in den Community Gardens in New York werden auch hierzulande die Aufwertung der Wohnviertel und die Stärkung nachbarschaftlicher Beziehungen von den Protagonisten angestrebt:

„Dieser Raum, diese Fläche ist einfach nur *da*, und mit der passiert überhaupt nix. Warum sollten wir die nicht einfach irgendwie temporär nutzen und die Lebensqualität in welcher Art auch immer verbessern? Und wenn du Lebensqualität im öffentlichen Raum verbesserst, verbesserst du auch die Sozialität!"[466]

---

464 Interview Carlos Tobisch, Dortmund, 4.7.2012.
465 WESSLING, Transition (2014), S. 299f.
466 Interview Carlos Tobisch, Dortmund, 4.7.2012.

Das Wort „Lebensqualität" stellt sich an dieser Stelle als gemeinsamer Nenner der neuen Gartenbewegung heraus. Sowohl große gesellschaftspolitische Fragen als auch triviale und hedonistische Motive finden in dieser Vorstellung vom „guten Leben" ihr gemeinsames, sinnhaftes Dach.[467]

Die in den Gemeinschaftsgärten formulierten politischen Ansprüche sind bewusst vielfältig und wenig dogmatisch. Die Themen werden nicht exklusiv in akademischen Kreisen verhandelt, sondern sind aufgrund ihrer hohen Praxisorientierung dergestalt, dass möglichst alle Aktiven an den Diskursen teilnehmen können. Grundsätzlich wird davon ausgegangen, dass jeder Projektteilnehmer mit seinen individuellen Themen und Fragestellungen in den Garten kommt und dass die Gemeinschaft auf eben dieser Vielfalt aufbauen kann. Dank der pragmatischen, alltagspraktischen Ausrichtung finden in diesen multifunktionalen Räumen ebenso Menschen ihren Platz, die dem Gärtnern keinen ideologischen Überbau zugestehen oder sich dessen nicht bewusst sind. Nachhaltigkeit ist dennoch ihrem Handeln immanent. Die Akteure treffen sich in dem Punkt, dass sie sagen: „Ich tue was!" Vielleicht liegt darin die Stärke der Gemeinschaftsgärten, dass sich durch ihre offene Struktur und thematische Anschlussfähigkeit ganz unterschiedliche Menschen mit unterschiedlichen Vorstellungen einbringen können.[468]

In den Interviews hat sich gezeigt, dass das Nachdenken über eine Postwachstumsökonomie, Umweltbildung oder ökologische und soziale Verantwortung nicht mit Rückwärtsgewandtheit zu verwechseln ist. Zentral ist die Frage nach Inhalt, Ausgestaltung und Machbarkeit eines „guten Lebens". „Wie wollen wir in Zukunft leben?", ist für die Gartenaktivisten eine hochkomplexe, virulente Frage, die auf der individuellen und milieuspezifischen Ebene beantwortet wird und die die starke Zukunftsorientierung sowohl der Bewegung als auch der einzelnen Individuen erkennen lässt. Bei den Gemeinschaftsgärtnern handelt es sich um eine „ganz neue Generation", wie auch der Initiator der UrbanOase, Carlos Tobisch – zum Zeitpunkt des Interviews Ende zwanzig –, betont:

> „Dieses Klischee oder diese Idee, dass Gärtnern so rückwärtig ist, besteht auf jeden Fall, aber sagen wir mal so: Wenn keiner gärtnern würde oder keiner anbauen würde, dann würden wir alle nicht leben können. Also das ist eigentlich *die* Basis schlechthin fürs Leben. Weil, mein Gott, irgendwie Aktien brauche ich nicht zum Überleben, aber was zu essen! Und wir sind auch eine ganz neue Generation so. Ist ja nicht so, dass wir jetzt zurückgewandt sind und sagen, so wie die Amish People: Wir wollen irgendwie ohne Strom oder sonstwas leben."[469]

Zwar erfolgt eine Wiederbelebung und Aufwertung „alter" Wissensbestände, etwa bezüglich natürlicher Methoden der Bodenbearbeitung und -düngung oder des Einmachens von Gemüse und Obst, dennoch ist dieses Re-Skilling eher unter den Vorzeichen einer nachhaltigen Zukunft einzuordnen denn als verklärender Rückzug in die Vergangenheit. Diese Versatzstücke „alter" Praktiken werden von den „Digital Natives", wie Christa Müller sie bezeichnet, umstandslos in die Gegenwart der

---

467 Vgl. TABORSKY, Naturzugang (2008).
468 Vgl. ROSOL, Gemeinschaftsgärten (2010), S. 208.
469 Interview Carlos Tobisch, Dortmund, 4.7.2012.

doodle-Terminfindung oder der YouTube-Video-Anleitungen integriert bzw. mit der Inanspruchnahme modernster Technik kombiniert.

In diesem Kontext spielt nicht zuletzt auch der demonstrative Vorzeigecharakter der Gartenbewegung eine große Rolle; die Gemeinschaftsgärtner erscheinen aus dieser Perspektive als Avantgarde. In Abgrenzung zu privaten Gärten lässt sich bei den Gemeinschaftsgartenprojekten, insbesondere bei den mobilen Gärten, das Streben nach einer Symbolwirkung erkennen. Sowohl die Nutzung des Web 2.0 zur Presse- und Öffentlichkeitsarbeit als auch die Präferenz vieler Initiatoren für einen publikumswirksamen Standort dient dem Wunsch, Nachahmer zu finden. Angesprochen auf seine Vision eines Gemeinschaftsgartens beschreibt Matthias Wanner von dem vorerst gescheiterten Gartenprojekt „Wurm und Beere" in Münster seine Wunschvorstellung:

> „Meine Vision von Gemeinschaftsgärten allgemein ist, dass es möglichst, eigentlich möglichst viele, also im Plural, Gemeinschafts*gärten*, dass es möglichst viele dezentrale Gärten gibt, die jeweils so ein kleiner Anziehungspunkt für Leute aus der wirklich näheren Umgebung sind, und damit auch eine Vielzahl von Aufgaben zumindest unterstützen oder den Raum bieten für unterschiedliche Bereiche. [...] Also eine ökologische Funktion, eine soziale Funktion, dann hat's für mich schon auch den Anspruch, ein bisschen zu proben oder zu üben oder eben auszubauen, wie man sich selbst zumindest *mehr* versorgen kann, als wir das heutzutage tun. Also über so ein reines Lernen ‚wie mach ich das' hinaus, hat's schon auch einen sehr pragmatischen, praktischen Versorgungscharakter. Und im Idealfall ist das Ganze verbunden mit einer kulturellen Initiative."[470]

Hier zeigt sich, wie ernst die Akteure die Zukunftsfähigkeit der Gemeinschaftsgartenidee nehmen. Die Sorge für die Zukunft und um die Zukunft wird von ihnen in zahlreiche unterschiedliche Praktiken und Sichtweisen transferiert, die auf Anschlussfähigkeit hin konzipiert sind und die sich gegenseitig ergänzen. Politische, gesellschaftskritische, handlungsorientierte, soziale und kulturelle Anliegen und Praktiken finden unter der Zielsetzung der Nachhaltigkeit eine gemeinsame Ausrichtung, die als sinnstiftend erlebt wird.

4.4 Vergemeinschaftung, Inklusion und Interkultur

> „Irgendwo ist dann mal die Schwelle erreicht, wo man sich denkt: Jetzt bin ich allein genug!"[471]

Durch die Namensgebung „Gemeinschaftsgarten" wird bereits angedeutet, dass die gemeinschaftliche Bewirtschaftung als wesentliches Abgrenzungskriterium gilt, welches die Gemeinschaftsgärten (engl. *community gardens*) von anderen Gartentypen unterscheidet. Ein Garten kann ebensogut ein Ort der Ruhe und inneren Einkehr sein wie ein Ort sozialer Interaktion. In Gemeinschaftsgärten findet der Aspekt des

---

470 Interview Matthias Wanner, Münster, 5.10.2012.
471 Interview Reinhold Poier, Bielefeld, 8.9.2012.

Gemeinschaftlichen besondere Beachtung, da die Gemeinschaft, auf die sie sich beziehen, in der Regel erst *durch* den Garten hergestellt wird.

Wie *Gemeinschaft* in den Gärten praktiziert und gelebt wird, gestaltet sich jedoch von Projekt zu Projekt unterschiedlich. Welche Motive tatsächlich eine Rolle spielen, wie dies im Einzelnen aussehen kann und welche Potentiale Gemeinschaftsgärten in Bezug auf Inklusion, Integration und Interkultur innewohnen, soll im Folgenden anhand der empirischen Daten illustriert und analysiert werden. Zuvor erscheint es aber sinnvoll, sich noch einmal eingehender dem Begriff „Gemeinschaft" zuzuwenden.

Wie Hermann Bausinger bereits 1971 feststellte, hat sich der „Begriff der Gemeinschaft, der in der Volkskunde besonders zentral wurde, [...] nicht in dieser herausgebildet".[472] Er geht vielmehr weitgehend auf den Sozialwissenschaftler Ferdinand Tönnies zurück, der bereits 1887 sein Früh- und Hauptwerk zum Thema „Gemeinschaft und Gesellschaft" veröffentlichte. Tönnies umschreibt in diesem Werk Gemeinschaft und Gesellschaft als zwei gegensätzliche Aggregatzustände kollektiver Gruppierungen. Gemeinschaft repräsentiert in seiner Theorie die organisch gewachsenen, auf Vertrauen beruhenden Verhältnisse, während Gesellschaft auf rationale, durch Nützlichkeitserwägungen bestimmte soziale Zusammenhänge verweist.[473] Vor allem seit Beginn des 20. Jahrhunderts wurde diese Dichotomie (nicht nur) in der Volkskunde begeistert aufgenommen. Sie bildete, wie Harm-Peer Zimmermann resümiert, „die axiomatische Grundlage aller Definitions- und Abgrenzungsversuche der älteren Volkskunde".[474]

Als problematisch an den frühen Adaptionen des Gemeinschaftsbegriffs durch die Volkskunde erwies sich vor allem die Idealisierung der Gemeinschaft als naturgegeben und ursprünglich. An Versuchen, den Begriff nutzbar zu machen oder auch nur einzugrenzen, hat es freilich nicht gefehlt. An prominenter Stelle sei hier auf den Germanisten Julius Schwietering verwiesen, der sich direkt auf Tönnies berief. Für ihn und seine Schule war, so Hermann Bausinger „die Gemeinschaft die zentrale Kategorie". Schwietering versuchte, „den Begriff zwar zu begrenzen, indem er ihn konkret auf altertümliche bäuerliche Verhältnisse, auf einen bestimmten Typus des dörflichen Lebens anwandte, aber griffiger wurde er dadurch nicht".[475]

Im Gegensatz zu Hermann Bausinger, der den Begriff Gemeinschaft vor allem deshalb ablehnt, weil er der Forschung eine „harmonisierende Perspektive" aufzwinge,[476] geht es Max Weber eher um eine Nutzbarmachung der von Tönnies als „Pole eines geschichtlich gefaßten Prozesses"[477] angelegten Normaltypen Gemeinschaft und Gesellschaft, mit deren Hilfe dieser „das allmähliche Hervorwachsen der Moderne aus den Gestaltungen des Traditionalen"[478] beschreiben wollte. Weber hatte jedenfalls darauf hingewiesen, wie stark Gemeinschaft und Gesellschaft sich in

---

472 BAUSINGER, Volkskunde (1971), S. 91.
473 Vgl. TÖNNIES, Gemeinschaft (1926).
474 ZIMMERMANN, Annäherung (1991), S. 44.
475 BAUSINGER, Volkskunde (1971), S. 99. Praktische Forschungen, die den Ansatz Schwieterings aufgriffen, legten dessen Schülerinnen und Schüler, allen voran Martha Bringemeier, Mathilde Hain und Gustav Hagemann, vor.
476 Ebd., S. 103.
477 Ebd., S. 92.
478 ZIMMERMANN, Annäherung (1991), S. 70.

der Praxis vermischen: Die große Mehrheit sozialer Beziehungen weise sowohl den Charakter der Vergemeinschaftung als auch der Vergesellschaftung auf.[479]

Diese Überlegungen greift der Sozialpädagoge Heinz Strang auf, wenn er als Vergemeinschaftungsformen sowohl neue soziale Bewegungen („die alternativ-progressive Variante der reaktiven Vergemeinschaftungen")[480] als auch „Komplementär-Vergemeinschaftungen"[481] und „arrangierte Vergemeinschaftung(en)" aufführt.[482] Strang definiert die von ihm ausgemachten Vergemeinschaftungsformen über ihr Verhältnis zur Gesellschaft, das er als reaktiv, komplementär oder intermediär kategorisiert.

Die Gemeinschaftsgärten – obwohl nicht explizit genannt – erfahren hier eine konzeptuelle Einbettung als Vergemeinschaftungsformen, die sich auf unterschiedliche Weise gegenüber der Gesellschaft positionieren. Ob die von Strang herausgearbeitete Einteilung (reaktiv, komplementär, intermediär) in der Praxis relevant und nachvollziehbar ist oder ob die Grenzen zwischen den einzelnen Gruppen eher fluide sind, scheint dabei weniger bedeutsam als seine abschließende Feststellung, dass die von ihm „angedeuteten Sozialarrangements [...] geradezu notwendiger Bestandteil einer modernen Gesellschaft [sind], unabdingbar für die Sozialisation von subjekthaften und verantwortlichen ‚Balance-Akteuren', die zur fortlaufend aktualisierten Synthese von ‚Gemeinschaft' und ‚Gesellschaft' befähigt sind".[483]

Letztlich geht es um zwei gegensätzliche Entwicklungen: Industrialisierung und Urbanisierung als treibende Kräfte, in denen gemeinschaftliche Sozialverhältnisse an Relevanz verlieren, und kommunitaristische Bewegungen, die als Korrektiv zur Individualisierung eine Rückbesinnung auf gemeinschaftliche Lebens- und Arbeitsweisen einfordern. Vor dieser Hintergrundfolie erscheinen Gemeinschaftsgärten als „sozialer Kitt", der Anlass bietet, innerhalb eines Gemeinschaftsgefüges und für das Gemeinwohl zu agieren.

Um der Gefahr zu entrinnen, einen idealistisch verklärenden Eindruck von Gemeinschaftsgärten zu vermitteln, sei an dieser Stelle darauf hingewiesen, dass ein Gemeinschaftsgarten nicht zwangsläufig beinhaltet, dass tatsächlich immer gemeinschaftlich gegärtnert wird. Wie anhand der Praxisbeispiele deutlich geworden ist, ist es den Gemeinschaftsgärtnern aufgrund terminlicher Überschneidungen oft nicht möglich, gemeinsame Gartenzeiten zu verabreden. Darüber hinaus schätzen

---

479 WEBER, Wirtschaft und Gesellschaft (1980), S. 22: „Die große Mehrheit sozialer Beziehungen hat aber teils den Charakter der Vergemeinschaftung, teils den der Vergesellschaftung".
480 STRANG, Verhältnisse (1990), S. 88, beschreibt die reaktiven Vergemeinschaftungsformen als „mannigfache Alternativen des Wohnens und Arbeitens, als unkontraktliche gemischtgeschlechtliche Lebensformen usw. [...]. Besonders bedeutsam erscheinen in diesem Zusammenhang die zahlreichen Selbsthilfegruppen [...]. Diese Variante der Gegen-Vergemeinschaftung grenzt sich nicht aversiv aus der Gesellschaft aus, sondern versucht, mittels zur Zeit eher noch kleiner Formen, aber expandierender Ideen vorbildhaft Wege zu ihrer Humanisierung einschließlich der ökologischen Dimension zu beschreiten".
481 Ebd., S. 89. Unter komplementären Vergemeinschaftungen versteht Strang informelle Gruppen (z. B. Freundeskreise), die nicht die bindende Emotionalität elementarer gemeinschaftlicher Lebensformen erreichen, die jedoch punktuell durchaus in der Lage sind, ein ausgleichendes Moment gegen die Übermacht gesellschaftlicher Strukturen zu bilden.
482 Ebd., S. 90f. Unter arrangierten Vergemeinschaftungen versteht Strang Vereine, Netzwerke etc., die sowohl gemeinschaftliche als auch gesellschaftliche Strukturelemente aufweisen und die er als Resultat eines planvollen Arrangierens von Vergemeinschaftung einordnet.
483 Ebd., S. 92.

viele Gartennutzer gerade die zwanglose, unverbindliche Atmosphäre des zufälligen Aufeinandertreffens und des „miteinander-reden-Könnens-aber-nicht-Müssens":

> „Und ja, von daher find ich, ist das einfach ein entspannter Punkt, um sich zu treffen und ins Gespräch zu kommen, also ohne dass man jetzt unbedingt sonstwas ansonsten miteinander zu tun haben muss, und dann da dran einfach sich andere Sachen ergeben. So wie man sonst, wie ich jetzt so zum Beispiel auch als Erfahrungssache so in der WG einfach zusammensitzt, zumindest beim Essen mal irgendwie sich trifft oder in der Küche einfach so sich trifft und dann über Sachen redet und sich zufällig Gemeinsamkeiten ergeben, die man dann gemeinsam, wenn man Lust hat, weiterhin [verfolgt] oder auch wieder fallen lässt, wenn man's doch nicht als passend ansieht."[484]

Andere wiederum schätzen die Arbeit im Garten vorrangig als Freizeitbeschäftigung im Rahmen des eigenen Familienkreises, wie die Beobachtungen in Dülmen nahelegen. Für viele Migranten ist der Gemeinschaftsgarten seit ihrer Einwanderung nach Deutschland die erste Möglichkeit, wieder gärtnerisch aktiv zu werden. Viele haben auch schon mit dem Gedanken gespielt, einen Kleingarten zu pachten. Für die Abstandszahlungen in vierstelliger Höhe fehlt jedoch das Geld.

Auch bei denjenigen, deren vorrangiges Motiv nicht die Gemeinschaft, sondern der Garten war, stellt sich eine (interkulturelle) Verständigung zwischen den einzelnen Parzellenpächtern ein, die aufgrund ihrer natürlichen Einbettung in die Alltagspraxis der Akteure äußerst wertvoll erscheint.

Dass Gemeinschaftsgärten in fast allen Fällen nicht nur Ersatz für einen Privatgarten oder Kleingarten sind, sieht man daran, dass einige Projektteilnehmer ohnehin zusätzlich über einen Privatgarten verfügen, wie etwa Reinhold Poier vom Transition-Town-Garten in Bielefeld, der über die Tendenz zur *Vereinzelung* in der heutigen Gesellschaft und den daraus hervorgehenden Wunsch nach sozialem Austausch resümiert:

> „Ich denke mal, das ist auch die Motivation von anderen Leuten, genauso wie ich jetzt motiviert bin, noch zusätzlich einen Garten zu machen, weil ich da eben diese Gemeinschaft habe, weil ich mich dort mit anderen Leuten austauschen kann, unterhalten kann, was mit denen zusammen planen, realisieren kann. Ich denke, das ist ja eine der großen Änderungen zu dem, was man bisher gemacht hat im Schrebergarten; da war man eher der Meinung: ‚Gut, wenn ich hier jetzt meine eigene Parzelle hab', dann kann ich da auch machen, was ich will, dann stört mich keiner, und dann, solange das im Rahmen der Schrebergartenordnung alles bleibt, dann bin ich da mein eigener Herr' oder so was. Aber *das* braucht man ja heute gar nicht mehr! Also die ganze soziale Welle, die schwappt ja Richtung Singletum, also früher war's die Großfamilie, dann war's die Kleinfamilie, dann wurden immer weniger Kinder in den Familien quasi [...] auch in den Wohnungen, die Rentner, die früher mit in den Großfamilien integriert waren, die sind heute da auf ihrem Einzelzimmer im [...] Altersheim,

---

484 Interview Peter, Minden, 20.3.2012.

und das ist immer mehr Vereinzelung. Und gut, also irgendwo ist dann mal die Schwelle erreicht, wo man sich denkt: Jetzt bin ich allein genug! [lacht kurz auf] Und irgendwann ist das mal komplett ausgereizt, da hat man dann sämtliche Freiheitsgrade gezogen, sämtliche Register, und dann könnte es ja sein, dass man irgendwie mal wieder so Anschluss sucht, und was gibt es Besseres als so einen Garten!"[485]

Das Bedürfnis nach gemeinschaftlichen Lebensformen, das in dieser Aussage zum Ausdruck kommt, wird von dem Bielefelder Gemeinschaftsgärtner nicht nur als individuelle Empfindung wahrgenommen, sondern als Reaktion auf gesamtgesellschaftliche Vereinzelungstendenzen eingestuft. Individualisierung erscheint hier als eine Begleiterscheinung des Modernisierungsprozesses; sie wird ab einem gewissen Grad als „ausgereizt" empfunden. In dieser Zeitdiagnose spiegelt sich der Wunsch nach einer *neuen* Art von Garten wider; da die etablierten Gartentypen lediglich den Drang nach Freiheit und Privatsphäre befriedigen, nicht aber nach einer offenen, solidarischen Gemeinschaft, erklärt sich das Aufkommen dieses neuen Gartentyps als Antwort auf gesellschaftliche (Fehl-)Entwicklungen.

Es erweist sich als Trugschluss, dieses Bestreben als reaktionär und rückwärtsgewandt zu interpretieren. Diese neugeschaffenen Orte der Begegnung orientieren sich an der Flexibilisierung moderner Lebensstile, denn ihre offene Struktur erlaubt eine gewisse Unverbindlichkeit. Angesichts der zunehmenden Auflösung der Normalerwerbsbiographie ist es vielen Menschen nicht möglich, sich langfristig an einen Ort zu binden. Einen eigenen Garten zu pachten, stellt für viele allein deshalb schon keine Option dar. Die Mitarbeit in einem Gemeinschaftsgarten hingegen ist mit dieser hohen Fluktuation und Unverbindlichkeit zu vereinbaren, speziell wenn es sich um einen Garten handelt, der nicht aus Einzelparzellen besteht. Weil ein Gemüsegarten eine kontinuierliche Pflege erfordert, wird durch das Teilen der Gartenarbeit eine punktuelle Teilhabe überhaupt erst möglich. Vor dem Hintergrund heutiger Lebensentwürfe erscheint ein solcher Pragmatismus durchaus zeitgemäß:

> „Und alleine bei einem Garten merkt man auch immer, man kommt leicht an seine Grenzen. Und so in einer Gruppe ist es einfach: Ach, wir machen das gemeinsam, weil ich jetzt zwei Hände mehr brauche, als ich habe, und so etwas."[486]

> „Unser Balkon war total grün, also das soll man auch nicht unterschätzen. Wir haben auf dem Balkon auch einen Kürbis gezogen und eine Paprika und so, also wir hatten schon einen coolen Balkon. Der war richtig überwuchert. Aber irgendwie war das auch so doof, weil, wenn wir dann weg waren, musste man extra wen organisieren zum Gießen, der dann in unsere Wohnung geht, und das ist alles so umständlich und auch viel Arbeit, wenn man das alles alleine macht. Deswegen aber auch dieses gemeinschaftliche Gärtnern."[487]

---

485 Interview Reinhold Poier, Bielefeld, 8.9.2012.
486 Interview Brunhild, Minden, 14.6.2011.
487 Interview Dhara, Münster, 7.6.2011.

Dieser Aspekt der punktuellen Teilhabe spiegelt sich auch in dem Befund wider, dass es bei den meisten Gartenprojekten kaum möglich ist, die Anzahl der aktiven Gartennutzer der jeweiligen Projekte zu beziffern.[488] Dazu ein Beispiel aus dem Nachbarschaftsgarten „Paradeiser" in Münster:

> *Interviewerin:* [...] Und können Sie Zahlen nennen, wie viele Interessierte das sind?
>
> *G:* Nein, das ist auch gar nicht so relevant, denn letztendlich ist es so, [...] das unterliegt einer riesigen Fluktuation. [...] Es wird natürlich dann, wenn es diese Garten-AG gibt, dann wird es ebenso drei, vier, fünf Leute geben, die sich schon in gewisser Weise verantwortlich fühlen natürlich, diese Sachen auch regelmäßig zu übernehmen."[489]

Auch im Permakulturgarten in Bielefeld fiel es schwer, die Anzahl der Mitstreiter zu eruieren:

> „Fünf Leute dann samstags, die dann da sind. Aber die setzen sich – immer wieder kann man das verdoppeln – dann aus zehn oder zwölfen zusammen, die dann ab und zu mal kommen; also dass diese fünf Leute immer ganz permanent kommen, kann man auch nicht erwarten, wird auch nicht. So wechselnde Zusammensetzung, und wenn du das wieder verdoppelst, dann sind das die Leute, die man schon irgendwann mal gesehen hat, [...] und wenn du das nochmal verdoppelst, dann bist du ungefähr bei der Anzahl der Leute, die ungefähr beim Sommerfest vorbeikommen."[490]

Wie jedoch anhand der empirischen Daten aus Westfalen illustriert werden konnte, ist der Aspekt der Unverbindlichkeit der Teilnahme mit Vorsicht zu genießen. Ein Gemeinschaftsgarten braucht im Idealfall mehrere Personen, die sich verbindlich und zuverlässig um Gartenbelange kümmern. Denn der große Pluspunkt der Unverbindlichkeit der Teilnahme geht zu Lasten der Stabilität des Gemeinschaftsgefüges und kann im schlimmsten Fall das Ende des Projekts bedeuten. Vor allem, wenn ein Terrain genutzt wird, das zuvor nicht für eine gärtnerische Nutzung bestimmt war, ist in der anfänglichen Planungs- und Vorbereitungsphase ein immenses Maß an Zeit- und Arbeitsaufwand erforderlich, das allein kaum zu stemmen ist. Diese Einschätzung einer ambivalenten Verbindlichkeit deckt sich auch mit den empirischen Befunden, welche die Pädagogin Nadja Madlener in Bezug auf Gemeinschaftsgärten in Berlin festgestellt hat: „Das scheinbare Gegensatzpaar unverbindliche Verbindlichkeit kann als Merkmal der sozialen Beziehungen der Gartengemeinschaften beschrieben werden."[491]

Inwiefern gemeinschaftliches Engagement nicht nur gewollt, sondern unentbehrlich ist, um die Gärten zu betreiben, hängt von diversen Faktoren ab: Die neun Fallstudien unterscheiden sich bezüglich ihrer räumlichen Struktur, ihres öffentlichen Zugangs, ihrer Entstehungsgeschichte und Trägerschaft: Drei Gärten – die

---

488 Eine Ausnahme bilden die Internationalen Gartenprojekte, weil hier einzelne Parzellen an namentlich registrierte Nutzerinnen und Nutzer vergeben werden.
489 Interview Georg Heinrichs, Münster, 19.4.2011.
490 Interview Reinhold Poier, Bielefeld, 8.9.2012.
491 MADLENER, Lernorte (2009), S. 145.

Interkulturellen Gärten in Minden, Lippstadt und Dülmen – gliedern sich in Einzelparzellen und Gemeinschaftsflächen, in den übrigen im Rahmen der Feldforschung untersuchten Gärten ist die gesamte Fläche zur gemeinschaftlichen Bewirtschaftung vorgesehen. Bei letzteren ist eine Abstimmung und Koordination unerlässlich; in den parzellierten Gärten hängt dies stark von den Intentionen der Nutzer ab. Insbesondere bei den Bottom-Up-Initiativen, die einen Gemeinschaftsgarten aus eigener Kraft auf die Beine stellen, kann ein großes Ungleichgewicht des Engagements zu Spannungen innerhalb der Gruppe führen:

> „Der große Konflikt, es gibt eine kleine Gruppe, die relativ viel macht oder sich viel Gedanken macht um bestimmte Dinge im Garten, wie sie laufen sollen, wie was weiter organisiert werden soll, was danach kommt, und und und, und andere eben zum Beispiel gar nicht."[492]

Der parzellierte Interkulturelle Garten in Minden ist allein schon durch seine Genese als Graswurzelinitiative auf den Elan seiner Teilnehmer angewiesen. Ohne die Gemeinschaftsarbeit würde dieser Garten nicht existieren. Die interkulturelle Gruppe muss sich auf gemeinsame Ziele verständigen und gleichzeitig eine angemessene Balance zwischen Effizienz und Spaß finden. Konflikte und hitzige Diskussionen erscheinen dabei unvermeidlich und werden von den Beteiligten als „Lernprozess" verbucht.[493] Grundsätzlich ist die Mindener Gartengemeinschaft basisdemokratisch organisiert; der Zusammenschluss dieser heterogenen Gruppe zu einem eingetragenen Verein (zwecks Akquise von Fördergeldern) hat in der Wahrnehmung der stellvertretenden Vorsitzenden jedoch zu Veränderungen in der Gruppendynamik geführt: „Die Vereinsgründung hat was geändert! So in der Dynamik der Gruppe!"[494]

Durch diese stärker institutionalisierte Form ist die Gartengemeinschaft nun in zwei Ebenen unterteilt: diejenigen, die eine Rolle im Vereinsvorstand mit entsprechenden Zuständigkeiten innehaben, und diejenigen, die als einfache Mitglieder von der Teilnahme an Vorstandssitzungen befreit sind. Damit nicht die ganze Arbeit auf den Schultern weniger lastet, wurde der Ruf nach verbindlicheren Regeln laut:

> „Es ist also in der letzten Sitzung vom Vorstand schon klar geworden, also es wird Regeln geben müssen, dass jede Familie eine bestimmte Anzahl von Stunden für die Gemeinschaftsarbeit bereitstellen muss."[495]

Dennoch legen die interviewten Gemeinschaftsgärtner großen Wert darauf, sich von den Kleingärtnern – oder zumindest dem Klischee des Kleingärtners – abzugrenzen, und betonen die Unterschiede zwischen diesen zwei Gartentypen:

> „Also mit Einzelnen verstehen wir uns gut, aber so, das ganze Konzept Kleingartenanlage, die meinten am Anfang: ‚Warum nehmen sie sich nicht einfach bei uns einzelne Gärten? Bei uns sind ja noch Gärten frei.' Aber wir wollten halt ein Gemeinschaftsprojekt und [...], das ist halt was

---

492 Interview Irene Conrad, Minden, 27.9.2012.
493 Ebd.
494 Ebd.
495 Interview Irene Conrad, Minden, 11.10.2011.

anderes, ne. Das wirft ein bisschen die Struktur über den Haufen von so einer Kleingartenanlage."[496]

Da sich Gemeinschaftsgärten explizit nicht nur an ein bestehendes soziales Netzwerk richten, sondern grundsätzlich jeder Einzelperson offenstehen, bilden sich Gartengemeinschaften aus Menschen, die sich vorher größtenteils nicht kannten. Zwar bringen viele ihre Familie mit oder animieren Freunde und Bekannte zur Partizipation, aber in jedem der untersuchten Gärten treffen auch Menschen aus unterschiedlichsten Kontexten aufeinander, die sich ohne diesen gemeinsamen Bezugspunkt nicht kennengelernt hätten: „Die hätte ich ohne den Garten nicht kennengelernt. Auf gar keinen Fall. Auf gar keinen Fall."[497]

Ebenso wie man von einem Garten stets nur Momentaufnahmen festhalten kann, unterliegt auch die Gartengemeinschaft einer großen Dynamik. Vier Gemeinschaftsgärten des Forschungssamples existieren jetzt schon nicht mehr in dieser Form. Auch sind manche Interviewpartner aus unterschiedlichen, meist externen Gründen heute nicht mehr Teil der Gartengemeinschaft, ebenso wie sich inzwischen vielleicht neue Mitstreiter als unentbehrlicher Bestandteil der Gruppe etabliert haben. Diese strukturelle Offenheit für neue Einflüsse ist von Seiten der Initiatoren durchaus gewollt. Ein späteres Einsteigen in die Gruppe wird höchstens durch die begrenzte Anzahl an Parzellen verhindert, nicht aber durch das Prinzip des Zugangs. So antworten die Gemeinschaftsgärtner des Bielefelder Transition-Town-Netzwerks auf die Frage nach ihrer Zukunftsvision des Gartenprojekts stets mit dem Verweis auf die soziale Komponente, die auch die Gestalt der Gärten bestimmt:

> „Also für mich geht's organisch weiter, so mit den Jahreszeiten und mit den Leuten, die da sind. Also es hängt halt davon ab, wer da ist, wer Ideen reinbringt, also ich glaube einen Marshall-Plan kann man im Garten nicht machen!"[498]

„Es kommt so mit den Leuten, kommen die Projekte."[499]

Erstaunlicherweise sind die Auffassungen, ob es sich bei dem Engagement für die Gartenprojekte um eine ehrenamtliche Tätigkeit handelt, selbst innerhalb der Projekte gespalten. Während manche Gemeinschaftsgärtner betonen, dass ihre Mitarbeit gemeinwohlorientiert und ehrenamtlich sei („Und das ist halt alles ehrenamtliche Arbeit."),[500] teilen andere diese Auffassung nicht. Eine naheliegende Erklärung besteht darin, dass diese unterschiedlichen Einschätzungen auf ein unterschiedlich starkes Engagement zurückzuführen sind. Nicht jeder Gemeinschaftsgärtner zeigt Interesse, sich über die reine Nutzung und Bewirtschaftung des Gartens hinaus für Ziele wie Biodiversität, die Einbeziehung der Nachbarschaft, für Bildungsangebote oder die Verbreitung der Ideale einer nachhaltigeren, lebenswerteren Stadt einzusetzen. Die Probe aufs Exempel zeigt jedoch, dass diese Erklärung zu kurz greift. Ein Gemeinschaftsgärtner, dessen vorrangiges Motiv die Etablierung

---

496 Interview Gisela Posch, Minden, 14.6.2011.
497 Interview Hartmut, Lippstadt, 8.7.2011.
498 Interview Iris, Bielefeld, 8.9.2012.
499 Interview Edith, Bielefeld, 8.9.2012.
500 Interview Carlos Tobisch, Dortmund, 4.7.2012.

einer interkulturellen Gemeinschaft und nicht etwa das Gärtnern ist, sieht sein Engagement dennoch nicht als ehrenamtliche Tätigkeit an:

> „Ich hab' einfach meinen Spaß hier. Ich hab' mit dem Gedanken, das Wort Ehrenamt hab' ich für mich da noch nie mit verbunden! Also ganz anders. Also ich sehe einfach zu, was ist da praktisch für mich mit machbar, wo ich Lust zu habe, und freue mich auf jeden Kontakt, der sich da ergibt, jedes nette Gespräch, das irgendwo entsteht, und fertig! Also Ehrenamt ist für mich noch nie das Wort gewesen, was ich mit diesem Garten verbunden habe."[501]

Bei manchen Akteuren der urbanen Gartenszene geht der Wunsch nach kollektiven Lebensformen über die gemeinschaftliche Gartenpraxis hinaus. Die in den Gärten angestrebten Ideale einer solidarischen, subsistenzorientierten Gemeinschaft, die schenkt, teilt und tauscht, werden von diesen Gemeinschaftsgärtnern auch für andere Lebenszusammenhänge eingefordert. Die enge Verzahnung von nachhaltigen Praktiken und sozialen, aber auch gesellschaftskritischen Anliegen wird in den folgenden Interviewauszügen ersichtlich:

> „Also wenn's nach uns ginge, wir würden dann auch noch viel mehr irgendwie in dieses ‚Wir machen das alles selber, und wir gehen in so eine Gemeinschaft', wo wir auch mehr Verantwortung haben, und wo mehr dieser Kreis ist, wo man sich austauscht und wo man sich gegenseitig hilft und wo mehr einfach Leute füreinander da sein müssen [...]. Wir fühlen uns auch irgendwie nicht so wohl mit diesem: Jeder wohnt in einer eigenen Wohnung und konsumiert einfach."[502]

Aus diesem Grund beschlossen Alex und seine Freundin Dhara, die den Nachbarschaftsgarten „Paradeiser" initiiert hatten, noch im selben Jahr, die autofreie Siedlung Weißenburg zu verlassen und sich einer alternativen Wohnform anzuschließen. Auch Martin Roth, einer der Mitbegründer des Permakulturgartens in Bielefeld, zog sich wenige Monate nach dem Interview aus der Organisation des Gartenprojekts größtenteils zurück, weil er nun in einem Kotten im Bielefelder Umland lebt, in dem er mit der Unterstützung der Bielefelder Gemeinschaftsgärtner umweltfreundliche Projekte wie den Bau eines Biomeilers verwirklicht.[503] Anhand seiner Interviewaussagen wird deutlich, dass seine Zukunftsvisionen weit über die Anlage eines Gemeinschaftsgartens hinausweisen:

> „Also Selbstversorgung ist für mich also keine lebbare Utopie *alleine* [...] oder nur mit einer ganz kleinen Gruppe, das funktioniert nicht. Ich glaube an die Synergie, ich glaube an: Wer allein arbeitet, addiert; wer gemeinsam arbeitet, multipliziert. [...] Was mich positiv in die Zukunft blicken lässt, ist schon das Erleben, dass ganz viele Leute ein Bedürfnis oder ein Bewusstsein dafür kriegen, nicht nur, dass was grundsätzlich falsch läuft, sondern so einen Wunsch nach einem Gemeinschaftsaspekt. Aber

---

501 Interview Peter, Minden, 27.9.2012.
502 Interview Alex, Münster, 7.6.2011.
503 Vgl. für weitergehende Informationen zum Bau des Biomeilers: http://www.ttbielefeld.de/content/biomeiler-oder-die-macht-der-milliarden-mikroben-0 (Stand 18.9.2013).

die meisten noch ganz hilflos davorstehen und überhaupt nicht wissen, wie sie es anpacken sollen, weil eben dann gleich diese ganzen Scheren in den Kopf kommen. Eben dieses: Ist es dann noch meins? Oder: Wer bestimmt dann? Und: Kommen dann nicht die Doofen und bestimmen und klauen? Dieser Garten zum Beispiel, er ist nicht abgeschlossen, und das ganze Werkzeug liegt offen. Na gut, es ist ein Gegenstand bisher, von dem ich weiß, dass der Beine gekriegt hat, ein Bollerwagen, den wir hier hatten. Aber das wär' halt auch ein Traum, dass wir irgendwann zu dem Respekt vor den gemeinsamen, gemeinschaftlich genutzten Dingen kommen, dass das eben nicht zerstört wird, sondern geschätzt, sogar gepflegt. Wie wir es auch mit der Natur machen sollten, wir sollten die Natur pflegen, die ja eigentlich allen gehört, und nicht ausnutzen und zerstören. [...] Teilen statt Besitzen, also man muss nicht alles besitzen unbedingt, da Strukturen für zu finden. [...] Tauscht man halt aus, und das wünsch' ich mir eigentlich auch, dass das ja noch weitergeht. Dass man da Kontakte aufbaut und sich gegenseitig unterstützt, und dann braucht man da eigentlich auch kein Geld. Und diese Subsistenztheorie besagt ja auch, dass es sogar möglich ist, von diesem Tauschgedanken wegzukommen. Es ist eigentlich genug, also ein Gedanke der Fülle, dass eigentlich genug für alle da ist, solange man nicht selbst hortet und besitzen möchte."[504]

Diese Beispiele von Akteuren, die letztlich die Stadt – und damit auch die Gartenprojekte – verlassen, um mehr Raum für nachhaltige und kollektive Lebensweisen zu haben, stellen jedoch eher eine Ausnahme dar.

Inwiefern auch Menschen, die sich nicht aktiv am ökologischen Gärtnern beteiligen wollen, von den Gärten profitieren, variiert von Projekt zu Projekt, da bei der Einbeziehung der Nachbarschaft oder lokaler Institutionen immense Unterschiede festzustellen sind, die im Folgenden kurz skizziert werden sollen. Die Frage des räumlichen Zugangs zu den Gärten spielt hierbei eine maßgebliche Rolle. Die Geographin Marit Rosol hat in ihrer Studie über „Gemeinschaftsgärten in Berlin" aufgezeigt, dass Gemeinschaftsgärten als halböffentliche Räume auf der Achse von privaten zu öffentlichen Freiflächen einen eigenen Freiraumtyp bilden: Sie sind öffentlicher als Kleingartenanlagen; in den meisten Fällen ist der Zugang jedoch nur in Anwesenheit eines Gemeinschaftsgärtners gestattet und daher im Vergleich zu öffentlichen Grünanlagen und Parks eingeschränkt.[505]

Eine Ausnahme bilden der Internationale Mehrgenerationengarten in Lippstadt, der kleine Nachbarschaftsgarten „Paradeiser" und der Permakulturgarten in Bielefeld, die jederzeit betreten werden können und damit hinsichtlich ihrer Zugänglichkeit auf einer Ebene mit Parks rangieren. Allerdings muss man einräumen, dass etwa der Nachbarschaftsgarten „Paradeiser" aufgrund seiner minimalen Größe von nur ca. 40 Quadratmetern kaum als Treffpunkt für einen ganzen Stadtteil gelten kann.

Diesem Anspruch kann der 4400 Quadratmeter große Internationale Mehrgenerationengarten in Lippstadt hingegen gerecht werden. Entsprechend der Zielsetzung des Projekts, einen Treffpunkt für die umliegende Nachbarschaft zu schaffen, wurde bei der Anlage dieses Gartens gänzlich auf Zäune verzichtet. Durch

---

504 Interview Martin Roth, Bielefeld, 17.8.2011.
505 ROSOL, Gemeinschaftsgärten (2006), S. 36.

seine Kombination aus Beeten und parkähnlicher Anlage verspricht er eine hohe Aufenthaltsqualität sowohl für die umliegende Nachbarschaft als auch für Besuchergruppen, die nach vorheriger Anmeldung von Pietro Basile durch den Park geführt werden und gegen eine geringe Aufwandsentschädigung an einer Backaktion teilnehmen können:

> „Es ist gewöhnlich Wunsch, einfach dieses Projekt kennenzulernen, was soll das sein, wieso diese Trockenmauer hier mit den Kräutern oder mit den Beeren, und da stehen Schilder ‚Helenikos Kipos', griechischer Garten, oder da ‚deutscher Garten' oder ‚Ramatschka'-Garten, ja, wieso so viele, wo kommen die denn her, nach welchen Kriterien werden diese kleinen Parzellen vergeben, oder da ‚Türk Bahçesi' bedeutet eben türkischer Garten. Es ist für einige relativ klar, für andere nicht, und dann erkläre ich, wieso, warum. Und wenn man richtig berücksichtigt, dass in diesem Stadtteil so viele Menschen mit Migrationshintergrund leben und einigermaßen isoliert auch leben, man hat ein bisschen Schwellenangst, ja darf ich überhaupt oder nicht; aber hier sind keine Zäune, sind keine Tore, kein Maschendraht, keine Mitgliedskarte, der Park ist immer offen von allen Seiten. Wer will, kann kommen, kann sich hinsetzen, schauen, ob Blumen blühen oder Beeren reif sind und Kräuter auch anpacken, riechen, schmecken, und die können auch in drei Sprachen auf Deutsch, Italienisch und Russisch sehen, wie die heißen, und besonders die Spielmöglichkeiten, die wir hier kreiert haben, geben den Leuten die Möglichkeit, einfach sich zu treffen."[506]

Allein im Zeitraum von März bis August 2011 haben 920 Erwachsene und Kinder von diesem Angebot Gebrauch gemacht. Hinzu kommen etwa 600 Besucher des Stadtteilfestes, das seit Bestehen des Internationalen Mehrgenerationengartens alljährlich vor dieser Kulisse stattfindet. Die Zahl der Menschen, die den Garten unangemeldet, etwa zum abendlichen Spaziergang, nutzen, wird nicht erhoben. Während eines Feldaufenthalts konnte beispielsweise ein spontaner Gartenbesuch einer Schulklasse mit ihrer Lehrerin beobachtet werden. Diese intensive Nutzung des Gartens durch Menschen, die nicht zum Kreis der Gemeinschaftsgärtner gehören, entspricht dem Ziel des Projekts als generations- und kulturübergreifender Treffpunkt innerhalb eines benachteiligten Stadtteils – und wäre mit Zäunen nicht denkbar.

Für viele andere Gartenprojekte kommt aus Angst vor Diebstahl und Vandalismus der Verzicht auf eine Umzäunung jedoch nicht in Frage:

> „Das ist einfach nicht möglich, da alles offen zu lassen. Dort sind zwei Gartenhäuser, wo Gartengeräte stehen, die ja auch einen gewissen Wert darstellen. Und ich glaube, wenn man das alles offen lässt, das zahlt keine Versicherung der Welt."[507]

Auch in Minden hat sich – aufgrund des etwas abgelegenen Standorts am Stadtrand – die Regelung durchgesetzt, dass Besuche nur in Anwesenheit eines Gemeinschaftsgärtners gestattet und erwünscht sind. Da es sowohl in der Aufbauphase als auch in

---

506 Interview Pietro Basile, Lippstadt, 28.10.2011.
507 Interview Peter Terhorst, Dülmen, 4.9.2012.

der ersten Gartensaison mehrere geringfügige Fälle von Vandalismus und Diebstahl gab, sind alle Beteiligten von der Notwendigkeit einer Umzäunung überzeugt:

> „Wenn wir dort sind, ist jeder uns herzlich willkommen, sich da hinzusetzen, mit uns zu unterhalten, gerne mitzumachen, zu helfen. Haben wir gar kein Problem. Nur natürlich, wenn da keiner da ist, möchten wir natürlich nicht, dass einer da über den Zaun klettert, auf dem Gelände da rumläuft [...] Wir haben da zur Zeit so einen Bauwagen, in den haben sie schon zigmal eingebrochen. Gott sei Dank haben wir da noch nix drinne. [...] Deswegen, also der Zaun muss schon sein. Dass da so ein bisschen Schutz ist und dass die auch wissen: Aha, das ist doch ein Eigentum, dass man da nicht so alles machen und tun lassen kann, wie man möchte."[508]

Eine Konsequenz aus diesen Vorfällen ist, dass etwa die Weinreben nicht mehr entlang des Zauns gepflanzt werden und dass bei gekauften Pflanzen künftig die Beschilderung entfernt wird, da in der Vergangenheit besonders diese Pflanzen entwendet wurden. Neben dem anschließenden Aufräumen und der Hoffnung, dass sich solche Vorkommnisse nicht wiederholen, verfolgen die Mindener Gemeinschaftsgärtner die von ihnen errichteten Zäune konterkarierend das Ziel, durch gastfreundliches Verhalten und das Vorleben einer freundschaftlichen Grundhaltung eine positive Außenwirkung zu erzielen, in der die Durchlässigkeit des Zauns symptomatisch ist für die Möglichkeit, Grenzen zu überwinden.

> „Eigentlich so das Wesentliche, was wir da machen müssen, ist, dass wir uns auch dabei so präsentieren, dass daraus so ein Bewusstsein von Gemeinsamkeit entsteht. Und daraus resultierend schon gar nicht so wahrscheinlich ist, dass da irgendeine Arschgeige hinkommt und was klaut. Weil er einfach denkt: Ja, na ja, sind ja irgendwie ganz nette Leute, und ich hab' auch schon meinen Spaß da gehabt, ne. Also so gesehen schon eine Aufwertung von einem Stadtteil."[509]

Dass unter den Mindener Gemeinschaftsgärtnern Konsens über die Einbeziehung des Umfelds besteht, lässt sich auch an der Aussage einer weiteren Gemeinschaftsgärtnerin erkennen, die durch kleine Gesten der Gastlichkeit zum „Abbau von Vorurteilen" beitragen möchte:

> „Und das ist, denk' ich, auch so ein Abbau von Vorurteilen, die auf allen Seiten irgendwo sind, aber auch einfach wieder so ganz mitmenschliche Kontakte: Jemand spricht dich über den Zaun an, und du sagst: ‚Ach ich hab' grad einen Kaffee oder einen Tee, willst du reinkommen', oder so, ohne dass da jetzt irgendwas Großes draus entsteht oder irgendwas Großes damit gewollt ist, einfach so das, was wir in Deutschland ja zum Teil halt nicht mehr leben. Und in anderen Ländern ist es vielleicht auch ähnlich."[510]

---

508 Interview Mustafa Saltan, Minden, 11.10.2011.
509 Interview Peter, Minden, 20.3.2012.
510 Interview Irene Conrad, Minden, 11.10.2011.

Diese „Kultur der Gastlichkeit"[511] stieß bislang im Umfeld des Interkulturellen Gartens in Minden größtenteils auf Wohlwollen, Interesse und Neugier. Über die spontanen Begegnungen am Gartenzaun hinaus möchte der Verein in den kommenden Gartensaisons auch mit lokalen Bildungseinrichtungen und Seniorenheimen kooperieren und Jung und Alt zu gemeinsamen Aktionen, Festen oder Workshops in den Garten einladen.

Trotz der überwiegend positiven Reaktionen erzählte ein Gemeinschaftsgärtner aus Minden auch von vereinzelten negativen, teilweise sogar ausländerfeindlichen Äußerungen von Seiten einiger Passanten, die sich offensichtlich an der kulturellen Vielfalt stören. Anscheinend waren diese Kommentare so böswillig, dass der Gemeinschaftsgärtner sie nicht wiederholen wollte („Das kann ich jetzt nicht alles zitieren. Also es gibt schon auch Leute, die Gift spritzen.").[512] Das Beispiel zeigt, dass Interkulturelle Gärten zwar viele Potentiale zur interkulturellen Öffnung besitzen, aber die Begrenztheit zumindest latent rassistischer Menschen nicht zu ändern vermögen, zumal diese sich auf ein Gespräch gar nicht erst einlassen wollten. Erfreulicherweise ist jedoch keiner der westfälischen Gärten aus dem Forschungssample von einem rassistisch motivierten Anschlag betroffen, wie er sich im August 2011 in einem Nachbarschaftsgarten in Berlin-Neukölln in Form einer Bombendrohung und anschließender Brandstiftung ereignete.[513]

Zäune dienen nicht nur der Abwehr von Unruhestiftern, Dieben und unerwünschten Fressfeinden, sondern befriedigen auch das Bedürfnis nach einer symbolischen Grenze. Sie definieren den Raum, in dem sich etwas Neues konstituieren soll. Wenn etwa das inzwischen nicht mehr existente, mobile Gartenprojekt „Wurm und Beere" mit dem Bau eines hüfthohen, durchlässigen Weidezauns mit offenem Eingang startete, diente dies einzig und allein diesem Wunsch nach einem definierten Stück Land, das ab diesem Zeitpunkt als Garten – sogar im etymologischen Sinne des Wortes – für alle Beteiligten und Passanten wahrnehmbar und prospektiv vorstellbar wurde.

Die Landschaftsarchitektin Maria-Theresia von Zerboni di Sposetti weist darauf hin, dass der Gartenzaun zwar die Grenze zwischen innen und außen markiert, jedoch gleichzeitig ein „Freiheitsmoment" beinhaltet, das sich sogar begünstigend auf soziale Interaktionen auswirken kann: „Man kann sich jederzeit zurückziehen, ohne umständliche Erklärungen abgeben zu müssen, und zwar auf beiden Seiten."[514] Diese Vorstellung schließt an die nachbarschaftliche Gepflogenheit der spontanen Gespräche über den Gartenzaun an, die auch der Ansprechpartner des Interkulturellen Gartens in Dülmen im Interview beschreibt:

> „Also ich selber komme vom Dorf, und da war es halt so: Wenn man einen Garten hatte, dann stand man da am Zaun, der eine hier, der andere dort [macht es gestisch vor], und es wurde geredet. Und das ist so die Vorstellung, die wir hier auf dem platten Land eben halt auch haben."[515]

---

511 MÜLLER, Wurzeln (2002), S. 52.
512 Interview Peter, Minden, 27.9.2012.
513 Vgl. http://www.urbanacker.net/index.php?option=com_content&view=article&id=403:anschlag-auf-gemeinschaftsgarten-in-berlin&catid=38:neu (Stand 13.12.2011).
514 VON ZERBONI DI SPOSETTI, Garten (2003), S. 231.
515 Interview Peter Terhorst, Dülmen, 18.5.2011.

Ob nun mit oder ohne Zaun – zusammenfassend lässt sich feststellen, dass es keineswegs dem Anliegen der Gemeinschaftsgärtner entspricht, sich von der Außenwelt abzuschotten. Es ist vielmehr diese Hybridform aus *eigenem* und *öffentlichem* Raum, die für die Akteure so reizvoll erscheint, da sich hier das Gefühl von Privatheit und persönlicher Raumaneignung mit einer Belebung und Aufwertung der öffentlichen Sphäre vermischt. Diese Ambivalenz von Privatheit und Öffentlichkeit wird von den Soziologen Armin Nassehi und Siegfried Lamnek gar als Merkmal der modernen Gesellschaft angesehen, in der alte Leitunterscheidungen zunehmend erodieren.[516] Zudem fällt auf, dass viele Initiatoren gezielt nach zentral gelegenen Standorten Ausschau halten, um die Aufmerksamkeit und Teilhabe einer größtmöglichen Öffentlichkeit sicherzustellen.

Dass sich die Gartenprojekte überdies vornehmlich in unterprivilegierten Stadtteilen niederlassen, zeugt von dem Streben der Initiatoren nach inklusiven Vergemeinschaftungsformen. Dahinter steckt der Wunsch nach sozialer Durchmischung, nach einem „Kristallisationspunkt",[517] dem Menschen verschiedener Alters-, Herkunfts- oder Bildungsmilieus etwas abgewinnen können. Auch der mobile Garten „Wurm und Beere" sollte zu einem Ort werden, der unterschiedliche Menschen miteinander verbindet:

> „Dann hat für mich ein Gemeinschaftsgarten auch einen sehr großen sozialen Aspekt. Also das Zusammenkommen in einer Gruppe, gemeinsam was zu entscheiden, gemeinsam zu feiern, gemeinsam zu ernten, gemeinsam zu planen. Das ist für mich sehr schön. Und mit diesem Sozialen kommt oft auch eine integrative Komponente mit rein. Muss jetzt nicht unbedingt gleich um Migrationsaufgaben gehen,[518] sondern vielleicht einfach nur um Heterogenität im ganz Allgemeinen. Dass Leute aus unterschiedlichen Ecken und Richtungen sich da treffen und plötzlich anders eingebunden sind in ein Netz und vielleicht damit dann auch in so ein Viertel, als sie [es] vorher waren."[519]

Der Abgleich mit der Realität hat jedoch gezeigt, dass gerade die Gartenprojekte, in denen keine „eigenen" Beete zur individuellen Bewirtschaftung zur Verfügung stehen, häufig unter mangelndem Zulauf leiden. Die große mediale Aufmerksamkeit, die den Ausprägungen des Urban Gardening zuteil wird, hinterlässt teilweise ein verzerrtes Bild der Wirklichkeit. Insbesondere bei den mobilen Gärten in Westfalen bleibt der tatsächliche Zulauf bislang hinter den Erwartungen der Initiatoren zurück. Dass sich der große Erfolg des Berliner Prinzessinnengartens nicht ohne weiteres in anderen Städten und an beliebigen Plätzen wiederholen lässt, wussten auch die Gründer der mobilen Gärten in Dortmund, Münster und Bielefeld. Dennoch sorgte die Kluft zwischen Vision und Wirklichkeit speziell bei den Akteuren des mobilen Gartens „Wurm und Beere" für Unmut. Die Presse kam, aber der große Zulauf an Menschen, die den Ort erst zu dem gemacht hätten, was er werden sollte, nämlich zu

---

516 Vgl. NASSEHI, „Zutritt verboten!" (2003), S. 38, sowie LAMNEK, Ambivalenz (2003), S. 49.
517 Interview Matthias Wanner, Münster, 5.10.2012.
518 Vor der Umbenennung in „Wurm und Beere" lief das Gartenprojekt unter dem Namen „Interkulturelle GartenOase". Aufgrund des Ausbleibens von Teilnehmern mit Migrationsgeschichte nahmen die Initiatoren von dieser Eigenbezeichnung Abstand.
519 Interview Matthias Wanner, Münster, 5.10.2012.

einem sozialen Treffpunkt, blieb größtenteils aus. („Bislang hab' ich's nicht so wahrgenommen, dass da so ein großer Drang wirklich von einer breiteren Schicht ist, zu sagen: Yeah, yeah, wir gehen jetzt da irgendwie raus und gärtnern.")[520]

Auf der Suche nach Gründen kann man über verschiedene Faktoren mutmaßen. Zum einen stellt sich in einer Stadt wie Münster mit hohem Grünflächenanteil und unmittelbarer Nähe zum landwirtschaftlich geprägten Umland die Frage nach dem Bedarf. Zum anderen ließe sich darüber spekulieren, ob mobile Gartenprojekte nicht vielleicht doch von einem eher avantgardistischen Milieu getragen werden, das außerhalb der Millionenstädte zu verstreut wohnt. Zudem gehörte das Projekt „Wurm und Beere" zu den eher theorielastigen Experimenten, die Gefahr laufen, über die ideologischen, ökologischen und sozialen Hintergründe die konkrete und ganz pragmatische Alltagspraxis des gemeinschaftlichen Gärtnerns zu vernachlässigen. So räumte auch einer der Mitbegründer selbstkritisch ein, dass die Kerngruppe es nicht geschafft habe, mit einer regelmäßigen Präsenz das Bild einer lebendigen Gartengemeinschaft auszustrahlen, und dass die Mitarbeit einer „Garten-Omi" gefehlt habe.[521]

Zudem mussten die Initiatoren erkennen, dass die Wohnortnähe maßgeblich dazu beiträgt, eine Bindung zum Garten aufzubauen. Wenn sich der Gang zum Garten nicht ohne Weiteres in die alltägliche Lebenspraxis einbetten lässt, bleibt der erhoffte Aneignungs- und Vergemeinschaftungsprozess aus.

> „Und *das* wurde mir im Laufe des Projekts klar: Das funktioniert, glaub' ich, einfach nicht, dass Leute von weiter her in irgendeinen Garten pendeln. Das muss einfach ein naher Weg sein. Das muss bei mir um die Ecke sein! Ich darf da nicht erst eine halbe Stunde Anfahrt haben, bevor ich da irgendwas mache, weil nicht nur im Sommer oder zur Erntezeit, wenn's dann wirklich drum geht, eigentlich fast täglich da zu sein, ist es wichtig, in der Nähe zu wohnen, sondern auch insgesamt für die Bindung".[522]

Vor diesem Hintergrund ist auch die vielgepriesene Mobilität der mobilen Gärten mit Vorsicht zu genießen, denn die Tatsache, dass ein Garten umziehen kann, besagt noch nicht, dass auch die Menschen mitziehen. Dass es z. B. im Fall des Internationalen Mädchengartens in Gelsenkirchen nicht zur Abwanderung der Teilnehmerinnen gekommen ist, liegt vermutlich daran, dass es sich bei den zwei Ortswechseln um eine minimale Entfernung von nur einer Gehminute handelt.

Während der teilnehmenden Beobachtungen war die hohe Identifikation der Mädchen mit dem Projekt nicht zu übersehen. Obwohl der Garten zweimal seinen Standort wechseln musste und in der Interimsphase nur notdürftig ausgestattet war, blieben die Mädchen dem Projekt treu. Da viele der Kinder und Jugendlichen seit den Anfängen im Jahr 2007 dabei sind und sozusagen mit dem Gartenprojekt groß wurden, erzählten sie in den informellen Gesprächen ausgiebig von den vielen Erinnerungen, die sie im Mädchengarten gesammelt haben. Es wurde deutlich,

---

520 Ebd.
521 Telefongespräch mit Matthias Wanner, 7.8.2012, Gedächtnisprotokoll.
522 Interview Matthias Wanner, Münster, 5.10.2012.

dass der Besuch des offenen Gartentreffs eng mit der Biographie der Mädchen aus Schalke verwoben ist, zumal sie dort soziale Kontakte pflegen und ausbauen können:

> „Ich finde das hier sehr schön, dass man nicht nur mit Freunden hier ist, auch mit ganz anderen Kindern und auch mit anderen Kindern spielen kann und neue Freundschaften aufbauen kann."[523]

Im Internationalen Mädchengarten geht es über die diskursive Verhandlung von Inklusion hinaus vor allem um eine praktische Umsetzung der Idee einer inklusiven Gemeinschaft von Mädchen, die sich über die Begrenzungen von Herkunft, körperlicher und/oder geistiger Leistungsfähigkeit und Schulbildung hinwegsetzt. Neben den wöchentlichen Treffs mit Schülerinnen einer Förderschule fühlen sich geistig und/oder körperlich beeinträchtigte Mädchen auch bei den übrigen Gartentreffs willkommen. Bei der Anlage des Mädchengartens wurde großer Wert auf einen barrierefreien Zugang gelegt, der auch Rollstuhlfahrerinnen die Teilhabe am Projekt ermöglicht.[524] Für den derzeitigen Standort, der langfristig genutzt werden kann, sucht die Leiterin noch nach Finanzierungsmöglichkeiten für den Bau eines Gartenhauses und einer Toilette, die auf die Bedürfnisse von Rollstuhlfahrerinnen ausgelegt sind. Darüber hinaus ist für eine Teilnehmerin mit eingeschränktem Sehvermögen die Anlage eines Duftgartens geplant:

> „Wir haben ein kleines Mädel bei uns in der Gruppe, die sehbehindert ist. [...] Und da müssen wir, mit ihr zusammen werden wir dann gucken, was braucht sie. Also klar, so klassisch sind natürlich so Duftgeschichten, aber auch nochmal mit ihr zusammen gucken, wie sie sich durch den Garten bewegt und was sie dann an Orientierungspunkten noch braucht. Aber das sind alles Sachen, die sich jetzt so langsam in den nächsten Jahren entwickeln werden."[525]

Die Praxis einer inklusiven Gesellschaft, in der jeder Mensch, ungeachtet von individuellen Fähigkeiten, Alter, Herkunft oder Geschlecht, die Möglichkeit einer vollständigen und gleichberechtigten Teilhabe hat, braucht keine künstlich hergestellten Situationen, sondern lebensnahe Zusammenhänge.

Ein Garten bietet für dieses Anliegen einer heterogenen Gemeinschaft eine adäquate Umgebung, da hier unterschiedliche Interessen und Fähigkeiten ein gemeinsames Dach finden. In die Lippstädter Gartengemeinschaft ist z. B. auch ein Frührentner mit psychischen Problemen eingebunden, der seit seiner Kindheit ein Faible für staatenbildende Insekten hat und sich für deren Schutz engagiert. Seine Arbeit im Garten kommt auch den anderen Nutzern zugute. An der Trockenmauer, die entlang seines Blumenbeets mit den unzähligen Stockrosen und Dahlien verläuft, hat er Ameisenvölker angesiedelt, für die sich auch die Schulklassen und KiTa-Kinder interessieren. Um der Nacktschneckenplage Herr zu werden, hat er Weinbergschnecken im Garten als natürliches Bekämpfungsmittel ausgesetzt. Im Interview erzählt mir Hartmut, dass er sich im Garten wohl fühlt, weil sich die

---

523 Interview Mädchengarten, Gelsenkirchen, 19.5.2011.
524 Lediglich während der Gartensaison auf der Interimsfläche konnte dieses Prinzip der Barrierefreiheit nicht umgesetzt werden.
525 Interview Renate Janßen, Gelsenkirchen, 13.7.2012.

Gemeinschaftsgärtner gegenseitig annehmen und in ihrer Unterschiedlichkeit respektieren:

> „Das hat sich so entwickelt: Der Pietro Basile, ähm, hatte vor zwei Jahren halt diese Idee gehabt, diesen Garten hier anzulegen. [...] Und ihm war's halt auch wichtig, weil wir überall hier so halt ja Multikulti sind, weil wir so viele Kulturen hier in Lippstadt haben, dass sich jeder so ein Stück Garten nehmen konnte und dass wir uns gegenseitig auch so anfreunden konnten, uns helfen können gegenseitig und annehmen können und dass halt ein reger Austausch hier ist. Ja, und das ist hier uns halt gut gelungen. [...] Die kommen dann hier vorbei, die Kinder, die gucken dann auch überall. Dann lass ich hier auch, lass ich immer so ein paar Weinbergschnecken hier rumlaufen halt, dann schreien sie dann: ‚Ah' und ‚Oh'. Ja und mit den Ameisen dann auch dann halt, dann zeig' ich denen halt so ein Ameisenvolk, sind sie oft dran interessiert."[526]

Auf die Frage, was ihm der Garten bedeutet, antwortet er:

> „Der bedeutet für mich Entspannung, Freude an den Pflanzen, wie das alles so gedeiht, wie das alles so wächst, wenn da die Hummeln kommen und die bestäuben, wenn da so ein Gebrumme hier ist. Und ja, einfach ein Gefühl von Freiheit, Unbekümmertheit, ist irgendwie einfach ein schönes Gefühl. [...] Wir treffen uns hier oft auch an der Hütte dahinten, an der Grillhütte, und da plauschen wir und wir reden miteinander. Das ist sehr angenehm auf jeden Fall."[527]

Es ist gerade diese Nähe zur Alltagspraxis, die diese Orte zu Vorzeigemodellen kulturellen und sozialen Miteinanders macht. Kulturelle Vielfalt drückt sich bereits in der Anlage der Gärten aus. Im Internationalen Garten Lippstadt wird durch die Aufteilung der Gartenfläche in Einzelbeete jedem Parzellenpächter (samt Familie) die Möglichkeit gegeben, jene Gemüse- und Obstpflanzen anzubauen, die er/sie als sinnvoll erachtet, weil sie z. B. auf dem eigenen Speiseplan stehen. Diese enge Verbindung zwischen kulinarischer Tradition (an der gerne festgehalten wird) und selbständiger, produktiver Tätigkeit verleiht den Akteuren eine Souveränität, welche die gängigen Integrationsdebatten, in denen Menschen mit Migrationsgeschichte lediglich als Empfänger staatlicher Fürsorge auftreten, unterläuft.[528] Wie essentiell die Esskultur für das Alltagsleben der Gemüsegärtner ist, zeigte sich in den Interviews auf verschiedenste Weise: Da die Gespräche meist im Garten geführt wurden, präsentierte man stolz die vielen Gemüse- und Obstpflanzen, und stets wurde die Verbindung zu landestypischen Speisen der Herkunftskultur hergestellt. Gemeinschaftsgärtner, für die ein Interview in deutscher Sprache nicht einfach zu bewältigen war, blühten geradezu auf, sobald sie anfingen, von der Ernte auf die daraus gewonnenen Speisen überzuleiten.

In den Interkulturellen Gärten wird auch mit Saatgut aus den Herkunftsländern der Akteure experimentiert. Viele Migranten vermissen den speziellen Geschmack

---

526 Interview Hartmut, Lippstadt, 8.7.2011.
527 Ebd.
528 Vgl. MÜLLER, Grenzöffnungen (2007), S. 192.

der Gemüsesorten, die sie aus ihrer Heimat kennen, da die Supermärkte in Deutschland nur ein begrenztes Repertoire anbieten. Aufgrund unterschiedlicher klimatischer Bedingungen gedeiht jedoch nicht alles, wie ein Gemeinschaftsgärtner aus dem Libanon berichtet:

> „Ich hab' versucht hier machen gleichen, aber Wetter nicht gleich. Nicht alles passt, ja. [...] Zum Beispiel diese wie Gurken, aber heißt Fildi-Gurken. Fast nicht, weil keine Sonne, und klappt nicht. Die Gurken hier von Deutschland klappt, aber diese nicht, weil die brauchen immer viel Sonne. Kommt keine Sonne."[529]

Auch im Interkulturellen Garten in Minden starten einige Hobbygärtner Versuche mit Saatgut, das sie sich von Verwandten aus ihrem Herkunftsland haben schicken lassen oder untereinander austauschen:

> „Also jeder wird irgendwo aus seinem Heimatland irgendwelche Sachen anbauen, mal gucken, was wächst, was nicht wächst. Viele der Sachen, die zum Beispiel bei uns in der Türkei, wie sie schon sagte mit der Aubergine, die wächst hier nicht so gut, weil, es fehlt einfach die Wärme, da muss man mal gucken, experimentieren."[530]

Teilweise wird mit Konstruktionen aus Folie oder dergleichen versucht, den Wärme- und Lichteinfluss zu erhöhen. Das Bedürfnis nach den Lebensmitteln der Heimat zeigt, wie essentiell die Esskultur für die eigene Identität ist und dass sie als Zeichen von Lebensqualität von unschätzbarem Wert insbesondere für diejenigen ist, deren Biographie durch die Auswanderung eine Zäsur erfahren hat.

Sudha, eine Tamilin, die als Flüchtling aus Sri Lanka emigriert ist und sich am Interkulturellen Garten in Minden beteiligt, präsentierte während des Interviews das Saatgut, das sie sich aus Sri Lanka hat schicken lassen. Tagtäglich kocht sie für ihre Familie landestypische Gerichte aus ihrem Heimatland. Nicht nur die Zutaten, auch die Verarbeitung von Lebensmitteln unterliegen in der globalisierten Welt noch einer kulturellen Prägung: Beispielsweise werden Tomaten von ihr im grünen Zustand zubereitet und verspeist. („Nix extra Sorte, einfach grün ernten.")[531] Sie und ihr Mann erzählen von der Bedeutung, welche die Pflanzenaufzucht in Sri Lanka hatte: Die Feld- und Gartenarbeit diente der Lebensgrundlage und wurde in erster Linie von Männern verrichtet, auch wenn mitunter die Frauen aushalfen. So war die Jugend von Sudhas Mann durch die Arbeit in dem großen Bananen-, Ananas- und Tabakfeld geprägt. („Regierung nicht helfen. Alles eigene Land, eigene Feld und arbeiten.")[532] Sudha hingegen bringt nur wenige Erfahrungen in der Gartenarbeit mit, obwohl sie in einer Umgebung aufwuchs, in der die Landwirtschaft einen selbstverständlichen Bestandteil der Alltagspraxis ihrer Familie darstellte.

Seit ihrer Auswanderung nach Deutschland[533] ist der Interkulturelle Garten in Minden die erste Möglichkeit für die fünfköpfige Familie, an die heimatliche Subsistenzwirtschaft – nun in Form eines Hobbys – anzuknüpfen. Bevor die

---
529 Interview Mahmoud, Dülmen, 30.8.2011.
530 Interview Mustafa, Minden, 11.10.2011.
531 Interview Sudha, Minden, 11.10.2011.
532 Interview Sudhas Ehemann, Minden, 11.10.2011.
533 Sudha ist 1996 ausgewandert, ihr Mann kam 1989 nach Deutschland.

Idee zur Gründung eines Interkulturellen Gartens aufkam, hatten sie sich nach einem Kleingarten erkundigt; aufgrund der geforderten Abstandszahlung in Höhe von 3000 Euro wurden die Pläne jedoch verworfen. Sudha möchte, dass ihre Kinder ein Verständnis dafür entwickeln, wie Gemüse entsteht. Neben dem Motiv der Umweltbildung liegt ihr besonders die interkulturelle Gemeinschaft am Herzen und die damit verbundene Gelegenheit, ihre Deutschkenntnisse zu verbessern, da sie sich im Kreis der Familie in ihrer Muttersprache unterhält.

> „Ich spreche mit hier immer hier Hause unsere Sprache, ja. Spreche viel, lernen Deutsch und viele gute Freundinnen ich finden. [...] Machen, das ist gut. Ja mit andere Kultur lernen auch. Und andere lernen Kultur lernen."[534]

Für Sudha bedeutet die Beherrschung der deutschen Sprache auch ein Stück Emanzipation, da sie im Alltag unabhängiger und selbständiger wird: „Ja, vorher mein Mann immer mitkommen mit mir. Ich gehe alleine! [lacht]".[535] Sudha war von Beginn an in den Aufbau des Interkulturellen Gartens involviert und hat sich dabei auch Kompetenzen angeeignet, die weit über das eigentliche Gärtnern hinausgehen: „Immer mehr lernen. Viel mehr Wörter lernen, mehr weiß, wie machen Garten und wieso. Ich lerne jetzt, wie ein Projekt machen, ja. Ich vorher ich weiß nicht, wie so ein Projekt machen."[536]

Auch Ayten und Figen aus der Türkei gehören zu den Mitinitiatorinnen und schätzen das Projekt in erster Linie dafür, dass es Menschen mit unterschiedlichen kulturellen Hintergründen zusammenbringt. Einerseits sei es die Ruhe im Garten, die ihn so anziehend mache, auf der anderen Seite genieße sie auch das zwanglose Miteinander und die Möglichkeit, voneinander zu lernen, betont Ayten, und Figen ergänzt, dass ihr auch die kulturelle Vielfalt im Garten gefalle.[537]

Dennoch sind die Interkulturellen Gärten keine Selbstläufer und der Frieden im Garten keine Selbstverständlichkeit. Wenn so viele Menschen mit unterschiedlichen Hintergründen und Erwartungen aufeinandertreffen, verläuft das Miteinander nicht immer reibungslos. In Fragen der gegenseitigen Rücksichtnahme und Akzeptanz sind alle Akteure unabhängig von ihrer Herkunft gleichermaßen gefordert, sich der Frage zu stellen, wie sich divergierende religiöse und/oder weltanschauliche Hintergründe miteinander vereinbaren lassen. Integration wird im Garten als Prozess verstanden, der eine Annäherung von allen Seiten beinhaltet. Obgleich in vielen Fällen eine Auseinandersetzung vermieden wird, gibt es Situationen, in denen Diskussionen und Absprachen unabdingbar sind:

> *Irene:* Also es gibt, sagen wir mal, zwei Punkte, wo es einfach einen konkreten Bezug hat, das ist einmal, wenn wir Feste machen, dass es klar sein muss, dass Essen mit Schweinefleisch gekennzeichnet sein muss, und dann, da hatten Jutta, ich ja neulich auch noch mal so eine kleine Reiberei: das Thema Alkohol, ja oder nein? Das wird natürlich. Ich sagte, ich möchte auf jeden Fall das freigestellt haben, wenn jemand auf dem Ern-

---
534 Interview Sudha, Minden, 11.10.2011.
535 Ebd.
536 Ebd.
537 Interview Ayten und Figen, Minden, 11.10.2011.

tefest ein Bier oder einen Wein trinken möchte, dann soll er das tun. Ich weiß, Mustafa sieht das, sagen wir mal, mehr von seiner religiösen Seite und möchte es eigentlich gar nicht haben. Und da hatten wir zum Beispiel fürs Winterfest ganz also klar gesagt: ‚Wir bieten das nicht an'. Nee, am Winterfest hatten wir keins. Da war das kein Thema. Aber –

Gisela: Aber wir haben nicht ‚Weihnachtsfeier' gesagt, sondern ‚Winterfest'.

Irene: Wobei das schon für manche christlichen Leute schwer zu schlucken war, dass es kein Weihnachtsfest war, oder nicht weihnachtlich genug war, aber wo ich sage: Ich bin nicht christlich und nicht muslimisch, ich bin gar nichts, ich möchte auch kein Weihnachtsfest!

Gisela: Trotzdem haben wir uns über die Engelchen gefreut.

Irene: Weil ich denke, alle Christen haben genug Gelegenheit, Weihnachtsfeste und Weihnachtsfeiern und so zu feiern, wir müssen's im Garten nicht auch machen, und das dann noch zu endlosen Themen hochstilisieren und Diskussionen führen, weil, wir können auch sagen: Wir machen ein Winterfest. So.

Gisela: Also es gibt schon diese verschiedenen Haltungen dazu, und ich würd' sagen, wir haben das noch nicht zu Ende diskutiert [lacht].

Peter: Ja, weil das einfach nicht so intensiv Thema ist. [...]

Gisela: Aber so in der Gemeinschaft haben wir dann doch entschieden, es ist nicht Weihnachtsfest. Und für uns gilt Toleranz und Respekt voreinander als höchstes Gut, oder so als sehr wichtig, und daher wollen wir auch, dass eben alle zufrieden sein können, und wir möchten nicht, dass die Muslime etwas essen, nachher drauf kommen: Da war Schweinefleisch drin, und dann kotzen gehen, auf gut Deutsch, ne. Daher machen wir eben die Erfahrung, und da ist für uns auch der Interkulturelle Garten als Gemeinschaft ein Lernfeld, wo wir dann auch lernen, wie machen wir das am besten? Und wo auch verschiedene Leute eben dann ihre Meinung sagen und vielleicht da ein bisschen auch aneinander geraten. So wie ihr zum Beispiel, das gehört dazu. [...] Wir sind auch keine heile Welt."[538]

Dieser Interviewausschnitt zeigt, wie intensiv sich die Akteure mit unterschiedlichen Sichtweisen und Lebensentwürfen auseinandersetzen. Die Aushandlungsprozesse erscheinen notwendig und zielführend und lassen sich auf geradezu paradigmatische Art als „Lernfeld" auf die Erfordernisse einer solidarischen, interkulturellen Gesamtgesellschaft übertragen.

Die Gärten bieten den Akteuren die Chance, kulturelle, soziale, ethnische oder religiöse Unterschiede hintanzustellen und stattdessen beim Arbeiten, Ausruhen und Feiern Gemeinsamkeiten zu entdecken.

Überhaupt sind die Gemeinschaften, die sich in den Gärten bilden, äußerst heterogen, wie auch die Forschungen von Christa Müller, Sabine Peter und

---

538 Gruppeninterview Minden, 27.9.2012.

Nadja Madlener bestätigen.[539] Rentner treffen auf junge Familien mit Kleinkindern und ledige Singles, Akademiker auf Analphabeten, Arbeitslose auf Wohlsituierte, Migranten mit fließenden Deutschkenntnissen auf Menschen mit Zuwanderungsgeschichte, die der deutschen Sprache kaum mächtig sind. Was sie eint, ist das Interesse am ökologischen Gärtnern und eine Offenheit gegenüber dem Neuen, das aus diesen Begegnungen entstehen kann.

Durch die in den Internationalen Gärten praktizierte Subsistenzproduktion können Zuwanderer ebenso wie Deutsche ihr Umfeld aktiv gestalten, gemeinwohlorientiert handeln und sich selbst als Gastgeber präsentieren, zu Essen und Trinken einladen und die Früchte ihrer Arbeit verschenken. Auf diese enge Verzahnung von Subsistenzproduktion als Teil der informellen Ökonomie und Vergemeinschaftungsformen haben Mees[540] und Bennholdt-Thommsen[541] in ihren Arbeiten stets hingewiesen.

Eine weitere Stärke der Gemeinschaftsgärten zeigt sich im Hinblick auf die Situation Arbeitsloser. Die Arbeit im Garten gewinnt für diese Gruppe von Menschen eine zusätzliche Bedeutung als sinnhafte, produktive Beschäftigung jenseits der Lohnarbeit, die zwar keine vergleichbare Wertschätzung erfährt, jedoch den Alltag strukturiert. Auch wenn Arbeitslosigkeit in der Marktwirtschaft teilweise systemimmanent ist, existieren deutliche Vorbehalte gegenüber Arbeitslosen, die sich zerstörerisch auf das Selbstbild der Betroffenen auswirken.[542] Die Arbeit in einem Gemeinschaftsgarten kann in diesem Zusammenhang die Chance auf Anerkennung und soziale Integration beinhalten.

Ein Blick auf die Alltagswirklichkeiten der Akteure zeigt, wie entscheidend sich die Beteiligung an einem Gemeinschaftsgarten auf das Wohlbefinden insbesondere arbeitsloser Menschen auswirken kann. Seit der Grieche Gregorios seinen Arbeitsplatz in Deutschland verloren hat, war er mehr oder weniger zur Passivität verdammt; hinzu kommt, dass in seinem Alter, jenseits der 55, nur geringe Chancen auf eine Neueinstellung bestehen. Für ihn ist es jedoch wichtig, etwas zu leisten, sich einzubringen und seine Fähigkeiten anzuwenden. Mit der Gründung des Internationalen Mehrgenerationengartens in Lippstadt im Jahr 2008 wurde ihm diese Möglichkeit gegeben.

„*Gregorios:* „Ich bin jeden Tag immer wie viel Stunde hier Arbeit, vier, fünf, sechs, mehr mehr. [...]

Pietro: Nehmen wir an, du hättest jetzt diesen Garten nicht. Was würdest du [...] jeden Tag, am Sonntag, in der Woche, machen?

Gregorios: Gar nichts! Zu Hause bleiben.

Pietro: Zu Hause. Und was zu Hause? Fernsehen oder was?

Gregorios: Ja, Fernsehen, was anderes.

Pietro: Und hier ist besser, ne?

---

539 Vgl. MÜLLER, Wurzeln (2002); PETER, Schritte (2005); MADLENER, Lernorte (2009).
540 MEES, Städtisches Land (2010).
541 BENNHOLDT-THOMSEN, Ökonomie (2011).
542 TABORSKY, Naturzugang (2008), S. 85.

Gregorios: Hier noch besser. Kommt hier egal welche, wenn keine Termin zu Hause, nachher kommt hier und gucken bisschen, binden die Tomaten, gucken, wie sieht das [...]

Pietro: Er fühlt sich auch für die ganze Anlage zuständig, das heißt, er hat die Bäume –

Gregorios: Und die Stunde läuft [Er meint, dass die Zeit im Garten schnell vergeht, E.H.]. Weißt du.

Pietro: Ja ja. Die Zeit läuft und ist sinnvoll

Interviewerin: ... und man hat ganz viel Gemüse.

Pietro: Ja, er beliefert auch seine Kinder mit frische Gemüse und

Gregorios: Ja ja. [...] Ich weiß nicht, was sagen jetzt. Ist das gut für mich. Ich wollte nicht jeden Tag Filme gucken sowas. [...] Zu mir ist das gut, ich wollte diese, aber früher keine Garten und bleibe zu Hause. Haben große Garten mit bezahlen, aber wo. Ich Hartz IV kriegen mit meiner Frau. Das geht nicht. Brauchen 2000 Euro für jede diese. Ich habe keine. [Er meint die Ablösesumme von Kleingärten, E.H.] [...] Ich aufpassen, Wasser geben jeden Tag, immer wieder Wasser und kommt langsam, nachher bringt das hier und pflanzen, selber machen, nicht gehen in den Markt und kaufen. Die Paprika auch, die Tomaten auch, diese, guck mal, diese! Schön gepflanzen da, kommt jetzt viele, jetzt machen ab, machen in andere Platz [Er pikiert den weißen Rettich, E.H.]. Alles brauchen Arbeit! Ohne Arbeit geht nicht."[543]

Sein Wissen über die Vermehrung von Saatgut und die Aufzucht und Pflege von Pflanzen wird im Garten wertgeschätzt. Andere Gemeinschaftsgärtner, denen diese Kenntnisse fehlen, werden von ihm angeleitet und unterstützt. Darüber hinaus trägt er auch für die Gemeinschaftsfläche Sorge und übernimmt freiwillig Dienste für die Gemeinschaft, wie das Auffüllen der Wassertanks, die auf den Parzellen platziert sind. Zudem kümmert er sich um die Beete der Mitgärtner, die im Urlaub sind oder krankheitsbedingt fehlen. So wurden er und seine Frau durch ihr Engagement und ihre häufige Präsenz schnell zu einem unentbehrlichen Bestandteil einer interkulturellen Gartengemeinschaft, die sich gegenseitige Hilfestellungen leistet, sich für gemeinsame Pausen auf den Bänken niederlässt und sich unterhält.

Interkulturelle Gärten bilden somit ein gelungenes Beispiel für Integrationskonzepte, die nicht die Fehler der durch den „hegemonialen Blick"[544] geprägten und fern jeglicher Alltagsbezüge konzipierten Großkonzepte wiederholen, sondern der Forderung des Psychologen und Journalisten Mark Terkessidis nach Modellen Folge leisten, die „durch das Lernen von der kulturellen Praxis der MigrantInnen und auch durch das Lernen von praktischen, alltäglichen Formen des Zusammenlebens"[545] inspiriert sind. Anhand der Eindrücke in den untersuchten Interkulturellen Gärten wird deutlich, dass diese Projekte nicht starr am Reißbrett entworfen wurden, son-

---

543 Interview Gregorios und Pietro Basile, Lippstadt, 8.7.2011.
544 TERKESSIDIS, Kulturarbeit (2013), S. 18.
545 Ebd., S. 19.

dern durch die Gemeinschaft der Akteure geformt werden. Nur die grobe Idee des Prototyps „Internationale Gärten Göttingen" wird übernommen; letztlich geht jedes Projekt seinen eigenen Weg.

Basierend auf den Beobachtungen während der Feldaufenthalte kann die Einschätzung Christa Müllers, dass in Interkulturellen Gärten mehr Frauen als Männer zu sehen seien,[546] nicht bestätigt werden. Diese Einschätzung trifft zwar beispielsweise auf den Interkulturellen Garten Minden zu, nicht aber auf die Gärten in Lippstadt oder in Dülmen. Bezogen auf alle Gemeinschaftsgärten des Forschungssamples – also auch jene, die keinen Fokus auf Interkulturalität legen, sieht das Bild ähnlich aus. Neben Gärten mit gleicher Verteilung gibt es Gärten mit höherem Frauenanteil, ebenso wie es Gärten mit höherem Männeranteil gibt. Dass Gärtnern traditionell Frauenarbeit ist, mag für einige Teile der Welt stimmen, jedoch nicht für alle; zweitens finden auch Männer, deren Rolle traditionell in der Landwirtschaft war, im Garten eine entsprechende Weiterführung ihrer Kenntnisse und Fähigkeiten.

Eine Ausnahme bildet in diesem Zusammenhang der Internationale Mädchengarten in Gelsenkirchen, der aus bereits genannten Gründen ausschließlich Mädchen und jungen Frauen zugänglich ist. Bei den Kultur- und Bildungsaufgaben in diesem Garten spielt die Kategorie ‚Geschlecht' erklärtermaßen eine zentrale Rolle. Durch die Exklusion männlicher Teilnehmer gelingt hier eine Inklusion von Mädchen mit Migrationsgeschichte, deren Eltern Freizeitaktivitäten außerhalb von Haus und Familie skeptisch oder sogar ablehnend gegenüberstehen.

Schon 1983 haben Thomas Rommelspacher und Robert Bosshard am Beispiel türkischer Gartenanlagen im Ruhrgebiet auf die Bedeutung von Gärten als Schlüssel zur Erweiterung des Bewegungsradius von Frauen hingewiesen.[547]

4.5 Stadt und Land

> „Ich hatte auch bis vor eineinhalb Jahren auch Hühner noch, und na ja, nun bin ich in der Stadt und überlege, fährst du, ziehst du nochmal um aufs Land, oder bleibt es doch Stadt und Minden."[548]

Bereits die Titel der einschlägigen Veröffentlichungen zum Thema Gemeinschaftsgärten verweisen darauf, wie zentral die Stadt als Bezugsrahmen der Bewegung ist: „Vom Gärtnern in der Stadt", „Prinzessinnengärten. Anders gärtnern in der Stadt", „Urban gardening. Über die Rückkehr der Gärten in die Stadt" lauten die Titel einiger Publikationen zur Gemeinschaftsgartenbewegung. Die Stadt wird hier durchaus differenziert als Ballungsraum[549] mit entsprechenden Stärken (Modernität, Ansammlung von verschiedenen Talenten, Interessen und Ideen, Infrastruktur) und

---

546 Vgl. MÜLLER, Interkulturelle Gärten (2007), S. 4.
547 ROMMELSPACHER/BOSSHARD, Türkische Gärten (1983), S. 237: „Von besonderer Bedeutung ist dabei die vollständige Integration von Frauen, die auf ‚kontrollierte Öffentlichkeiten' angewiesen sind. Gerade ihr Handlungs- und Kommunikationsraum wird über die geschlossene Anlage wesentlich ausgeweitet."
548 Gruppeninterview Minden, 14.6.2011.
549 Seit dem Jahr 2008 leben nach Schätzung der WHO mehr Menschen weltweit in Städten als auf dem Land; vgl. RASPER, Gärtnern (2012), S. 10.

Schwächen (Hektik, unproduktiv, Mangel an Fläche, durchgestaltete Räume) dargestellt. Sie stellt für die Gartenprojekte eine Folie dar, vor der Perspektiven entwickelt werden.

Marco Clausen beispielsweise schildert den Prinzessinnengarten in Berlin als einen Ort „in permanentem Austausch und Dialog mit seiner städtischen Umgebung [...], an dem sich die Stadt über sich selbst und ihr Verhältnis zum Land verständigen kann. Eine solche urbane Landwirtschaft verbindet Gegensätzliches: Stadt und Land, Schaufeln und Smartphones, Beetbeschriftungen und Weblog, biozertifizierte Erde und Plastikbehälter, urbane Kultur und Bienenhaltung, Engagement und die Notwendigkeit, seinen Erwerbsunterhalt zu verdienen. [...] Die Stadt selbst mit ihren vielfältigen Lebensstilen, ihrer Ansammlung von Talenten, Interessen und Ideen ist ein entscheidender Nährboden für die Entwicklung einer solchen urbanen Landwirtschaft."[550]

Auch für die befragten Akteure aus Dortmund, Gelsenkirchen und Münster bildete der Rückbezug auf die Stadt ein deutliches Movens in Richtung der Gemeinschaftsgärten:

> „Ja, mir ist das Urbane relativ wichtig, mir ist das Gemeinschaftliche wichtig und das Grün, das dabei entsteht, wichtig. Also urban deswegen, weil ich Gärten in der Stadt als [...] ja eigentlich wirklich als Kulturimpuls empfinde und als Verschönerung der Stadt, als Belebung der Stadt. Und ja, deswegen interessieren mich vor allem auch Urbane Gärten."[551]

Die urbanen Garteninitiativen sehen sich als Teil ihrer Stadt. Sie „wollen in der Stadt bleiben und gerne auch mittendrin".[552] Das heißt aber nicht, dass sie nicht Kritik an ihrem städtischen Umfeld üben würden: Die Gentrifizierung ganzer Stadtviertel, die Zunahme an Brachflächen, die sich zu Un-Orten entwickeln, die Ausdehnung von Betonwüsten und die Überlagerung des städtischen Lebens durch Konsumangebote sehen auch sie als Problem, wie Carlos Tobisch von der UrbanOase Dortmund ausführt:

> „Das, was ich in der Entwicklung sehr, sehr kritisch betrachte ist, dass die Stadt sich selber mittlerweile versteht als Konsumort; Einkaufsstraßen sind ja das beste Beispiel. [...] Einziger Existenssinn, sag' ich mal jetzt so übertrieben, wenn du als Bewohner der Stadt da bist oder als Besucher der Stadt, ist: Du bist nur Konsum und nichts anderes. Also du bist quasi ein Geldesel, der Geld ausgeben soll. Klar spielt Geld auch eine Rolle, aber so diese Eindimensionalität geht mir gehörig gegen den Strich, weil, ich lebe nicht hier, nur um Geld auszugeben. Ich will mich einfach wohlfühlen. Und dazu gehören eben auch soziale Events, Kultur, Kunst, Sachen, die nicht so monetär irgendwie gezählt werden können."[553]

Hier deutet sich ein wesentlicher Unterschied zu den gegenkulturellen Strömungen der 1970er und 80er Jahre an: Die Gemeinschaftsgärtnerinnen und -gärtner voll-

---

550 Nomadisch grün, Prinzessinnengärten (2012), S. 53.
551 Interview Matthias Wanner, Münster, 26.4.2012; s. oben Kap. 3.10.
552 WERNER, Beheimatungen (2011), S. 56.
553 Interview Carlos Tobisch, Dortmund, 4.7.2012.

ziehen nicht die „große Geste" des Wegzugs aufs Land, um dort einen alternativen Lebensweg zu verfolgen. Im Gegenteil: Sie wollen „das Gärtnern wieder zurück in die Städte bringen",[554] wie Edith vom Grabeland der Transition-Town-Bewegung in Bielefeld betont:

> „Und das dann halt wieder hier noch stärker zu verankern und wieder diese Flächen eigentlich auch zu erhalten, damit man weiter eben Gemüseanbau auch ganz innerstädtisch betreiben kann [...] oder die Leute anzuregen, auch auf ihrem Balkon das zu machen. Da haben wir zum Beispiel jetzt zu Hause auf unserem Balkon dieses Jahr auch was ausprobiert, Kartoffeln in Reissäcken und Erdbeeren in Blumenkästen, ja. Also für mich ist das auch auf jeden Fall so, dass wir das so ein bisschen ausstrahlen wollen."[555]

Die Akteure begreifen ihre Vorstellungen einer gemeinschaftlichen, nachhaltigen und informellen gärtnerischen Praxis als Bereicherung des Lebensraums Stadt. Sie nehmen die Rückkehr der Gärten in die Städte als Gewinn wahr, erbringt sie diesen doch ein „Mehr an städtischem Leben"[556] oder anders gesagt: Die Städte können dank der Gärten ihre Stärken ausspielen und ihre Schwächen kompensieren. Die größere Anonymität in den Städten wird durch gemeinschaftliches Gärtnern durchbrochen; Brachflächen werden aufgewertet, und ehemalige ‚Nicht-Orte' werden zu „Gegenden, in denen die Menschen sich begegnen und von der gemeinsam bewirtschafteten Plattform des Gartens aus weitere Berührungspunkte entdecken".[557]

Ein Dortmunder Gemeinschaftsgärtner drückt dies so aus:

> „Also der Trend, den man aktuell nachvollziehen kann, ist auf jeden Fall ein Trend Richtung Stadt. Einem Wachstum der Städte, also jetzt nicht aller Städte, aber wenn man sich mal überlegt, viele Jugendliche, viele junge Erwachsene kommen halt in die Stadt einfach wegen Ausbildung und aber auch viele ältere Personen einfach aufgrund der besseren medizinischen Versorgung. Und man kann auf jeden Fall in den letzten paar Jahren 'ne Entwicklung hin zur Urbanität wieder erkennen, und aber das Verständnis von Stadt hat sich halt auch geändert so ein bisschen, also zumindest in meinen Augen, und ich glaube auch, dass das auch ein Trend ist, dass man eben – Stadt ist halt nicht nur, muss halt nicht nur noch funktionieren, so im Sinne von ‚ja, ich brauch' da 'ne Ausbildung' oder so, sondern man hat irgendwie auch 'ne, 'ne andere Vorstellung von Lebensqualität in der Stadt. Und im Ruhrgebiet ist es halt gerade ziemlich krass, weil, Strukturwandel gibt's ja auch schon seit Jahren, es fallen extrem viele Industrieflächen weg, es gibt extrem viele Brachflächen, die einfach da liegen und mit denen nix passiert, und es ist einfach im Prinzip Raum, der genutzt werden kann, von Leuten, die wiederum eigentlich in der Stadt aufgrund von, seien es jetzt Mietkosten zum Beispiel, keinen Raum finden können. Und das, find' ich, ist genauso diese Schnittstelle

---

554 Interview Edith, Bielefeld, 8.9.2012.
555 Ebd.
556 Nomadisch grün, Prinzessinnengärten (2012), S. 53.
557 MÜLLER, Urban Gardening (2011), S. 23.

zu sagen so: ‚Hey, dieser Raum, diese Fläche ist einfach nur *da*, und mit der passiert überhaupt nix. Warum sollten wir die nicht einfach irgendwie temporär nutzen und die Lebensqualität in welcher Art auch immer verbessern halt, ne?!' Und wenn du Lebensqualität im öffentlichen Raum verbesserst, verbesserst du auch die Sozialität! Na, weil, da kommen Leute zusammen, die aktiv werden, die dann auch mal sagen, so: ‚Okay, ich hab' eigentlich Lust, irgendwie was zu machen, irgendwie sagen wir jetzt einfach mal die Arbeit, meine Arbeit erfüllt mich nicht, ich würde gerne irgendwie so in meinem privaten Bereich irgendwas machen so, das fänd' ich cool, da was mitzumachen.' Also die werden nochmal ganz anders kreativ, und die kommen halt einfach auch zusammen. Und in Dortmund ist es halt auch so, da hast du extrem viele [...] viele soziale Gruppierungen, viele Ausländer, viele Türken, hier im Gebiet jetzt ganz viele Tamilen, viele Studenten auch, viele erwachsene Leute, und die kommen halt einfach alle zusammen, und das, was die eint, ist halt irgendwie so ein Interesse an, ja, an Kultur, an Kunst und Kultur und öffentlichem gemeinsamen Leben so. Und dafür, glaub' ich, dass, ja dass gerade so Brachflächen halt einfach ein riesengroßes Potential beherbergen, das man nutzen *kann* und nutzen *sollte*. Und ich glaub', dann kommt halt auch noch so ein Aspekt dazu, der aus den leeren Kassen von den Städten gerade resultiert. Ich mein', Dortmund hat wie viel Millionen Schulden? Weiß ich nicht, irgendwie so ein schwarzes Loch, wie auch immer. Die sind halt irgendwie auch begrenzt in ihren Kapazitäten. [...] Und da können halt irgendwie gerade so private Leute das halt irgendwie unterstützen und ihre eigenen, ihre eigene Kreativität und Energie und Kapazität halt mit einbringen, und dann geht sowas halt auch deutlich schneller. Dann haben wir eben die Kapazität, auch mal 'ne Brachfläche irgendwie anderweitig zu nutzen."[558]

Überdies sollen die Städte – so die Vision der Gemeinschaftsgärtner – zum Ausgangspunkt einer politischen Kultur werden, die das Wachstumsparadigma in Frage stellt und gesellschaftliche, ökonomische und ökologische Transformationsprozesse vordenkt.[559]

Der gesellschaftliche Nutzen, der durch die alle Bereiche des Lebens umfassende Gemeinschaftsgartenkultur erzielt wird, bleibt aber nicht auf die Städte beschränkt, sondern wirkt auch auf das Land zurück, wie Martin Rasper anmerkt:

„Ich bin überzeugt, dass das urbane Gärtnern in den kommenden Jahren unsere Städte verändern wird, und nicht nur sie. Die Erfahrungen, die hier gemacht werden, die Kompetenzen, die erworben werden, die neuen Formen, die hier entstehen, werden zurückwirken aufs Land. Das Verhältnis zwischen Stadt und Land wird neu definiert, es wird vielfältiger, differenzierter. Stadt – Land, das ist nicht mehr unbedingt ein Gegensatz, es entwickelt sich zu einem Verhältnis der Ergänzung, der wechselseitigen Beziehungen".[560]

---

558 Interview Carlos Tobisch, Dortmund, 4.7.2012.
559 MÜLLER, Urban Gardening (2011), S. 24f.
560 RASPER, Gärtnern (2012), S. 14.

Auch wenn gewisse Stereotype sich als erstaunlich langlebig erweisen, so deutet sich doch an, dass das Denkmodell eines krassen Gegensatzes von Stadt und Land gegenüber der Idee von sich ergänzenden, aufeinander bezogenen Lebensbereichen an Einfluss verliert, wie auch Christa Müller konstatiert: „Dichotomien der europäischen Moderne, nämlich die zwischen Stadt und Land, zwischen Gesellschaft und Natur" geraten derzeit ins Wanken und erodieren.[561] Und in der Tat scheinen Gegensatzpaare wie derjenige von Technik, Hektik, pluralisierten Lebensstilen und Interessen auf der einen Seite (Stadt) und von Einfachheit, Ruhe und Zurückgezogenheit (Land) auf der anderen Seite nicht mehr ausreichend zur Beschreibung gesellschaftlicher Aggregatzustände.

Was bleibt, ist die Sehnsucht nach Beheimatung[562] und Gemeinschaft, nach Nachhaltigkeit, Natürlichkeit[563] und Entschleunigung, die weniger stark an die Großstadt gekoppelt sind, als es den Anschein haben mag. Die empirischen Daten dieses Forschungssamples zeigen, dass nicht nur in den Metropolen, sondern auch in Klein- und Mittelstädten wie etwa Lippstadt, Dülmen oder Minden ein Bedürfnis nach kompensatorischem Ausgleich besteht. Da die Pflege eines Gartens mit einem anderen Zeitverständnis einhergeht – orientiert an Jahreszeiten, Tageslicht und Wetterbedingungen – werden die Arbeit und der Aufenthalt im Garten als wohltuende Abwechslung zum vorherrschenden monochromen Zeitverständnis wahrgenommen. In der folgenden Aussage einer (ehemaligen) Gemeinschaftsgärtnerin aus Minden kommt dieses Bedürfnis nach Entschleunigung in einer deutlich gesellschaftskritischen Variante zum Ausdruck:

> „Unser allgemeines Leben heute, das ist derartig beschleunigt. Und egal, ob man jetzt [...] egal in welchem Beruf man ist, ja, und egal, ob man Mutter ist oder ob man keine Kinder hat, man ist in einem derartigen Tempo heute, und jeder hat den Eindruck, es ist einer mit 'ner Peitsche hinter dir her, und man kann nur, besonders wenn man auch in Städten lebt, allein in den Geschäften auf der Straße, überall ist ein enormes Tempo und ein Druck, man kann sich nur zu Hause selbst eine Insel schaffen, so empfinde ich das. Ich kann mir nur zu Hause eine Insel der Ruhe schaffen. Sobald ich den Fuß vor die Tür setze, dann bin ich einfach in dieser Hektik des Alltags. Und da gehört so ein Garten, das ist so, so ein Stück Entschleunigung, es gab vor Jahren, gab's dieses Buch von Sten Nadolny, ,Die Entdeckung der Langsamkeit', zum Beispiel, ja, oder einfach dieses, oder auch Hape Kerkeling, ,Ich bin dann mal weg'. Man

---

561 MÜLLER, Urban Gardening (2011), S. 23.
562 Zur Untersuchung von Praktiken der Beheimatung im Rahmen der Gegenwartsanalyse s. BINDER, Heimat (2008), bes. S. 11ff.
563 Dies wird von einer Gemeinschaftsgärtnerin ganz konkret als Sehnsucht nach „Land" beschrieben: „Also ich glaube schon, dass viele Menschen inzwischen oder vielleicht schon länger danach gesucht haben, nicht bewusst ak-, nicht wirklich aktiv geworden sind und jetzt einfach merken: Mensch, mir fehlt auch was, wenn ich in 'ner Stadt lebe, ich möcht irgendwie, [...] ja die Sehnsucht nach Land, die Sehnsucht, mal wieder einfach mit den eigenen Händen in der Erde zu wühlen, zu merken, das tut mir total gut, als immer nur irgendwie acht Stunden am Schreibtisch, vor allen Dingen eben vermehrt am Computer zu sitzen oder nur noch am Computer zu sitzen, so als Ausgleich, ja, vielleicht, ich denke, das musste so lange, brauchte so lange, bis Menschen einfach an den Punkt kommen, um zu merken: Da gibt's dann doch noch was anderes" (Interview Anke, Münster, 7.9.2012).

kann dann auch sagen: ‚Ich bin dann mal weg, ich bin in meinem Garten'. Also es ist so ein Stück: Jetzt lasse ich diesen Alltagsverkehr und dieses einfach, dass man funktionieren muss im Alltag wie ein Rädchen, das lass ich jetzt hinter mir."[564]

Ihre Sinngebung erfahren die Gemeinschaftsgärten als Gegenwelt zu den Arbeits- und Alltagserfahrungen der ‚digital natives', die in Klein- und Großstädten ähnlich wahrgenommen werden. Das allgegenwärtige Bemühen um Effizienz- und Effektivitätssteigerung und das Erfordernis größtmöglicher beruflicher Flexibilität und Mobilität,[565] die viele Arbeitsumfelder prägen, wecken die Sehnsucht nach einem Gegenpart, der Entschleunigung und Ankommen – also ein ‚Wurzeln-Schlagen'[566] – ermöglicht.[567]

Im Hinblick auf die Stadt-Land-Thematik ist interessant, wie differenziert die Städte als Bezugsrahmen für die Gemeinschaftsgärten in der einschlägigen Literatur beschrieben werden und wie undifferenziert „das Land" wahrgenommen wird: Probleme des ländlichen Raums wie Abwanderung, massive Schrumpfungsprozesse, die Auswirkungen des demographischen Wandels, enorme Strukturprobleme und eine in weiten Teilen hochintensive, industrialisierte Landwirtschaft kommen kaum jemals zur Sprache. Auf dem solcherart zu beschreibenden „Land" gibt es freilich keinen Mangel an Flächen. Im Gegenteil: Viele Dörfer und Kleinstädte sind – ebenso wie immer mehr größere Städte auch – als „perforiert", als von „innerer Auszehrung betroffen" zu beschreiben.[568] In ihren Zentren breiten sich scheinbar unkontrolliert Brachen, Abrissgrundstücke und Leerstände aus, ein Wandel des inneren Kleinstadt- bzw. Dorfbildes scheint unabwendbar; daran ändern auch die in immer kürzeren Abständen an den Dorf- und Kleinstadträndern vorgenommenen Erschließungen neuer Baugebiete nichts. In dieser Situation könnte sich in Form der Gemeinschaftsgärten eine Lösungsmöglichkeit andeuten, die sich auch für Kleinstädte und Dörfer als gewinnbringend erweist. Auch hier besteht sich ständig erhöhender Bedarf an Begegnungsstätten, an der Integration von Migrantinnen und Migranten, an der Ermöglichung von Teilhabe für Benachteiligte, wie das hier zugrunde liegende Forschungssample eindrücklich beweist. Wenn auch das Thema Urbanität in den kleineren Städten des Samples wie Dülmen oder Lippstadt deutlich seltener reflektiert wird, so wird doch der Beitrag der Garteninitiativen zu einem verbesserten innerstädtischen Miteinander sehr deutlich wahrgenommen. Die Gärten werden durchaus als Chance begriffen, innerstädtische Strukturprobleme in den Griff zu bekommen.

Wichtiger scheint aber zu sein, dass die neuen Gärten auch die Chance auf eine neue Sicht auf Landschaft und Natur implizieren. Durchgestaltete, ordnungsbetonte Räume kennzeichnen sowohl Städte als auch Dörfer. Gemeinschaftsgärten bieten in diesem Kontext die Möglichkeit, andere Ordnungsvorstellungen und ggf. auch

---

564 Interview Brunhild, Minden, 14.6.2011.
565 Vgl. zur Binnenmigration innerhalb Deutschlands: http://www.statistik-portal.de/Statistik-Portal/de_jb01_jahrtab5a.asp (Stand 24.7.2013).
566 MÜLLER, Wurzeln (2002).
567 Das Wurzeln-Schlagen wird in der Literatur vor allem als Chance auf dem Weg zum Miteinander in der multikulturellen Gesellschaft diskutiert; vgl. PETER, Schritte (2005), S. 105. Das Bedürfnis nach Beheimatung beschränkt sich aber keineswegs auf den Kreis der Zuwanderer.
568 Vgl. KIL, Stadtpark (2010), S. 23.

Wildnis zuzulassen: „Mit dem Abschied von der Illusion grenzenlosen Wachstums müssen sich die verbreiteten Ideale urbaner Schönheit wandeln – sonst werden wir an den Bildern der Schrumpfung verzweifeln."[569]

Wie dies aussehen kann, zeigt sich quasi paradigmatisch in Andernach am Rhein, einem kleinen, gerade einmal 30 000 Einwohner zählenden Städtchen, das sich seit 2010 unter dem Titel „Essbare Stadt Andernach" dem Motto „Pflücken erlaubt statt Betreten verboten" verschrieben hat.[570] Kurz gesagt geht es um eine „integrierte Siedlungs- und Städtebaupolitik",[571] bei der „Ökologie, Ökonomie und Soziales Handeln Hand in Hand" gehen.[572] Durch die Nutzung städtischer Grünflächen für den Anbau von Nutzpflanzen wurde eine veränderte Wahrnehmung dieser Flächen in die Wege geleitet:

> „Wir wollen, dass die Bürger die öffentlichen Flächen wieder mehr als ihre eigenen wahrnehmen', erklärt mir [= Martin Rasper] die Stadt Andernach in Person von Lutz Kosack. Als die Leute vom Essbare-Stadt-Projekt anfangs eine kleine Umfrage machten, wie die Bürger denn die öffentlichen Flächen wahrnähmen, kam oft die Antwort: Ach, das ist von der Stadt. ‚Die Bürger hatten gar nicht das Gefühl, dass die Flächen auch ihnen gehören', sagt Kosack".[573]

Für die Stadt Andernach, die für dieses bis dahin deutschlandweit einzigartige Projekt mehrfach ausgezeichnet wurde,[574] erwies sich das neue Konzept als Glücksgriff, der die Kosten für die Grünflächenpflege senkt[575] und die Kleinstadt zum allen Bürgern offenen Identifikationsraum macht. Tomaten, Lauch, Wein und Obstbäume, deren Erträge jedermann zugute kommen, werten den Stadtraum auf, machen ihn zum Ziel von Entdeckungsreisen und bieten gleichzeitig Insekten und Kleintieren einen Lebensraum, den diese auf den sorgfältig gemähten Rasenflächen und akribisch gejäteten Wechselflorbeeten verloren hatten. Müll und Vandalismus spielen seit der Umwandlung in eine Essbare Stadt kaum noch eine Rolle, weil sich die Bürger mit den Flächen identifizieren und beim Pflanzen, Unkrautjäten und natürlich beim Ernten mit anpacken. Das Stadtbild hat sich allerdings gewandelt: Durchgestaltete Flächen sind dem gewichen, was Martin Rasper als „bunt, fröhlich, anarchistisch" bezeichnet.[576] Dass dies nicht jedem gefällt bzw. veränderte Wahrnehmungsweisen voraussetzt, zeigt der Kommentar einer Besucherin der Grünen Woche in Berlin,

---

569 Ebd., S. 27.
570 Vgl. http://www.andernach.de/de/bilder/essbare_stadt_flyer_quer_print_neu.pdf (Stand 21.8. 2015).
571 Alexander Otto, Kuratoriumsmitglied der Stiftung „Lebendige Stadt" http://www.andernach. de/de/bilder/essbare_stadt_flyer_quer_print_neu.pdf (Stand 21.8.2015).
572 Ebd.
573 RASPER, Gärtnern (2012), S. 78.
574 U.a. Gesamtsieger des Wettbewerbs „Lebenswerte Stadt" der Stiftung Deutsche Umwelthilfe und der Stiftung „Lebendige Stadt"; Preisträger im bundesweiten Innovationswettbewerb „Ausgezeichnete Orte im Land der Ideen", Lenné-Medaille der Lenné-Akademie für Gartenbau und Gartenkultur; „Zeit Wissen"-Preis Mut zur Nachhaltigkeit in der Kategorie „Handeln"; http://www.andernach.de/de/bilder/essbare_stadt_flyer_quer_print_neu.pdf (Stand 21.8.2015).
575 Vgl. RASPER, Gärtnern (2012), S. 79.
576 Ebd., S. 78.

wo die Stadt Andernach 2015 mit einem Stand für ihr Konzept einer Essbaren Stadt warb: „Ich bewundere euer Ding. Aber bei uns – ich komme aus dem Schwabenland – ist das bestimmt nicht möglich. Hier muss immer Ordnung herrschen und alles akkurat geschnitten sein."[577]

Wie überzeugend das Beispiel Andernachs wirkt, zeigt sich auch in Westfalen, wo seit 2013 die Initiative „Essbare Stadt Minden" Zeichen setzt. So wurden im Goethepark Obstbäume gepflanzt, und auf dem Martinitreppenplateau wurden Pflanzkästen mit Nutzpflanzen installiert, aus denen sich die Bevölkerung bedienen kann. Außerdem sind im gesamten Stadtgebiet mittlerweile sechs sogenannte Speiseräume eingerichtet worden. Hierbei handelt es sich um Anpflanzungen von Gemüse und Beerenobst an Orten wie dem KSG-Bootshaus, wo drei ausgemusterte Boote zu Pflanzbehältnissen umfunktioniert und auch vor dem vereinseigenen Fitnessraum Rondelle mit Gemüsepflanzen angelegt wurden.[578] „Statt ‚Betreten verboten' – wie so oft auf Schildern an bundesdeutschen Rasenflächen zu lesen – heisst die Devise in ‚essbaren Städten' ‚Pflücken erlaubt'."[579]

Die Essbaren Städte Andernach und Minden sind Beispiele für das Gelingen von Allmende oder Commons. Diese Bezeichnungen beziehen sich auf Ressourcen, die kollektiv genutzt und geteilt werden:

> „Ein common ist ein von der Gemeinschaft geteilter Wert oder Interessensgegenstand. (orig: *A commons is a shared interest or value*.) Es ist das gemeinsame Erbe. Das, was einer spezifischen Gemeinschaft überliefert wurde und bezieht sich auf alles, was zum materiellen und sozialen Erhalt derer, die eine Identität teilen, beiträgt. Land, Gebäude, Saatgutvorkommen, Handlungswissen, Transportnetzwerke, ein Bildungssystem oder Rituale."[580]

Garrett Hardin behauptete 1968 in seinem stark rezipierten Aufsatz „The Tragedy of the Commons" (dt.: Die Tragik der Allmende), dass Gemeingut, beispielsweise Weideland, zwangsläufig übernutzt werde, wenn die Zahl der Nutzer über ein bestimmtes Maß hinaus ansteige.[581] Hardin geht dabei vom Menschenbild des Homo oeconomicus aus, demzufolge alle Individuen grundsätzlich profitorientiert und zu ihrem eigenen ökonomischen Vorteil handeln. Menschen seien darauf bedacht, stets den maximalen Nutzen für sich persönlich zu erzielen, Nachhaltigkeit spiele für sie keine Rolle.

Gemeingutnutzungen wie die Essbaren Städte Andernach und Minden oder die meisten der hier vorgestellten Gemeinschaftsgärten belegen jedoch, dass altruistisches oder nicht-gewinnorientiertes Handeln von den Akteuren durchaus als sinnstiftend und vor allem als gemeinschaftsbildend erlebt wird. Auch in Lippstadt, Minden

---

577 Besucherreaktionen auf der Grünen Woche in Berlin vgl. http://www.andernach.de/de/leben_in_andernach/es_startseite.html (Stand 21.8.2015).
578 http://www.essbare-stadt-minden.de/oeffentliche-gaerten/ (Stand 15.12.2015).
579 http://www.essbare-stadt-minden.de/2013/02/25/minden-soll-essbare-stadt-werden/ (Stand 15.12.2015).
580 Bei diesem Zitat handelt es sich um eine von Silke Helfrich ins Deutsche übertragene Definition von Stephen Gudeman, The anthropology of economy (2007), zit. nach https://commonsblog.wordpress.com/2008/03/31/commons-sind-eine-soziale-beziehung/ (Stand 21.12.2015).
581 HARDIN, Tragedy (1968).

und Münster ist das Bemühen spürbar, die Gärten – unabhängig davon, wer sie angelegt hat, wer sie pflegt oder wer sich wann darin aufhält – zu einem Teil der Stadt bzw. des Stadtteils werden zu lassen, mit dem sich die Bewohnerinnen und Bewohner identifizieren und den sie als den ihren begreifen:

„So wie ich das bisher auch von denen so verstanden habe und wie ich es auch selber sehe, ist dieser Garten hier eben ein Angebot an die Siedler, dass die eben hier frei sich entfalten können, frei ihre Nutzpflanzen säen können, pflegen können, aber auch ernten können. Das heißt eben hier, die Beerensträucher zum Beispiel, die hier stehen oder demnächst auch einige Pflanzen, die eben auf dem Hochbeet, auf dem Hügelbeet hier wachsen, dass die dann auch, frei, wenn hier jemand vorbeikommt, dass die frei geerntet werden können. So wie sie gerade reif sind, ja, dass die, so dass die quasi eine Allmende sind."[582]

Pietro Basile vom Internationalen Mehrgenerationengarten in Lippstadt erklärt die Wahrnehmung des Gartens als Teil eines Gemeingutes auch als Resultat fehlender Abgrenzungen:

„Ja, ja, kommen viele Leute da, einfach um so zu sehen oder um zu gucken, ob da eine Erdbeere reif ist oder so, und die wissen, das gehört uns, weil gewöhnlich der Unterschied zu den Schrebergärten ist: Jeder Schrebergarten hat einen Zaun, und die ganze Anlage hat einen größeren Zaun. Das heißt: Hier bin ich, und bitteschön, bleib da raus. Hier ist alles frei und zugänglich."[583]

Die Wahrnehmung des Gartens als Teil einer gemeinsamen Stadt(teil)kultur erweist sich letztlich als weitaus besserer Schutz gegen Vandalismus als jeder Zaun.

Was aber passiert in den Gemeinschaftsgärten, wenn die Dichotomie von Stadt und Land als Projektionsfläche wegfällt bzw. nicht in der Deutlichkeit wahrnehmbar ist, wie sie in zahlreichen Publikationen für Berlin, New York, Boston oder Havanna beschrieben wird? Ist die Selbstwahrnehmung der Gemeinschaftsgärtner eine andere, wenn sie sich nicht einer großstädtischen Avantgarde zurechnen können? Und ist die Fremdwahrnehmung der Gemeinschaftsgärten und -gärtner eine andere, wenn das Laissez-faire-Klima einer mit vielfältigen Lebensstilen vertrauten Großstadt fehlt?

Während der Forschungen entstand der Eindruck, dass sich die befragten Gemeinschaftsgärtner durchaus als Städter wahrnehmen, auch dann, wenn sich die Gärten in sehr kleinen Städten mit einer guten Anbindung an das Umland befanden. Wenn auch häufig keine explizite Abgrenzung von „Land" vorgenommen wurde, charakterisierten die Akteure ihren Gemeinschaftsgarten als Aneignung innerstädtischen Raums und als Teil des kulturellen Angebotes ihrer Stadt. Diese Sichtweise könnte auf die spezielle Lage der Gärten zurückzuführen sein, die sich in der Nähe von verdichteter Wohnbebauung, Geschosswohnungsbau oder auf Industriebrachen befinden. Romantisierende Vorstellungen vom Land ließen sich mit dieser Umgebung nicht in Einklang bringen.

---

582 Interview Georg Heinrichs, Münster, 19.4.2011.
583 Interview Pietro Basile, Lippstadt, 17.5.2011.

Es zeigte sich bei dieser Untersuchung auch, dass die befragten Gemeinschaftsgärtner überwiegend nicht einer Künstlerszene, wohl aber dem ökologisch-sozialen Milieu zugerechnet werden können. Letztlich ergibt sich aber auch in den kleineren Städten Westfalens jene bunte Mischung von Aktiven und Motiven, die für die Gemeinschaftsgartenbewegung charakteristisch zu sein scheint.

Ob die Fremdwahrnehmung der Gärten in Großstädten grundsätzlich eine andere ist, scheint aber eher fraglich. Auch wenn das Großstadtbild sicherlich mehr Lebensstile und Wahrnehmungsweisen widerspiegelt, so gibt es doch auch dort Milieus und Individuen, die mit den Gärten eher wenig anzufangen wissen.

4.6 Fazit

In ihrem Beitrag „Schritte auf dem Weg zum Miteinander in der multikulturellen Gesellschaft"[584] fragt Sabine Peter danach, wie viel Forschung die Internationalen Gärten vertragen. Diese Frage lässt sich auf die Gemeinschaftsgärten allgemein ausweiten, die – gemessen an der Quantität der über sie verfassten Veröffentlichungen – seit einigen Jahren enorme Aufmerksamkeit erfahren. Soziologen, Politologen, Biologen, Geographen, Kulturwissenschaftler, Ethnologen, Architekten und Landschaftsökologen haben sich diesem Forschungsfeld zugewandt und aus der Sicht ihrer jeweiligen Fachrichtung zu ergründen versucht, was Gemeinschaftsgärten sind und sein wollen. Die Frage nach den ethischen Grenzen des Forschungsfeldes scheint insofern berechtigt, als wissenschaftliche Forschung und wissenschaftliches Interesse niemals ohne Wirkung auf das jeweilige Forschungsfeld bleiben. Sei es, dass die „Erforschten" sich die Fremdsicht der Wissenschaftler zu eigen machen, sei es, dass sich Wertigkeiten verschieben oder dass wegen der Gespräche mit den Forschern kaum noch Zeit für die eigentliche Arbeit bleibt: Forschung, zumal dann, wenn das Forschungsinteresse sehr groß ist, verändert das Forschungsfeld.

Auf der anderen Seite suchen die Gemeinschaftsgärtner die Öffentlichkeit: Viele der untersuchten Gartengemeinschaften haben eine eigene Website, die dazu dient, wichtige Hintergründe und Prinzipien bekannt zu machen, erste Informationen für Interessierte bereitzustellen und über Treffen und Termine zu informieren. Auch der Kontakt zu den Nachbarinnen und Nachbarn sowie zu interessierten Bürgerinnen und Bürgern wird gepflegt. Die Gemeinschaftsgärtner sind ansprechbar, wenn jemand spontan vorbeikommt; alternativ werden in einigen Gartenprojekten auch Führungen angeboten.

Öffentlichkeitswirksame Arbeit beruht aber auch auf einer Zusammenarbeit mit der Presse („wir haben in Gelsenkirchen das Glück, dass die [die Medien] immer gut über uns berichten").[585] Diese ist vielfach gewollt, sind viele der Gemeinschaftsgärtner doch sehr an einer positiven Signalwirkung ihres Tuns interessiert. Außerdem steigert sich durch die Presseberichterstattung nicht zuletzt auch die Chance auf den einen oder anderen Preis oder Fördergelder, durch die die Arbeit

---

584 PETER, Schritte (2005), S. 91.
585 Interview Renate Janßen, Gelsenkirchen, 19.5.2011.

im Gartenprojekt weiter ausgestaltet werden kann.[586] Die mediale Aufmerksamkeit, die die Gartenprojekte erfahren, steht allerdings nicht immer in einem ausgewogenen Verhältnis zu den Initiativen. Die an Quadratmeterzahl oft sehr kleinen Projekte erfahren manchmal mehr Aufmerksamkeit, als ihnen guttut. Die Nachfragen der Journalisten, die Interviews, Fototermine und Filmaufnahmen stellen in Bezug auf die alltägliche Arbeit und die Gruppenfindungsprozesse eine Störung dar.[587] Eine aktive und kontinuierliche Teilnahme, die für das Gemeinschaftserlebnis elementar ist, ist durch Medienberichterstattung nicht zu ersetzen. Ausgehend von der hohen Medienaufmerksamkeit wird schnell auf ein großes öffentliches Interesse geschlossen. Wenn dieses vermeintlich große Interesse nicht in eine hohe Anzahl an Aktiven mündet, ist die Enttäuschung groß.

Presse- und Öffentlichkeitsarbeit gleichen letztlich einer Gratwanderung: Zu viel Medienaufmerksamkeit bindet zu viele Kräfte bei den Aktiven, und zu wenig Medienecho könnte sich beim Bemühen um Förderer als nachteilig erweisen.

So wichtig wie Medien – ihre Nutzung, aber auch ihre Wirkung – für viele Gartenprojekte und die Akteure sind, so befinden sie sich doch verhältnismäßig weit an der Peripherie des untersuchten Phänomens. Als Sinnhorizonte, die weit über die Beschäftigung mit Säen, Unkrautzupfen und Ernten hinausreichen, erwiesen sich die Felder Wissenstransfer, Gemeinschaft, Nachhaltigkeit und Stadtkultur. Auf der Basis einer teils deutlich formulierten, teils aber auch subtilen Kritik an den bestehenden wirtschaftlichen, politischen und/oder sozialen und kulturellen Verhältnissen bildeten sich in den untersuchten Gartenprojekten konkrete Praktiken der Gemeinschaftsbildung und Selbstermächtigung aus, die als Vergrößerung der Handlungsfähigkeit des Individuums erlebt wurden. Eine wichtige Rolle spielte hierbei die Kreativität der einzelnen Akteure, die in dem Feld Gemeinschaftsgarten durchaus unterschiedliche Antworten auf die eigenen und gemeinschaftlichen Fragen an die Zukunft fanden. Es hat sich gezeigt, dass die Gartenprojekte Experimentierräume für sehr unterschiedliche Anliegen, Vorstellungen und Praktiken sein können, deren gemeinsamer Nenner der Wille zur Veränderung der bestehenden Verhältnisse ist. Wie weit dies von den einzelnen Akteuren reflektiert wird, spielt dabei keine entscheidende Rolle. Die einzelnen Projekte erweisen sich auch in diesem Punkt als inklusiv und nach vielen Seiten hin offen:

> „Wir sagen zwar, wir haben jetzt hier einen Garten, und wir haben Ideen auch, wir packen da bestimmte Pflanzen hin, aber im Prinzip ist halt auch ein Grundsatz von uns: Der Garten ist offen, und die Entwicklung von dem Garten kommt einfach durch die Leute, die da mitmachen. Die mit ihren Ideen reinkommen. Und ich bin mir hundertprozentig sicher, dass da Leute kommen und kommen werden, die Ideen haben, an die ich noch nicht mal ansatzweise gedacht hab', so."[588]

---

586 Renate Janßen vertritt die Ansicht, dass die rege Öffentlichkeitsarbeit dazu geführt habe, dass der Mädchengarten „zwischendurch dann auch einzelne Kurse finanziert bekommen" habe (ebd.).
587 „Und du hast überhaupt keine Probleme damit, in die Presse zu kommen, und alles toll [leicht sarkastisch]! Ja, und schlussendlich, wenn's dann darum geht, wirklich *da* zu sein und Projekte da zu machen und Ideen einzubringen, dann sind die Leute halt sehr, sehr schnell weg!" (Interview Matthias Wanner, Münster, 5.10.2012).
588 Interview Carlos Tobisch, UrbanOase Dortmund, 4.7.2012.

Gemeinschaftliches Gärtnern ist, das dürfte deutlich geworden sein, kein Privileg großstädtischer Künstlermilieus, sondern bietet durchaus auch Kleinstädtern und Kleinstädten eine Chance auf Perspektiventwicklung und Veränderung. In einer Postwachstumsgesellschaft gilt es, neue Wege auszuprobieren, damit unsere Städte lebenswert bleiben. Dass diese nicht immer als Bereicherung empfunden werden – „die beäugen uns schon sehr kritisch"[589] – lässt sich in einer pluralistischen Gesellschaft nicht vermeiden. Die Kritik macht sich mehrheitlich daran fest, dass Kriterien wie Ordnung, Übersichtlichkeit oder auch Gepflegtheit in den Gemeinschaftsgärten nur bedingt Anwendung finden. Ihre Unordentlichkeit und Wildheit lösen teilweise Befremden oder sogar Angst aus. Diese Reaktion hat der Publizist Wolfgang Kil auch im Hinblick auf innerstädtische Brachflächen festgestellt. Er konstatiert, dass Verwilderung, d. h. eine zunehmende Vegetationsdichte, von vielen Menschen gegenwärtig weniger mit Abenteuer und Spannung als mit Gefahr assoziiert wird. Kil führt dies u. a. auf gängige Wahrnehmungsgewohnheiten zurück, die als Resultat der vorherrschenden durchgestalteten öffentlichen Räume nach schnell konsumierbaren, fertigen Landschaftsbildern verlangen, und folgert daraus: „Wer nicht warten kann, wer immer alles und alles sofort haben will, wer keine Neugier für allmähliche Entwicklungen aufbringt und sich vor Endresultaten ohne Vorausgarantie fürchtet", der sei dem „Abenteuer Sukzession" nicht gewachsen.[590] Dies lässt sich auch auf die neuen Gartentypen übertragen, deren Andersartigkeit und beabsichtigte Unfertigkeit beim Betrachter einen offeneren Blick voraussetzen.

Die Forschungen haben aber auch gezeigt, dass die Gartenprojekte weitaus seltener auf Kritik als auf Interesse und Wohlwollen stoßen.[591] Die Andersartigkeit und generelle Offenheit der Gemeinschaftsgärten regt zum Nachfragen an,[592] und die hier gemachten Experimente und Erfahrungen werden durchaus auch auf ihre Umsetzbarkeit für den heimischen Garten hin geprüft. Weil die Gartenaktiven meist sowohl räumlich als auch sozial die Nähe zu Mitbürgerinnen und Mitbürgern suchen, ergeben sich Möglichkeiten zum Gespräch und Austausch. Auch Gemeinschaftsaktionen wie Pflanzen- oder Samentauschbörsen, Nachbarschaftsfeste und Kurse oder Vorträge schaffen Kommunikationsanlässe und senken die Hemmungen, sich die Gärten anzusehen, mit den Aktiven in Kontakt zu treten und sich zu informieren. Dies wird dem Anspruch der Aktiven weitaus mehr gerecht als die Berichterstattung in der Presse, ist doch die Chance, auf diese Weise zum Nachdenken anzuregen und Nachahmer zu finden, ungleich größer.

Die Vielseitigkeit der in diesem Buch vorgestellten Gartenprojekte findet ihre Fortsetzung in der großen Bandbreite der Akteure. Dies macht es teilweise schwer, zu allgemeingültigen Aussagen zu gelangen. Auf der anderen Seite sind es gerade die mannigfaltigen Sichtweisen und Ideen der Aktiven und die grundsätzliche Offenheit der Projekte für Experimente und neue Anregungen, die die Beschäftigung

---

589 Interview Edith, Bielefeld, 8.9.2012.
590 KIL, Stadtpark (2010), S. 26.
591 Ich „hab' mich gefreut und gewundert, dass jedes Mal immer irgendwie, ein, zwei, drei Leute kamen plötzlich in den Garten rein. [...] einfach nur, um mal zu gucken" (Interview Reinhold Poier, Bielefeld, 8.9.2012).
592 „Also es ist ein Anziehungspunkt. Also es ist was Neues, die Leute werden da neugierig gemacht" (ebd.).

mit dem Phänomen Gemeinschaftsgarten so spannend macht, implizieren diese doch Perspektiven in Richtung einer ‚offenen Stadt', die Voraussetzungen für Vermischung, Partizipation und Emanzipation schafft.[593]

---

593 Zum Thema „offene Stadt" vgl. ROLSHOVEN, Offene Stadt (2015).

5. Literatur

Abid, Najeha: Entstehungsgeschichte und Alltag in den Internationalen Gärten Göttingen. In: Doris Gstach, Heidrun Hubenthal, Maria Spitthöver (Hg.): Gärten als Alltagskultur. Dokumentation zur Tagung am 24.6.2005 an der Universität Kassel (Arbeitsberichte des Fachbereichs Architektur, Stadtplanung, Landschaftsplanung, 165). Kassel 2007, S. 21–24.

Barlösius, Eva: Naturgemäße Lebensführung. Zur Geschichte der Lebensreform um die Jahrhundertwende. Frankfurt a. M. 1997.

Bausinger, Hermann: Volkskunde. Von der Altertumswissenschaft zur Kulturanalyse, Berlin, Darmstadt 1971.

Baier, Andrea: Urbane Landwirtschaft und Stadtteilentwicklung. Die Nachbarschaftsgärten in Leipzig. In: Christa Müller (Hg.): Urban Gardening. Über die Rückkehr der Gärten in die Stadt. München 2011, S. 173–189.

Baier, Andrea; Bennholdt-Thomsen, Veronika; Holzer, Brigitte: Ohne Menschen keine Wirtschaft. Oder: Wie gesellschaftlicher Reichtum entsteht. Berichte aus einer ländlichen Region in Ostwestfalen. München 2005.

Beck, Ulrich: Risikogesellschaft. Auf dem Weg in eine andere Moderne. Frankfurt a. M. 2007.

Bennholdt-Thomsen, Veronika: Geld oder Leben. Was uns wirklich reich macht. München 2010.

Bennholdt-Thomsen, Veronika: Ökonomie des Gebens. Wohlstand durch Subsistenz. In: Christa Müller (Hg.): Urban Gardening. Über die Rückkehr der Gärten in die Stadt. München 2011, S. 252–265.

Biffl, Gudrun; Dimmel, Nikolaus (Hg.): Grundzüge des Managements von Migration und Integration. Arbeit, Soziales, Familie, Bildung, Wohnen, Politik und Kultur (Reihe Migrationsmanagement, 1). Bad Vöslau 2011.

Binder, Beate: Heimat als Begriff der Gegenwartsanalyse? Gefühle der Zugehörigkeit und soziale Imaginationen in der Auseinandersetzung um Einwanderung. In: Zeitschrift für Volkskunde, 104 (2008), S. 1–17.

Bohn, Kathrin; Viljoen, André: Produktive Stadtlandschaft. Über ungewöhnliche Verbindungen von Stadt und Ernährung. In: Christa Müller (Hg.): Urban Gardening. Über die Rückkehr der Gärten in die Stadt. München 2011, S. 150–159.

Borgstedt, Silke: Das Paradies vor der Haustür: Die Ursprünge einer Sehnsucht aus der Perspektive soziokultureller Trendforschung. In: Christa Müller (Hg.): Urban Gardening. Über die Rückkehr der Gärten in die Stadt. München 2011, S. 118–125.

Brockpähler, Renate: Bauerngärten in Westfalen. Münster 1985.

Brückner, Heike: Schrumpfende Städte – wachsende Freiräume? Die Vision vom „Urbanen Gartenreich". Zur Erfindung neuer Urbanitäten in Zeiten sinkender Bevölkerung: der Fall Dessau. In: Christa Müller (Hg.): Urban Gardening. Über die Rückkehr der Gärten in die Stadt. München 2011, S. 190–203.

Calmbach, Marc: More then Music. Einblicke in die Jugendkultur Hardcore. Bielefeld 2007.

Cooper, David E.: Tugenden des Gartens. In: Arne Moritz, Harald Schwillus (Hg.): Gartendiskurse. Mensch und Garten in Philosophie und Theologie (Treffpunkt Philosophie, 7). Frankfurt a. M. u. a. 2007, S. 23–30.

Dams, Carmen: Gärten gehören zur Stadt! Zur städtebaulichen Relevanz der urbanen Landwirtschaft. In: Christa Müller (Hg.): Urban Gardening. Über die Rückkehr der Gärten in die Stadt. München 2011, S. 160–172.

Dominguez, Yara Coca; Taborsky, Ursula: Gemeinschaftsgärten: Grüne Räume der Integration. In: Gudrun Biffl, Nikolaus Dimmel (Hg.): Grundzüge des Managements von Migration und Integration (Reihe Migrationsmanagement, 1). Bad Vöslau 2011, S. 379–396.

Duttweiler, Stefanie: Sein Glück machen. Arbeit am Glück als neoliberale Regierungstechnologie. Konstanz 2007.

Elwert, Georg: Das Fremde – interdisziplinär betrachtet. In: Helga Breuninger, Renate Breuninger (Hg.): Der Umgang mit dem Fremden. Symposium vom 12. bis 14. Juni 1992. Stuttgart 1993, S. 153–171.

Friebe, Holm; Ramge, Thomas: Marke Eigenbau. Der Aufstand der Massen gegen die Massenproduktion. Frankfurt a. M. 2008.

Fritz, Thomas: Peak Soil. Die globale Jagd nach Land. Berlin 2010.

Ganzert, Christian; Burdick, Bernhard; Scherhorn, Gerhard: Empathie, Verantwortlichkeit, Gemeinwohl: Versuch über die Selbstbehauptungskräfte der Region. Ergebnisse eines Praxisforschungsprojekts zur Vermarktung regionaler Lebensmittel. (Wuppertal Papers, 142) Wuppertal 2004.

Gebhard, Ulrich: Erfahrung von Natur und seelische Gesundheit. In: Hans-Jürgen Seel, Ralph Sichler, Brigitte Fischerlehner (Hg.): Mensch – Natur. Zur Psychologie einer problematischen Beziehung. Opladen 1993, S. 127–147.

Girtler, Roland: Methoden der Feldforschung. 4. Aufl. Wien, Köln, Weimar 2001.

Göttsch, Silke; Lehmann, Albrecht (Hg.): Methoden der Volkskunde. Positionen, Quellen, Arbeitsweisen der Europäischen Ethnologie. Berlin 2001.

Grober, Ulrich: Die Entdeckung der Nachhaltigkeit. Kulturgeschichte eines Begriffs. München 2010.

Gröning, Gert: Gemeinschaftsgärten in Nordamerika. In: Elisabeth Meyer-Renschhausen, Renate Müller, Petra Becker (Hg.): Die Gärten der Frauen. Zur sozialen Bedeutung von Kleinstlandwirtschaft in Stadt und Land weltweit. Herbolzheim 2002, S. 298–312.

Groh, Ruth und Dieter: Weltbild und Naturaneignung. Zur Kulturgeschichte der Natur. 2. Aufl. Frankfurt a. M. 1996.

Grundmann, Matthias: Soziale Gemeinschaften: Zugänge zu einem vernachlässigten soziologischen Forschungsfeld. In: Matthias Grundmann, Thomas Dierschke, Stephan Drucks, Iris Kunze (Hg.): Soziale Gemeinschaften. Experimentierfelder für kollektive Lebensformen. Berlin 1991, S. 9–30.

Grundmann, Matthias; Dierschke, Thomas; Drucks, Stephan; Kunze, Iris (Hg.): Soziale Gemeinschaften. Experimentierfelder für kollektive Lebensformen (Individuum und Gesellschaft. Beiträge zur Sozialisations- und Gemeinschaftsforschung, 3). Berlin 2006.

Gstach, Doris; Hubenthal, Heidrun; Spitthöver, Maria (Hg.): Gärten als Alltagskultur. Dokumentation zur Tagung am 24.6.2005 an der Universität Kassel. Kassel 2007 (Arbeitsberichte des Fachbereichs Architektur, Stadtplanung, Landschaftsplanung, 165). URL: http://nbn-resolving.de/urn:nbn:de:hebis:34-2007101719386 (Stand 30.9.2011).

Haide, Ella von der; Halder, Severin; Jahnke, Julia; Mees, Carolin: Guerilla Gardening und andere politische Gartenbewegungen. Eine globale Perspektive. In: Christa Müller (Hg.): Urban Gardening. Über die Rückkehr der Gärten in die Stadt. München 2011, S. 266–278.

Haller, Sigrid: Ein Schloss mit Flussblick. Ergebnisse eines studentischen Projektes zum „Phänomen der Liebesschlösser". In: Alltag – Kultur – Wissenschaft. Beiträge zur Europäischen Ethnologie, 1 (2014), S. 39–49.

Hammes, Evelyn: „Simplify your life". Ein populärer Ratgeber und seine Rezeption. Unveröffentl. Magisterarbeit Universität Mainz 2010.

Hardin, Garrett: The Tragedy of the Commons. In: Science, 162 (1968), S. 1243–48.

Harth, Annette; Scheller, Gitta (Hg.): Soziologie in der Stadt- und Freiraumplanung. Analysen, Bedeutung und Perspektiven. Wiesbaden 2010.

Hartmann, Kathrin: Ende der Märchenstunde. Wie die Industrie die Lohas und Lifestyle-Ökos vereinnahmt. München 2009.

Heck, Astrid: Freiflächen im Überfluss – Die neue Leipziger Freiheit. In: Doris Gstach, Heidrun Hubenthal, Maria Spitthöver (Hg.): Gärten als Alltagskultur. Dokumentation zur Tagung am 24.6.2005 an der Universität Kassel (Arbeitsberichte des Fachbereichs Architektur, Stadtplanung, Landschaftsplanung, 165). Kassel 2007, S. 45–53.

Heimerdinger, Timo: Alltagsanleitungen? Ratgeberliteratur als Quelle für volkskundliche Forschung. In: Rheinisch-westfälische Zeitschrift für Volkskunde, 51 (2006), S. 57–71.

Heistinger, Andrea: Leben von Gärten. Warum urbane Gärten wichtig sind für Ernährungssouveränität, Eigenmacht und Sortenvielfalt. In: Christa Müller (Hg.): Urban Gardening. Über die Rückkehr der Gärten in die Stadt. München 2011, S. 305–318.

Held, Martin: Peak Oil und die Krise der Böden – urbane Nutzgärten und ihr Beitrag zu einer postfossilen Gesellschaft. In: Christa Müller (Hg.): Urban Gardening. Über die Rückkehr der Gärten in die Stadt. München 2011, S. 279–291.

Helfrich, Silke (Hg.): Wem gehört die Welt? Zur Wiederentdeckung der Gemeingüter. München 2009.

Helfrich, Silke; Bollier, David; Heinrich-Böll-Stiftung (Hg.): Die Welt der Commons. Muster gemeinsamen Handelns. Bielefeld 2015.

Hofmann, Gabriele: Über den Zaun geguckt. Freizeit auf dem Dauercampingplatz und in der Kleingartenanlage, Frankfurt a. M. 1994.

Holm, Martin: Marke Eigenbau. Der Aufstand der Massen gegen die Massenproduktion. Frankfurt a. M. 2008.

Hopkins, Rob: Energiewende – das Handbuch. Anleitung für zukunftsfähige Lebensweisen. Frankfurt a. M. 2008.

Hubenthal, Heidrun: Leberecht Migge und die Siedlung Dessau-Ziebigk. Das Ei des Columbus. In: Doris Gstach, Heidrun Hubenthal, Maria Spitthöver (Hg.): Gärten als Alltagskultur. Dokumentation zur Tagung am 24.06.2005 an der Universität Kassel (Arbeitsberichte des Fachbereichs Architektur, Stadtplanung, Landschaftsplanung, 165). Kassel 2007, S. 63–72.

Hubenthal, Heidrun: Leberecht Migges Konzepte nachhaltiger urbaner Landwirtschaft. In: Christa Müller (Hg.): Urban Gardening. Über die Rückkehr der Gärten in die Stadt. München 2011, S. 204–208.

Inhetveen, Heide: Hortikultur – Abbild der Informellen Ökonomie und Vorbild für Vorsorgendes Wirtschaften. In: Elisabeth Meyer-Renschhausen unter Mitarbeit von Renate Müller und Petra Becker (Hg.): Die Gärten der Frauen. Zur sozialen Bedeutung von Kleinstlandwirtschaft in Stadt und Land weltweit. Herbolzheim 2002, S. 17–29.

Kälber, Daniela: Urbane Landwirtschaft als postfossile Strategie. Agricultura Urbana in Kuba. In: Christa Müller (Hg.): Urban Gardening. Über die Rückkehr der Gärten in die Stadt. München 2011, S. 279–291.

Kil, Wolfgang: Luxus der Leere. Vom schwierigen Rückzug aus der Wachstumswelt. Wuppertal 2004.

Kil, Wolfgang: Stadtpark – Brache – Neue Wildnis? Defensive Strategien für einen Überfluss von Raum. In: Britta Reimers (Hg.): Gärten und Politik. Vom Kultivieren der Erde. München 2010, S. 20–29.

Kloos, Michael; Knüvener, Thomas; Wachten, Kunibert: Freiräume auf Zeit. Neue Konzepte für Grünflächen in Stadterneuerungsgebieten. Aachen 2007.

Knauss, Jürgen: Kleingärten. Oasen am Rand der Städte. In: Schloss Blankenhain, Agrar- und Freilichtmuseum: Garten-Park-Landschaft. (Mensch, Wirtschaft, Kulturlandschaft, 4) Blankenhain 2001, S. 66–70.

Köstlin, Konrad: Volkskundliches Praktikum. Kleingarten. In: Kieler Blätter für Volkskunde, 3 (1971), S. 139–150.

Kropp, Cordula: Gärtner(n) ohne Grenzen: Eine neue Politik des „Sowohl-als-auch" urbaner Gärten? In: Christa Müller (Hg.): Urban Gardening. Über die Rückkehr der Gärten in die Stadt. München 2011, S. 76–87.

Lamnek, Siegfried: Die Ambivalenz von Öffentlichkeit und Privatheit, von Nähe und Distanz. In: Siegfried Lamnek, Marie-Theres Tinnefeld (Hg.): Privatheit, Garten und politische Kultur. Von kommunikativen Zwischenräumen. Opladen 2003, S. 40–65.

Langreiter, Nikola; Löffler, Klara: Handarbeit(en). Über die feinen Abstufungen zwischen Oberflächlichkeit und Tiefsinn. In: Österreichische Zeitschrift für Volkskunde, 116 (2013), S. 159–176.

Lerch, Achim: Die Tragödie der „Tragedy of the Commons." In: Silke Helfrich (Hg.): Wem gehört die Welt? Zur Wiederentdeckung der Gemeingüter. München 2009, S. 85–95.

Lévi-Strauss, Claude: Das wilde Denken. Aus dem Franz. von Hans Naumann. Frankfurt a. M. 1968.

Linse, Ulrich: Barfüßige Propheten. Erlöser der zwanziger Jahre. Berlin 1983.

Linse, Ulrich (Hg.): Zurück, o Mensch, zur Mutter Erde. Landkommunen in Deutschland 1890–1933. München 1983.

Luckmann, Thomas: Einige Überlegungen zu Alltagswissen und Wissenschaft. In: Pädagogische Rundschau, 35 (1981), H. 2–3, S. 91–109.

Madlener, Nadja: Grüne Lernorte. Gemeinschaftsgärten in Berlin (Erziehung Schule Gesellschaft, 51). Würzburg 2009.

Matthäi, Ingrid: ‚Grüne Inseln' in grauen Zeiten. Eine kultursoziologische Studie über das organisierte Kleingartenwesen. Diss., Marburg 1989.

Mees, Carolin: Städtisches Land gemeinschaftlich genutzt. Bürgerparks und Nachbarschaftsgärten in Berlin. In: Stadt+Grün. Das Gartenamt, 3 (2010), S. 24–30.

Mees, Carolin: Nahrungsmittelproduktion in der Stadt. Von Community Gardens zu vertical farming. In: Arch+ 196/197 (2010): Post-Oil City, S. 136–137, URL: http://www.archplus.net/home/archiv/artikel/46,3197,1,0.html (Stand 27.4.2016).

Meyer-Renschhausen, Elisabeth: Kleinlandwirtschaft und Gärten als „weibliche" Ökonomie. Eine Einführung. In: Dies. (Hg.): Die Gärten der Frauen. Zur sozialen Bedeutung von Kleinstlandwirtschaft in Stadt und Land. Herbolzheim 2002, S. 1–16.

Meyer-Renschhausen, Elisabeth: Unter dem Müll der Acker. Community Gardens in New York City (Konzepte/Materialien, 2). Königstein/Taunus 2004.

Meyer-Renschhausen, Elisabeth: Gemeinschaftlich betriebene Gemüsegärten in Berlin. Eine Studie (2011). URL http://issuu.com/anstiftungundertomis/docs/studie_urbanagriculture_in_berlin_e_meyer-renschha (Stand 10.4.2012).

Meyer-Renschhausen, Elisabeth: Von Pflanzerkolonien zum nomadisierenden Junggemüse. Zur Geschichte des Community Gardening in Berlin. In: Christa Müller (Hg.): Urban Gardening. Über die Rückkehr der Gärten in die Stadt. München 2011, S. 319–332.

Meyer-Renschhausen, Elisabeth; Holl, Anne (Hg.): Die Wiederkehr der Gärten. Kleinlandwirtschaft im Zeitalter der Globalisierung. Innsbruck 2000.

Migge, Leberecht: Die Gartenkultur des 20. Jahrhunderts. Jena 1913.

Milchert, Jürgen: Wachsende sozialpolitische Herausforderungen für die Landschaftsarchitektur. In: Annette Harth, Gitta Scheller (Hg.): Soziologie in der Stadt- und Freiraumplanung. Analysen, Bedeutung und Perspektiven. Wiesbaden 2010, S. 139–149.

Mitscherlich, Alexander: Die Unwirtlichkeit unserer Städte. Anstiftung zum Unfrieden. Frankfurt a. M. 1965.

Moritz, Arne; Schwillus, Harald (Hg.): Gartendiskurse. Mensch und Garten in Philosophie und Theologie (Treffpunkt Philosophie, 7). Frankfurt a. M. u. a. 2007.

Müller, Antje: Kleingärten in der Großstadt Frankfurt a. M. Zum Wandel von Funktion und Bedeutung. Frankfurt a. M. 1991.

Müller, Christa: Interkulturelle Grenzöffnungen, Geschlechterverhältnisse und Eigenversorgungsstrategien: Zur Zukunft zukunftsfähiger Lebensstile in den Internationalen Gärten Göttingen. In: Andreas Nebelung, Angelika Poferl, Irmgard Schultz (Hg.): Geschlechterverhältnisse – Naturverhältnisse. Feministische Auseinandersetzungen und Perspektiven der Umweltsoziologie (Soziologie und Ökologie, 6). Opladen 2001, S. 183–196.

Müller, Christa: Wurzeln schlagen in der Fremde. Die Internationalen Gärten und ihre Bedeutung für Integrationsprozesse. München 2002.

Literatur

Müller, Christa: Intercultural Gardens. Urban Places for Subsistence Production and Diversity. In: German Journal of Urban Studies, 46 (2007), Nr. 1: The Green City, hg. von Christa Böhme, S. 55–67. URL: www.difu.de/publikationen/german-journal-of-urban-studies-vol-46-2007-no-1/intercultural-gardensurban-places-for-subsistence.html (Stand 30.12.2015).
Müller, Christa: Interkulturelle Gärten – Urbane Orte der Subsistenzproduktion und der Vielfalt (2007). URL: http://anstiftung.de/jdownloads/Publikationen/Christa_Mueller/mueller_urbanesubsistenz.pdf (Stand 1.9.2015).
Müller, Christa: Raum schaffen für urbane Gärten. Die neue Gartenbewegung und die kommunale Politik. In: AKP. Fachzeitschrift für Alternative Kommunalpolitik 2 (2010), S. 60–62. URL: http://www.anstiftung-ertomis.de/opencms/export/sites/default/download/AKP_Christa_Mueller.pdf (Stand 27.9.2011).
Müller, Christa: Einleitung. In: Dies. (Hg.): Urban Gardening. Über die Rückkehr der Gärten in die Stadt. München 2011, S. 9–19.
Müller, Christa (Hg.): Urban Gardening. Über die Rückkehr der Gärten in die Stadt. München 2011.
Müller, Christa: Urban Gardening. Grüne Signaturen neuer urbaner Zivilisation. In: Dies. (Hg.): Urban Gardening. Über die Rückkehr der Gärten in die Stadt. München 2011, S. 22–53.
Müller, Christa: Informelles Gärtnern. Zur Freestyle-Architektur des Urban Gardening. In: Bauwelt 39 (2012), S. 16–19.
Müller-Münch, Ingrid: Die geprügelte Generation. Kochlöffel, Rohrstock und die Folgen. Stuttgart 2012.
Nassehi, Armin: „Zutritt verboten!". Über die politische Formierung privater Räume und die Politik des Unpolitischen. In: Siegfried Lamnek, Marie-Theres Tinnefeld (Hg.): Privatheit, Garten und politische Kultur. Von kommunikativen Zwischenräumen. Opladen 2003, S. 26–39.
Nebelung, Andreas; Poferl, Angelika; Schultz, Irmgard (Hg.): Geschlechterverhältnisse – Naturverhältnisse. Feministische Auseinandersetzungen und Perspektiven der Umweltsoziologie (Soziologie und Ökologie, 6). Opladen 2001.
Nohl, Werner: Die Kleingärten im Nachkriegsdeutschland. Ein ästhetisches Modell für private Gartenräume der Zukunft? In: Siegfried Lamnek, Marie-Theres Tinnefeld (Hg.): Privatheit, Garten und politische Kultur. Opladen 2003, S. 189–213.
Nomadisch grün (Hg.): Prinzessinnengärten. Anders gärtnern in der Stadt. Mit Texten von Marco Clausen und Stefanie Müller-Frank. Köln 2012.
Opaschowski, Horst W.: Besser leben – schöner wohnen? Leben in der Stadt der Zukunft (bpb-Schriftenreihe, 531). Bonn 2005.
Orth, Gottfried (Hg.): Die Erde – lebensfreundlicher Ort für alle. Göttinger Religionsgespräch 2002 zur Umwelt- und Klimapolitik (Symposion – Anstöße zur interdisziplinären Verständigung, 4). Münster 2002.
Paech, Niko: Perspektiven einer Postwachstumsökonomie: Fremdversorgung oder urbane Subsistenz? In: Christa Müller (Hg.): Urban Gardening. Über die Rückkehr der Gärten in die Stadt. München 2011, S. 88–103.
Pausewang, Gudrun: Die letzten Kinder von Schewenborn oder ... sieht so unsere Zukunft aus? Erzählung (Ravensburger Junge Reihe). Ravensburg 1983.
Peter, Sabine: Schritte auf dem Weg zum Miteinander in der multikulturellen Gesellschaft. Stuttgart 2005.
Petersen, Frank: Interkulturelle Gärten in Berlin. Berlin 2007.
Plahl, Christine: Psychologie des Gartens. Anmerkungen zu einer natürlichen Beziehung. In: Christian Callo (Hg.): Mensch und Garten. Ein Dialog zwischen sozialer Arbeit und Gartenbau. Norderstedt 2004, S. 47–73.
Polanyi, Michael: Implizites Wissen. Aus dem Engl. übers. Frankfurt a. M. 1985.

Posch, Gisela: Integrationspotential und Nachhaltigkeit interkultureller Gärten in Deutschland. Bachelorarbeit, Hochschule Fulda 2011. URL: http://issuu.com/anstiftungundertomis/docs/bachelor_thesis_posch_2011 (Stand 10.4.2012).

Preuss, Sigrun: Psychologische Aspekte naturbewußten Verhaltens. In: Hans-Jürgen Seel, Ralph Sichler, Brigitte Fischerlehner (Hg.): Mensch – Natur. Zur Psychologie einer problematischen Beziehung. Opladen 1993, S. 214–224.

Rasper, Martin: Vom Gärtnern in der Stadt. Die neue Landlust zwischen Beton und Asphalt. München 2012.

Reimers, Brita (Hg.): Gärten und Politik. Vom Kultivieren der Erde. München 2010.

Richard, Ursula: Urbane Gärten als Orte spiritueller Erfahrung. In: Christa Müller (Hg.): Urban Gardening. Über die Rückkehr der Gärten in die Stadt. München 2011, S. 225–234.

Rolshoven, Johanna: Für eine Offene Stadt. Stadtentwicklung zwischen Fortschritt und Trägheit. In: Judith Fritz, Nino Tomaschek (Hg.): Die Stadt der Zukunft. Aktuelle Trends und zukünftige Herausforderungen. Münster, New York 2015, S. 15–30.

Rommelspacher, Thomas; Bosshard, Robert: Türkische Gärten im Ruhrgebiet. In: Zeitschrift für Volkskunde, 79 (1983), S. 223–237.

Rosol, Marit: Gemeinschaftsgärten in Berlin. Eine qualitative Untersuchung zu Potenzialen und Risiken bürgerschaftlichen Engagements im Grünflächenbereich vor dem Hintergrund des Wandels von Staat und Planung. Diss., Berlin 2006. URL: http://edoc.hu-berlin.de/dissertationen/rosol-marit-2006-02-14/PDF/rosol.pdf (Stand 27.9.2011).

Rosol, Marit; Weiß, Julika: Community Gardens in Toronto und Seattle – interkulturell, ökologisch und ernährungssichernd (Skripte zu Migration und Nachhaltigkeit, 1). München 2005. URL: https://www.uni-frankfurt.de/46212096/rosol_weiss.pdf (Stand 1.9.2015).

Sächsische Landesstelle für Museumswesen (Hg.): Deutsches Kleingärtnermuseum in Leipzig. Deutschlands Kleingärtner – vom 19. bis zum 21. Jahrhundert (Sächsische Museen, 4), Leipzig 2001.

Scheub, Ute; Pieplow, Haiko; Schmidt, Hans-Peter: Terra Preta. Die schwarze Revolution aus dem Regenwald. München 2013.

Schmidt, Franz: Der Schrebergarten als kultureller Faktor. Ein Überblick über das Kleingartenwesen von seinen Anfängen bis zur heutigen Zeit unter besonderer Berücksichtigung des Raumes Wien. Diss., Wien 1975.

Schmidt-Lauber, Brigitta: Das qualitative Interview oder: Die Kunst des Reden-Lassens. In: Silke Göttsch, Albrecht Lehmann (Hg.): Methoden der Volkskunde. Positionen, Quellen, Arbeitsweisen der Europäischen Ethnologie. Berlin 2001, S. 165–186.

Schroer, Markus: Räume, Orte, Grenzen. Auf dem Weg zu einer Soziologie des Raums. Frankfurt a. M. 2006.

Seel, Hans-Jürgen; Sichler, Ralph: Perspektiven einer Psychologie der menschlichen Naturbeziehung. In: Hans-Jürgen Seel, Ralph Sichler, Brigitte Fischerlehner (Hg.): Mensch – Natur. Zur Psychologie einer problematischen Beziehung. Opladen 1993, S. 14–26.

Seel, Hans-Jürgen; Sichler, Ralph; Fischerlehner, Brigitte (Hg.): Mensch – Natur. Zur Psychologie einer problematischen Beziehung. Opladen 1993.

Sen, Amartya: Der Lebensstandard. Aus dem Englischen von Ilse Utz. Hamburg 2000.

Sen, Amartya: Ökonomie für den Menschen. Wege zu Gerechtigkeit und Solidarität in der Marktwirtschaft. Aus dem Englischen von Christiana Goldmann. München 2007.

Shimeles, Tassew: Internationale Gärten – Wege zu sozialem Frieden. In: Gottfried Orth (Hg.): Die Erde – lebensfreundlicher Ort für alle. Göttinger Religionsgespräch 2002 zur Umwelt- und Klimapolitik (Symposion – Anstöße zur interdisziplinären Verständigung, 4). Münster 2002, S. 79–88.

Spitthöver, Maria: Gemeinschaftsgärten – ein Vergleich. Amerika – Afrika – Europa. In: Stadt+Grün. Das Gartenamt 10 (2009), S. 23–27.

Spitthöver, Maria: Zur Relevanz des Gebrauchswerts von Freiräumen. In: Annette Harth, Gitta Scheller (Hg.): Soziologie in der Stadt- und Freiraumplanung. Analysen, Bedeutung und Perspektiven. Wiesbaden 2010, S. 363–380.

Sprondel, Walter M.: „Experte" und „Laie". Zur Entwicklung von Typenbegriffen in der Wissenssoziologie. In: Walter M. Sprondel, Richard Grathoff (Hg.): Alfred Schütz und die Idee des Alltags in den Sozialwissenschaften. Stuttgart 1979, S. 140–154.

Stein, Hartwig: Oasen in der Steinwüste. In: Brita Reimers (Hg.): Gärten und Politik. Vom Kultivieren der Erde. München 2010, S. 121–136.

Stierand, Philipp: Stadt und Lebensmittel. Die Bedeutung des städtischen Ernährungssystems für die Stadtentwicklung. Diss., TU Dortmund 2008. URL: http://speiseraeume.de/downloads/SPR_Dissertation_Stierand.pdf (Stand 1.9.2015).

Stierand, Philipp: Stadtentwicklung mit dem Gartenspaten. Umriss einer Stadternährungsplanung. Dortmund 2012. URL: http://speiseraeume.de/downloads/SPR-Stadternaehrungsplanung-Stierand.pdf (Stand 21.12.2015).

Stone, Edi: Community Gardening in New York City wird zur politischen Bewegung. In: Elisabeth Meyer-Renschhausen (Hg.): Die Gärten der Frauen. Zur sozialen Bedeutung von Kleinstlandwirtschaft in Stadt und Land weltweit. Herbolzheim 2002, S. 159–177.

Strang, Heinz: Gemischte Verhältnisse. Anzeichen einer Balance von „Gemeinschaft" und „Gesellschaft". In: Carsten Schlüter, Lars Clausen (Hg.): Renaissance der Gemeinschaft. Stabile Theorie und neue Theoreme. Berlin 1990, S. 75–92.

Stehr, Nico; Adolf, Marian: Ist Wissen Macht? Erkenntnisse über Wissen. Velbrück 2015.

Taborsky, Ursula: Naturzugang als Teil des Guten Lebens. Die Bedeutung interkultureller Gärten in der Gegenwart. Frankfurt a. M. 2008.

Terkessidis, Mark: Kulturarbeit in der Einwanderungsgesellschaft. URL: http://igkultur.at/projekte/transfer/textpool/fields-of-transfer.-migrantinnen-in-der-kulturarbeit (Stand 10.9.2013).

Terlinden, Ulla: Soziologie und Räumliche Planung. Zur Notwendigkeit des Wissens über die gesellschaftliche Raumproduktion und Geschlechterkonstruktionen. In: Annette Harth, Gitta Scheller (Hg.): Soziologie in der Stadt- und Freiraumplanung. Analysen, Bedeutung und Perspektiven. Wiesbaden 2010, S. 69–85.

Tönnies, Ferdinand: Gemeinschaft und Gesellschaft. 6. und 7. Aufl. Berlin 1926.

Verk, Sabine: Laubenleben. Eine Untersuchung zum Gestaltungs-, Gemeinschafts- und Umweltverhalten von Kleingärtnern. Münster, New York 1994.

Weber, Andreas: Der Garten als Lebenshaltung oder warum Natur in der Stadt wichtig ist. In: Christa Müller (Hg.): Urban Gardening. Über die Rückkehr der Gärten in die Stadt. München 2011, S. 236–249.

Weber, Max: Wirtschaft und Gesellschaft. Grundriß der verstehenden Soziologie. 5. Aufl. Tübingen 1980.

Weber, Max: Soziologische Grundbegriffe. 5. Aufl. Tübingen 1981.

Werner, Karin: Eigensinnige Beheimatungen. Gemeinschaftsgärten als Orte des Widerstands gegen die neoliberale Ordnung. In: Christa Müller (Hg.): Urban Gardening. Über die Rückkehr der Gärten in die Stadt. München 2011, S. 54–75.

Wessling, Gerd: Transition – Initiativen des Wandels. In: Silke Helfrich, Heinrich-Böll-Stiftung (Hg.): Commons. Für eine neue Politik jenseits von Markt und Staat. Bielefeld 2014, S. 299–301.

Wilkens, Michael: Baukultur: vom Boden her! In: Doris Gstach, Heidrun Hubenthal, Maria Spitthöver (Hg.): Gärten als Alltagskultur. Dokumentation zur Tagung am 24.6.2005 an der Universität Kassel (Arbeitsberichte des Fachbereichs Architektur, Stadtplanung, Landschaftsplanung, 165). Kassel 2007, S. 91–98.

Wolf, André Christian: Kleine bunte Gärten. In: PND-online, 1 (2008). URL: www.planung-neu-denken.de (Stand 6.11.2013).

Literatur

Wolschke-Bulmahn, Joachim: Soziale und sozialwissenschaftliche Orientierungen bei Vorläufern der Freiraumplanung. In: Annette Harth, Gitta Scheller (Hg.): Soziologie in der Stadt- und Freiraumplanung. Analysen, Bedeutung und Perspektiven. Wiesbaden 2010, S. 97–122.

Zerboni di Sposetti, Maria-Theresia von: „Il Giardino Secreto". Der Garten am Haus als Ort schöpferischer Einsamkeit und freier Kommunikation. In: Siegfried Lamnek, Marie-Theres Tinnefeld (Hg.): Privatheit, Garten und politische Kultur. Von kommunikativen Zwischenräumen. Opladen 2003, S. 214–237.

Zimmermann, Harm-Peer: Annäherung an Ferdinand Tönnies. In: Kai Detlev Sievers (Hg): Beiträge zur Wissenschaftsgeschichte der Volkskunde im 19. und 20. Jahrhundert. Neumünster 1991, S. 41–73.

Zimmermann, Harm-Peer: Revision der Gemeinschaft? Zur Kritik am Kommunitarismus aus volkskundlicher Perspektive. In: Bayerische Blätter für Volkskunde (1994), H. 1, S. 3–30.

Ein- und Ausblicke

Abb. 1: Schilder am Bauzaun machen auf Missstände wie die Spekulation mit Nahrungsmitteln aufmerksam. Kokopelli-Garten Bielefeld, Juni 2012.

Abb. 2: Der mobile Garten der beiden Aktionskünstler von ART at WORK wird feierlich eröffnet. Kokopelli-Garten Bielefeld, Juni 2012.

Ein- und Ausblicke

Abb. 3: Passend zu den Graffiti wirken die knallorangenen Bäckerkisten als Blickfang. Kokopelli-Garten Bielefeld, Juni 2012.

Abb. 4: Vor der Eröffnung des Gartens auf dem Neumarkt haben die Initiatoren bereits erste Pflanzen in den transportablen Bäckerkisten vorgezogen. Kokopelli-Garten Bielefeld, Juni 2012.

Ein- und Ausblicke

Abb. 5:
Das Aufeinandertreffen von Gemüsepflanzen und Beton wird kunstvoll in Szene gesetzt. Kokopelli-Garten Bielefeld, Juni 2012.

Abb. 6:
Der mobile Garten sollte zur Anlaufstelle für Groß und Klein werden. Für Kinder waren zusätzlich spezielle Workshops zum Thema Nachhaltigkeit vorgesehen. Kokopelli-Garten Bielefeld, Juni 2012.

Ein- und Ausblicke

Abb. 7: Die Umzäunung geht auf eine Maßgabe der Stadt Bielefeld zurück, so dass ein Zugang zur 20-Quadratmeter-Fläche nur in Anwesenheit eines Gemeinschaftsgärtners möglich ist. Kokopelli-Garten Bielefeld, Juni 2012.

Abb. 8:
Im Rahmen ihrer Künstlerinitiative ART at WORK e.V. gründeten Annabelle Mayntz und Pip Cozens den Kokopelli-Garten. Kokopelli-Garten Bielefeld, Juni 2012.

Ein- und Ausblicke

Abb. 9: Für das gemeinschaftliche Gärtnern trifft sich die Kerngruppe in regelmäßigen Abständen. Transition-Town-Permakulturgarten, Bielefeld, September 2012.

Abb. 10: In Bielefeld wird die gesamte Fläche gemeinschaftlich bewirtschaftet. Aufgrund der unverbindlichen Teilnahme variiert die Anzahl der Gemeinschaftsgärtner, die zu den Gartentreffen erscheinen. Transition-Town-Permakulturgarten, Bielefeld, September 2012.

Abb. 11:
Eine alte Wäschespinne wurde zu einem Bohnenkarussell umfunktioniert. Transition-Town-Permakulturgarten, Bielefeld, September 2012.

Abb. 12: „Do it Yourself": In einer Gemeinschaftsaktion wird ein Lehmbackofen gebaut. Transition-Town-Permakulturgarten, Bielefeld, September 2012.

Ein- und Ausblicke

Abb. 13: Einmal im Monat richtet sich das Gartentreffen speziell an die „TT-Gartenkinder". Transition-Town-Permakulturgarten, Bielefeld, September 2012.

Abb. 14:
Der Garten in Bielefeld ist mit einer Komposttoilette, dem sogenannten Pipi-Tipi, ausgestattet. Transition-Town-Permakulturgarten, Bielefeld, August 2011.

Ein- und Ausblicke

Abb. 15:
Die Gartengruppe in Bielefeld verfolgt ein naturnahes Verständnis vom Gärtnern. Transition-Town-Permakulturgarten, Bielefeld, August 2011.

Abb. 16:
„Give Peas a Chance" – die Transition Town-Initiative setzt sich für regionale Selbstversorgung ein. Transition-Town-Permakulturgarten, Bielefeld, August 2011.

Ein- und Ausblicke

Abb. 17:
Initiator Martin Roth hat die Weidenlaube nach dem Prinzip „learning by doing" errichtet. Transition-Town-Permakulturgarten, Bielefeld, August 2011.

Abb. 18: Der griechische Gemeinschaftsgärtner Gregorios gibt Gartenneulingen wertvolle Tipps. Internationaler Mehrgenerationengarten Lippstadt, Juli 2011.

Ein- und Ausblicke

Abb. 19: Pietro Basile zeigt Kindergartenkindern den Internationalen Mehrgenerationengarten in Lippstadt, Mai 2011.

Abb. 20: Initiator Pietro Basile erklärt Kindergartenkindern das Insektenhotel. Internationaler Mehrgenerationengarten Lippstadt, Mai 2011.

Ein- und Ausblicke

Abb. 21: Die Kräuter entlang des Naschpfades sind dem internationalen Ansatz entsprechend in drei Sprachen beschriftet. Internationaler Mehrgenerationengarten Lippstadt, Mai 2011.

Abb. 22: Die Pizza aus dem holzbefeuerten Backofen erfreut sich großer Beliebtheit. Internationaler Mehrgenerationengarten Lippstadt, Mai 2011.

Abb. 23:
Gemeinschaftsgärtner Gregorios beim Ausdünnen der Pflanzen. Internationaler Mehrgenerationengarten Lippstadt, Juli 2011.

Abb. 24: Türkisch-griechische Völkerverständigung im Internationalen Mehrgenerationengarten Lippstadt, Juli 2011.

Ein- und Ausblicke

Abb. 25: Die Räumlichkeiten des Bewohnerzentrums TaP können mitgenutzt werden. Zum Garten gehören auch ein Spielgerüst und der Gießkannenbaum der KiTa Löwenzahn (rechts hinten im Bild). Internationaler Mehrgenerationengarten Lippstadt, Juli 2011.

Abb. 26: Das zufällige Aufeinandertreffen mit einer weiteren Kulturanthropologin (rechts im Bild) ist bezeichnend für das große Forschungsinteresse, das den mobilen Gärten entgegengebracht wird. Urban Oase Dortmund, Juli 2012.

Ein- und Ausblicke

Abb. 27: Während des Feldaufenthalts ist auch die Lokalpresse zugegen, um eine Reportage über den mobilen Garten aufzunehmen. UrbanOase Dortmund, Juli 2012.

Abb. 28:
Wie im Fall der UrbanOase helfen Kooperationen mit den Flächeneigentümern, um etwa die Wasserversorgung oder die Nutzung sanitärer Anlagen zu gewährleisten. UrbanOase Dortmund, Juli 2012.

Ein- und Ausblicke

Abb. 29:
Reissäcke und Bäckerkisten sind die typischen Pflanzbehältnisse mobiler Gärten und verleihen diesen ihre ganz eigene Optik. UrbanOase Dortmund, Juli 2012.

Abb. 30: Das Konzept der mobilen Gärten eignet sich insbesondere für innerstädtische Lagen ohne langfristige Nutzungssicherheit. UrbanOase Dortmund, Juli 2012.

Ein- und Ausblicke

Abb. 31: Durch die Bepflanzung von Bäckerkisten können auch Flächen mit kontaminierten Böden für den Gemüseanbau genutzt werden. UrbanOase Dortmund, Juli 2012.

Abb. 32:
Die erste Gartensaison der UrbanOase an der Rheinischen Straße. UrbanOase Dortmund, Juli 2012.

Ein- und Ausblicke

Abb. 33: Eine Vogelscheuche in der bosnischen Parzelle. Interkultureller Garten Dülmen, Mai 2011.

Abb. 34: Das Überbleibsel aus der Schulgartenzeit wird seit der Gemeinschaftsgartengründung wieder genutzt. Interkultureller Garten Dülmen, Mai 2011.

Abb. 35: Der libanesischstämmige Gemeinschaftsgärtner präsentiert stolz seine Parzelle, die er gemeinsam mit seiner Familie bewirtschaftet. Interkultureller Garten Dülmen, August 2011.

Abb. 36: Die kulturelle Vielfalt spiegelt sich auch in verschiedenartigen Anbauprinzipien wider. Interkultureller Garten Dülmen, August 2011.

Ein- und Ausblicke

Abb. 37: Die direkte Nähe zum angrenzenden Wohngebiet fördert kulturübergreifende Kontakte über den Gartenzaun hinweg. Interkultureller Garten Dülmen, August 2011.

Abb. 38:
In Dülmen folgt man dem typischen Muster interkultureller Gärten: Die Parzellen, die von Einzelpersonen oder Familien bewirtschaftet werden, sind umgeben von einer Gemeinschaftsfläche. Interkultureller Garten Dülmen, August 2011.

Abb. 39:
Für die Eröffnung des Nachbarschaftsgartens wurde eigens ein Plakat entworfen. Nachbarschaftsgarten Paradeiser, Münster, Juni 2011.

Abb. 40:
Die Anlage des Hügelbeets erfolgte nach permakulturellen Prinzipien. Nachbarschaftsgarten Paradeiser, Münster, Oktober 2011.

Ein- und Ausblicke

Abb. 41:
Die Initiatoren des
Nachbarschaftsgartens Paradeiser,
Münster, Juli 2011.

Abb. 42: In der autofreien Siedlung Weißenburg in Münster bietet der Garten Anlass für nachbarschaftliche Kontakte. Nachbarschaftsgarten Paradeiser, Münster, Juni 2011.

Ein- und Ausblicke

Abb. 43: Gerade in Gemeinschaftsgärten sind Abstimmungsprozesse unabdingbar. Der Gartenplan im Infopavillon des Nachbarschaftsgartens gibt Auskunft über die gesäten Pflanzen. Nachbarschaftsgarten Paradeiser, Münster, September 2012.

Abb. 44:
Eine alte Tonne wird als Erdbeerfass genutzt. Nachbarschaftsgarten Paradeiser, Münster, September 2012.

Abb. 45: Gartenimpressionen aus dem Nachbarschaftsgarten der autofreien Siedlung Weißenburg. Nachbarschaftsgarten Paradeiser, Münster, September 2012.

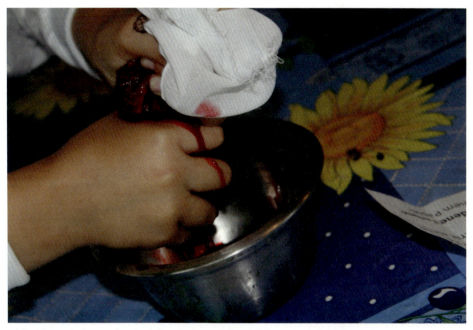

Abb. 46: Im Rahmen des Projekts Färbermobil schließen die Mädchen ihre achtmonatige Ausbildungszeit zur Färberpflanzenlehrerin mit einer Abschlussprüfung ab. Internationaler Mädchengarten Gelsenkirchen (im Büro der LAG), Juli 2011.

Ein- und Ausblicke

Abb. 47: Zur Abschlussfeier des Projekts Färbermobil werden die aus Pflanzenfarben hergestellten Kunstwerke im Internationalen Mädchengarten ausgestellt. Internationaler Mädchengarten Gelsenkirchen, Juli 2011.

Abb. 48: In den Gartentreffs wird ressourcenschonendes Wissen spielerisch weitergegeben. Die Mädchen arbeiten dabei weitgehend mit natürlichen Materialien. Internationaler Mädchengarten Gelsenkirchen, Juli 2012.

Ein- und Ausblicke

Abb. 49: Beim Begräbnis eines tot aufgefundenen Vogels integrieren die Kinder Elemente verschiedener Weltreligionen. Internationaler Mädchengarten Gelsenkirchen, Juli 2012.

Abb. 50: Beim Nassfilzen sind alle Hände gefragt. Internationaler Mädchengarten Gelsenkirchen, Juli 2012.

Ein- und Ausblicke

Abb. 51:
Der Leiterin Renate Janßen ist es ein Anliegen, Großstadtkindern Naturerfahrungen zu ermöglichen. Internationaler Mädchengarten Gelsenkirchen, Juli 2012.

Abb. 52: Nach dem vorzeitigen Ende der ersten Zwischennutzung durfte die Gartengruppe mit ihrem Bauwagen zeitweise auf die benachbarte Wiese ziehen. Internationaler Mädchengarten Gelsenkirchen, Juli 2011.

Ein- und Ausblicke

Abb. 53: Die Mädchen aus der Förderschule beim Experimentieren. Internationaler Mädchengarten Gelsenkirchen, Juli 2011.

Abb. 54: Vor der Urbarmachung des Interkulturellen Gartens in Minden fanden die Vorbereitungstreffen in gemütlicher Atmosphäre auf dem Grundstück einer Mitinitiatorin statt. Juni 2011.

Ein- und Ausblicke

Abb. 55: Die Fläche vor der Anlage des Interkulturellen Gartens in Minden-Bärenkämpen, Juni 2011.

Abb. 56: Um den Einwohnern Mindens das Konzept der Gemeinschaftsgärten näherzubringen und über die Möglichkeiten einer Teilnahme zu informieren, hat die Initiatorengruppe eine Ausstellung in der örtlichen Stadtbibliothek organisiert. Interkultureller Garten Minden, März 2012.

Ein- und Ausblicke

Abb. 57: Impressionen aus der ersten Gartensaison. Interkultureller Garten Minden, September 2012.

Abb. 58: Bereits in der ersten Gartensaison kann geerntet werden. Interkultureller Garten Minden, September 2012.

Abb. 59: Bei der Graswurzelinitiative in Minden steht das gemeinschaftliche Tätigsein im Vordergrund. Interkultureller Garten Minden, September 2012.

Abb. 60: Zum Schutz vor Vandalismus ist der Zugang nur in Anwesenheit eines Gemeinschaftsgärtners möglich. Interkultureller Garten Minden, September 2012.

Ein- und Ausblicke

Abb. 61: Der Transition-Town-Gemeinschaftsgarten in Münster wird mit einer Info-Veranstaltung eröffnet. April 2012.

Abb. 62: Zum Startschuss werden Kartoffeln in Reissäcke gepflanzt. Transition-Town-Gemeinschaftsgarten Wurm und Beere, Münster, April 2012.

Ein- und Ausblicke

Abb. 63: Mit der Unterstützung eines Gärtners der urbanen Gärtnervernetzung Münster werden Hochbeete aus Einwegpaletten errichtet. Transition-Town-Gemeinschaftsgarten Wurm und Beere, Münster, Juli 2012.

Abb. 64: Als erste Aktion der Gartengruppe wird ein Weidezaun errichtet, der den Gartenraum symbolisch vom Umfeld abgrenzt. Transition-Town-Gemeinschaftsgarten Wurm und Beere, Münster, Oktober 2011.